DROS GYMRU'N GWLAD

DROS GYMRU'N GWLAD

HANES SEFYDLU PLAID GENEDLAETHOL CYMRU

ARWEL VITTLE
GWEN ANGHARAD GRUFFUDD

Dymuna'r cyhoeddwyr gydnabod cymorth ariannol
Cyngor Llyfrau Cymru

Cynllun y clawr: Dafydd Owain

Rhif Llyfr Rhyngwladol: 978 1 80099 706 6

Cyhoeddwyd, rhwymwyd ac argraffwyd yng Nghymru gan
Y Lolfa Cyf., Talybont, Ceredigion SY24 5HE
gwefan www.ylolfa.com
e-bost ylolfa@ylolfa.com
ffôn 01970 832 304

Rhaid i Gymru hawlio ei lle fel cenedl gyfartal, rydd. Nid trwy y pleidiau estronol y gall Gymru fynnu ei lle yn nghyngor y cenhedloedd, ond trwy Blaid Genedlaethol ohoni ei hunan. Yn hon y mae ein gobaith, ynddi y mae ein cyfle, a thrwyddi y gallwn lwyddo i fynnu ein hawliau.

H.R. Jones

Yr wyf yn rhoi pwys mawr ar yr hyn a ddigwydd ym Mhwllheli; fe fydd awdurdod cenedl wedyn y tu ôl i bopeth a wnawn.

Lewis Valentine

Amcan y Blaid yw ehangu meddwl Cymru, rhoi iddi asgwrn cefn fel y gallo sefyll yn unionsyth a neidio dros glawdd Lloegr yn ol i'w lle yn Ewrop a'r byd; rhoi iddi ran yn y byd modern.

Saunders Lewis

Cynnwys

	Cydnabyddiaethau	8
	Diolchiadau	9
1	Rhagymadrodd: Rhoi asgwrn cefn i Gymru	11
2	Anadl olaf Cymru Fydd	15
3	Hanes dau filwr	31
4	Machlud gogoneddus y Wawr	56
5	Gwylliaid Bangor	78
6	'Yr oes haearn hon'	96
7	'Several cultured Mohawks'	115
8	Byddin Ymreolwyr	133
9	'Teithio 'mlaen neu droi oddiar y ffordd'	159
10	Mudiad Cymreig	167
11	Kemper, Llundain a Glanrhydfadog	183
12	Paris, Brycheiniog a'r byd modern	188
13	'Y mae llwyddiant Cymru heddyw yn gofyn am undeb'	199
14	'Mae'r peth wedi ei gychwyn'	214
15	'Cicaion Jonah'	233
16	'Y Ddraig Goch ddyry cychwyn'	246
17	'Ni ein hunain'	257
18	Cwmwl tystion	280
	Llyfryddiaeth	312
	Mynegai	317

Cydnabyddiaethau

Lluniau 1, 22, 30: Archifdy Gwynedd, Caernarfon

Llun 3: Llyfrgell Genedlaethol Iwerddon

Llun 4: casgliad teuluol Saunders Lewis

Lluniau 5, 6, 9, 12, 23, 25, 31: Llyfrgell Genedlaethol Cymru

Llun 7: casgliad Elisabeth Williams

Lluniau 8, 10, 21: casgliad teuluol Ambrose Bebb

Lluniau 16, 17, 18, 19, 24, 26, 27, 28, 29, 32: Plaid Cymru

Llun 11: casgliad Ann Meire

Lluniau 13, 14, 15: casgliad Moses Griffith

Llun 20: casgliad Gwerfyl Gregory

Diolchiadau

MAE CYFROL FEL HON nid yn unig yn ffrwyth cydweithio rhwng y ddau ohonom ni, ond hefyd yn pwyso ar waith ymchwilwyr ac ysgolheigion dros y blynyddoedd. Yn y cyswllt hwn, rhaid nodi astudiaeth anhepgor D. Hywel Davies ar ddegawdau cyntaf y Blaid Genedlaethol, cofiannau T. Robin Chapman i Saunders Lewis ac Ambrose Bebb ac erthyglau trylwyr J. Graham Jones ar sefydlu'r Blaid a gyrfa wleidyddol E.T. John. Hoffem ddiolch i E. Wyn James am ei fewnwelediad i fywyd cymdeithas Gymraeg y Barri a chyfraniad D. Arthen Evans ac Undeb y Cymdeithasau Cymraeg yn y cyfnod a arweiniodd at sefydlu'r Blaid Genedlaethol. Diolch hefyd i Bleddyn Owen Huws am ei gymorth gyda bywyd Gwallter Llyfni a ffynonellau cyfnod Coleg Prifysgol Cymru Aberystwyth.

Bu perthnasau a disgynyddion y sylfaenwyr yn gymwynasgar a pharod eu cymorth – yn enwedig Siân Gruffydd, wyres Moses Griffith, a ganiataodd i ni ddefnyddio ffotograffau a deunyddiau personol; a theulu Ambrose Bebb a roddodd fenthyg ei ddyddiaduron i ni a chaniatáu i ni ddyfynnu'n helaeth ohonynt. Buom yn ddigon ffodus i gyfweld y diweddar Emrys Roberts, a fu mor barod i rannu ei atgofion am ei fodryb, Elisabeth Williams; felly hefyd Elenid Jones am ei hewythr, Griffith John Williams.

Roedd staff y Llyfrgell Genedlaethol, Adran Archifau a Chasgliadau Arbennig Prifysgol Bangor, ac Archifdy

9

Gwynedd, Caernarfon bob tro'n barod eu cymorth a'u cymwynas.

Rhaid cydnabod Eluned Bush, Dafydd Williams a Chymdeithas Hanes Plaid Cymru, a Fflur Arwel, Pennaeth Cyfathrebu'r Blaid – cawsom gefnogaeth barod ganddynt oll gyda'r gwaith o baratoi a hyrwyddo'r gyfrol.

Ac yn olaf, diolch i bawb yn y Lolfa sydd wedi cynorthwyo gyda chynhyrchu'r llyfr – yn benodol, Lefi Gruffudd, Alan Thomas a Robat Trefor.

1

Rhagymadrodd:
Rhoi asgwrn cefn i Gymru

ELENI MAE PLAID CYMRU – Plaid Genedlaethol Cymru i roi iddi ei henw swyddogol adeg ei sefydlu – yn dathlu ei chanmlwyddiant.

Wrth edrych yn ôl dros ganmlwyddiant unrhyw sefydliad, yn enwedig plaid wleidyddol, fel arfer dangosir ffotograffau du a gwyn neu sepia o'r sylfaenwyr, naill ai o'r cyfnod dan sylw neu o gyfnodau diweddarach pan yw'r bobl, dynion gan amlaf, yn hŷn. Doed a ddêl mae'r delweddau yn portreadu pobl wedi'u rhewi ym mhell yn ôl mewn amser, heb unrhyw gysylltiad gyda'n hoes ni.

Nid yw lluniau du a gwyn o ddynion hen, serch hynny, yn cyfleu egni ac ysbryd gwrthryfelgar pobl ifanc 1925.

Oherwydd pobl ifanc a ffurfiodd Blaid Cymru. Pobl yn eu hugeiniau a'u tridegau cynnar. Pobl fel H.R. Jones, Mai Roberts, Ambrose Bebb, Ifan Alwyn Owen, Lewis Valentine a Saunders Lewis, i enwi ond hanner dwsin.

Creadigaeth fodern oedd y Blaid Genedlaethol. Mudiad modern i oes fodern. Cyfnod y *Jazz Age* yn America a'r *Années Folles* yn Ffrainc. Cyfnod moderniaeth mewn diwylliant a chelf – o James Joyce i'r Swrealwyr, o Art Deco i'r Bauhaus.

Roedd yn gyfnod chwyldroadol, o Rwsia yn 1917 i

Iwerddon yn 1919. Cyfnod adweithiol hefyd, gyda thwf yr asgell dde eithafol ar dir mawr Ewrop ac ym Mhrydain. Dyma oedd cyfnod Weimar yn yr Almaen a'r holl fwrlwm a'r ansefydlogrwydd gwleidyddol a ddaeth yn ei sgil. Cyfnod Hitler yn ceisio cipio grym ac yn methu, ond cyfnod ffasgwyr Mussolini yn ceisio ennill grym yn yr Eidal ac yn llwyddo. Cyfnod disodli'r Blaid Ryddfrydol gan y Blaid Lafur yng Nghymru. Cyfnod o newid cymdeithasol ac economaidd cyflym.

Cyfnod o bandemig hefyd, gyda lledaeniad y ffliw marwol a drawodd fyd oedd eisoes yn gwegian ar ôl y Rhyfel Mawr, rhwng 1918 ac 1920.

Cyfnod o ail-lunio ffiniau rhyngwladol ar ôl y rhyfel, gyda hen wledydd yn cael eu haileni wrth i'r ymerodraethau grebachu. Cyfnod cychwyn mudiadau gwrth-ymerodrol yn India, yr Aifft a gwledydd Affrica; a chyfnod lle llwyddodd un wlad Geltaidd i ennill mesur o ryddid oddi wrth yr Ymerodraeth Brydeinig. Llwyddiant a ysbrydolodd genhedlaeth o Gymry ifanc i freuddwydio y gallai eu gwlad nhw hefyd ennill ei rhyddid.

Yn ei gyfrol *Tros Gymru* yn 1970 mae J.E. Jones, ail drefnydd cenedlaethol y Blaid a'r un a wasanaethodd y mudiad hiraf, yn edrych yn ôl ar sefydlu Plaid Genedlaethol Cymru ac yn rhestru'r saith dylanwad a roddodd fodolaeth iddi.

Wrth eu nodi mae J.E. yn cyfaddef bod rhai yn llawer pwysicach na'i gilydd. Nid yn annisgwyl, mae'n cynnwys twyll y pleidiau Seisnig, y cysylltiad rhwng llwyddiant Cymru mewn chwaraeon ar lefel genedlaethol a thwf yr ymwybyddiaeth o Gymreictod, a'r adfywiad llenyddol yng ngwaith llenorion fel T. Gwynn Jones a John Morris-Jones. Rhestrir cenedlaetholwyr o ddegawdau cynharach hefyd, yn enwedig Emrys ap Iwan, Michael D. Jones ac O.M. Edwards. Yn gysylltiedig i raddau â hynny, dywed J.E. fod mudiad Cymru Fydd, a fu'n ymgyrchu dros ymreolaeth i Gymru yn y bedwaredd ganrif ar bymtheg, hefyd yn ddylanwad ar sylfaenwyr y Blaid, ac mae'n nodi effaith gwleidyddion fel Tom Ellis, yr Aelod Seneddol Rhyddfrydol. Y ddau ffactor pennaf yw rhyfel 1914–18 a Gwrthryfel Iwerddon. Y ddau reswm yma sy'n crisialu pam yr aeth criw o Gymry ifanc ati i greu plaid cwbl newydd. Y blaid boliticaidd gyntaf erioed oedd yn gweithio o fewn ffiniau Cymru yn unig, ac yn rhoi rhyddid Cymru a diogelu'r Gymraeg ar frig ei rhaglen wleidyddol.

Gwrthryfel oedd prif symbyliad y bobl ifanc ddaeth at ei gilydd i ffurfio'r Blaid. Gwrthryfel yn erbyn yr hen ffordd o wneud pethau yng Nghymru. Gwrthryfel yn erbyn cenhedlaeth hŷn a oedd wedi methu. Wedi methu ennill ymreolaeth i Gymru, wedi methu diogelu'r Gymraeg ac wedi rhoi eu hunan-les uwchlaw lles Cymru a'i phobl, ac yn waeth na dim wedi arwain y genhedlaeth ifanc i danchwa rhyfel byd. A phobl ifanc gafodd eu darnio gan y peiriant lladd nid y genhedlaeth hŷn wnaeth gymaint i greu'r lladdfa ac annog cenhedlaeth iau i'w haberthu eu hunain.

Yr oedd yr hen fyd wedi mynd ar dân yn llythrennol; gwaith cenhedlaeth newydd fyddai creu byd newydd o ludw'r hen un. Gwaith cenhedlaeth newydd o genedlaetholwyr ifanc fyddai ymladd Prydeindod, ailadeiladu'r syniad o Gymru, ac ennill rhyddid. Galluogi Cymru i adennill hunan-barch a dilyn ôl troed cenhedloedd bychain eraill fel Iwerddon, Norwy, Hwngari a Tsiecoslofacia, a chamu ar y llwyfan rhyngwladol.

Nid peth cul ac adweithiol oedd yr ymdrech hon ond yn hytrach ymgais i agor Cymru i Ewrop a'r byd, fel y dywedodd Saunders Lewis, un o benseiri Plaid Genedlaethol Cymru:

> Ceir rhai ynfydion yn son o hyd am gulni cenedlaetholdeb ac am gulni amcanion y Blaid. Gellir chwerthin am bennau gweinion y fath rwgnachwyr. Canys cwbl groes i'r gwir yw'r cyhuddiad. Yn hytrach: mudiad i roi terfyn ar gulni a phlwyfoldeb Cymru yw ein mudiad ni. Bu Cymru er's amser

maith yn wir yn gul, yn blwyfol, yn rhan ddinod, ddibwys o Loegr, yn byw ar ychydig gerch gweddillion bwrdd y Sais ... Amcan y Blaid yw ehangu meddwl Cymru, rhoi iddi asgwrn cefn fel y gallo sefyll yn unionsyth a neidio dros glawdd Lloegr yn ol i'w lle yn Ewrop a'r byd; rhoi iddi ran yn y byd modern.[1]

Bwriad y gyfrol hon yw adrodd sut yr aeth rhai o'r cenedlaetholwyr ifanc yma ati i geisio gwneud hynny ac i agor pennod newydd yn hanes Cymru.

2

Anadl olaf Cymru Fydd

YN ANGLADD GWYNFOR EVANS yn 2005, wrth dalu teyrnged i aelod seneddol cyntaf Plaid Cymru, dywedodd y cyn-arweinydd Dafydd Wigley mai lle unig iawn oedd San Steffan i Gwynfor yn y chwedegau ac yntau'n wynebu llond Senedd o eiriolwyr Prydeindod.[1] Lle unig ar y gorau fu San Steffan i wladgarwyr Cymreig erioed, a dichon mai fel yna yr oedd ar drothwy'r Rhyfel Byd Cyntaf yn 1914 pan geisiodd E.T. John, Aelod Seneddol Rhyddfrydol Dwyrain Dinbych, frwydro'n erbyn y lli a chyflwyno mesur ymreolaeth i Gymru.

Yn wahanol i Gwynfor Evans, serch hynny, nid unigolyn yn cynrychioli plaid oedd yn dadlau dros ddatganoli grym o Lundain i Gymru oedd E.T. John. Roedd yn un o chwech ar hugain o aelodau seneddol Rhyddfrydol o Gymru, a'r Blaid Ryddfrydol, dan y Prif Weinidog Herbert Asquith, oedd mewn llywodraeth. Eto i gyd, dichon fod E.T. John yn teimlo fel un yn llefain yn y diffeithwch ar brydiau, mor llugoer ac oriog oedd cefnogaeth ei blaid i hunanlywodraeth.

Mesur ymreolaeth E.T. John oedd y cyntaf o'i fath i'w drafod gan Dŷ'r Cyffredin, ac fe'i cyflwynwyd ar gynffon Mesur Llywodraeth yr Alban. O dan delerau'r mesur, mi fyddai'r senedd ymerodrol yn San Steffan yn parhau i reoli polisi tramor ac amddiffyn, tollau a'r gwasanaeth post, gyda senedd arfaethedig Cymru o naw deg pump o aelodau yn cymryd cyfrifoldeb am bensiynau, yswiriant gwladol, canolfannau gwaith a threthiant. Byddai nifer aelodau seneddol Cymru yn gostwng i saith ar hugain, wedi'u hethol drwy gynrychiolaeth gyfrannol, tra byddai senedd newydd Cymru yn cynnwys Arglwydd Lywydd fel cynrychiolydd y brenin. Pwysleisid bod y grymoedd fyddai'n cael eu datganoli i Gymru yn digwydd o fewn cyd-destun undod yr Ymerodraeth Brydeinig.

Derbyniodd y mesur gefnogaeth un ar ddeg o aelodau seneddol, naw o Gymru a dau o'r Alban. Llugoer, serch hynny, oedd cefnogaeth llywodraeth Ryddfrydol Asquith. Nid aeth y mesur ddim pellach, ac ni chafwyd ail ddarlleniad.

Felly ar drothwy rhyfel a fyddai'n trawsnewid y byd, roedd yn ymddangos bod hunanlywodraeth i Gymru fel pwnc gwleidyddol o bwys yn farw gorn. Nid yn unig hynny, roedd hunaniaeth Gymreig a'r iaith Gymraeg hefyd mewn perygl gwirioneddol o gael eu boddi'n llwyr mewn cefnfor o Brydeindod ymerodrol Seisnig. Fel y dywedodd Tecwyn Lloyd, yn ei gofiant i Saunders Lewis, am ddegawdau cyntaf yr ugeinfed ganrif:

> Yn wleidyddol, prin y gellir amau ar ôl darllen llenyddiaeth y cyfnod nad Prydeindod ymerodrol oedd credo'r mwyafrif llethol o Gymry Cymraeg a di-Gymraeg fel ei gilydd. Prin y gellir amau hefyd na bu'r genedl erioed mor agos i ddiflaniad gwleidyddol llwyr na rhwng 1896 a 1925.[2]

Ond nid felly roedd pethau'n edrych rai blynyddoedd ynghynt.

Roedd ugain mlynedd olaf y bedwaredd ganrif ar bymtheg yn ymddangos fel cyfnod newydd yng ngwleidyddiaeth Cymru. Sefydlwyd Prifysgol Cymru yn 1893, ac roedd gobaith gwirioneddol y byddai'r llywodraeth Ryddfrydol yn cymryd camau i ddatgysylltu'r Eglwys, pwnc agos iawn at galon pob Anghydffurfiwr selog.

Yn wir, diffinnid hunaniaeth grefyddol, genedlaethol a

chymdeithasol y Cymry gan Anghydffurfiaeth. Ar droad y ganrif roedd tua 535,000 o bobl mewn poblogaeth o 2,450,000 yn aelodau o gapeli. Felly roedd un Cymro mewn pump yn Anghydffurfiwr. Clymid crefydd a gwleidyddiaeth ymhellach yn yr ardaloedd gwledig gan hawl yr Eglwys i ddegfed ran o gynnyrch tir amaethyddol – 'y degwm' bondigrybwyll. Yn etholiad cyffredinol 1886 chwaraeodd pwnc y tir ran flaenllaw, ac arweiniodd hynny wedyn at wrthdaro Rhyfel y Degwm rhwng 1886 ac 1888, pan wrthododd ffermwyr dalu'r degwm, a phan ddefnyddiwyd plismyn gan yr arwerthwyr i feddiannu a gwerthu eiddo'r ffermwyr. Yn anffodus i achos hunanlywodraeth, serch hynny, roedd uniaethu cenedligrwydd Cymru gyda chrefydd yn golygu bod prif flaenoriaethau'r Rhyddfrydwyr Cymreig yn gysylltiedig i raddau helaeth â rhai'r enwadau Anghydffurfiol. Golygai hynny, tra bod yr Albanwyr yn ymgyrchu i sicrhau Ysgrifennydd i'r Alban yn y Cabinet Prydeinig ac wrth i'r Gwyddelod bwyso am hunanlywodraeth, mai blaenoriaeth prif wleiddion Cymru oedd datgysylltu Eglwys Loegr yng Nghymru.

Ymysg datblygiadau'r cyfnod, un o'r rhai mwyaf arwyddocaol oedd ethol y gwleidydd ifanc dawnus David Lloyd George yn Aelod Seneddol Rhyddfrydol yn 1890, a hynny ychydig flynyddoedd wedi sefydlu mudiad Cymru Fydd yn 1886. Plentyn y Blaid Ryddfrydol oedd Cymru Fydd o'r cychwyn, ac o'r herwydd nod deuol, paradocsaidd, oedd gan y mudiad, sef hybu'r Blaid Ryddfrydol a dadlau dros ymreolaeth i Gymru. Dwy ochr i'r un geiniog oedd rhyddfrydiaeth a chenedlaetholdeb Cymreig: 'Rhyddfrydiaeth wedi'i dwysáu – gwres a brwdfrydedd Rhyddfrydiaeth wedi'u poethi'n eirias gan dân gwladgarwch', chwedl Lloyd George.[3]

Y nawdegau cynnar oedd cyfnod twf Cymru Fydd, ac fe chwaraeodd Lloyd George ran amlwg yn natblygiad y mudiad. O dan ei arweinyddiaeth ef ac Aelod Seneddol

Meirionnydd, T.E. (Tom) Ellis, roedd gobaith mawr y gellid cael rhyw ffurf ar hunanlywodraeth. Ond yn 1892 derbyniodd Tom Ellis swydd fel Dirprwy Chwip y Blaid Ryddfrydol yn Senedd San Steffan. Er iddo ddefnyddio ei ddylanwad i sefydlu Comisiwn Brenhinol ar Bwnc y Tir yng Nghymru yn 1893, tyfodd y farn ei fod wedi dewis rhoi teyrngarwch i'w blaid o flaen ei awydd i weithio dros Gymru. Yna, yn sgil cwymp llywodraeth Ryddfrydol Gladstone yn 1895, drylliwyd pob gobaith am ddatgysylltu'r Eglwys am ddeng mlynedd (bu'n rhaid aros tan 1920 i hynny ddod yn ffaith). Pylu hefyd wnaeth gobeithion Cymru Fydd gan gyrraedd penllanw yng nghyfarfod enwog Casnewydd yn 1896 lle trechwyd yr ymreolwyr gan y gwrth-ymreolwyr o fewn y Blaid Ryddfrydol yng Nghymru. Wedi hynny trodd gwleidyddion dawnus fel Lloyd George eu golygon at borfeydd brasach gyrfa ar y llwyfan Prydeinig a daeth yntau maes o law yn Ganghellor y Trysorlys a Phrif Weinidog.

Fel y sylwodd Hywel Davies, datgelodd cwymp Cymru Fydd pa mor fas oedd ei wreiddiau gwleidyddol.[4] Diwylliannol a rhamantus oedd natur cenedlaetholdeb y mudiad, yn hytrach na gwleidyddol ac economaidd. Roedd y pwyslais cyson ar gysylltiad Cymru gyda Lloegr a'i rhan yn llwyddiant yr Ymerodraeth yn awgrymu nad cenedl hyderus yn mynnu ei lle ar lwyfan y byd oedd y Cymry ond yn hytrach bobl oedd yn ceisio eu darbwyllo eu hunain ac eraill o'u bodolaeth. Byddai methiant Cymru Fydd, ac yn arbennig gyfaddawd eu harweinwyr yn dewis swyddi mewn llywodraeth Brydeinig yn hytrach na gwasanaethu buddiannau Cymru, yn bwrw cysgod hir ac yn cael effaith bellgyrhaeddol ar agweddau'r genhedlaeth nesaf o wladgarwyr Cymreig.

Eto i gyd, er gwaethaf methiant Cymru Fydd, fe osodwyd rhai sylfeini cenedlaethol yn y cyfnod, megis Amgueddfa Genedlaethol yn 1905, Llyfrgell Genedlaethol yn 1909, a Chwmni Theatr Genedlaethol yn 1911. Mynnai rhai lynu wrth y freuddwyd y gellid sicrhau rhyw lun ar hunanlywodraeth i Gymru. Ac yn y blynyddoedd yn arwain at y Rhyfel Mawr, fe wnaeth un aelod seneddol fwy na neb i geisio troi'r freuddwyd yn ffaith.

Roedd E.T. John wedi cychwyn ar ymgyrch bersonol dros hunanlywodraeth drwy gyfrwng darlithoedd, pamffledi ac erthyglau. Roedd ei ymgyrch yn adlewyrchu nid yn unig ddelfrydiaeth Cymru Fydd ond hefyd ei gynlluniau ef ei hun i gyflwyno sail economaidd dros hunanlywodraeth i Gymru. I'r graddau hynny, roedd cynlluniau John yn arloesol gan eu bod yn ceisio symud pwyslais y ddadl oddi wrth syniadau diwylliannol a rhamantus at economi a chymdeithas Cymru: 'The claims of national sentiment must be materially reinforced by considerations of national interest and popular well-being' meddai.[5]

Gŵr o Bontypridd oedd Edward Thomas John, a dreuliodd dros ddeng mlynedd ar hugain ym mywyd masnachol a diwydiannol Middlesbrough. Cododd o fod yn glerc iau mewn cwmni meistri haearn lleol i ddod yn gyfarwyddwr, ac yn y pen draw daeth yn gyfarwyddwr hefyd ar sawl cwmni mwyngloddio ac yn rheolwr gyfarwyddwr cwmni haearn a dur. Dychwelodd i Gymru a dod yn Aelod Seneddol Rhyddfrydol dros Ddwyrain Sir Ddinbych o 1910 tan 1918.

Yn 1910, ysgrifennodd lythyr hir at y *Manchester Guardian* lle dadleuai'r achos dros gyfundrefn ffederal ym Mhrydain fel ffordd o ddatrys mater dyrys hunanlywodraeth i Iwerddon – pwnc oedd yn rhan fawr o frwydrau seneddol ail hanner y bedwaredd ganrif ar bymtheg a dechrau'r ugeinfed ganrif. Ystyriai John hynny fel datblygiad fyddai'n gweddu i nodweddion cymeriad y pedair cenedl:

To anyone who knows Wales, the wisdom is fairly obvious of remitting to a body elected exclusively by the Welsh constituencies the control of education and licensing, the administration of the Poor Law, municipal and rural self-government, the maintenance of roads, the conservation and

19

development of the nation's resources by afforestation, the creation of land banks, the multiplication of light railways, the protection in the interests of the community of the potential energy represented by our mountain streams, the value of our watersheds.[6]

Credai John mai cydweithio agosach rhwng aelodau seneddol o'r Alban a'r 'more aggressive of the Welsh Members' oedd y ffordd ymlaen i sichrau achubiaeth wleidyddol Cymru.

Ar y cychwyn, mi wnaeth arweinwyr y Rhyddfrydwyr synau cadarnhaol o blaid ymdrechion John. Ym Medi 1910, mewn seremoni i ddadorchuddio cofeb i Tom Ellis yn y Bala, mi wnaeth Lloyd George ddatgan cefnogaeth i hunanlywodraeth i Gymru a'r Alban. Yn wir, wedi ciniawa gyda Lloyd George a phrif chwip y Blaid Ryddfrydol, roedd John wedi'i argyhoeddi y byddai ymdrech egnïol ar ran aelodau seneddol o Gymru yn debyg o arwain at lwyddiant ar bwnc ymreolaeth.

Llwyddodd i gael cefnogaeth un o hoelion wyth Cymru Fydd i'w ymgyrch, sef Beriah Gwynfe Evans. Bu Evans ynghanol ymdrechion Cymru Fydd ac roedd yn newyddiadurwr profiadol, a thrwyddo ef y llwyddodd E.T. John i gael sylw eang yn y wasg Gymraeg a Saesneg yng Nghymru.

Daeth datblygiad pellach ym mis Ionawr 1911 pan gyhoeddwyd maniffesto wedi'i lofnodi gan bedwar gŵr o Sir Gaernarfon. Ei deitl oedd *Ymreolaeth i Werin Cymru* ac mewn llythrennau bras oddi tano datganwyd mai cyhoeddiad gan 'Y Cynghrair Cenedlaethol Cymreig' oedd y maniffesto, ac, mewn cromfachau, mai'r gynulleidfa darged oedd 'Cenedlaetholwyr a Chynnyddgarwyr yn bennaf'. Arwyddwyd y ddogfen gan Dr Edward Lloyd Owen, Cricieth; Dr Robert Owen, Glasinfryn, Bangor; Tom Jones (Cynfi), Prenteg; a John Williams (Cambrensis), Cricieth.

Ymgais uchelgeisiol, os anymarferol, oedd y Cynghrair,

wedi'i sbarduno'n bennaf gan Lloyd Owen, meddyg o Gricieth, i greu 'Senedd-blaid Gymreig' o blith aelodau seneddol Cymru. Y bwriad oedd cysylltu gyda phob aelod seneddol yn unigol a'u darbwyllo i newid ochr a chefnogi ymreolaeth. Ymhelaethodd ar ei weledigaeth yn *Ysbryd Glyndŵr, neu y Clêdd lle Metho Hêdd* (1911):

> Wrth Senedd-blaid Genedlaethol y golygir plaid o Genedlaetholwyr pur neu syml, ac nid rhai yn dewis galw eu hunain yn Rhyddfrydwyr mwy na'r rhai a alwant eu hunain yn Dorïaid neu yn Aelodau Llafur. Byddai yn rhaid i bob aelod ac ymgeisydd Cymreig wneud ei ddewisiad allan o'r pedwar dosbarth hyn.[7]

Cafwyd tipyn o sylw i'r Cynghrair ym misoedd cyntaf 1911, gyda hyd yn oed y *Guardian* a'r *Daily Sketch* yn ei drafod. Roedd E.T. John hefyd yn gefnogol ac fe ysgrifennodd at ei gyd-aelodau seneddol i'r perwyl hwnnw.

Fodd bynnag, datgysylltu'r Eglwys oedd y prif nod i aelodau seneddol Rhyddfrydol Cymru o hyd, a phwyso i gael mesur datgysylltu yn rhan o raglen ddeddfwriaethol y llywodraeth fu eu prif weithgarwch yn 1912. Sgileffaith anuniongyrchol hynny oedd symud hunanlywodraeth yn is i lawr yn rhestr flaenoriaethau'r llywodraeth Ryddfrydol, er gwaethaf datganiad Asquith y byddai mwy o hunanlywodraeth i Iwerddon yn fan cychwyn i bolisi mwy cynhwysfawr ac ehangach o ddatganoli grym.

Erbyn hynny roedd gweithgarwch y Cynghrair Cenedlaethol Cymreig yn amlwg yn edwino. Yng ngwanwyn 1912 cynigiodd Lloyd Owen a John Williams sefydlu mudiad newydd o'r enw Urdd Dewi Sant, cynnig a enynnodd eiriau llym gan E.T. John: 'I am a little afraid', meddai mewn llythyr at John Williams, 'that Dr. Owen and yourself will be regarded more as prolific parents of ideas than as having achieved much success in the nurture of your progeny.'[8] Er gwaethaf eu brwdfrydedd amlwg, roedd y cyfeillion o

21

Gricieth yn fwy llwyddiannus yn esgor ar fudiadau nag ar eu cynnydd gwleidyddol.

Yn Ebrill 1913 roedd E.T. John yn rhagweld manteision i Gymru a'r Alban pe bai problem Iwerddon yn cael ei datrys: 'It is pretty obvious that what Scotland gets Wales will also claim and receive'.[9] I'r perwyl hwnnw, aeth ar daith drwy Gymru yn haf 1913 i godi ymwybyddiaeth o'r achos. Roedd Beriah Gwynfe Evans yr un mor obeithiol gan ddarogan 'a measure of autonomy for Wales ... will be introduced before Mr. Asquith again appeals to the country'.[10] Felly ym Mawrth 1914 daeth E.T. John i gyflwyno Mesur Ymreolaeth Cymru gerbron Tŷ'r Cyffredin.

Roedd ffawd seithug y mesur hwnnw i'w briodoli i sawl ffactor. Yn gyntaf, nid oedd ymrwymiad gwironeddol i achos hunanlywodraeth i Gymru gan lywodraeth Ryddfrydol Asquith. Anfantais arall i ymgyrch E.T. John oedd ei fod ef ei hun, er yn ddiffuant ei sêl dros achos hunanlywodraeth, yn siaradwr diflas a di-fflach ac yn annhebygol o apelio at drwch y boblogaeth. Yn ogystal, roedd llawer o drefniadaeth y Blaid Ryddfrydol yng Nghymru yn gwbl Seisnig ei natur – rhywbeth oedd yn destun siom i John. Ar ben hynny, roedd dyfodol Cymru fel pwnc gwleidyddol wedi diflannu o feddyliau'r cyhoedd erbyn trothwy'r Rhyfel Mawr. Nid oedd pynciau gwleidyddol yn gyffredinol mor amlwg ym mywyd cyhoeddus Cymru rhwng 1900 ac 1914 ag y buont yn y 1890au. Fel y nododd J. Graham Jones, ar lefel leol roedd bywyd politicaidd yng Nghymru wedi syrthio i syrthni a difrawder.[11]

Yr hyn oedd yn hawlio mwy a mwy o sylw oedd syniadau sosialaidd a hawliau economaidd a chymdeithasol. Wrth i ryddfrydiaeth golli stêm, cynyddu wnâi egni a chefnogaeth i'r mudiad a'r Blaid Lafur yng nghymoedd diwydiannol de Cymru.

Bu ethol Keir Hardie yn aelod seneddol cyntaf y Blaid Lafur Annibynnol (ILP) ym Merthyr Tudful yn 1900 yn drobwynt ac yn her i reolaeth ddilyffethair y Blaid Ryddfrydol yng Nghymru. Gwnaeth brwdfrydedd Hardie tuag at hunaniaeth Gymreig lawer i ddwyn ynghyd y delfrydau am undod dosbarth gweithiol a diwylliant cenedlaethol Cymreig. Datganodd Hardie ei fod o blaid cenedlaetholdeb Cymreig, hynny yw 'the kind of Nationalism that will be emblazoned on the red flag of Socialism'.[12] Roedd ei weledigaeth am Gymru sosialaidd yn anogaeth i'r rhai oedd am greu mudiad gwleidyddol dosbarth gweithiol, ond a oedd ar yr un pryd am weld hawl Cymru i fod yn genedl yn cael ei gydnabod. Felly, llwyddodd y Blaid Lafur Annibynnol i ddenu nifer gynyddol o aelodau a oedd yn arddel cenedlaetholdeb diwylliannol a dyhead am hunanlywodraeth i Gymru. Mi fyddai dynion fel R. Silyn Roberts a David Thomas yn chwarae rhan bwysig wrth droi'r dosbarth gweithiol Cymraeg tuag at sosialaeth.[13]

Yn ystod yr Eisteddfod Genedlaethol yng Nghaerfyrddin yn 1911 daeth nifer o aelodau Cymreig yr ILP ynghyd gyda'r bwriad o lunio polisïau penodol ar gyfer y mudiad yng Nghymru. Yn yr un cyfarfod hefyd galwyd am greu Plaid Lafur Annibynnol Gymreig ar wahân. Er i'r syniad hwn fethu ennill cefnogaeth llawer o aelodau eraill yr ILP, ffurfiwyd Cymru yn is-adran o'r blaid yn 1912 a chadwodd ei hunaniaeth fel uned ranbarthol pan ad-drefnwyd y Blaid Lafur yn 1918.[14]

Pan gyhoeddodd Ffederasiwn Llafur De Cymru a'r Blaid Lafur yn ei chyfanrwydd gefnogaeth i gael hunanlywodraeth i Gymru, yr Alban ac Iwerddon yn 1918, edrychai fel bod gwladgarwyr Cymru oedd am ymladd dros gyfiawnder cymdeithasol a gwell amodau gwaith wedi dod o hyd i gartref newydd. Fodd bynnag, fel y dadleuodd Hywel Davies, mae angen gosod datganiadau o'r fath mewn persbectif.[15] Nid oedd y Blaid Lafur na'i chwaer blaid yr ILP am wneud materion diwylliannol Cymreig na hunanlywodraeth yn rhan ganolog o'u rhaglen. Yn sicr, cynyddodd delwedd Gymreig y Blaid Lafur wrth iddi ennill tir, ond nid oedd polisïau Cymreig i gael unrhyw flaenoriaeth. Fel y Rhyddfrydwyr Cymreig, erbyn diwedd ail ddegawd yr ugeinfed ganrif, Prydeinwyr cadarn oedd trwch sosialwyr Cymru.

Os oedd hunaniaeth Gymreig ar drai, gallai rhywun feddwl mai'r gwrthwyneb oedd yn wir o edrych ar y toreth o fudiadau a sefydlwyd yn negawdau cyntaf yr ugeinfed ganrif. Yn y blynyddoedd hynny gwelwyd creu cymdeithasau, urddau a chylchoedd Cymreig a Chymraeg rif y gwlith.

Yn eu plith yr oedd Urdd y Ddraig Goch (1902), gyda'r nod o 'Hyrwyddo yr iaith Gymraeg, a cheisio cael gan rieni yn mhlith pob haen o gymdeithas i siarad a meithrin yr hen iaith ar eu haelwydydd'; Cymdeithas y Ddraig Goch (1902), a oedd am 'gefnogi gwisgo dillad o ddefnydd Cymreig, a phrynu pethau a wneir yn Nghymru', ac Undeb y Ddraig Goch (1903), a oedd am 'wneyd Cymru yn fwy Celtig ac o ganlyniad yn fwy prydferth'. Sefydlwyd Urdd y Delyn gan O.M. Edwards yn 1896. Ymgais gynnar i greu mudiad ieuenctid oedd hon, a gyflawnwyd maes o law gan ei fab, Ifan ab Owen Edwards, pan sefydlod Urdd Gobaith Cymru yn 1922. Byddai aelodau Urdd y Delyn yn siarad Cymraeg, yn dysgu am hanes Cymru, yn chwarae'r delyn a chanu caneuon gwerin Cymreig ac yn byw yn ôl delfrydau Cristnogol Cymreig.

Un enw cyffredin ymysg sylfaenwyr y mudiadau hyn i gyd oedd y Fonesig Mallt Williams o Landudoch. Roedd hi'n dipyn o gymeriad, yn cael tynnu ei llun wedi ei gwisgo fel tywysoges Gymreig o'r drydedd ganrif ar ddeg ac yn awdur nofelau hanesyddol wedi'u gosod mewn Cymru Geltaidd ramantus. Bu Mallt yn ymwneud â'r rhan fwyaf o'r mudiadau a'r cymdeithasau hyn mewn rhyw fodd neu'i gilydd. Dywedodd O.M. Edwards mai hi oedd yn bennaf gyfrifol am sefydlu Urdd y Delyn.

Cafodd Alice Matilda Langland Williams, i roi iddi

ei henw bedydd, ei geni yn 1867, yn ferch i feddyg o Sir Frycheiniog. Magwyd hi ar aelwyd ddi-Gymraeg yn Nhŷ Aberclydach ger Tal-y-bont ar Wysg. Roedd gan y teulu enw da yn yr ardal ac yn ôl y sôn, roeddent o dras pendefigaidd, a ddylanwadodd yn sicr, yn ôl Marion Löffler, ar ganfyddiad Mallt o'i rôl yng nghymdeithas Cymru.[16] Daeth ei brawd hynaf, Howell Price Williams, i enwogrwydd yn 1910 fel un o'r dynion gwyn cyntaf i deithio ar draws cyfandir Affrica, a bu'r ail frawd, William Retlaw Jefferson, yn olygydd cylchgronau hynafiaethol. Ond gyda'i brawd a'i chwaer iau, Frederick George a Cate 'Gwenffreda', y datblygodd Mallt y berthynas agosaf. Yn ferch ifanc, drwy gysylltiadau'r teulu yn lleol, daeth dan ddylanwad cylch Arglwyddes Llanofer, sef Gwenynen Gwent.

Prif bryder Mallt oedd goroesiad y Gymraeg, ac roedd am wireddu ei breuddwyd o weld Cymru Gymraeg. Ymhell cyn i Urdd y Delyn ddod i ben, roedd hi a Gwyneth Vaughan, y nofelydd Eingl-Gymreig, wedi sefydlu cymdeithas arall, sef Undeb y Ddraig Goch. Nod y gymdeithas hon oedd 'helping in the work to make Cymru "more Celtic"'. Roedd gan yr Undeb hon gyfansoddiad 'designed with a view to enable Boneddigion and Gwerin alike to join in'.[17] Rhwng 1901 a 1914, cynhaliodd Undeb y Ddraig Goch gyfarfodydd cyhoeddus a sefydlu canghennau yng Nghaerdydd, Abertawe, Aberystwyth a Bangor. Bu Mallt yn ysgrifennydd i'r Undeb yn 1903, ac roedd yn ddiarbed yn ei hymdrechion i ddenu noddwyr a chefnogwyr, yn eu plith y Prifathro John Rhŷs o Goleg yr Iesu, Rhydychen, Owen Rhoscomyl a Howelliaid Nanteos.

Roedd ganddi ddiddordeb mawr mewn creu cysylltiadau gyda'r gwledydd Celtaidd, yn enwedig Iwerddon. Bu'n weithgar yn y Gyngres Geltaidd ac yn 1904 ysgrifennodd at Padraig Pearse, y cenedlaetholwr a'r ymgyrchydd dros y Wyddeleg, yn ei longyfarch ar sefydlu Ysgol Wyddeleg Ynys Tawin yn Swydd Galway, gan ychwanegu ei gobaith na fyddai angen i ragor o feibion Iwerddon ymfudo i ennill bywoliaeth: 'Ireland never needed her Gaelic speaking children more than she does today.'[18]

Mudiad arall i bobl ifanc a grëwyd gan Mallt oedd Byddin Cymru, ac ar dudalennau *Cymru'r Plant* o 1911 ymlaen bu'n rhedeg grŵp o'r enw Ysbïwyr y Frenhines ym Myddin Cymru, sef grŵp o ieuenctid oedd yn addo gwasanaethu Cymru gyda'u calonnau, eu meddyliau, eu tafodau a'u dwylo. Er gwaethaf yr enw sinistr, 'Y Frenhines' dan sylw yn y teitl melodramatig oedd yr iaith Gymraeg. Trefnai ei 'hysbïwyr' seremonïau a ralïau rhamantus, lle byddai aelodau newydd yn derbyn baneri gyda'r ddraig goch arnynt, gydag argymhelliad y dylent wisgo crys gwyrdd a sgarff goch yn y digwyddiadau.

Yn y pen draw, efallai mai ariannol oedd cyfraniad mwyaf Mallt Williams i genedlaetholdeb diwylliannol a gwleidyddol Cymreig, ym marn Marion Löffler.[19] O droad y ganrif ymlaen, rhoddodd yn hael i gymdeithasau a mudiadau ledled y wlad. Un o'r rhain oedd Undeb y Cymdeithasau Cymraeg, y pwysicaf o'r mudiadau cenedlaetholdeb diwylliannol. Daeth i fodolaeth yn 1913 pan welwyd bod angen llais unedig ar y myrdd grwpiau diwylliannol.

Ddwy flynedd cyn hynny, yn 1911, roedd J. Tywi Jones, gweinidog capel Peniel yn y Glais, Cwm Tawe, ac aelod o Gymrodorion Aberdâr, wedi ymweld â D.J. Martin, cyd-weinidog iddo yn y Barri. Ymhlith y pynciau a drafododd yr oedd ei syniad o gael undeb o gymdeithasau Cymraeg lleol. Cyfleodd D.J. Martin y syniad i D. Arthen Evans, athro yn ysgol bechgyn Jenner Park, a oedd wedi sefydlu Cymrodorion y Barri ychydig ynghynt. Tywi Jones ac Arthen Evans fyddai'r ddau unigolyn amlycaf yn hanes Undeb y Cymdeithasau.

Roedd teimlad cyffredinol o golli tir ymysg caredigion yr iaith a'r diwylliant Cymraeg. Roedd capeli Cymraeg yn troi at ddefnyddio'r Saesneg, a chlywid cwynion nad oedd plant Cymry Cymraeg bellach yn deall iaith eu rhieni, fod gwerthiant llyfrau a chyfnodolion Cymraeg wedi gostwng yn sydyn ers y 1890au ac nad Cymraeg oedd iaith y bywyd cyhoeddus mwyach. I raddau, felly, roedd ffurfio'r gwahanol gymdeithasau yn ymateb i'r twf mewn Seisnigrwydd.[20]

Trefnwyd cynhadledd undydd gan Arthen Evans i'w chynnal yng nghapel y Tabernacl yn y Barri ym Mawrth 1913 lle câi'r cymdeithasau Cymraeg ddod ynghyd i drafod y syniad. Daeth dros gant o fudiadau at ei gilydd a chadeiriwyd y gynhadledd gan Ben Evans, gweinidog y Tabernacl (a thaid i Gwynfor Evans, aelod seneddol cyntaf Plaid Cymru). Cynhaliwyd ail gyfarfod yn Eisteddfod Genedlaethol y Fenni rai misoedd yn ddiweddarach, dan gadeiryddiaeth Syr Edward Anwyl. Ymysg y siaradwyr yr oedd E.T. John, Tywi Jones a Beriah Gwynfe Evans, a alwodd am wneud y Gymraeg yn iaith swyddogol yng Nghymru.

Canlyniad hyn i gyd oedd sefydlu Undeb y Cymdeithasau Cymraeg yn ffurfiol ar 15 Tachwedd 1913, mewn cyfarfod yng nghapel Maes-yr-haf, Castell-nedd. Etholwyd Owen M. Edwards yn llywydd ac Arthen Evans yn ysgrifennydd cyffredinol. Yn ôl cyfansoddiad yr Undeb, ei amcanion oedd:

1. [Bod yn g]yfrwng ymgynghoriad a chydweithrediad rhwng Cymdeithasau Cymraeg.
2. Noddi'r Gymraeg a'i llên, a sicrhau iddynt eu lle dyladwy ymhob cylch o fywyd Cymru.
3. Cynorthwyo a sefydlu Cymdeithasau ledled Cymru.
4. Meithrin yr ysbryd cenedlaethol, a gwrthwynebu pob mudiad a'i rhwystrai.
5. Llesoli ar linellau cenedlaethol Gymro, Cymru, a Chymraeg, a chyflawni'r arwyddair 'Eu Hiaith a Gadwant'.[21]

Yn 1913 hefyd daeth Tywi Jones yn olygydd ar *Darian y Gweithiwr* a'i hailfedyddio fel *Y Darian*, gan newid y pwyslais golygyddol yn fawr. Trodd papur newydd y 'gweithwyr' i fod yn bapur newydd 'y Cymdeithasau Cymraeg', gan ddod yn gyfrwng i gymdeithasau Cymraeg de Cymru yn enwedig hysbysebu eu digwyddiadau a chyd-drefnu eu gweithgareddau.

Ar ddechrau 1914 anfonodd Arthen Evans lythyr i'r wasg yn gwahodd pob cymdeithas Gymraeg i ymuno â'r Undeb: 'Bwriedir uno'n holl luoedd o blaid ein hiaith ... Cafwyd digon ar Seisnigeiddio Cymru.' O fewn blwyddyn i'w sefydlu roedd dros 70 o gymdeithasau Cymraeg wedi ymaelodi. Yn ne Cymru yr oedd mwyafrif llethol y rheini – yn y de-ddwyrain yn enwedig, oherwydd mai dyna lle roedd, fel y dywedodd Arthen Evans yn 1909, 'y llanw Seisnig [yn torri] megis ton anferth dros yr holl fro'.[22] Er mai sicrhau dyfodol y Gymraeg oedd nod pennaf yr Undeb, roedd ymgyrchu dros hunanlywodraeth i Gymru hefyd yn rhan o'i amcanion ar y cychwyn.

Arthen oedd yr egni bywiog y tu ôl i'r mudiad. Bu'n ysgrifennydd diflino, gan ddosbarthu cannoedd o gylchlythyrau, cyhoeddi datganiadau i'r wasg yn Gymraeg a Saesneg a degau o femoranda i gyrff llywodraethol.[23]

Er gwaethaf y gweithgaredd dros y Gymraeg a'r ymgyrchu dros ei hawliau, nid plaid boliticaidd oedd Undeb y Cymdeithasau Cymraeg. Yn ei hanfod, grŵp ymgyrchu ydoedd, yn gweithio i sicrhau lle priodol i'r Gymraeg a'i llenyddiaeth ym mhob rhan o fywyd Cymru a 'meithrin yr ysbryd cenedlaethol', gan weithredu ar lefel leol a chenedlaethol. Y prif ddulliau ymgyrchu oedd llythyru a lobïo, cynhyrchu cylchlythyrau, trefnu digwyddiadau a chynadleddau ac ati. Nid oedd yn llunio polisïau cymdeithasol ac economaidd ac yn eu cyhoeddi mewn maniffesto, ac nid oedd yn rhoi'r maniffesto hwnnw gerbron y cyhoedd drwy ymladd etholiadau.

Elfen bwysig yn y ffordd yr oedd yr Undeb yn gweithredu, yn enwedig drwy gyfrwng y cynadleddau blynyddol a'r cyngor cenedlaethol, oedd ei fod yn galluogi arweinwyr y mudiad, yn lleol ac yn genedlaethol, i rwydweithio a chyfarfod yn ffurfiol ac anffurfiol.

Un datblygiad arwyddocaol yn y cyfnod cyn y rhyfel oedd lansio cylchgrawn o'r enw *The Welsh Outlook* yn 1914, a hynny drwy nawdd teulu Davies, Llandinam. Yn ôl yr isbennawd, 'A Monthly Journal of National Social Progress' oedd y cylchgrawn, yn trafod agweddau amrywiol ar fywyd cyhoeddus Cymru, o'r gwleidyddol, cymdeithasol ac economaidd i'r addysgol, crefyddol a chelfyddydol. Golygydd cyntaf y *Welsh Outlook* oedd Thomas Jones, gŵr o Rymni a benodwyd gan Lloyd George yn is-ysgrifennydd yn swyddfa'r Cabinet yn Llundain yn 1916. Aelod arall o fwrdd golygyddol y *Welsh Outlook* yn ei ddyddiau cynnar oedd R. Silyn Roberts, cymeriad amlwg ym myd addysg Cymru'r cyfnod ac aelod cynnar o'r ILP, fel y soniwyd eisoes. Ymgais oedd y cylchgrawn hwn i ddod â materion Cymreig yn ôl i ganol trafodaethau gwleidyddol. Cyhoeddodd E.T. John gyfres drawiadol o erthyglau ynddo ar y pwnc 'Wales: its Politics and Economics' ac yn 1919 ailgyhoeddwyd y gyfres yn llyfryn gan y Welsh Outlook Press.[24]

Ond yn haf 1914 nid oedd nemor ddim lle i drafod materion Cymreig ar y llwyfan gwleidyddol ehangach, heb sôn am hunanlywodraeth. Roedd 'twymyn y gad' ar fin gafael yn y wlad.

Er mai lladd yr Archddug Ferdinand gan genedlaetholwyr Serbaidd ar 28 Mehefin a daniodd goelcerth y Rhyfel Byd Cyntaf, mewn gwirionedd roedd y ras arfau rhwng gwledydd mawr Ewrop wedi gwneud gwrthdaro'n anochel mor gynnar â 1907. Dros y cyfnod hwnnw fe ymrannodd y gwledydd yn ddau floc pŵer: yr Entente Triphlyg a'r Cynghrair Triphlyg. Yn yr ymgiprys hwn roedd y pwerau mawr am y gorau â'i gilydd i ehangu eu hymerodraethau, ac roedd twf yr Almaen, a'i hagwedd filwriaethus wrth fynnu darn helaethach o'r gacen ymerodrol, yn fygythiad i hegemoni'r Ymerodraeth Brydeinig ar fôr a thir.

Yna, ddechrau Awst 1914, ymosododd yr Almaen ar Wlad Belg, ac roedd hynny'n ddigon i Brydain gyhoeddi rhyfel yn ei herbyn ar y pedwerydd o'r mis. Gan newid popeth yn llwyr.

3

Hanes dau filwr

YN AML IAWN, y genhedlaeth ifanc sy'n gorfod medi corwynt methiant gwleidyddol a diplomyddol y genhedlaeth hŷn. Felly roedd hi wrth i'r byd lithro i ryfel yn 1914, a bywydau dau ddyn ifanc, a ddaeth yn unigolion canolog yn y mudiad cenedlaethol modern yng Nghymru, yn cael eu troi ben i waered.

Yr haf hwnnw teimlai myfyriwr un ar hugain oed o Landdulas fod y byd yn ymagor o'i flaen. Roedd Lewis Valentine newydd gael ei dderbyn flwyddyn ynghynt i Goleg Prifysgol Gogledd Cymru Bangor i astudio Cymraeg o dan yr Athro John Morris-Jones ac Ieithoedd Semitig o dan Thomas Witton Davies, gyda'r bwriad yn y pen draw o fynd yn weinidog gyda'r Bedyddwyr.

Cyn mynd i'r weinidogaeth, fodd bynnag, roedd Valentine am yfed yn llawn o gwpan bywyd academaidd:

Y Sul cyntaf yn Awst yr oeddwn yn pregethu yn Llanrwst, ac yn rhyfedd iawn yn oedfa'r nos yn pregethu ar Gwyn Eu Byd y Tangnefeddwyr. Adref yr oeddwn ar fy ngwyliau o'r coleg – newydd orffen fy mlwyddyn gyntaf yn y Brifysgol ac wedi tynnu allan i mi fy hun raglen uchelgeisiol iawn. Fy mwriad oedd gorffen cwrs arbennig ym Mangor – treulio blwyddyn neu ddwy yn Rhydychen, a wedyn deithio am dymor neu ddau ar y cyfandir ym mhrifysgol enwog Heidelberg a gorffen yn y Sorbonne yn Ffrainc ...[1]

Ond ar y Sul tyngedfennol hwnnw yn Awst 1914 tarfwyd ar y gobeithion delfrydgar hynny, a gobeithion cyfandir cyfan am y dyfodol, gan gynllwynion ac ymgiprys ymerodraethau Ewrop. Câi'r myfyriwr ifanc brofi bywyd yn Ffrainc, ond profiad pur wahanol i astudiaethau ysgolheigaidd ar lannau afon Seine fyddai ei dynged.

Ganwyd Lewis Valentine pan oedd map y byd yn goch a dylanwad yr Ymerodraeth Brydeinig ar ei gryfaf, ac fel y gwelwyd, y cyfnod yma hefyd oedd awr anterth y Blaid Ryddfrydol ac Anghydffurfiaeth yng Nghymru. Fel llawer o'i gefndir, roedd Lewis Valentine yn dod o deulu oedd yn gefnogwyr pybyr i achosion Rhyddfrydol ac Anghydffurfiol yr oes. Bu ei dad, Samuel, yn gefnogol i'r ffermwyr a ddioddefodd adeg Rhyfel y Degwm, ac roedd yn frwd o blaid datgysylltu'r Eglwys. Arwr mawr yr aelwyd oedd David Lloyd George. Roedd llun y Dewin yn lifrai ffurfiol Canghellor y Trysorlys ar bared y gegin uwchben y lle tân yn eu cartref yn Llanddulas.

Deffrodd Cymru i fyd gwahanol iawn y bore Llun wedi cyhoeddi'r rhyfel. Teimlai Valentine fod yr awyrgylch cynhyrfus 'fel sŵn rhywbeth rhyfedd yn yr awyr – sŵn rhyfel a rhyw gyffro a chynnwrf dan bob bron'.[2] Wrth aros am bedair awr yng ngorsaf Cyffordd Llandudno ar ei ffordd adref i Landdulas, gwelodd drên ar ôl trên 'yn chwyrnyllu drwy'r stesion yn dwyn milwyr llawen a thrystiog i'w gwahanol wersyllau'.[3]

Iddo ef yn bersonol, 'nid oedd fymryn o wladgarwch yn fy mynwes',[4] ond roedd bywyd coleg yn ddiflas a rhyw ysfa ymhlith y myfyrwyr am anturiaeth a phrofiad. Fe gafwyd ehangu gorwelion a phrofiadau cofiadwy, a hynny, yn ôl cyfaddefiad Valentine flynyddoedd wedyn, 'with a vengeance a thalwyd yn ddrud amdano'.[5]

Oherwydd bod Anghydffurfiaeth yn dal yn rym mawr yn y tir, roedd yn allweddol bwysig i'r awdurdodau ddarbwyllo aelodau ac arweinwyr capeli Cymru o'r cyfiawnhad dros fynd i ryfel. Hwyluswyd hynny, i raddau, gan y ffaith mai'r Blaid Ryddfrydol, plaid yr Anghydffurfwyr, aeth â Phrydain i ryfel yn y lle cyntaf, ond gyda chefnogaeth frwd y Torïaid a gweddill y sefydliad Prydeinig.

Llugoer fu ymateb y Cymry ar y cychwyn a chafwyd peth trafferth i recriwtio dynion i'r fyddin, ond trodd yr awyrgylch yn fwy o blaid y rhyfel wrth i'r peiriant propaganda godi stêm. Cyfaddefodd hyd yn oed 'dyn heddwch' fel O.M. Edwards nad oedd dewis gan y Cymry ond ymladd o blaid cenedl fechan y Belgiaid yn erbyn ci cynddeiriog yr Almaen. Gyda chyfuniad nodweddiadol o ddadleuon emosiynol a phropaganda digywilydd, portreadwyd yr Almaenwyr fel gelynion gwareiddiad. Cafwyd rhestr faith o weithredoedd ysgeler yr 'Hun'. Cafwyd adroddiadau yn y wasg Brydeinig am filwyr Almaenig yn saethu dinasyddion diniwed, yn llosgi ffermydd ac yn defnyddio merched a phlant fel 'tariannau dynol'. Mewn gwrthgyferbyniad llwyr â hyn, barnwyd bod ymddygiad byddin Prydain tuag at y gelyn yn fawrfrydig ac anrhydeddus.

Lledodd twymyn y gad i Goleg y Brifysgol ym Mangor hefyd, ac anodd oedd cynnal normalrwydd academaidd dan yr amgylchiadau. Datganodd Syr Harry Reichel, y prifathro, nad oedd dewis gan fyfyrwyr ond ymuno yn y gad. Yn Adran Gymraeg y Coleg yr un oedd byrdwn John Morris-Jones. Pardduwyd yr Almaen ganddo am ei 'chastiau llechgiaidd' a'r 'ymosodiad bradwrus a llofruddiog'. Nod yr Almaen oedd difa popeth gwerthfawr a gwâr ym mywyd Cymru a Phrydain. Er mai cenedl heddychlon oedd y Cymry, yn yr achos hwn roedd rhaid tynnu'r cledd o'r wain, dilyn ôl traed Llywelyn a Glyndŵr a chamu 'i'r gad'.

Ond y gŵr mwyaf ei ddylanwad ar y Gymru Gymraeg oedd David Lloyd George. Erbyn hyn, roedd y dyn a fentrodd ei einioes yn gwrthwynebu Rhyfel y Boer ddegawdau ynghynt wedi dringo i frig polyn llithrig gwleidyddiaeth Brydeinig, ac yn sgil hynny barn wahanol iawn oedd ganddo am y

Rhyfel Mawr. Defnyddiodd ei ddoniau rhethregol gyda'i effeithiolrwydd arferol. Nid ymladd yn erbyn pobl gyffredin yr Almaen yr oedd Prydain, dadleuai Dewin Llanystumdwy, ond yn hytrach brwydr ydoedd yn erbyn y dosbarth milwrol oedd wedi cipio grym yn y wlad. Cyffelybodd ymddygiad yr Almaen i fwltur yn hofran uwchben Gwlad Belg yn aros y cyfle i ymosod a'i thraflyncu hi a gwledydd bychain eraill fel Serbia. Bu'r genedl yn byw am genedlaethau, meddai, mewn dyffryn cysgodol yn llawer rhy gysurus ei byd, ond daeth llaw drom tynged i'w chodi i'r uchelder i weld y pethau oedd o dragwyddol bwys, sef Anrhydedd, Dyletswydd, Gwladgarwch – ac, yn fwy na dim, Aberth.

Y Cadfridog-Frigadydd Owen Thomas, Annibynnwr selog o Fôn, gafodd y gwaith o recriwtio yng ngogledd-orllewin Cymru, ac erbyn 1916 roedd y wasg Gymreig yn clochdar fod Cymru, ar gyfartaledd, wedi cyfrannu mwy o fechgyn i'r fyddin nag unrhyw wlad arall yn Ewrop. Yn ddi-os bu llwyddiant ymgyrch recriwtio Owen Thomas yn rhan bwysig o hynny. Talodd y *Welsh Outlook* deyrnged iddo:

No man has laboured with more enthusiasm, and no man has done more to create this new Welsh army than Brigadier-General Owen Thomas ... Never before in the history of Wales have Welsh ministers of religion been encouraged to such an extent in the army. The inimitable old Welsh hymns are sung at every battlefront ...[6]

Cynllun Owen Thomas oedd ffurfio uned arbennig o'r Royal Army Medical Corps (RAMC). Derbyniodd y RAMC sêl bendith hoelion wyth Anghydffurfiol eraill fel John Williams, Brynsiencyn, oedd wedi ymuno yn y rhyfel propaganda i ddenu llanciau'r capeli i'r fyddin. Un a gynrychiolai ysbryd yr oes oedd John Williams, a'i anogaeth barod i fechgyn ieuainc ymuno â'r lluoedd arfog oedd 'na adewch i ryddid eich gwlad, diogelwch eich teuluoedd a'ch breintiau crefyddol gael eu hysbeilio oddi arnoch. Er ei holl diffygion [*sic*] Prydain yw'r lanaf, anrhydeddusaf y mae haul Duw'n tywynnu arni'.[7]

Cynhaliwyd amryw o gyfarfodydd recriwtio, cyfarfodydd a oedd ym marn Valentine 'mor gyffrous a nwydus' â rhai o gyfarfodydd y Diwygiad yn 1904.[8] Felly, er ei fod yn dal yn y coleg ymunodd â'r Officer Training Corps. Er nad oedd ganddo gymhellion cadarn dros wneud hynny, ar ryw wedd yr oedd yn mynd i'r fyddin Brydeinig am ei fod yn Gymro:

> Mi gredais i'r chwedl honno am ryddid cenhedloedd bach, ac er nad oeddwn i wedi rhesymu llawer ar y peth, mi gredais mewn ffordd ddigon annelwig y byddai Cymru, rywsut neu'i gilydd, yn sicr o elwa.[9]

Ymunodd amryw o fyfyrwyr colegau Bangor â'r Corfflu Meddygol, yn eu plith ddynion fel Valentine, Cynan a David (Dei) Ellis, y bardd o Langwm a fu farw'n ddiweddarach yn y rhyfel yn Salonica.

O'r cychwyn cyntaf daeth Valentine yn ymwybodol o un o nodweddion amlycaf lluoedd arfog Prydain, sef pwysigrwydd gwahaniaethau dosbarth. Byd arall oedd byd y swyddogion, ychydig yn is na hwynt yr oedd y mân swyddogion fel y *square bashers* a'r sarjants, yna ar waelod y domen yr oedd y milwyr cyffredin. Darluniwyd hyn gan Valentine yn ei atgofion, *Dyddiadur Milwr*, wrth iddo adrodd hanes sarjant yn egluro i un milwr a gwynodd am boen yn ei abdomen nad oedd ganddo abdomen. Swyddogion yn unig oedd ag abdomen, stumog oedd gan sarjant, a bol yn unig oedd gan y milwr cyffredin. Yn y cyfnod yma y meithrinwyd ei deimladau negyddol tuag at ddosbarth y swyddogion milwrol – 'rhyw Fajor Felltith'[10] – agwedd a fyddai'n tyfu'n gasineb llwyr maes o law wrth weld eu hagwedd a'u hymddygiad yn y ffosydd. Byddai ei atgasedd tuag at *Officer Class* dosbarth uwch Lloegr yn aros gydag ef weddill ei oes. Erbyn diwedd y rhyfel byddai'n dyheu am i'r werin 'wneud y byd yn uffern i'r tacla cythreulig'.[11]

Ymhen ychydig trosglwyddwyd y Corfflu Meddygol i dref Llandrindod yng nghanol Powys.

Dros y misoedd yn y fan honno deuai'r Cymry ifanc hyn at ei gilydd i drafod syniadau mewn seiadau hwyr y nos, a dechrau sylweddoli taw Cymry oeddent. Ategwyd yr ymdeimlad yma yn y man gan brofiadau'r rhyfel, ac wrth edrych yn ôl ar y dyddiau hynny dywedodd Valentine mai 'Un peth a wnaeth y rhyfel i ni'r Cymry, yn fwy felly, efallai, nag i'r rhai a fu yn y rhyfel diwethaf, oedd gneud i ni sylweddoli mai Cymry oedden ni.'[12]

Er gwaethaf addewid yr awdurdodau milwrol na fyddai aelodau'r Corfflu Meddygol yn cael eu gwahanu, cyn hir cafodd y Cymry wybod y byddent yn cael eu gwasgaru ar hyd a lled y Ffrynt Orllewinol a'r Ffrynt Ddwyreiniol, gyda rhai fel Cynan a Dei Ellis yn cael eu hanfon i Salonica ac eraill, fel Valentine, yn cael eu symud i Ffrainc. Ar 16 Medi 1916 anfonwyd ef a phedwar aelod ar hugain arall o'r Corfflu Meddygol i Aldershot cyn symud ymlaen i Southampton i ddisgwyl llong filwrol i'w cludo ar draws Môr Udd.

Ymhen tridiau wedyn, ac yntau'n dair ar hugain oed, roedd Private Lewis Edward Valentine 81908 wedi glanio yn Ffrainc.

*****

Ar yr un adeg ag yr oedd Valentine yn ymrestru yn y lluoedd Prydeinig, roedd myfyriwr ifanc arall un ar hugain oed hefyd yn mynychu cyfarfodydd recriwtio yn y brifysgol yn Lerpwl. Un o gefndir Anghydffurfiol oedd Saunders Lewis yntau, eithr o deulu o Fethodistiaid Calfinaidd llewyrchus, a'i dad, Lodwig Lewis, yn weinidog ar gapel Liscard Road, Wallasey ar lannau Merswy.

Cynnyrch dosbarth canol trefol Wallasey oedd Saunders, ac er bod gwreiddiau ei deulu ar Ynys Môn ac yn Sir Gaerfyrddin, dim ond ar wyliau y cafodd brofiad o'r bywyd gwledig Cymraeg. Derbyniodd addysg breifat yn y Liscard School for Boys yng Nghilgwri, ac ar gychwyn y Rhyfel Mawr roedd yn fyfyriwr ym Mhrifysgol Lerpwl yn astudio Saesneg.

Ar 3 Medi 1914 aeth i gyfarfod recriwtio yn Undeb y Myfyrwyr lle'r anerchwyd y darpar filwyr ifanc gan un o Athrawon y brifysgol wedi'i wisgo mewn lifrai uwch-swyddog yn y fyddin. Yn fuan ar ôl hynny ymunodd Saunders â thrydydd bataliwn y King's Liverpool Regiment. Erbyn Ebrill y flwyddyn ganlynol roedd wedi ymgeisio am gomisiwn fel swyddog yn y fyddin, gan obeithio medru ymuno â chatrawd Gymreig.

Treuliodd ef a'i gyd-filwyr y rhan fwyaf o'r gwanwyn mewn gwersyll ger Grantham yn disgwyl yr alwad i fynd drosodd at y brwydro yn Ffrainc. Trwy gydol ei gyfnod yn y fyddin bu'n llythyru'n aml gyda'i gariad, Margaret Gilcriest, cyd-fyfyriwr iddo yn y brifysgol. Hanai ei theulu hi ar y ddwy ochr o dras Brotestannaidd yn Swydd Wicklow, er iddi hi ei hun, fel Saunders, gael ei magu yn ardal Lerpwl. Dywedodd y milwr ifanc wrth ei gariad ei fod yn ddiamynedd ac yn ysu i ymuno â'r ymladd, gan fynegi ei rwystredigaeth gyda diflastod bywyd undonog y gwersyll milwrol: 'I can't really understand why we are kept so long; we have nothing at all new to learn, and there seems every call and need for reinforcements at the front.'[13]

Ddiwedd Mai derbyniwyd Saunders i 'fyddin Gymreig' fel swyddog gyda deuddegfed bataliwn Cyffinwyr De Cymru, gan dderbyn comisiwn fel is-lefftenant a dyrchafiad i fod yn lefftenant llawn y flwyddyn wedyn. Ond bu'n rhaid iddo aros am flwyddyn arall hyd nes y gwelai ffosydd Ffrainc.

Ym mis Mehefin 1916 y glaniodd ei gatrawd yn Le Havre ac y rhoddodd y Lefftenant Saunders Lewis ei droed am y tro cyntaf ar dir y wlad a fyddai'n gymaint ysbrydoliaeth iddo weddill ei oes. Lletywyd y milwyr yn ardal Pas de Calais, tua phymtheng milltir oddi wrth y brwydro ac ysgrifennodd at Margaret yn dweud ei fod yn mwynhau bywyd yn y *billet* a'r wlad newydd a'i phobl yn fawr: 'The French people are delightful ... What I like is their simplicity, the open intimacy of their life.'[14] Ond cyn hir, wrth symud draw i'r ffosydd, cafodd brofi gwedd arall ar fywyd cymdeithasol, gwedd fwy garw a Seisnig:

> To come from billets to trenches is as good as taking [a] boat from [Le] Havre and landing at Southampton. It is a return to England – English language, English oaths, John Bull's own ways of eating, drinking, and being generally half a gentleman by effort and half a Bull by nature and instinct. That is why I prefer billets even apart from the monotony of the trenches. In billets we mingle with the French people, and they are always gay, spontaneous, 'decent' in the lighter meaning, and they all find entertainment in life apart from the things of life; and so they keep us almost civilised.[15]

Gwell o dipyn ganddo oedd cymdeithasu gyda'r Ffrancwyr lleol na chwmni cwrs ei gyd-filwyr, a oedd yn rhy debyg o'r hanner i sgweieriaid glwth a haerllug Lloegr. Cymaint mwy gwaraidd eu hagwedd at fywyd oedd y Ffrancwyr na'r Saeson, a'u tuedd i wladychu pob cornel o'r byd y glanient ynddi, hyd yn oed y ffosydd:

> But in England – in the trenches – among your own coterie of male friends, you may keep – do, in fact – the speech of politeness – but you tend easily to live the boorish life of the English squire whose soul is just capable of hunting rabbits, but who is too lazy to count his kill.

Mae'n deg dweud, fel y gwna Hywel Davies, fod y profiadau hyn wedi bod yn ffurfiannol i Saunders wrth greu ynddo'r ymdeimlad fod gan y Cymry lawer mwy'n gyffredin â'u cyd-Ewropeaid ar y Cyfandir na'r rhan fwyaf o bobl yn

Lloegr.[16] Diau mai cywir hefyd yw barn cofiannydd Saunders Lewis, Robin Chapman, mai honni gormod fyddai dweud mai datganiad cenedlaetholwr sydd yma, ond dadleua mai 'ffosydd Ffrainc oedd magwrfa ei genedlaetholdeb',[17] gan nodi man cychwyn meddylfryd a fyddai ymhen rhai blynyddoedd yn ei wneud yn genedlaetholwr Cymreig.

*****

Ymladdfa fawr haf a hydref 1916 oedd brwydr y Somme. Cynlluniwyd yr ymosodiad ar luoedd yr Almaen gan Douglas Haig, pennaeth Lluoedd yr Ymerodraeth Brydeinig yn y rhyfel. Cristion o argyhoeddiad oedd Haig, yn grediniol ei fod yn gwneud gwaith Duw ar y ddaear. O dan ei gyfarwyddyd ef cafodd cefnwlad y Somme, o dref fechan Albert i'r brifddinas ranbarthol Amiens, ei thrawsnewid yn wersyll milwrol anferth er mwyn paratoi ar gyfer yr hyrddiad mawr oedd i wthio'r Almaenwyr yn ôl. Fel rhyw fersiwn cynnar o dactegau *shock and awe*, cynlluniwyd yr ymosodiad gan Haig a'i gydgadfridogion i ddefnyddio grym milwrol llethol i daro ergyd derfynol yn erbyn yr Almaen, a'i gorfodi i ildio a dod â'r rhyfel i ben. Y disgwyl oedd y byddai'r Almaenwyr wedi'u syfrdanu gan y bomio di-baid ac yn analluog i wrthsefyll y Prydeinwyr. Ond nid felly y bu. Ychydig o ddifrod a wnaed gan y bomio, ond yn nyddiau cyntaf y frwydr cafwyd lladdfa fawr, a dinistriwyd catrodau cyfan – y golled fwyaf mewn bywydau yn holl hanes byddin Prydain. Dioddefodd y ddwy ochr golledion enfawr. Erbyn i'r frwydr ddod i ben ar 18 Tachwedd, roedd Prydain wedi colli 420,000 o filwyr, Ffrainc 205,000 a'r Almaen rhyw 500,000.

Ym mis Rhagfyr, yn dilyn ymddiswyddiad Asquith, gwireddodd Lloyd George ei uchelgais a dod yn Brif Weinidog, ac ar ddiwedd y flwyddyn dyrchafwyd y Cadfridog Haig, pensaer y Somme, yn Gadlywydd.

Yn ystod yr hydref hwnnw, roedd y Lefftenant Saunders

Lewis wedi profi maes y gad am y tro cyntaf ac wedi gweld y lladdfa ger y Somme. Cynnil yw'r cyfeiriadau at yr ymladd yn ei lythyrau at Margaret, wrth iddo adrodd am gael 'a rather warmer time than usual, and more than the usual roll of casualties'.[18] Yn ddiweddarach, pur wahanol oedd ei argraffiadau:

> Ymosododd y ddaear ar gorff ac ymenydd ac ysbryd, a
> rhwygodd yr ewyllys gref ... Gwelais, pan ddychwelem
> unwaith o'r llinell, a'r dwfr yn cyrraedd at ein llwynau,
> fachgen yn syrthio, a'r nesaf a'i canlynodd a droediodd arno
> er ennill gwell sylfaen i'w gam. Y dyddiau hynny boddwyd
> gymaint ag a laddwyd, a neb yn ateb nac yn sylwi pan lefai
> un am gymorth.[19]

Erbyn dechrau 1917, serch hynny, ni fedrai ymatal rhag adrodd yn blaen am ei brofiadau wrth ei gariad, gan sôn am gymysgedd o 'horror and grotesque humour' oedd yn gymaint rhan o fywyd ar y rheng flaen, a'r meirw oedd mor gyffredin â'r byw yn llysnafedd y ffosydd. Rhoddodd syniad o'r erchylltra afreal a wynebai'n feunyddiol mewn llythyr a ysgrifennodd at Margaret yn Chwefror 1917:

> ... We are in the front line again. It is as it was before the
> frost, a sort of jellatinous matter into which you sink waist
> deep every time you evacuate your dug out. In this I am told
> (on fair authority I believe) that we are conducting a war.
> With whom, it is difficult to tell. If you look long over the
> rim of a shell-hole, in a great wood some two hundred yards
> off you may occasionally glimpse a man looking as wet as
> yourself, but a pipe in his mouth and a curious mediaeval
> sort of head-gear on him, who perhaps digs, perhaps carries
> something heavy, but is always furtive as a thief, and never
> anxious to be seen ...
> That is war in one phase and not the most picturesque.
> It has heaps of phases, sometimes the jellatinous matter

suddenly hits you hard, you realise that this is the earth you are insulting with your howitzers and field-guns, and its muteness, its greyness and its obscure way still of pushing up a slim grass blade where it can; makes you quiet a moment.[20]

Er hynny, nid oedd bywyd milwr yn ddioddefaint parhaus iddo. Mewn erthygl yn 1939 yn *Y Faner*, dywedodd mai'r 'gwir arswydus am fywyd rhyfel yw bod dyn normal, ifanc, yn dygymod ag ef yn bur fuan, ac yn ei gael mewn llawer peth yn fywyd wrth ei fodd'.[21] Ychwanega fod bywyd o'r fath sy'n llawn 'angerdd a'i beryglon a'i antur' yn aml iawn yn 'fywyd llawnach a mwy cyffrous na llwydni beunyddiol y clerc a'r "dwylo" mewn ffatri a'r "dwylo" sy'n athrawon ysgol'.

Mynegodd ei hoffter o fywyd uwch-swyddog mewn llythyr at Margaret yn Rhagfyr 1916, gan nodi ei fod yn gyfrifol am wersyll o 4,000 o filwyr, ac nad oedd yn drwgleicio'r profiad o gwbl: 'I like it immensely', meddai.[22] Ymhellach, roedd y profiad o arwain a threfnu cymdeithas o ddynion wedi magu awydd ynddo i barhau â hynny wedi'r rhyfel:

I go out after breakfast … and watch my roads growing, my stables being built, huts made water-proof, trees felled to provide timber and firewood, pumps built to draw water. It is a satisfactory sort of romance and suggests to me I should enjoy after the war going right out to the wilds of some virgin country and building cities and settlements …[23]

Er y rhamant amlwg yn ei eiriau, synhwyrir hefyd ei fod yn barnu pe bai rhywun am geisio trefnu teyrnas o'r fath, y byddai disgyblaeth a hierarchaeth yn allweddol, sef yr union rinweddau a gafodd gan y fyddin.

*****

Dathlodd Valentine ginio Gŵyl Dewi 1917 trwy fwyta pryd allan o dun corn bîff gyda bisgedi i ddilyn. Dengys ei fyfyrdod ar y diwrnod fod ei deimladau'n dechrau crisialu. Roedd ei argyhoeddiad heddychol yn cryfhau, ac felly hefyd ei ymroddiad i achos Cymru. Roedd cyfarfod dynion o wledydd eraill wedi agor ei lygaid, ac roedd sylweddoliad gwirioneddol, am y tro cyntaf o bosib, gymaint yr oedd Cymru'n ei olygu iddo. Nid oedd eto'n gwybod sut y byddai'n gwasanaethu ei wlad, ond roedd meddwl am Gymru a'i hiaith yn peri gofid iddo:

Dyviau Gŵyl Dewi Sant ond ow ei dreulio ar faes y gwaed
yn Ffrainc ... Anwyled heddiw yw Cymru a Chymraeg i
mi. Breuddwydiaf – na gwn fod gan Dduw bethau mawr
iti i'w gyflawni. Ynot ti mae ysfa gynhenid am heddwch a
drannoeth wedi'r drin cei ddyrchafu baner wen heddwch.
Caraf di fy ngwlad, fy Nghymru, hyd angau, nid cyffredin dy
bobl yng ngwythi dy feibion y mae gwaed tywysogion.[24]

Ym mis Mehefin penderfynodd y Cadlywydd Haig lansio *major offensive* arall ac fe ddechreuodd gynnau mawr Prydain saethu at amddiffynfeydd yr Almaen yn yr Ieper Salient ar 16 Gorffennaf. Ond eto fyth, er gwaethaf pythefnos o danio cyson, roedd llawer o amddiffynfeydd y gelyn yn dal yn gyfan. Er hyn, ar ddiwrnod olaf Gorffennaf, rhoddwyd y gorchymyn i filwyr Prydain symud o'u ffosydd. Roedd brwydr Passchendaele wedi cychwyn.

Araf oedd y cynnydd a wnaed gan fyddinoedd y Cynghreiriaid, fodd bynnag, a hynny i raddau helaeth oherwydd cyflwr enbyd o gorsiog y tir. Roedd holl ergydion magnelau a bomiau awyrennau Prydain wedi dinistrio systemau draenio'r ardal a throi caeau oedd eisoes yn ddigon mwdlyd yn un gors anferth.

Erbyn hyn roedd Valentine wedi cael digon ar frolio llwyddiannau ffug propaganda'r awdurdodau wrth ddarlunio hynt yr ymladd: 'Dywaid y wasg Jingoaidd bod y gelyn yn cilio beunydd ond ni welais eto un arwydd o'i nychdod.' Bu'r rhyfel yn addysg wleidyddol galed iddo ef fel i lawer milwr arall, ac roedd cymaint o dywallt gwaed a cholli cymaint o gyfeillion wedi'i wneud yn fwy beirniadol o'r awdurdodau. Syrthiodd hynny o gen a fu ar ei lygaid, a gwelai'r rhyfel am yr hyn ydoedd. Wrth holi pam roedd y rhyfel yn parhau cyhyd daeth i'r casgliad sicr fod rhywrai'n elwa ar gorn yr holl ddioddefaint. Er bod awydd angerddol am heddwch yng nghalonnau'r milwyr cyffredin, roedd rhywun neu rywrai yn rhwystro heddwch:

Mae y llaw ddirgel sy'n atal y diwedd ynte? Credaf fod dosbarth yn ein gwlad sy'n dda ganddynt ryfel ac yn elwa ar y cythreuldeb hwn. Y lleiafrif hwn sydd yn atal heddwch, ac yn gwneud y llywodraeth yn gyndyn a gwargaled. Barn pob milwr yw nas gellir byth orchfygu cenedl rymused ac mor athrylithlon â'r Almaen ac nid wyf i yn dymuno buddugoliaeth.[25]

Caledu yr oedd barn Valentine am y fyddin a'i huwch-swyddogion yn gyffredinol. 'If Britain is democratic,' ysgrifennodd, 'why is such an ultra-conservative institution as the Army tolerated?'[26] Tyngodd y deuai dydd o brysur bwyso i'r giwed hon:

Ysgyrnygir arnom gan ddynionach a'u hwynebau yn dweud yn huawdl beth ydynt. Mae'r swyddogion yn feddw rhan fawr o'r dydd. Dial! Dial! Dial! Wedi'r drin uffern fydd bywyd y diawliaid hyn.[27]

Nodwedd o'r defnydd o dechnoleg fodern yn y Rhyfel Byd Cyntaf oedd ymosodiadau bomiau nwy, ac ym mis Medi 1917, yn ystod brwydr Passchendaele, defnyddiodd yr Almaen nwy mwstard am y tro cyntaf. Hwn oedd y mwyaf angheuol o'r cemegau gwenwynig a ddefnyddiwyd yn ystod y brwydro. Ar y cychwyn roedd effaith y nwy yn peri tisian a phesychu mawr, a dilynid hynny gan dymheredd uchel a phothelli a llosgiadau ar hyd y corff. Wedyn byddai amrannau'r llygaid yn chwyddo nes cau'n llwyr. Fe allai'r rhai a oroesai'r ymosodiad ddioddef problemau anadlu a nam parhaol ar eu golwg.

Ddydd Mawrth, 23 Hydref, dioddefodd Valentine ymosodiad gan fomiau nwy o'r fath, gan beri iddo golli ei olwg a'i leferydd:

> Yn y bore bach yr oedd rhyw hanner cant ohonom ynghyd â'n swyddogion, yn ymwthio ymlaen yn araf a gochelgar dan gawodydd o dân belenni, – lladd neu glwyfo dau ddegwm ohonom mewn ychydig o funudau cyn cyrraedd y nod. Y peth olaf a gofiaf ydyw gwyro i gynorthwyo rhyw druan oedd yn gerain dan ei boen, ac yna nos ac angof.[28]

Pan ddaeth ato'i hun yr oedd ar fwrdd llong yng nghanol Môr Udd ar ei ffordd yn ôl i Brydain. Dygwyd ef i ysbyty Coombe Lodge yn Swydd Essex. Oherwydd ei anafiadau difrifol bu'n ddall am dri mis, anafwyd ei goesau a'i law hefyd a dioddefodd effaith y shrapnel yn ei law am weddill ei oes. Bu dan ofal meddygol am weddill y rhyfel, ac mewn amrywiol ysbytai milwrol am flwyddyn. Cafodd ar ddeall wedyn fod llawer o'i uned wedi'u lladd yn y brwydro, ac, er mor arw ei anafiadau, ei fod ef ei hun wedi cael dihangfa wyrthiol.

Wrth adfer ei iechyd, cafodd amser i fyfyrio a gwneud rhywfaint o synnwyr o'i brofiadau. Ysgrifennodd o'r ysbyty at gyfaill gan ladd ar y 'juggernaut filwrol' a galaru oherwydd y 'credir yr athrawiaeth ddieflig honno, sef trech gallu na chyfiawnder gan fyd cyfan bron ...'[29]

Mewn ymgais i gael ei leoli yn agosach at ei gartref, gwnaeth Valentine gais i gael ei symud i'r 'rhanbarth ogleddol'. Wrth wneud hynny fe anghofiodd mai yn y rhanbarth orllewinol yr oedd Cymru. Llwyddiannus fu'r cais serch hynny, ac ar 5 Mawrth clywodd fod bwriad i'w symud i Ogledd Iwerddon.

*****

Dirdynnol hefyd oedd profiad Saunders Lewis o'r ffosydd, gyda marwolaeth yn bresenoldeb dyddiol. Wrth gofio'n ôl, adroddodd am adeg pan fu gofyn iddo fynd ar batrôl ger Tir Neb gyda'i filwyr er mwyn chwilio am fylchau yn amddiffynfeydd yr Almaenwyr:

Yr oeddwn i'n swyddog patrôl yn fy mataliwn yn y Rhyfel Cynta'. Fy ngwaith i oedd cymryd cwmniau bychain o'r bechgyn, sersiant a thri phreifat gan amlaf, allan i'r tir neb liw nos.

Byddai raid inni groesi'n gwifrau ni ac wedyn y naill y tu ôl i'r llall symud ar ein torrau i gyfeiriad y gelyn, chwilio am eu patrolau hwy ar y ffordd a'u gwasgar, neu fynd ar hyd eu ffrynt hwy ac archwilio cyflwr eu gwifrau pigog,

Unwaith ar ddarn o ffrynt lle y buasai cyrch ddeuddydd cynt, yr oeddwn i allan ar sgowt fel yna gefn nos, ac fe glywsom sŵn morthwylio stwrllyd o flaen ffos yr Ellmyn.

Nesu wnes i'n nesnes atynt, nes oeddwn i yn y lle a'r man. Erchais i'm patrôl aros amdanaf dipyn o'r tu ôl. Ymgripiais ymlaen ar fy mol a'm pistol ar annel yn fy llaw.

Dwsin o fechgyn yr Ellmyn oedd yno'n trwsio'r adwy, yn gosod polion newydd i ddal y gwifrau pigog a'u clymu a'u sisyrnu a'u plethu. Teirllath o'r tu blaen iddynt yr oedd un milwr yn gwylio.

Cymaint oedd eu sŵn hwynt yn curo'r polion a llusgo'r gwifrau fel y medrais i ymgripian i bwll magnel bychan o fewn pedair llath i'r gwyliwr heb iddo amau dim. Yn wir yr oedd eu hyder diniwaid hwynt oll yn rhyfedd. Yr oedd amryw'n canu wrth eu gwaith.

Yr oedd hi'n noson enbyd o oer.

Yr oedd yr Almaenwr ifanc o wyliwr yn rhynnu. Dododd

ei ddryll ar y llawr a dechrau chwipio'i freichiau a stampio'i draed i gynhesu. Troes ei gefn ataf i edrych ar y gweithwyr a dweud rhywbeth wrthynt. Yr oedd y lleuad y tu cefn imi ac yn disgleirio arno. Yr oedd fy mhistol yn barod. Erbyn hyn yr oedd rhyw ddwy lath drwchus o wifren bigog rhyngddo ef a'i gymdeithion. Sylweddolais y gallwn yn ddiogel a sicr ei saethu'n farw, galw ar fy mhatrôl, a chludo'i gorff yn sydyn yn ôl i'n ffosydd ni. Felly y cynlluniais.

Troes yr Almaenwr ei wyneb tuag ataf. Ni welai ef ddim. Aeth tri munud heibio. Saethais i ddim. Fedrwn i ddim. Un peth ydi lladd â dryll o bell neu ladd â bidog yng ngwres brwydro rhuthrol. Peth arall yw saethu at fachgen bach hapus a'i ddryll ar lawr bedair llath oddi wrthyf.

Gorffennwyd y gwaith. Galwyd ar y gwyliwr. Llamodd ef dros y gwifrau a diflannu i'r ffos gyda'r lleill.

Llithrais yn ôl at y patrôl. Anfonais adroddiad i'r Brigâd fod yr adwy ar y ffrynt wedi ei thrwsio.[30]

Yn ei ddisgrifiad o'i ddewis i beidio saethu'r Almaenwr ifanc, amlyga Saunders Lewis y cod moesegol a ddilynodd trwy gydol ei fywyd – cod oedd yn seiliedig ar gysyniad o anrhydedd. Roedd gyrfa milwr yn yrfa anrhydeddus iddo, ac nid gweithred heddychol yn erbyn rhyfel oedd peidio tanio. Yn y sefyllfa y cafodd Lefftenant Lewis ei hun ynddi yn Nhir Neb, nid gweithred anrhydeddus fyddai i uwch-swyddog yn y fyddin saethu dyn heb arf.

Ddiwedd Ebrill 1917 bu'n rhan o ymladd ffyrnig ger tref Gonnelieu, yn rhan o frwydr Cambrai. Lladdwyd 26 o filwyr ei gatrawd a chlwyfwyd 45 yng ngwrthymosodiad lluoedd yr Almaen, ac roedd Saunders ei hun yn un o'r clwyfedigion. Cafodd ei saethu'n ddrwg yn ei glun a'i goes chwith, ac ar ôl treulio cyfnod mewn ysbyty yn Rouen fe'i cludwyd yn ôl i Brydain i wella o'i anafiadau mewn ysbyty i swyddogion y fyddin yn Llundain.

Yn y cyfnod hwn, wrth adfer yn yr ysbyty, clywodd y

newyddion ysgytwol fod ei frawd iau, Ludwig, wedi ei ladd yn y brwydro yn Ffrainc. Er ei fod yn awyddus iawn i ymweld a chysuro ei dad, a oedd bellach yn byw yn Abertawe, roedd ei anafiadau ef ei hun yn llawer rhy ddifrifol iddo allu teithio.

*****

Ddiwedd Mawrth 1918 croesodd Valentine o Gaergybi trwy Ddulyn a Belffast i ysbyty Dunmore Park yn ardal Lough Neagh, Swydd Antrim. Cartrefwyd y dynion mewn cytiau Nissen ar safle'r ysbyty, ac ar y cyfan roeddent yn rhydd i fynd a dod o fewn ffiniau parc eang Dunmore.

Ni wnaeth trigolion Protestannaidd Gogledd Iwerddon argraff dda iawn ar y Bedyddiwr ifanc. Ymddangosai ei gyd-Brotestaniaid fel pobl bengaled ac anoddefgar, yn arddel Prydeindod ymwthgar ac yn dangos anoddefgarwch mawr tuag at y Catholigion, rhywbeth oedd yn gwbl groes i ysbryd Crist ym meddwl Valentine.

Yn ystod wythnosau cyntaf mis Ebrill roedd tensiwn gwleidyddol mawr yn Iwerddon. Yn 1916 roedd gweriniaethwyr Gwyddelig wedi codi mewn gwrthryfel adeg y Pasg, gwrthryfel a drechwyd gan yr awdurdodau Prydeinig gan ddienyddio'r arweinwyr i gyd, gan gynnwys Padraig Pearse a James Connolly. Roedd yr awdurdodau ar bigau rhag ofn i'r Gwyddelod benderfynu 'dathlu' Gwrthryfel 1916 trwy ei efelychu. Ofnai'r milwyr oedd yn aros yn Dunmore Park y byddent yn cael eu hanfon i Ddulyn i gadw'r heddwch dros y Pasg. Er mor annhebygol oedd hynny, gan mai clwyfedigion oeddent, yn yr hinsawdd gynhyrfus ymddangosai fod unrhyw beth yn bosib, yn enwedig, meddai Valentine, gan fod 'ein Cyrnol (os dyna ei radd) yn ddyn hanner gwallgof ac yn ystyried pob Gwyddel yn anifail gwyllt yn haeddu ei ddinistrio'.[31]

Bwriad Llywodraeth Prydain oedd cyflwyno gorfodaeth filwrol yn Iwerddon, a chafodd plaid Sinn Féin a'r mudiad gweriniaethol gryn lwyddiant yn sgil y gwrthwynebiad i hynny. Cynyddwyd y tensiwn ym Medi 1917 pan fu farw'r gweriniaethwr Thomas Ashe ar streic newyn yng ngharchar Mountjoy yn Nulyn, ac roedd Éamon de Valera ac Arthur Griffith, dau o arweinwyr amlycaf y blaid, wedi ennill isetholiadau yn yr un flwyddyn. Roedd y llywodraeth yn benderfynol o wthio gorfodaeth ar Iwerddon, fel y gwnaethpwyd yng ngweddill Prydain yn 1916, ac ar 18 Ebrill pasiwyd y Mesur Gorfodaeth Filwrol yn San Steffan. Arweiniodd hynny at lofnodi'r *Anti-Conscription Pledge* ledled Iwerddon. Dyma oedd yr achos a drodd y fantol o blaid Sinn Féin a'r mudiad gweriniaethol a chyda'r gwynt yn ei hwyliau llwyddodd y blaid i gipio mwyafrif llethol y seddi seneddol yn yr etholiad yn 1918, gan agor y drws i'r gwrthdaro a fyddai'n arwain yn anorfod at y rhyfel annibyniaeth.

Nid oedd amheuaeth gan Valentine pwy oedd yn haeddu ei gydymdeimlad. Ar 7 Ebrill ysgrifennodd: 'Mae'r llywodraeth yn ceisio gwthio "Gorfodaeth" ar yr Iwerddon ond mae'r Sinn Fein a'r Cenedlaetholwyr yn ei wrthwynebu i'r eithaf. Duw yn rhwydd i'r Sinn Fein.'[32]

Yn ystod wythnosau cyntaf Ebrill câi gyfleon yn aml i fynd am dro ar lan y llyn. Bachodd ar y cyfle i ddod i adnabod Catholigion brodorol, ac yn sgil sgwrsio a siarad â thyddynwyr oedd yn byw ar lan Lough Neagh, trefnodd i gwrdd â chenedlaetholwyr Sinn Féin oedd yn cyfarfod mewn pentref cyfagos:

Roedd pentref heb fod ymhell o'n gwersyll lle'r oedd nifer fawr o'r Sinn Ffeiniaid. Roedden nhw'n bobl fonheddig iawn, ac yn eu plith nifer o Sgotiaid a Saeson oedd wedi ffoi o'r fyddin Brydeinig am eu bod nhw'n cydymdeimlo ag achos Iwerddon. Mi fûm i a chyfaill o Sais ... yn ystyried yn ddifrifol iawn ymuno â'r bobl yma. Byddem wedi cael croeso a lloches ganddyn nhw.[33]

Cam rhy fawr oedd hynny, fodd bynnag, a phenderfynu peidio ag ymuno â'r gweriniaethwyr wnaeth y ddau, yn bennaf oherwydd pryder mai eu teuluoedd fyddai'n dioddef y gwawd a'r erlid cymdeithasol a ddeuai yn ei sgil.

Roedd Sinn Féin wedi llunio cynllun i wrthsefyll gorfodaeth pe bai'n cael ei gweithredu gan Lywodraeth Prydain, ac ar 24 Ebrill cadwyd y cleifion milwrol yn gaeth i'w cabanau Nissen yn Dunmore Park oherwydd bygythiad y cenedlaetholwyr i wrthdystio a chodi helynt.

Heb os, fe wnaeth cyfarfod â phobl 'fonheddig a diwylliedig' Sinn Féin argraff ddofn iawn ar Valentine. 'Nid oes fyddin yn y byd', meddai, 'a all orchfygu y math yma ar ddynion.'[34] Daeth yn edmygydd mawr ohonynt ac yn gefnogwr brwd i'r achos cenedlaethol yn Iwerddon. Ysgrifennodd yn ei ddyddlyfr ddechrau mis Mai ei fod 'yn hoffi y Gwyddelod yn fawr ac yn cydymdeimlo yn llwyr â hwynt. Gresyn na roddir Ymreolaeth iddynt.'[35] Bu unigolion fel Arthur Griffith a Padraig Pearse yn arwyr iddo ar hyd ei fywyd, ac wedi'r rhyfel câi gyfle ymarferol i ddangos ei edmygedd o safiad y Gwyddelod, trwy ddangos cefnogaeth gyhoeddus gyda'i gyd-fyfyrwyr ym Mangor i'w hachos cenedlaethol.

*****

I'r cyfnod a dreuliodd yn filwr ifanc yn Ffrainc y gellir olrhain twf syniadau gwleidyddol Saunders Lewis hefyd, er mai o weithiau llenyddol yn hytrach na mudiadau y tarddodd ei ysbrydoliaeth ef. Yr oedd eisoes trwy ddarllen gweithiau llenorion yr adfywiad diwylliannol yn Iwerddon wedi dod i ddeall ystyr cenedlgarwch:

> Trwy ddarllen llenyddiaeth Yeats, Synge, Patrick Colum … y des i, am y tro cyntaf, i ddeall beth oedd gwlatgarwch ac ysbryd cenedl. Ac yn fuan mi ddechreuais i feddwl fod

pethau fel yna, oedd yn gafael ynddyn' nhw yn Iwerddon, yn
briodol i mi afael ynddyn' nhw yng Nghymru.[36]

Ond ar dir mawr Ewrop yn ystod y rhyfel y gwnaeth
ddarganfyddiad arall, sef gweithiau'r awdur, athronydd
a gwleidydd Ffrengig Maurice Barrès, ac yn arbennig
drioleg o nofelau o'i waith o'r enw *Le Culte du Moi* (Cwlt yr
Hunan). Yn y rhain trafodir unigolyddiaeth yr hunan sy'n
gysylltiedig gydag ymlyniad dwfn i dir a daear ei gynefin,
a'r teimlad o ddadrith a methiant a ddaw wrth i'r unigolyn
gael ei ddadwreiddio o'i draddodiad brodorol. Pan oedd ei
gatrawd yn cael seibiant o'r ymladd yn Abbeville prynodd
Saunders Lewis gopi o nofel gan Barrès a'i mwynhau yn
arw:

A swyn ei arddull! Hyd heddyw mi gofiaf ddarllen y penodau
hynny yn ffosydd Loos, a'r haul uwchben yn yr awyr eglur,
a'r gelynion ganol dydd – y barbariaid – yn dawel, a minnau
mewn gwynfyd pur.[37]

Cenedlaetholwr Ffrengig ceidwadol ac adweithiol oedd
Barrès, gyda thueddiadau gwrth-Semitaidd. Roedd yn
feddyliwr a llenor amlwg yn ei ddydd, ac fe'i hystyrid yn
feistr ar yr iaith Ffrangeg. Dylanwadodd ar lenorion ar
draws y sbectrwm gwleidyddol yn Ffrainc, gan gynnwys
Proust, Malraux, Mauriac a Camus. Mi gafodd *Le Culte du
Moi* ddylanwad hyd yn oed ar y Simone de Beauvoir ifanc.
Adeg helynt achos o deyrnfradwriaeth a ddygwyd ar gam
yn erbyn y Capten Alfred Dreyfuss yn Ffrainc ar droad y
ganrif, cefnogodd Barrès y fyddin a'r Eglwys Gatholig yn
erbyn Dreyfuss, oedd yn Iddew. Eto i gyd, ystyrid ef yn un
o lenorion mwyaf dawnus ei ddydd, ac roedd yn gyfaill i
arweinwyr sosialaidd fel Jean Jaurès, a Leon Blum, ond
hefyd yn gyfeillgar gydag eithafwyr y Dde fel Charles
Maurras. Erbyn cyfnod y rhyfel roedd ei wrth-Semitiaeth
wedi lliniaru i'r graddau ei fod yn ystyried Iddewon Ffrainc

yn un o bedair elfen athrylith y Genedl Ffrengig, ynghyd â'r Ffrancwyr Traddodiadol, y Protestaniaid a'r Sosialwyr.

Yn annisgwyl ddigon, un arall y dylanwadwyd arno gan Barrès oedd y bardd gwrthdrefedigaethol ac arlywydd cyntaf Senegal, Léopold Senghor.[38] Roedd Senghor yn un o ffigurau amlycaf mudiad deallusol Négritude, oedd am godi hunaniaeth ddiwylliannol a gwleidyddol pobl ddu yn Affrica a thu hwnt. Dywedodd am Barrès:

Roedd ... wedi dylanwadu'n fawr arnaf. Mae'n rhyfedd, gwnaeth Barrès i mi adnabod a charu Ffrainc, ond ar yr un pryd, atgyfnerthodd ynof y teimlad o Negritude, trwy bwysleisio hil, neu o leiaf y genedl.[39]

Ategodd Senghor ddylanwad Barrès arno mewn geiriau y gellid yn hawdd fod wedi eu llefaru gan Saunders Lewis mewn cyd-destun Cymreig:

Llais Lorraine, galwad Lorraine, oedd i mi, alltud, dan lwydni Paris, llais tir y Serer[40] ydoedd. Gwaed Lorraine oedd gwaed Serer. Wrth ddarllen Barrès, myfyriais unwaith eto ar wersi fy nhad ac fel Barrès, deuthum fwyfwy yn un â'm tir, â gwerthoedd ei wareiddiad.[41]

Hyd heddiw mae etifeddiaeth Barrès yn gymhleth a dadleuol, ac yn 2023 cafodd ei gynnwys ar restr o Goffâd Cenedlaethol Gwladwriaeth Ffrainc a luniwyd gan yr Institut de France.[42]

Dywedodd Saunders Lewis, wrth edrych yn ôl, 'mai Barrès, ar ôl Yeats a'r Gwyddelod a'm gwnaeth yn Gymro, cenedlatholgar trwy argyhoeddiad'. Fe'i darbwyllwyd trwy ddarllen gwaith Barrès o'r angen i bobl fod yn ymwybodol o orffennol eu gwlad eu hunain. Mewn ysgrif goffa i Barrès a gyhoeddwyd yn 1924, dywed am themâu nofel y Ffrancwr:

... fe ddeall arwr Barrès na all neb fod yn unig, bod ei
wreiddiau yn y ddaear honno ac yn gymysg a gwreiddiau ei
phobl, yn un bleth a hwythau; mai munud yw bywyd dyn
yn nhreigl bywyd hir a thawel ei wlad a'i genedl; ... a thrwy
ymdaflu i fywyd ei wlad a'i genedl y gall dyn ei adnabod ei
hun, a meithrin ei enaid yn llawn ac yn gyfoethog, a byw yn
artist hyd at eithaf ei ymwybod ...[43]

Byd-olwg nid annhebyg oedd hwn i'r cyngor a roddwyd i'r
Saunders ifanc gan ei dad, Lodwig, pan ddywedodd wrtho,
"Ddaw dim byd ohonoch chi, Saunders, nes dowch chi'n ôl at
eich gwreiddiau."[44]

*****

Ymhen ychydig cafodd Valentine glywed ei fod ar restr
ddrafft i adael y gwersyll yng Ngogledd Iwerddon am Loegr.
Ar 28 Mai hwyliodd o borthladd Belffast i Fleetwood yn
swydd Gaerhirfryn, cyn symud ymlaen i'w lety yn Blackpool.
Fis yn ddiweddarach cynhaliwyd seremoni filwrol i godi
morâl y milwyr, ond roedd y teimladau'n fwy cymysg nag ar
ddechrau'r rhyfel, ac roedd Valentine, fel amryw o'r milwyr
clwyfedig eraill, wedi colli pob ffydd yn eu harweinwyr
milwrol a pholiticaidd, ac yn ddiamynedd â'u hystumiau
rhagrithiol:

> Bu'r General Pitcairn Campbell yma dydd Llun diwethaf yn
> dosbarthu medalau i nifer o'r milwyr ond ni arddangoswyd
> dim brwdfrydedd gan y milwyr oddigerth pan ddaeth dwy
> weddw ger bron i dderbyn medalau eu gŵyr marw. Amlwg
> wedyn y lleithder oedd ymhob llygad. Nid oes neb yn
> meddu gronyn o ffydd yn y Llywodraeth ac mae hyd yn oed
> Lloyd George, gwron y miloedd gynt yn colli ei ddylanwad.
> Ymreolaeth i Gymru. Pa bryd? Mae oes euraid Cymru
> ymlaen. Ai llai annwyl Cymru i'r Cymro na'r Iwerddon
> i'r Gwyddyl? Ai difraw y Cymro parthed hawliau Cymry?

Paham y cyfrifwn ni yn llai o genedl na'r Gwyddelod? Ein Dic Siôn Dafyddion a'n haelodau Seneddol gwlatgar sy'n cyfrif am hyn.[45]

*****

Yna ar 11 Tachwedd daeth y cadoediad hirddisgwyliedig. Edrychai Saunders Lewis ymlaen at 'the end of one phase' ond roedd ansicrwydd ynghylch beth a ddeuai nesaf. Ei fwriad oedd dychwelyd i'r brifysgol yn Lerpwl i orffen ei radd ond ei ddymuniad oedd mynd ar grwydr a theithio ar hyd gwlad hynafiaid Margaret a'i wlad ei hun. Yn gefnlen i'r awydd hwnnw yr oedd ymdeimlad o ymlyniad at Gymru ac uniaethu o'r newydd gydag Ewrop:

> The next country I want to see is Ireland, your own very slandered island, that I have never ceased to love, despite the newspapers ... When I go to Wales and look from the heights above the Conwy on the river and valley and the hills, I have a sentiment of my closeness to the old Welsh tribesmen who fought there with the Llewelyns, with Owen Glyndwr, a sentiment of such nearness that I feel as though their very blood were in my veins. And in going over these old countries of western Europe, it is the continual contact of a tradition, of a civilisation, that enraptures me.[46]

Galwodd Lloyd George etholiad cyffredinol mewn ymgais i fanteisio ar lawenydd y cadoediad. Ond nid plaid hen arwr ei dad gafodd bleidlais gyntaf Lewis Valentine yn yr etholiad 'khaki'. Yn ei ddyddlyfr ar 19 Rhagfyr 1918 fe nododd: 'Y ddoe rhoddais fy mhleidlais gyntaf i E.T. John aelod Llafur dros Ddinbych.'

E.T. John oedd yr unig aelod seneddol Rhyddfrydol o Gymru oedd wedi gwrthwynebu Mesur Gorfodaeth Filwrol 1916; yn wir collodd ei fab ei hun yn y brwydro, ac erbyn diwedd y rhyfel yn 1918, roedd wedi cael tröedigaeth wleidyddol lwyr. Ar ôl gwasanaethu fel Aelod Seneddol Rhyddfrydol Dwyrain Sir Ddinbych rhwng 1910 ac 1918, gadawodd y blaid honno ac ymuno â Llafur. Ei gymhellion pennaf dros wneud hynny oedd agwedd gadarnhaol y blaid tuag at hunanlywodraeth a'i chefnogaeth i sefydlu Cynghrair y Cenhedloedd. Yn etholiad 1918 safodd fel ymgeisydd Llafur yn sedd Dinbych. Ond yn ysbryd Prydeinig diwedd y rhyfel, colli'n anorfod fu ei hanes, gan ddod yn olaf yn yr ornest, gyda 2,958 pleidlais yn unig.

Fe laddwyd 40,000 o Gymry yn y rhyfel ac ni allai Valentine osgoi teimlo dicter at arweinwyr crefyddol a gwleidyddol Prydain. Hudwyd llanciau Cymru i farw yn ffosydd Ffrainc a Fflandrys ac yna anghofiwyd eu haberth o fewn dim:

> Y wlad yr oedd ei rhagfarn yn fwyaf yn erbyn y rhyfel a
> yrrodd fwyaf o fechgyn i'r ffosydd, a chollodd fwy na'r un
> wlad arall a dioddefodd yn enbytach – dyna un o baradocses
> y rhyfel ... Yr oedd catrodau Lloegr yn cael pob clod, a
> phapurau'r Deyrnas yn canu eu clodydd beunydd, ond nid
> oedd Aberth Cymru yn werth sôn amdano.[47]

Profiad chwerwfelys oedd dychwelyd i fywyd normal, a difrawder a rhyw fyfïaeth newydd a welai ymhobman o'i gwmpas: 'Nid yw ebyrth y pum mlynedd wedi deffro fawr ar y werin ond yn hytrach wedi creu ynddynt ysbryd digon ansaig a hunanol – ac nid oes yr un dewin a ŵyr i ble mae'r byd yma yn mynd.'[48] Wedi'r rhyfel, er hynny, roedd Valentine ei hun yn fwy sicr ei feddwl ynghylch yr hyn a gredai. Yn un peth, roedd bellach yn heddychwr o egwyddor, ac yn ganolog i'r heddychiaeth honno yr oedd elfen gref o wrth-imperialaeth. Caledu hefyd wnaeth ei ymlyniad at Gymru a'r Gymraeg. Sylweddolai, yn enwedig wrth weld brwydr annibyniaeth Iwerddon yn mynd rhagddi, fod gofyn i'r Cymry hefyd sefyll yn gadarn er mwyn mynnu eu hawliau:

Wedi credu truth y gwleidyddion mai rhyfel i roi rhyddid i genhedloedd bach oedd honno, euthum iddi ar fy mhen. Yn dyfod o'r rhyfel yr oeddwn yn genedlaetholwr Cymreig rhonc.[49]

Roedd y Rhyfel Mawr wedi chwalu'r hen fyd, ac roedd gwres eirias ei ffwrnais hefyd wedi rhoi dur yng ngwaed rhai oedd â'u bryd ar geisio newid Cymru er gwell. I ddynion ifanc fel Valentine a Saunders Lewis, wedi profi erchyllterau maes y gad, nid oedd rhethreg wag a chwythiadau ymhonnus arweinwyr cymdeithas yn ôl yng Nghymru yn ddim i'w ofni.

4

Machlud
gogoneddus y Wawr

PAN OEDD SAUNDERS LEWIS gartref o'r fyddin ac yn aros
gyda'i dad yn Abertawe yn 1916, galwodd heibio siop lyfrau
yn y dref. Wrth bori yn y cyfrolau yno daeth o hyd i gofiant
T. Gwynn Jones i'r gweinidog, y llenor a'r meddyliwr Emrys
ap Iwan. Bu darllen y gyfrol yn brofiad creiddiol i'r milwr
ifanc. Dyma, meddai flynyddoedd yn ddiweddarach, 'un o'r
llyfrau anfynych hynny sy'n newid hanes ac yn effeithio ar
genhedlaeth gan ei hysbrydoli a rhoi cyfeiriad iddi'.[1] Cyfrol
T. Gwynn Jones oedd 'y llyfr a wnaeth Emrys yn arwr ac yn
rhagflaenydd mudiad cenedlaethol Cymru ac a ddangosodd
hefyd ei bwysigrwydd fel llenor a meddyliwr'.[2] I Saunders,
fel y nododd Dafydd Glyn Jones, roedd darllen y llyfr hwn yn
tanlinellu popeth yr oedd eisoes wedi ei ddarllen gan Barrès
am bwysigrwydd gwreiddiau.[3]

Ganed Emrys, sef Robert Ambrose Jones, yn 1848, yn
nhref Abergele. Cyn mynd yn weinidog gyda'r Methodistiaid
Calfinaidd bu'n gweithio fel garddwr ym Modelwyddan ac
mewn siop ddillad yn Lerpwl, a threuliodd rai blynyddoedd
yn athro ar y Cyfandir. Daeth i wrthdrawiad amlwg iawn
gyda ffigurau amlycaf ei enwad ar gorn ei wrthwynebiad i
sefydlu achosion Saesneg eu cyfrwng mewn capeli Cymraeg

ar gyfer mewnfudwyr o Loegr. Cythruddwyd arweinwyr y Methodistiaid gymaint gan ei wrthwynebiad i'r *Inglis Cos* nes iddynt wrthod ei ordeinio yng Nghymdeithasfa Llanidloes yn 1881, er iddo gael ei dderbyn yn weinidog ddwy flynedd yn ddiweddarach. Cyfrannai Emrys yn gyson i *Faner ac Amserau Cymru* yn ogystal â'r *Geninen*, yn aml o dan ffugenwau, gan draethu barn bendant a dychanol ar faterion y dydd.

Prydeindod teyrngarol wedi'i lapio yng ngwisg Cymreictod dagreuol oedd safbwynt rhai o wladgarwyr pennaf yr oes. Cefnogwyr y Prosiect Ymerodrol oedd arweinwyr Cymru Fydd – roedd T.E. Ellis, er enghraifft, yn un o edmygwyr Cecil Rhodes, y dyn a ddofodd ddeheudir Affrica er lles yr ymerodraeth ac er budd ei boced ei hun. Cwbl wahanol oedd agwedd Emrys – roedd yn wrth-imperialydd pybyr ac yn gadarn o blaid hunanlywodraeth i Gymru (ef a fathodd y gair 'ymreolaeth'). Nid oedd Cymru Fydd, â'i chysylltiadau agos â'r Blaid Ryddfrydol Brydeinig, yn mynd ddigon pell ganddo; mewn sawl erthygl galwodd am ffurfio plaid genedlaethol Gymreig a fyddai'n blaenoriaethu hunanlywodraeth ac yn diogelu'r Gymraeg uwchlaw pob mater arall.

Emrys ap Iwan oedd un o'r meddylwyr Cymreig cyntaf i ddisgrifio perthynas Cymru â Phrydain a Lloegr mewn termau gwrthdrefedigaethol, tebyg i genedlaetholwyr mewn gwledydd eraill yn yr ymerodraeth, fel Iwerddon ac India. Roedd y Cymry, haerai Emrys, yn amlygu eu hisraddoldeb yn eu hagweddau at y Gymraeg, eu gorbarchusrwydd crefyddol, eu 'Sais-addoliaeth' a'u hofn o feirniadu Saeson a'r modd yr edrychent ar y byd drwy sbectol Seisnig. Gwell fyddai iddynt eu hystyried eu hunain yn un o wledydd cyfandir Ewrop a'u rhyddhau eu hunain o afael difaol 'John Bully'.

Tynnai Emrys ysbrydoliaeth o wledydd fel yr Eidal, Hwngari a Ffrainc. Cefnogai'r Gwyddelod yn eu brwydr am ymreolaeth ac roedd am i'r Cymry ddangos eu haeddfedrwydd fel pobl a mynnu eu lle ymysg cenhedloedd y byd. I'r perwyl hwnnw haerai nad oedd dim mater gwleidyddol pwysicach nag ennill ymreolaeth. Rhaid oedd sicrhau rhyddid i'r genedl yn gyntaf cyn mynd i'r afael â phroblemau cymdeithasol ac economaidd; rhaid oedd ymwrthod â gosod hawddfyd personol a buddiannau dosbarth yn uwch na rhyddid y genedl. Cyn cychwyn ymryddhau ac aeddfedu fel cenedl, fodd bynnag, byddai'n rhaid torri ar arfer cenedlaethau. Nid oedd diben mwyach ymladd am ryddid o fewn pleidiau Prydeinig, na sôn am Chwigiaid Cymru a Thorïaid Cymru. Yn hytrach, dadleuai Emrys, dwy blaid wleidyddol yn unig a ddylai fod yng Nghymru hyd nes y câi ei hawliau'n llawn fel cenedl, sef plaid Gymreig a phlaid wrth-Gymreig. Gwanhau'r blaid wrth-Gymreig ddylai fod yn brif nod pledwyr achos Cymru. Gwendid mawr mudiad Cymru Fydd oedd mai plentyn y Blaid Ryddfrydol ydoedd, a'r unig ryddfrydiaeth yr oedd diben i'r Cymry ymwneud â hi oedd 'rhyddhau'r Dywysogaeth oddi wrth yr ormes Seisnig sy'n ei gwneud yn gadlas chwarae ac yn grochan golchi i bob anghyfiaith ac anghyweithas'.[4]

Rhoddai bwyslais o'r newydd ar y Gymraeg, ac ar ysgrifennu a siarad Cymraeg safonol, ond mwy arwyddocaol oedd cadw'r iaith yn ganolog i barhad a goroesiad y genedl. Y Gymraeg, meddai Emrys yn ei ymadrodd cofiadwy, 'yw'r unig wrthglawdd rhyngom a diddymdra'.[5]

Nid neges boliticaidd yn unig oedd hon oherwydd nid gwleidydd yn gymaint â gweledydd oedd Emrys, ac roedd ganddo hefyd gyfiawnhad diwinyddol dros frwydro dros Gymru a'r Gymraeg:

> Cofier mai'r Duw a wnaeth ddynion a ordeiniodd
> genhedloedd hefyd; ac y mae difodi cenedl y trychineb nesaf
> i ddifodi dynolryw, a difodi iaith cenedl y trychineb nesaf
> i ddifodi'r genedl, am fod cenedl yn peidio â bod yn genedl
> ymhen mwy neu lai o amser ar ôl colli ei hiaith. Pan fo

cenedl yn esgeuluso dysgu ei hiaith ei hun ar yr aelwydydd ac yn yr ysgolion beunyddiol, y mae'r genedl honno'n euog o'i lladd ei hun.[6]

Ar ben meddylfryd a syniadau gwleidyddol atyniadol, roedd rheswm arall dros apêl Emrys ap Iwan i Saunders Lewis; sylwodd Robin Chapman fod Emrys wedi gadael ei ôl ar ei arddull a'i fynegiant yn ogystal. Dadleua i Saunders ddysgu gan Emrys 'yr uniongyrchedd ysgubol a nodweddai ei arddull gyhoeddus'.[7] Oherwydd gallai Emrys edrych ar ei genedl yn wrthrychol, gan ddefnyddio dychan a rhethreg fel arfau i gyflwyno ei neges. Nid arddull o ymbil am friwsion o fwrdd Llundain i Gymru yw eiddo Emrys, ond yn hytrach dweud wrth ei ddarllenwyr: dyma'r hyn y dylech ei wneud os ydych am i'r genedl a'r iaith ffynnu. Dyna hefyd fyddai'n nodweddu arddull ysgrifol Saunders Lewis wrth draethu, nid yn unig ar lenyddiaeth Gymraeg, ond ar faterion gwleidyddol yn ogystal.

Nid Saunders Lewis oedd yr unig un o'i genhedlaeth i gael ei ddylanwadu gan Emrys. Yn ystod ei gyfnod yn ddisgybl-athro yn Ysgol Llanddulas, arferai'r Lewis Valentine ifanc ddianc bob awr ginio i dŷ gerllaw. Yno y trigai hen fardd o'r enw Eilydd Elwy a oedd yn gweithio fel peiriannydd yn y chwarel leol. Un o ddisgyblion Talhaiarn oedd Eilydd Elwy ac roedd yn englynwr medrus. Gan weld bod ganddo ddiddordeb mewn barddoniaeth a llenyddiaeth Gymraeg cymerodd yr hen fardd yr athro ifanc dan ei adain, a dysgodd rai o'r mesurau caeth iddo gan gynnau diddordeb Valentine mewn cerdd dafod. Ond yn fwy na hynny, Eilydd Elwy a gyflwynodd Lewis Valentine i un o ddylanwadau mwyaf ei fywyd, sef Emrys ap Iwan.

Cafodd cenadwri Emrys effaith arhosol arno, ac yn ôl ei addefiad ei hun, ni fu Valentine 'byth yr un fath' ar ôl darllen un erthygl yn arbennig, a'i diweddglo cofiadwy, 'Trwy drais y collasom ein rhyddid, a thrwy drais y mae'n rhaid inni ennill ein rhyddid drachefn. Pawb i'w pebyll, O Gymry!'[8] Ar sawl cyfri, gellir olrhain llawer o ddaliadau a pholisïau sylfaenol y Blaid Genedlaethol yn ôl at Emrys, ac yn hynny o beth, ef oedd rhagflaenydd y mudiad cenedlaethol modern. Nid rhyfedd i Valentine ei fedyddio yn 'Dad y Blaid Genedlaethol'.[9]

*****

Ar awr anterth Prydeindod roedd Emrys wedi codi baner cenedlaetholdeb Cymreig, a chynnig ysbrydoliaeth i genhedlaeth newydd o Gymry ifanc oedd am wneud pethau'n wahanol i wladgarwyr Cymru Fydd. Oherwydd yng Ngholeg Prifysgol Cymru Aberystwyth yn y 1910au yr oedd amryw o fyfyrwyr Cymraeg wedi dod o dan ei ddylanwad.

Un ohonynt oedd Griffith John Williams o bentref Cellan yng Ngheredigion. Hanai ei deulu ar ochr ei fam o ddyffryn Aeron ac o ddyffryn Teifi ar ochr ei dad, a dywedir bod dadleuon crefyddol a diwinyddol yr oes, o Galfiniaeth Methodistiaid bro Llangeitho i Undodiaid ardal y Smotyn Du, yn ddylanwadau ffurfiannol ar y Griffith John ifanc.[10] Llanc galluog a diymhongar ydoedd, ac anian academydd ynddo o oed ifanc. Wedi gadael Ysgol Ganolraddol Tregaron yn 1911 aeth i Aberystwyth gan raddio yn y Gymraeg yn 1914. Er iddo geisio ymrestru yn y fyddin fe'i gwrthodwyd oherwydd ei fod yn dioddef gwendid ar ei ysgyfaint. Treuliodd, felly, ddwy flynedd yn athro yn Nolgellau ac yn Ysgol Porth, y Rhondda, cyn dychwelyd i Aberystwyth i astudio testunau Cymraeg Canol. Tystiodd Griffith John i'r dylanwad personol a gwleidyddol a gafodd darllen cofiant Emrys ap Iwan arno:

Cyhoeddi Cofiant Emrys ap Iwan gan T. Gwynn Jones yn 1912 oedd y trobwynt. Cofiaf y cyffro a greodd darllen hwn ac wedi ei ddarllen fe gynhyrchwyd to o genedlaetholwyr yn

Aberystwyth ... A dyma ddechrau beirniadu mudiad Cymru Fydd a dechrau meddwl o'r newydd am gyflwr Cymru, a phynciau Cymreig a drafodid yn flaenaf o hyn allan.[11]

Dywedir bod y cofiant wedi cael dylanwad mawr ar Griffith John a'i frawd gan i iaith y llythyrau rhyngddynt newid o'r Saesneg i'r Gymraeg wedi iddynt ei ddarllen.

Roedd Ysgol Ganolraddol Tregaron bryd hynny wedi cynhyrchu cenhedlaeth o ddisgyblion oedd yn ymwybodol iawn o'u Cymreictod, yn eu plith T. Hughes Jones, Cassie Davies, Ambrose Bebb a Kitchener Davies (er nad aeth ef i goleg Aberystwyth). Myfyriwr arall fu'n astudio yn Aberystwyth yn yr un cyfnod â'r rhain oedd D.J. Williams. Roedd rai blynyddoedd yn hŷn na chriw Tregaron ond yn cyfoesi ac yn cymdeithasu gyda hwynt yn y coleg. Mab fferm Abernant ger Rhydcymerau oedd D.J., ac ar ôl gadael cartref yn 1902 ac yntau'n ddwy ar bymtheg oed, treuliodd bedair blynedd yn gweithio ym maes glo'r de cyn mynd i astudio Saesneg yn Aberystwyth ac wedi hynny i barhau gyda'i astudiaethau yng Ngholeg yr Iesu, Rhydychen.

Mab fferm oedd Ambrose Bebb hefyd. Cyrhaeddodd Bebb y Coleg ger y Lli yn 1914, gan ailafael yn ei gyfeillgarwch â'i ffrind bore oes, Griffith John Williams. Cofiai D.J. Williams fod Bebb ar y pryd yn Rhyddfrydwr selog o'r hen do ond iddo, ar ôl treulio blwyddyn dan ddylanwad ei gyfeillion o gyd-fyfyrwyr a darllen yn helaeth am y sefyllfa yn Iwerddon, newid yn llwyr a dod yn un o genedlaetholwyr amlycaf y coleg. Fel hyn y cofiai am y 'llefnyn tal, hir ei gamau' o Dregaron:

... yn Rhyddfrydwr pybyr ... yn addolwr Lloyd George ac yn ddadleuwr poeth dros gyfiawnder y Rhyfel Byd Cyntaf a oedd newydd gychwyn, a Lloegr a Ffrainc, fel y clywem yn gyson, yn amddiffynwyr bywyd y cenhedloedd bychain.[12]

Disgrifia D.J. sut yr arferai Bebb, Griffith John Williams

ac yntau gerdded 'y cwadrangl, lawer tro, yn ystod y deng munud byr rhwng y darlithiau' yn trafod Cymru, Ewrop a'r byd. Y Gymdeithas Geltaidd yn y coleg oedd canolbwynt cymdeithasu i'r criw yma o wladgarwyr ifainc, ac wedi cael ei gyflwyno gan Griffith John i lenorion Iwerddon fel W.B. Yeats, J.M. Synge a George Bernard Shaw, dechreuodd Bebb newid ei farn. Erbyn Gwrthryfel y Pasg yn Nulyn, pan gododd gweriniaethwyr Gwyddelig arfau yn erbyn Prydain gan, yng ngeiriau D.J., 'arswydo a gwefreiddio pawb ystyriol', roedd Bebb a'i gyfoeswyr wedi dod yn genedlatholwyr o argyhoeddiad. Bellach, dadleuai Bebb yr un mor danbaid yn erbyn Lloyd George a'r rhyfel, ac ymosodai'n ffyrnig ar ragrith y rhai a wadai hawl Iwerddon i'w llywodraethu ei hun a hwythau'n cyhoeddi mai 'rhyfel dros hawliau cenhedloedd bychain yw hwn!'[13]

Yn ystod y blynyddoedd rhwng 1913 ac 1920 gwelwyd twf yn nifer y myfyrwyr yng ngholeg Aberystwyth ac erbyn diwedd y cyfnod roedd dros eu hanner bellach yn dod o'r tu allan i Gymru. Yn 1917, yn un o gyfarfodydd y Gymdeithas Geltaidd, gwrthwynebodd Bebb a Griffith John Williams y cynnig 'fod cenedlatholdeb yn marw yng Nghymru', gan ennill y ddadl mewn pleidlais agos.

Cafodd Bebb gyfle arall i fynegi ei farn ar faterion y dydd, Cymru a'r brifysgol pan ddaeth yn olygydd Y Wawr, cylchgrawn myfyrwyr Cymraeg Aberystwyth, o rifyn gaeaf 1917 ymlaen. Sefydlwyd y cylchgrawn yn 1913 a bu Bebb yn aelod o'r pwyllgor golygyddol ers 1916. Wrth ddod yn olygydd, roedd yn dilyn ôl troed un arall o gyn-ddisgyblion Ysgol Tregaron, T. Hughes Jones, a oedd wedi ymadael ag Aberystwyth i wasanaethu yn y fyddin.

O'r cychwyn, gwnaeth y golygydd newydd ei safbwynt yn eglur. Sonia yn ei erthygl olygyddol gyntaf am ddyddiau blin y rhyfel pan fo 'clychau ac utgyrn y gad yn galw'r "gwroniaid" i ladd ei gilydd, a phan fo deddfau Prydain Fawr yn taflu i garchar y neb a faidd feddwl drosto ei hun'.[14] Ymhellach, canmolir 'ymdrech odidog' chwyldro Comiwnyddol Rwsia, ac yn nes at adref beirniedir Seisnigrwydd cynyddol coleg Aberystwyth gan ddatgan:

> Bwriadesid i'r Coleg fod yn gartref a meithrinfa i ddelfrydau a dyheadau dyfnaf Cymru, ond, os na chaiff y bywyd Cymreig fwy o gynhorthwy a symbyliad, ofnwn y try'r Coleg yn fynwent iddynt.[15]

Aelod o'r bwrdd golygyddol ar y pryd, ac un arall o gywion Ysgol Tregaron, oedd Cassie Davies, a fu wedi hynny yn un o hoelion wyth y Blaid Genedlaethol. Aeth i Aberystwyth i ddilyn gradd yn y Saesneg, gan ddewis astudio'r Gymraeg fel pwnc ymchwil ar ôl graddio. Bu'r Rhyfel Mawr yn greulon wrthi hithau hefyd – collodd un brawd yn yr ymladd a dychwelodd un arall o'r ffosydd yn dioddef salwch nerfol dwys. Roedd Cassie yn hynod weithgar ym mywyd cymdeithasol bywiog y myfyrwyr Cymraeg, ac felly roedd yn naturiol iddi ymuno â bwrdd golygyddol *Y Wawr*. Meddai am y bwrlwm oedd o gwmpas y cylchgrawn:

> At hyn i gyd, yr oedd rhyw ysbryd newydd yn cyniwair drwy Goleg Aberystwyth yr adeg honno ... ysbryd deffroad cenedlaethol a enynnwyd yn bennaf gan y rhyfel imperialaidd oedd yn honni bod o blaid cenhedloedd bychain ... Fe gafodd yr ysbryd hwn ei fynegiant cliriaf yn 'Y Wawr', cylchgrawn o dan nawdd Cymry Coleg y Brifysgol, a gychwynnwyd yn 1913. Arwyddair y cylchgrawn oedd 'Ein gorau i Gymru, a Chymru i'r Byd', a'i brif amcan oedd Cymreigio'r Coleg a chadarnhau'r undeb rhwng Prifysgol Cymru a'r Werin. Ceir ynddo sôn am ddeffro a gwawr yng Nghymru, am y nos yn cefnu a thoriad dydd yn nesáu.[16]

Cyhoeddwyd tri rhifyn ar ddeg rhwng 1913 a 1917, o dan amryw o olygyddion, gan gynnwys T. Hughes Jones, Ambrose Bebb a D. Lloyd Jenkins, y tri o Ysgol Tregaron. Ymysg y cyfranwyr yr oedd Griffith John Williams, D.J. Williams, T. Gwynn Jones, T.H. Parry-Williams a Kate Roberts. Ceir naws Cymreictod newydd ymosodol y myfyrwyr mewn ysgrif wawdlyd gan D.J. o'r enw 'Prifysgol Bara a Chaws?':

Ni theimlir cynnwrf enaid Cymru'r Deffroad a'i angerdd am eangu yma.

Rhyw arwynebedd bas o dipyn o hunan barch, – rhyw farnis teneu ar hyn a hyn o ffeithiau wedi eu clytio'n gyflym a sigledig ddigon at ei gilydd, yn aml, er mwyn graddio a chael lle purion *respectable* fel athro, neu rywbeth tebig, yn hytrach na thrin y gaib neu'r mandrel, neu fesur calico, fel ein tadau, dyna, a dim yn ychwaneg, nod ein bywyd yn y Brifysgol ...[17]

Roedd D.J. yn un o'r cyfranwyr mwyaf cyson, ac yn llunio ysgrif i bob rhifyn, er ei fod bellach yn fyfyriwr yn Rhydychen. Bedyddiwyd y coleg hefyd ganddo fel 'Coleg Pryfgenwair Cymru' wrth iddo wawdio'r Cymry imperialaidd a rhyfelgar a mawrygu deffroad cenedlaethol y gwledydd bychain, Iwerddon yn benodol.

Rhagargoel o bethau, cyn i Bebb ddod yn olygydd, oedd cyhoeddi erthygl gan D.J. yn nhrydydd rhifyn y cylchgrawn yn dwyn y teitl 'Y Tri Hyn', sef 'yr Ellmyn', 'y Sinn Ffeiniaid' a'r 'gwrthwynebydd cydwybodol'.

Roedd yr ysgrif yn ymdrin ag agwedd arweinwyr y farn gyhoeddus yng Nghymru tuag at yr Almaen, Iwerddon a gwrthwynebwyr y rhyfel. Roedd 1916 yn flwyddyn arwyddocaol iawn yn hanes Iwerddon gyda Gwrthryfel y Pasg yn arwain at ymladd rhwng byddin Prydain a'r gweriniaethwyr Gwyddelig, dienyddio'r arweinwyr a thwf plaid Sinn Féin. Pardduwyd yr Almaen fel gelynion gwareiddiad gan y wasg a gwleidyddion mewn llifeiriant o bropaganda Prydeinig. Hefyd yn 1916, oherwydd bod cynifer o filwyr wedi'u lladd neu eu hanafu ac am fod llai o wirfoddolwyr, penderfynodd y llywodraeth gyflwyno Deddf

Gorfodaeth Filwrol, a orfodai bob dyn ifanc rhwng 18 a 41 i ymuno. O ganlyniad, erlidiwyd amryw o wrthwynebwyr cydwybodol a wrthododd wasanaethu yn y lluoedd arfog, yn eu plith rai Cymry amlwg fel George M.Ll. Davies, Gwenallt a T.H. Parry-Williams, a oedd yn aelod o Adran Gymraeg y Coleg ac yn gynrychiolydd i'r cyn-fyfyrwyr ar fwrdd golygyddol *Y Wawr*.

Yn ei erthygl mae D.J. yn mynd ati'n ddychanol bryfoclyd i ganmol rhinweddau tri gelyn pennaf y wladwriaeth Brydeinig adeg y Rhyfel Mawr, gan ddadlau bod gan y tri wersi i'w dysgu i Gymru. Nid peth bach oedd mentro mynegi barn mor groyw a chroes i'r drefn â hyn ynghanol awyrgylch jingoistaidd Prydain y flwyddyn honno. Fel y dywedodd Gareth Miles amdani, 'Dyma, yn ddiamau, un o'r ysgrifau dewraf, gonestaf ac agosaf at y gwir a luniwyd yn unrhyw iaith yn ystod y Rhyfel Byd Cyntaf.'[18] Dyma flas ohoni:

> Teyrngarwch yw popeth yn awr – Brenin, Ymerodraeth, ac anrhydedd Prydain Fawr a Phrydain Fwy. Pwy ond bradwr neu ynfyd a faidd ddywedyd gair i'w herbyn? Lladder, llosger, a llwyr ddinistrier pob gelyn, mewnol ac allanol, a berthyn iddynt. Onid dyna yw efengyl y dydd, a llais cydwybod Prydain wedi ymgorffori yn ei gweriniaeth frenhinol? Ac o fod yn deyrngar, pa deyrngarwch i lywodraeth y Sais a fedrai ysbryd Cymru ddangos hafal i blygu glin i'w dduw cenedlaethol ef, ac ymwrthod yn llwyr am y tro, o leiaf, a'n delfrydau israddol a dibwys ni ein hunain ym myd crefydd, addysg, a chenedlaetholdeb cysegredig? …
>
> Tri anathema'r dydd heddiw yw yr Ellmyn, y Sinn Ffeiniaid, a'r gwrthwynebwr cydwybodol, a'r mwyaf o'r rhai hyn yw'r gwrthwynebwr cydwybodol …
>
> … Gellir cyplysu'r Ellmyn â'r fall, wrth gwrs, unrhyw adeg, heb ofni gwneuthur cam ag ef, a chan mai o'r drwg yn hollol y mae dydi hi wiw sôn am ddim a wnaeth erioed, nid

65

oes dim arall ar ei gyfer ond ei ladd a'i ddinistrio fel ffiaiddbeth yng ngolwg Duw a dyn ...

... Am y Gwyddelod druain a'r Sinn Ffein, oni chlywir dwrdio enbyd arnynt hwythau hefyd am feiddio manteisio mor annheg ar lywodraeth ddyngarol Prydain Fawr yn nydd ei chyni? Oni phrofodd y Gwyddelod eu hunain, fel arfer, yn ôl syniad rhy gyffredin gwerin Cymru amdanynt, yn fradwrus ac anffyddlon? Onid yw yr enw a fabwysiadwyd ganddynt 'Sinn Ffein', sef 'Ni ein Hunain', yn eu condemnio ar unwaith, fel rhai annynol gul a hunan-geisiol yn eu hegwyddorion? Saether, difether, a sathrer hwy allan o'r tir! ... Onid plant anffodus yr Ynys Werdd ydynt, wedi dioddef canrifoedd o orthrwm a chamdriniaeth ...

... Ni ellir gosod hwn a'i gefn ar y mur i yrru bwled drwy ei ymennydd a darfod amdano. Mae ysbryd cenedl a orchfygwyd drwy drais mor anfarwol ag ysbryd rhyddid yng nghalon dyn ... Rhodder i Iwerddon lywodraeth rydd, ddi-Sais ...

... Pe meddiennid ni yng Nghymru â thraean o ddewrder a fflam anniffodd y Gwyddel am ryddid, trylwyredd diffuant a phenderfyniad didroi-yn-ôl yr Ellmyn, yn ogystal â gwroldeb a grym moesol y gwrthwynebwr cydwybodol, byddem yn allu i symud y byd. Ond tra bodlonwn yn unig ar chwifio rhubanau yn wallgof rywle yn rheng hir yr Ymerodraeth gan lwyr anghofio ein neges uwch i'r byd, er i ni fel y corach hwnnw gynt a gynorthwyai'r cawr yn ei frwydrau, ennill rhyw gymaint o glod, ar y pryd, am yr hyn a elwid yn gyffredin yn wrhydri, eto, cenedl eiddil a marw a fyddwn, a threngwn dan olwynion Juggernaut yr Ymerodraeth, a'n llygaid yn feirwon i'r gwagle heb yr un weledigaeth mwyach, a'n neges am byth yn fud. Yr had da a ddisgynnodd ar y creigle, ac yn y man yr eginodd, ond am nad oedd iddo ddyfnder daear, efe a wywodd.[19]

Wrth ddarllen yr erthygl, mae ôl dylanwad meddylfryd ac arddull Emrys ap Iwan yn glir ar rethreg D.J. – o'r cyfeiriadau coeglyd at Saisyddiaeth i'r cydymdeimlad at y

Gwyddelod sy'n ymladd am eu rhyddid, o'r edmygedd at wareiddiad cenedl Ewropeaidd arall at ganmol Cristnogion yng Nghymru sy'n glynu at eu hegwyddorion. Tyfodd syniad am D.J. Williams, yn bennaf mae'n siŵr oherwydd y lluniau ohono'n hen, fel cymeriad mwyn a meddal, ond does dim byd yn bellach o'r gwir. Dichon ei fod yn ŵr rhadlon a ffyddlon i'w gyfeillion, ond yn ifanc bu'n cystadlu yn y sgwâr bocsio ac yn gweithio ar y ffas lo, ac fe'i caledwyd gan y profiadau hynny. Fel y dengys ei erthyglau yn *Y Wawr*, roedd haearn yn ei waed a miniogrwydd yn ei eiriau, yn enwedig pan ddeuai hi'n fater o ymladd cornel Cymru.

Dywedodd aelod o'r bwrdd golygyddol, Cassie Davies, mai ysgrif D.J., 'Y Tri Hyn', a gododd wrychyn awdurdodau'r coleg yn y lle cyntaf, a pheri iddynt 'ofni bod sylfeini'r Ymerodraeth Fawr Brydeinig yn gwegian'.[20] Yn sicr, roedd wedi cynhyrfu'r dyfroedd yng Nghymru wladgarol ryfelgar 1916 y tu hwnt i'r coleg ei hun. Ymosodwyd ar y *Y Wawr* gan O.M. Edwards yn *Cymru* ym mis Awst y flwyddyn honno: 'Beth sydd wedi dod dros Wawr Aberystwyth? Breuddwydiais y deuai'n llais newydd, ysgol newydd wrth fodd fy nghalon ... Ond wele dri arwr ... a gynhygir imi, y German, y Sinn Ffeiner, a'r gwrthwynebydd cydwybodol, fel arwyr Cymru Fydd ... Sieryd rhai ohonynt beth ymddengys i mi yn deyrnfradwriaeth amlwg.'[21]

Does dim dwywaith, o weld ieithwedd a chynnwys erthygl o'r fath, fod awdurdodau'r coleg yn ymwybodol o natur ddadleuol ysgrifau *Y Wawr*. Ond nid oedd y perygl o ennyn dicter y rheolwyr yn tymheru dim ar ergydion y myfyrwyr.

Cyflwynodd Bebb ddeunydd rhifyn gaeaf 1917 i swyddfa'r *Montgomery County Times*, yn cynnwys erthygl olygyddol ganddo ef ei hun ar Sinn Féin ac ysgrif yn dwyn y teitl 'Ich Dien' gan D.J. Er ei fod wedi gadael Aberystwyth am Rydychen yn 1916, parhaodd D.J. i gyfrannu i'r *Wawr*, a gellir dyfalu mai fel myfyriwr alltud yng Ngholeg yr Iesu yr ysgrifennodd yr erthygl hon, oherwydd ar ei diwedd fe ddywed:

O Gymru fechan, annwyl, paham y dywedaf bethau fel yma unwaith eto, ag sy'n euog o deyrnfradwriaeth amlwg? Paham y daw dagrau i'm llygaid wrth feddwl amdanat mewn estron dir?[22]

Gwladgarwch yw prif destun yr ysgrif, ac mae'n condemnio 'gwladgarwch y lladd' a geid yn y rhyfel. Apelia am sefydlu math arall o wladgarwch yng Nghymru, gyda'r arwyddair 'Sancteiddier Dy enw, Deled Dy deyrnas, Gwneler Dy ewyllys megis yn y nef, felly ar y ddaear hefyd'. Fflangellir gwaseidd-dra'r Cymry trwy drafod arwyddair Tywysog Cymru, 'Ich Dien', sef 'Yr wyf yn gwasanaethu'. Mae'n debyg fod aelod seneddol o Gymru wedi awgrymu newid yr arwyddair i 'Eich Dyn'. Roedd y ddau ddehongliad o'r arwyddair gynddrwg â'i gilydd i D.J., gan fod y naill a'r llall yn gyfystyr â 'Shall I Carry Your Bag, Sir?'

Dyna swm a sylwedd gweledigaeth y Cymro mewn swydd y dyddiau hyn – I carry y'er bag, sir,' a'i gap yn ei law ac yn chwys diferol. Dydi hi ddim gwahaniaeth am ei fag ei hun. Ca hwnnw ymdaro oreu 'gall. Does dim llawer ynddo o bosib – dim ond Agenda Cymru Fydd ar ddalen hollol wen, chwarae teg iddo. Gwneud Cymru yn was ufudd i'r Ymerodraeth, dyna fyrdwn y neges 'deyrngarol'.[23]

Aiff D.J. ymlaen i ddatgan y dylai'r Cymro wybod yn well wedi'r dirmyg a'r sarhad diangen a dderbyniodd gan y Sais, a pheidio â chynorthwyo ei 'feistr mawr i "ymherodraetholi" ymhellach dros genhedloedd gwan ac anffodus y byd yma'. Yn hytrach, ychwanega, dylai ei galon ddangos tosturi a chydymdeimlad tuag at y miliynau o bobl a gâi eu gorthrymu gan yr Ymerodraeth Brydeinig mewn gwledydd fel yr Aifft ac India. 'Aed yr Ymerhodraeth i'r cŵn o'm rhan i.' Hyderai D.J. nad oedd hi'n rhy hwyr yn y dydd, ac nad oedd 'canrifoedd o waseidd-dra' wedi ymdreiddio mor ddwfn i enaid y Cymro fel 'na all efe bellach ymddihatru oddi wrtho, ac mai rhaid yw iddo fod o hyn allan yn was bach i rywun uwch nag ef'. Credai fod 'calon Cymru yn y gwaelod o hyd yn bur iddi-hi ei hun beth bynnag wnelo arweinwyr cyflogedig a gwasaidd y dydd ohoni'. Angen mawr y genedl oedd ysbryd gwahanol a gobaith mawr yr awdur yw y deuai dydd y cenhedloedd bychain, a Chymru yn rhan o hynny:

> Ond yn ôl deddf gyfrin o eiddo natur tuedd pob gormod yw lladd ei hun. Dyna, ni a weddïwn, fydd diwedd y mawrddrwg hwn, sef cydnabod hawl foesol pob cenedl, bydded fach neu fawr, i'w hetifeddiaeth ei hun, a hynny nid mewn geiriau sy'n fferu ar wefusau rhagrith, fel y gwneir heddyw wrth sôn am y cenhedloedd bychain, ond mewn ysbryd ac mewn gwirionedd.[24]

Gwrthododd argraffwyr y *Montgomery County Times* gysodi'r rhifyn. Yn y *Cambrian News* ar 28 Rhagfyr 1917, nodir bod yr argraffwyr wedi gwrthod cyhoeddi erthygl D.J. a bod nodyn golygyddol Bebb ar Sinn Féin hefyd wedi tramgwyddo. Dyna yn wir oedd barn Griffith John Williams, a gredai fod golygyddol Bebb 'wedi cynhyrfu'r awdurdodau'. Roedd y *Cambrian News*, serch hynny, yn ei haelfrydigrwydd nawddoglyd yn barod i faddau pechodau ieuenctid y myfyrwyr – 'readers have to bear in mind that the writers for "Y Wawr" are not men of matured judgment and some allowance must be made for the indiscretions of youth'.[25] Nid oedd arweinwyr y Coleg yn teimlo'r un fath.

Rai dyddiau ynghynt, ar 24 Rhagfyr, roedd y *Cardigan County Times* eisoes wedi cyhoeddi crynodeb o sylwadau Bebb dan y pennawd 'Pacifism at Aberystwyth College', ac wedi awgrymu'n gryf mai ef a D.J. oedd y drwg yn y caws:

Patriotic people in Wales, who constitute the vast majority of the population, will be shocked to learn that the university college at Aberystwyth harbours a nest of pacifists. Two at least of the coterie are pacifists of an unusually truculent kind ... a truculent myope may be as great a danger as a truculent pro-German, and it would be well for the college authorities to look into the matter and take care that henceforth nothing connected with the university bears the taint.[26]

Fe aethpwyd mor bell â chodi'r mater o 'seditious articles ... calculated, if not intended, to debauch the loyalty of the students and to impede the prosecution of the War' yn Nhŷ'r Cyffredin gan J.D. Rees, Aelod Seneddol Dwyrain Nottingham, ddiwedd Ionawr 1918. Barnodd yr Ysgrifennydd Cartref, Syr George Cave, fodd bynnag, na fedrai ymyrryd am nad oedd yr erthygl dan sylw wedi'i chyhoeddi.

Ymateb y coleg oedd yr hyn a seliodd dynged *Y Wawr*. Ysgrifennodd Bebb at D.J. ar 12 Ionawr, yn datgan ei fod yn hapus iawn gydag effaith yr erthygl, gan erfyn arno i ysgrifennu un arall i'r cylchgrawn:

Fe wnaeth yr erthygl olaf ei gwaith yn gampus a hithau heb ymddangos yn 'Y Wawr' – pa faint mwy, ynte, a wna'r nesaf, a hi yn 'Y Wawr'? Y mae'r 'Wawr' yn cael amser da gyda'r llu papurau yn troi yn ein pennau.[27]

Erbyn diwedd Chwefror, serch hynny, roedd yr awdurdodau wedi penderfynu torri crib y myfyrwyr Cymraeg gwrthryfelgar ac wedi cymryd camau llym yn eu herbyn, ac yn bersonol yn erbyn Bebb fel golygydd. Adroddodd Bebb yr hanes yn llawn am ymateb yr awdurdodau a'r erlid fu arno fel golygydd mewn llythyr arall at D.J. ar y 24ain:

Dyma fi o'r diwedd yn ateb eich llythyr diweddaf. Erbyn hyn, y mae pethau wedi cyfnewid tipyn, a rhaid yw imi yn awr gael eich barn ar ddyfodol Y Wawr, ar unwaith. Ceisiaf roddi ichwi ychydig o'r datblygiadau diweddaf.

I ddechreu, gwyddoch i J.D. Rees godi twrw ynglŷn a'r 'Wawr' yn y Senedd, ac i'r Ysgrifennydd Cartrefol roddi terfyn ar ei sôn. Wel, wedi i hynny ddigwydd, credwn fod popeth wedi diwedd [*sic*], ac na fyddai dim swn pellach. Ond, cefais fy ngalw ddwywaith o flaen Executive Committee'r Senedd i roddi cyfrif iddynt am ysgrifennu'r fath ffwlbri, ac am feiddio datgan pethau cyn saled a brynted yng nghylchgrawn y Coleg. Mynnant, hefyd, i mi gyfnewid cyfansoddiad pwyllgor 'Y Wawr'. Nid oedd reswm fod cymaint o awdurdod yn llaw un gwr; dylai pob erthygl a ddeuai imi gael ei dangos i bob aelod o'r pwyllgor: o leiaf, dylai pob erthygl a gwedd wleidyddol arni gael ei darllen gan bob aelod o'r pwyllgor, i sicrhau na fyddai pethau tebyg i'r hyn oedd yn y rhifyn o'r blaen yn ymddangos yn y dyfodol.[28]

Wrth sefyll gerbron yr 'Executive Committee', mynnodd Bebb fod eu gofynion yn gwbl amhosibl ac nad oedd modd cynhyrchu unrhyw rifyn o gwbl dan drefniant o'r fath. Nid oedd yr awdurdodau am adael pethau yn y fan honno chwaith oherwydd cafodd orchymyn i fynd i weld y dirprwy brifathro Edward Edwards. Athro Hanes yn y coleg oedd Edwards, a brawd i O.M. Edwards, yr un a gythruddwyd gymaint gan gynnwys y cylchgrawn myfyrwyr. Roedd yr Athro yn bendant ei farn, a dywedodd wrth Bebb y dylai ymddiswyddo ar unwaith:

Dyna'r tro cyntaf imi gael fy nghynghori i ymddiswyddo; ond cyn hir, galwodd fi wedyn ato, drwy lythyr y tro hwn, a thrachefn fe'm cynghorodd i ymddiswyddo, ond atebais ef yn bendant na wnawn hynny o gwbl ond ar gais y pwyllgor (gyda llaw – gwyddwn fod y pwyllgor yn bendant am i mi aros yn Olygydd yn wyneb pob cyngor ac awgrym a ddigwyddwn ei gael i'r gwrthwyneb). Oddeutu'r un pryd, gwelswn Stanley Roberts ar y Promenade ryw nos oddeutu deg o'r gloch, a bu ef yn beio llawer ar fy ngwaith yn amddiffyn yr Iwerddon (nid ymddangosodd y rhan hon o'm hysgrif yn 'Y Wawr', oblegyd pallodd yr Argraffwyr ei hargraffu ar bob cyfrif). Dywedodd wrthyf mai anwiredd oedd dywedyd bod y Saeson wedi gormesu ar y Gwyddyl, ond mai'r Gwyddyl yn hytrach a ormesai'n gyntaf ar y Saeson – er pan ddaethant yma gyda Lambert Simnel a Perkin Warbeck! ac felly yn y blaen. Dywedodd hefyd wrthyf am beidio a bod yn benboethyn, ac amddiffyn y rhai y tybiwn eu bod yn cael eu gormesu, ond yn hytrach am i mi edrych ar ol fy nyfodol fy hun yn bennaf dim! Dyna'r athrawiaeth a ddysgai un o'r Athrawon yng Ngholeg Cymru yn Aberystwyth!

Hyd yma y golygydd yn unig a alwyd gerbron awdurdodau'r coleg, ond wedi i Bebb unwaith eto wrthod cais yr Athro Edwards iddo ymddiswyddo, cysylltodd Edwards ag ysgrifennydd *Y Wawr* yn gofyn iddynt ddod i'w weld.

Galwodd Bebb gyfarfod brys o'r pwyllgor, lle penderfynwyd na fyddent yn ymddangos gerbron Edwards. Anfonwyd llythyr ato yn hytrach, yn gofyn iddo amlinellu beth yn union oedd y gŵyn bresennol yn eu herbyn, a chyda pha awdurdod yr oedd yn eu galw 'fel plant bach' o'i flaen. Atebodd Edwards mai'r eitemau yn y *County Times* a phapurau eraill fyddai testun unrhyw drafodaeth. Ond daeth y pwyllgor i ddeall bod pethau eraill hefyd yn poeni'r prifathro a'r awdurdodau, a chynhaliwyd cyfarfod arall o fwrdd golygyddol *Y Wawr* lle cytunwyd yn unfrydol, yn ôl Bebb, i 'aros gyda'n gilydd, ac i herio unrhyw awdurdod'. Yna fe'u galwyd o flaen Pwyllgor Gweithredol Senedd y Brifysgol. Amlinellodd Bebb ddigwyddiadau'r cyfarfod hwnnw yn ei lythyr at D.J.:

Y peth cyntaf a ddywedodd y Prifathro oedd <u>fod yn rhaid i'r Golygydd ymddiswyddo</u>, ac na wnai dim llai na hynny

y tro. Fe'n hatgofiodd mai myfyrwyr oeddym, a bod
ganddo bob hawl arnom fel myfyrwyr – cystal a dywedyd
y gyrrid ni oddiyma pe byddem gyndyn. Dywedasom
wrtho na fyddai dim gwleidyddol, ac a thuedd ynddo i
darfu meddyliau dynion gwan eu pwyll yn y rhifyn nesaf.
Ond ni wnai hynny ddim o'r tro. Yr oedd yn rhaid i'r
Golygydd ymddiswyddo. Gorfod imi wneuthur hynny, ac
ymddiswyddo a wnaeth y pwyllgor hefyd, a dyna'r 'Wawr'
wedi machlud yn ogoneddus dan gwmwl du diawlgwn
y Coleg. Ond gwyddom fod ar yr awdurdodau ofn i'r si
fyned ar led iddynt fy ngorfodi i ymddiswyddo neu gael
fy ngyrru oddiyma. Ac wedi gwybod hyn teimlem mai ein
dyledswydd yn wyneb popeth oedd herio'r cyfan, a myned
oddiyma os deuai i hynny. Ond yr anhawster ydyw hon –
dywedasom wrth y Senedd y noson honno (nos Iau) mai
rhag i'r 'Wawr' ddwyn anfri ar y Coleg yr ymddiswyddwn
i a'r pwyllgor (wrth gwrs, y gwir reswm oedd am y
gwyddem, neu y credem, y caem ein danfon oddiyma;
oblegyd dyna'r unig beth allasem ei wneuthur o fygwth y
Prifathro) a chan mai Dr Parry Wms a ddatganodd hynny,
ni fedrai ef sefyll ar y pwyllgor mwy pe penderfynem
fyned ym mlaen yn wyneb popeth; a theimlem ninnau na
fyddai'n weddus ini wneuthur dim pellach heb gael y Dr ar
y pwyllgor.[29]

Ychwanegodd Bebb ei fod yn teimlo o'i ran ei hun y dylai'r
pwyllgor ac yntau fod wedi dal eu tir a gorfodi'r awdurdodau
i'w gwahardd o'r coleg.

Wrth gofio'n ôl am 'fachlud' *Y Wawr*, meddai Cassie
Davies:

Rown i'n aelod o'r pwyllgor erbyn hyn ac ar ôl y machlud
aethom i dynnu ein llun, oll mewn gwisgoedd du galarus –
Ambrose Bebb; G.J. Williams; D. Lloyd Jenkins; T.C. Jones;
T.G. Thomas; Mable Parry; Catherine Thomas a minnau,
a chyda ni fel cynrychiolydd y staff ar y pwyllgor yr oedd
T.H. Parry-Williams wedi dod gyda'i fyfyrwyr ger bron

Awdurdodau ei Goleg i ddadlau dros hawl 'Y Wawr' i gael
parhau i dorri ar feibion dynion. Bendith arno.[30]

Erbyn hydref 1918 roedd D.J. a Bebb yn symud ymlaen, y
naill i geisio am swydd fel athro a'r llall yn bwriadu parhau
â'i astudiaethau ar ôl graddio. Dywedodd Bebb iddo brofi
erledigaeth gan senedd y coleg ond bod T.H. Parry-Williams
a T. Gwynn Jones wedi bod yn gefnogol, a diolchodd hefyd i
D.J. am ei lythyr o gefnogaeth. Nid oedd y naill na'r llall yn
edifar am yr helynt o gwbl, ac roedd awdurdodau'r coleg yn
dal i fod dan y lach. Meddai D.J. mewn llythyr at Bebb ganol
Medi:

Ni fydd Philistiaeth farw tra bo Aberystwyth, ei thref
a'i choleg byw. Ond na hidiwch Bebb, os ydyw yr hyn a
gredwch chi yn iawn, a'r hyn a gredaf finnau hefyd o waelod
fy enaid, yna nid oes angen gofidio. Fedr uffern byth – heb
son am ryw eiddilod cowardaidd fel hyn nad oes yn y 'bloody
lot' o honynt ddigon o 'home material' i wneuthur darn o
gythreul cymaint a'm bys bach i o hono – byth ddad-seilio'r
gwirionedd. Bydd hwnnw yn aros pan fo hyd yn oed cloch
'Sergeant Wakeling' wedi tewi, ac arhosai hwn, o bosib, petai
Senate Aberystwyth yn pasio'n unfarn nad oes y fath beth ac
na fu y fath beth erioed ond mewn dychymyg ffyliaid.[31]

Ychwanega ei fod wedi derbyn ei radd o Rydychen yn yr
haf, ond nad oedd hynny'n rhywbeth i ymfalchïo yn ei gylch.
Poenai fwy fod yr helynt wedi golygu na fyddai'n hawdd iddo
gael gwaith fel athro yng Nghymru:

Rwyf finnau hefyd ar y 'black list' gan y gwyr mewn
awdurdod yng Nghymru heddyw. Mae'r 'appointments' o
dan Silyn [R. Silyn Roberts, a oedd bellach yn ysgrifennydd
Bwrdd Penodiadau Prifysgol Cymru], gallwn feddwl wedi
ei gwneud hi yn bwynt i wrthod pob cyfle i mi gael lle yn
un man yng Nghymru fel athro. O leia dydi [sic] nhw ddim

wedi rhoddi gair o wybodaeth i mi ynghylch yr un lle o fewn terfynau clawdd Offa (ac eithrio Pengam ddoe, drwy ryw dro chwithig o'u heiddo) tra y danfonent ataf yn aml am ryw leoedd tua Gogledd Lloegr, Scotland, a'r Iwerddon (Londonderry a Cork) – rhywbeth i'm gyrru'n ddigon pell o'u golwg, ac o olwg bryniau Cymru, lle y cura fy nghalon byth.[32]

Nid oedd gofyn i D.J. bryderu'n ormodol, serch hynny, oherwydd ni fu'n hir cyn cael ei benodi'n athro Saesneg yn Ysgol Abergwaun. Mae'r llythyr yn cloi gyda neges galonogol fod Bebb wedi gwneud safiad dewr dros ei ddaliadau:

Gwregyswch eich lwynau megys gwron eto Bebb, fel y buoch eisoes. Gwnaethoch 'stand' yr arwr dros ddelfrydau uchaf ein gwlad a delfrydau uchaf y Cristion.[33]

Flwyddyn yn ddiweddarach, roedd Bebb a D.J. yn parhau i gadw cyswllt trwy lythyru. Ddechrau Rhagfyr, yn ogystal â rhyw hanner ystyried atgyfodi *Y Wawr* – syniad na chafodd ei wireddu – anogodd Bebb ei gyfaill i ddarllen hanes y cenedlatholwr Eidalaidd Giuseppe Mazzini unwaith eto:

A ddarllenasoch hanes bywyd Mazzini, D.J.? Os naddo da chwi gwnewch. Imi – efe ydyw'r dyn mwyaf er Crist. A dyna ichwi Genedlgarwr – pur, glan, brwdfrydig, a nefol … Y mae Cymru'n marw o eisieu proffwyd heddyw. Dyna i'r blewyn oedd Mazzini i'r Eidal, – ac efe a ddygodd waredigaeth iddi o'r anrhefn [sic], ac undeb o'r gwasgariad. D'oes gennym yng Nghymru neb i'w gymharu ag ef, ac hyd oni chawn Gymro cyffelyb iddo mewn angerddoldeb, brwdfrydedd, cariad a santeiddrwydd ofer fydd breuddwydio am Gymru rydd, unedig a dilychwin. O am gael ei ysbrydoliaeth, am i'w esiampl ein cynhyrfu ninnau![34]

Prif wendid Cymru, haera, oedd diffyg undod a rhaniadau rif y gwlith:

Y mae Cymru'n bleidiau, yn sectau ac enwadau – dyna sydd
yn prysur ddwyn tranc i'w rhan. Y mae hyn yn nodwedd rhy
amlwg ym mhob cylch ar fywyd ein gwlad – ie, ymhlith ein
rhai goreu. Er enghraifft dyna Gwyn a Parry. Y maent, mi
gredaf, yn caru Cymru, ac yn dymuno'n dda iddi. Ond, ar
yr un pryd, y maent yn cashau [*sic*] hwn ac arall sydd hefyd
hwythau yn gymaint eu sel dros Gymru. Diau y coeliwch
fod O.M. wedi gwneyd cymaint a neb dros Gymru – ar
wahan i, ac er waethaf, y rhyfel. Ond o'r braidd y gallwn
feddwl am Gwynn a Parry yn cydweithio ag ef er lles goreu
Cymru. Gormod o beth felly sydd i'w gael yn ein plith. Mi
hoffwn weled y drain ac ysgall yma wedi eu dadwreiddio'n
dragwyddol o fywyd Cymru. Dyna ddydd o wynfyd![35]

Graddiodd Bebb mewn Cymraeg a Hanes yn 1918, a
ddwy flynedd yn ddiweddarach enillodd radd MA. Yna, dan
anogaeth T. Gwynn Jones, ei Athro Cymraeg yn Aberystwyth,
derbyniodd gymrodoriaeth yn Adran Astudiaethau Celtaidd
Prifysgol Roazhon (Rennes), cyn symud, unwaith eto ar
gyngor T. Gwynn Jones, i Baris, i'r adran Astudiaethau
Celtaidd yn y Sorbonne. Bu yn Ffrainc am bedair blynedd,
gan ddod i gysylltiad â chenedlaetholwyr Llydewig y Groupe
Régionaliste Breton. Roedd y mudiad hwnnw wedi dod
i fodolaeth ychydig wedi'r Rhyfel Mawr, ac ar ddechrau'r
dauddegau cyhoeddwyd erthyglau Cymraeg gan Bebb
yn ei gylchgrawn, *Breiz Atao*, lle galwai am sefydlu plaid
genedlaethol debyg yng Nghymru. Yn y blynyddoedd hyn
hefyd bu Bebb yn cyfrannu erthyglau'n cyson i gylchgronau
a phapurau newydd Cymraeg megis *Y Geninen* a'r *Faner*.
Roedd y byd yn symud yn ei flaen, a dyddiau coleg yn dod
i ben. Er hynny, roedd helynt myfyrwyr ifanc Aberystwyth
yn ystod y Rhyfel Mawr wedi hau'r posibilrwydd o
genedlaetholdeb Cymreig gwahanol i'r hyn a welwyd cyn
hynny. Cenedlaetholdeb annibynnol a allai sefyll ar ei draed
ei hun, yn rhydd o Saisaddoliaeth, yn unol â chyngor Emrys
ap Iwan. Ar ben hynny, roedd cenedlaetholwyr Cymreig

wedi profi llid awdurdodau Seisnig am y tro cyntaf. Fel y dywedodd A.O.H. Jarman yn ei ysgrif goffa i Ambrose Bebb, 'yr erlid arno ef ac ar *Y Wawr* ar ôl hynny oedd yr enghraifft gyntaf a fu o erlid ar y mudiad cenedlaethol modern'.[36]

5

Gwylliaid Bangor

NID DIM OND yn Aberystwyth yr oedd ysbryd gwrthryfel yn y gwynt. Yn 1919 dychwelodd nifer o'r milwyr i Goleg y Brifysgol ym Mangor, a Lewis Valentine yn eu plith. Lle gwahanol iawn oedd y coleg erbyn hyn i'r lle a adawodd dair blynedd ynghynt, ond roedd Valentine ei hun hefyd wedi newid. Roedd yna aeddfedrwydd newydd yn y dyn chwech ar hugain oed – aeddfedrwydd oedd yn ddiamynedd â'r hyn a welai o'i gwmpas ac yn dyheu am newid. 'Profiad rhyfedd ydyw profiad y dychwel yn ôl', ysgrifennodd yn ei ddyddiadur, 'teimlaf fel hen ŵr mewn seiat plant. Prin y cofir y gorphennol – mae yn gyflym ddiflannu fel cysgod neu niwl y bore.'¹

Ar ôl y rhyfel treblodd nifer y myfyrwyr yng Ngholeg Prifysgol Bangor. Ac er bod y rhaniadau ar sail dosbarth a chenedl a brofodd yn y fyddin wedi bod yn y coleg o'r cychwyn, bellach roedd Valentine yn llawer mwy ymwybodol ohonynt. Rhywbeth arall oedd yn dân ar ei groen ac yn achos annifyrrwch oedd y ffaith fod amryw o swyddogion y fyddin wedi ailgofrestru yn y coleg hefyd. 'Mae'r C.O.'s yn dychwel yn ôl hefyd – ciwed digon digydwybod yw llawer ohonynt – cyfystyr iddynt hwy yw cydwybod â hunan.'²

Bu'n rhaid i awdurdodau'r coleg addasu i'r newidiadau cymdeithasol a ddaeth yn sgil yr heddwch. Enghraifft o hynny oedd llacio'r rheolau ynghylch gwisg. Cyn y rhyfel gorfodid myfyrwyr i wisgo gŵn du a het galed y *mortar board*. Yn wir, cafodd Valentine ei ddwrdio ar un o'r coridorau gan neb llai na'r Prifathro Syr Harry Reichel am beidio â gwisgo'r lifrai addysgol gymeradwy. Llestair cymdeithasol arall oedd yr angen i gael caniatâd arbennig i wneud pethau hollbwysig i fywyd myfyrwyr fel 'hebrwng merch o'r coleg i de yng nghaffi Roberts',[3] ond yn hynny o beth hefyd bu newid sylweddol ar ôl 1919.

Pan aeth yno gyntaf yn 1913 un o'r pethau mwyaf trawiadol am y coleg i Valentine oedd iddo ddod wyneb yn wyneb â Seisnigrwydd go iawn am y tro cyntaf. Saesneg oedd iaith pob darlith, hyd yn oed darlithoedd John Morris-Jones yn yr Adran Gymraeg, am y credai 'mai Saesneg oedd wedi disodli'r Lladin fel iaith dysg',[4] er i Ifor Williams ddechrau gwthio'r cwch i'r dŵr trwy gynnal rhai darlithoedd yn Gymraeg. Ar ben y ffaith fod awyrgylch y coleg yn rhyfeddol o Seisnig, teimlai Valentine fod yno wrthwynebiad cryf i siarad unrhyw Gymraeg:

A chofiaf un digwyddiad yn yr Ystafell Gyffredin yno. Nifer ohonom ni, myfyrwyr y flwyddyn gyntaf, yn siarad gyda rhyw afiaith ryfedd yn Gymraeg; a rhai o'r myfyrwyr hynaf yn dod atom ni a'n ceryddu ni a dweud, Na, nad oedd y peth yn gymeradwy – yn yr Ystafell Gyffredin![5]

Yn 1919, fodd bynnag, roedd yno benderfyniad o'r newydd ymysg y Cymry i newid yr hinsawdd Seisnig hollbresennol, a gweithredu yn hytrach na rhethregu: 'Gwneud rhywbeth, derbyn cyfrifoldeb yn lle siarad a siarad heb esgor ar ddim o werth.'

Ymysg cyfoeswyr Valentine yn y coleg wedi'r rhyfel yr oedd mab fferm o Ben Llŷn. Un o Gae Glas yn Edern oedd Moses Griffith, ac wedi gadael ysgol y pentre aeth i Ysgol Sir Botwnnog ac wedi hynny am gyfnod i ysgol uwchradd yn Lerpwl, cyn mynd yn ôl adref i weithio ar y fferm. Roedd ef hefyd wedi dechrau teimlo'n fwy ymwybodol o'i Gymreictod wedi treulio cyfnod dros y ffin, yn enwedig wrth i rai o'i gyddisgyblion Saesneg yn Lerpwl geisio ei fygwth a'i fwlio:

> Dechreuais ymdeimlo ynglyn a fy nghyfrifoldeb fel Cymro pan euthum i Lerpwl i'r ysgol. Roeddwn yn aros gyda ewythr (brawd fy mam) sef y Cadben Cadwaladr Roberts. Y noson cyn i mi fyned i'r ysgol, dywedodd wrthyf mai Cymro oeddwn, ac y byddai'n rhaid i mi ymladd am fy iawnderau, a phe byddwn mewn trafferth meddai – "show fight" ac iddynt. Digwyddodd hyn y diwrnod cyntaf ac ymleddais a rhai o'r bechgyn lawer mwy na mi.[6]

Wedi'r ysgol aeth y gŵr ifanc o Gae Glas o'i wirfodd yn filwr gyda'r Cavalry Regiment yn 1914. Cymharol fyr fu ei gyfnod gyda'r gatrawd, fodd bynnag, gan iddo gael ei daro gan y dwymyn wynegon. Trodd ei olygon wedi hynny at weithio fel cemegydd diwydiannol tan y cadoediad, gan dreulio cyfnod yn y Lluoedd Wrth Gefn, yr Army Reserve, yn gwneud arfau yn Queensferry. Y diddordeb mewn gwyddoniaeth a'i harweiniodd i ddilyn cwrs mewn Gwyddor Gwlad yng Ngholeg Prifysgol Gogledd Cymru Bangor, a maes o law enillodd radd Meistr yn y Gwyddorau am waith ymchwil ar ailhadu tir glas.

Os oedd y Cymry ifanc hyn yn chwilio am gefnogaeth gan yr awdurdodau i'w hymgais i Gymreigio agweddau o'r coleg, yna nid oedd diben iddynt droi at y prifathro am arweiniad. Ac yntau'n fab i esgob Anglicanaidd Swydd Meath, roedd Syr Harry Reichel yn rhan o'r sefydliad Protestannaidd yn Iwerddon. Roedd yn Dori ac yn eglwyswr i'r carn, er iddo chwarae rhan flaenllaw yn y symudiad tuag at sefydlu Prifysgol Cymru yn 1893. Cymraeg clapiog iawn oedd gan Reichel er iddo dreulio bron i ddeugain mlynedd yn ei swydd fel prifathro. Mynegodd ei safbwynt ar yr iaith Gymraeg yn ddigon clir yn 1887 mewn erthygl ar 'The Future of Welsh Education':

Every Welshman who desires that his race should play
their due part in the life of Great Britain, and, through it, of
the world, will do what in him lies, to realise the aim first
by learning to think in English himself, and secondly by
encouraging his friends to follow his example ...[7]

Ychwanegodd yn fawrfrydig nad oedd am wahardd
defnyddio'r Gymraeg ond yn hytrach annog meistrolaeth
lwyr ar y Saesneg, ac yn hynny o beth yr oedd yn cyd-fynd â
theithi meddwl llawer o Gymry Cymraeg yr oes.

'Noryn oer' oedd disgrifiad Valentine o'r prifathro, sef
ymadrodd o dafodiaith Rhosllannerchrugog am rywun
'oeraidd, anodd gwneud efo fo'.[8] Cofiai weld Reichel yn
'bwhwman ar hyd y coridorau' yn erlid myfyrwyr am dorri
rheolau'r sefydliad,[9] a daeth i wrthdrawiad gydag ef sawl tro
ar gorn materion mawr a mân.

Nid oedd Syr John Morris-Jones chwaith yn cefnogi'r
ymdrechion i ledaenu'r defnydd o'r Gymraeg y tu hwnt i'w
hastudio fel pwnc academaidd. Barnai nad oedd gan yr iaith
ond ychydig ddegawdau ar ôl fel iaith hyfyw, ac fe roddai'r
pwyslais yn hytrach ar ei hastudio fel iaith glasurol megis
Lladin neu Hebraeg. Er gwaethaf ei hoffter o'r Gymraeg,
prif bwnc Valentine oedd Ieithoedd Semitig, a Hebraeg yn
arbennig.

Ddiwedd 1919 sefydlwyd cymdeithas Gymraeg arbennig
ar gyfer pobl oedd yn dilyn cwrs anrhydedd Cymraeg neu'n
gefnogwyr pybyr i Gymreictod. Lluniwyd cymdeithas y
Facwyfa ar batrwm cymdeithas Saesneg y Thirty Club, a
chyfyngwyd yr aelodaeth i ddeg ar hugain. Valentine oedd
ysgrifennydd cyntaf y Facwyfa, gydag Ifor Williams yn
llywydd a Griffith John Williams – a oedd wedi dod i Fangor i
wneud ymchwil ar ôl graddio yn Aberystwyth – yn is-lywydd.
Etholwyd Thomas Shankland, llyfrgellydd cynorthwyol y
coleg, yn aelod anrhydeddus ohoni, ac ef a ddynodwyd yn
'Archfacwy'. Heddychwr a Chymro brwd oedd Shankland;
roedd gan Valentine barch mawr ato, a dywedodd iddo

bwyso'n drwm arno am gyngor a chefnogaeth trwy gydol ei gyfnod ym Mangor.

Arferai'r Macwyiaid gyfarfod bob pythefnos i drafod a chlywed darlithoedd a sgyrsiau am hanes a diwylliant Cymru. Trafodwyd amrediad eang o bynciau, yn cynnwys Thomas Shankland yn traddodi ar 'Fudiadau Cymru yng ngoleuni ei chyfnodolion' a darlith gan Ifor Williams ar 'Ddylanwad y Chwyldro Ffrengig ar lenyddiaeth Cymru'. Dynion yn unig oedd yn cael bod yn aelodau a'r cymhwyster angenrheidiol oedd eich bod 'wedi gwneud rhywbeth, ac yn gwneud rhywbeth arbennig dros yr iaith Gymraeg a thros eich cenedl yn y coleg'.[10]

Yn ôl Valentine, cymdeithas y Facwyfa oedd mam y Gymdeithas Genedlaethol Gymreig, sef y Tair G, a ddaeth yn y blynyddoedd nesaf yn rhan mor ganolog o'r symudiadau i geisio ffurfio plaid genedlaethol Gymreig. Er na chwaraeodd Valentine ran yn sefydlu'r Tair G gan ei fod wedi gadael y coleg erbyn hynny, yn ei gyfnod ef yn llywydd y myfyrwyr a sylfaenydd y Facwyfa y gosodwyd y seiliau ar ei chyfer, a thrwy'r ymgyrchoedd y bu'n eu harwain yn erbyn Seisnigrwydd y Coleg ar y Bryn.

Un arall o'r Cymry ifanc gwrthryfelgar ac un o gyfeillion agosaf Valentine yn y cyfnod hwn oedd J.P. Davies, heddychwr ymroddedig a fu'n wrthwynebydd cydwybodol yn y rhyfel. Hanai J.P. o Glawddnewydd yn Sir Ddinbych, ac roedd yn fyfyriwr am y weinidogaeth gyda'r Annibynwyr. Roedd y ffaith iddo wrthod mynd i'r fyddin yn golygu fod gan Valentine barch mawr ato, a theimlai, yn sgil ei brofiadau yn Ffrainc, mai dyna y dylai yntau fod wedi'i wneud hefyd. Bu J.P. am flynyddoedd wedi iddo adael y coleg yn weinidog yng Nghapel Curig, cyn symud yn ddiweddarach i Lanberis ac yna i Borthmadog. Bu'n gefnogwr selog i achos Cymru a'r Gymraeg a'r mudiad heddwch ar hyd ei oes.

Unwyd dynion fel J.P. Davies, Moses Griffith a Valentine yn eu penderfyniad ysol fod yr amser i siarad ar ben, fod angen gweithredoedd pendant bellach dros Gymreictod yn y Coleg ar y Bryn.

Daeth cyfle i wneud hynny pan glywyd bod criw o fyfyrwyr wedi ffurfio cymdeithas o'r enw yr Old English Club. Nod y clwb hwnnw, mae'n debyg, oedd 'llesteirio cynnydd Cymreictod' ac atal y Cymry rhag gwneud unrhyw dolc yn rheolaeth y Saeson ar brif bwyllgorau'r coleg, gan fod y mwyafrif llethol ohonynt ar y pryd yn nwylo unigolion di-Gymraeg. I gael unrhyw effaith ar y sefyllfa honno, fodd bynnag, roedd angen trefnu gofalus, a barnwyd nad oedd modd gwneud hynny trwy gyfrwng y Facwyfa yn unig. Ar wahoddiad J.P. daeth deuddeg o Gymry at ei gilydd – Valentine yn eu plith – i ffurfio cymdeithas arall, sef y Gwylliaid. Is-gangen answyddogol o'r Facwyfa oedd y Gwylliaid, a diben y gymdeithas gudd oedd sicrhau mai Cymry Cymraeg oedd yn mynd ar y pwyllgorau. Disgwylid i bob un o'r deuddeg aelod sicrhau deuddeg pleidlais i bob ymgeisydd a noddwyd gan y Gwylliaid. Aed ati felly i drefnu pleidleisiau i bobl 'y pethe' ymhob etholiad i swydd neu bwyllgor. Bu'r ymgyrch yn llwyddiant a Chymreigiwyd llawer o bwyllgorau'r coleg (am y tro o leiaf).

Cafwyd ymgais yn ogystal i geisio diwygio cyfarfodydd Mudiad Cristnogol y Myfyrwyr, yr SCM, pan gyfetholwyd Valentine a J.P. Davies yn aelodau o'i bwyllgor. Roedd hon, meddai Valentine, yn gymdeithas gysetlyd a phropor, yn arswydus o barchus ac 'yn ymylu ar fod yn Phariseaidd, ac yn amhoblogaidd iawn, ac yn dra Seisnigaidd'.[11] Roedd yn arfer gan yr SCM gynnal cyfarfod gweddi byr bob diwrnod, a Saesneg oedd yr iaith yn ddieithriad. Cyflwynodd J.P. gynnig fod y cyfarfod yn cael ei gynnal yn Gymraeg bob dydd ac eithrio dydd Iau, gan neilltuo hwnnw i'r Saesneg. O fethu yn hynny, dylid cynnal dau gyfarfod bob dydd, y naill yn Saesneg a'r llall yn Gymraeg. Roedd y cynnig yn un ffrwydrol, ac fe syfrdanwyd Valentine a J.P. gan ffyrnigrwydd yr ymosodiadau geiriol arnynt gan eu cyd-Gristnogion. Y

cyfaddawd yn y diwedd oedd cynnal cyfarfod Cymraeg ar
ddydd Iau. Aeth y ddau ati i raffu digon o fyfyrwyr Cymraeg
i fynychu'r cyfarfod cyntaf i sicrhau ei fod yn llwyddiant.
Daeth cymaint o gynulleidfa ynghyd fel y bu'n rhaid symud i
ystafell fwy a chyn hir roedd holl gyrddau gweddi dyddiol y
mudiad, ac eithrio un, yn Gymraeg.

Estynnodd Valentine a J.P. wahoddiad i'r heddychwr
Cristnogol George M.Ll. Davies ddod i'r coleg i genhadu
ymysg y myfyrwyr. Llwyddodd hynny i godi gwrychyn
rhai myfyrwyr oedd yn gyn-filwyr yn y Rhyfel Mawr. Nid
oedd tynnu'n groes a dod i wrthdaro ag 'elfennau anhydrin'
a chymeriadau garw fel y rhain yn loes calon i Valentine
serch hynny; i'r gwrthwyneb yn wir, gan ei fod o'r diwedd
yn cael cyfle i droi ei ffydd a'i ddaliadau yn weithredoedd
ymarferol.[12]

Cwyn arall gan aelodau'r Gwylliaid oedd yr arfer o
benodi unigolion di-Gymraeg i swyddi pwysig. Teimlai
Valentine fod awyrgylch y brifysgol yn un lle 'gall pawb ond
Cymro deimlo'n gartrefol ynddi'.[13] Nid oedd y rhan fwyaf
o'r darlithwyr yn gwybod dim am Gymru nac yn meddu
fawr ddim cydymdeimlad â'r genedl. Yr unig beth a olygai
Cymru iddynt hwy oedd lle braf i fyw a swyddi bras. Fel y
dengys y dyfyniad canlynol o Fehefin 1925, perai hyn i waed
Valentine ferwi:

Penodwyd Sais uniaith yn athro mewn Economeg yn
Mangor, a gwrthodwyd rhoddi ystyriaeth i Gymro disglair
ei ddoniau oedd yn ceisio am y swydd. Gwnaethpwyd
peth cyffelyb yn Abertawe; etholwyd Sais yn athro mewn
Athroniaeth, a Chymry llawer iawn cymhwysach yn ymgeisio
amdani ... Yr ydym ni yn dal allan na ddylai neb gael swydd
ym Mhrifysgol Cymru oni fedr ddysgu a hyfforddi yn yr
iaith Gymraeg. Nid dweud yr ydyn na ddylai Sais gael swydd
yn y Brifysgol. Nid ydym mor gul a rhagfarnllyd â hynny.
Ond croeso i Sais neu Iddew neu Ffrancwr dderbyn swydd,
os medd y cymwysterau, ond IDDO DDYSGU CYMRAEG.

Nid oes berygl i Gymro dderbyn swydd yn Lloegr heb fedru Saesneg, ac ni ddylai chwaith.[14]

Yn 1920 daeth Valentine i groesffordd yn ei fywyd – un o'r trobwyntiau hynny mewn bywyd sy'n cael effaith fwy pellgyrhaeddol nag sy'n amlwg ar y pryd. Nid oedd fflam ei uchelgais academaidd wedi'i diffodd gan y rhyfel; roedd ganddo fwriad o hyd i fynychu prifysgolion gorau Ewrop, ac ar ôl cwblhau ei radd MA roedd ei fryd ar fynd i Rydychen i barhau â'i astudiaethau. Dewis troi ei gefn ar hynny a wnaeth, fodd bynnag, oherwydd fe'i darbwyllwyd gan J.P. Davies ac eraill i aros ym Mangor a cheisio cael swydd ar Gyngor y Myfyrwyr. Etholwyd ef yn llywydd a Rhiannon Morris-Jones (merch Syr John) yn is-lywydd. Tua'r un cyfnod derbyniodd alwad i ddod yn weinidog ar gapel Tabernacl, eglwys y Bedyddwyr yn Llandudno, a chafodd ei ordeinio yno ym mis Ionawr 1921. Er ei fod yn parhau yn y coleg fel myfyriwr ymchwil, ymwelai'n aml â'i ofalaeth newydd a phregethai'n rheolaidd yn y capel bob mis.

J.P. Davies oedd llaw dde Valentine yn ystod cyfnod ei lywyddiaeth, ac ymgynghorai ag ef ar bob mater o bwys. Byddai'r ddau yn eu tro yn ymgynghori gyda'r hen ben Thomas Shankland ar sawl mater dadleuol, ac nid oedd prinder y rheini yn 1920.

Y flwyddyn honno roedd Rhyfel Annibyniaeth Iwerddon ar ei hanterth a'r wlad yn ferw gwyllt gydag ymosodiadau'r IRA a dialedd yr awdurdodau Prydeinig yn codi dychryn ar ddwy ochr môr Iwerddon. Fel llawer un arall, dilynai Valentine hanes brwydr y Gwyddelod am annibyniaeth yn ofalus yn y wasg, ac atgyfnerthwyd ei deimladau o blaid cenedlaetholwyr Iwerddon, a enynnwyd gan ei brofiadau yn ardal Lough Neagh ddwy flynedd ynghynt, gan yr adroddiadau am weithgareddau brwnt y Black and Tans.

Sefydlwyd y Black and Tans gan Lywodraeth Prydain er mwyn cynorthwyo'r heddlu i ymateb i ymosodiadau'r IRA.

Cyn-filwyr oedd mwyafrif llethol y Black and Tans, yn ennill deg swllt y dydd i greu anhrefn i elynion Prydain yn Iwerddon. Roedd eu dulliau'n cynnwys llofruddio cenedlaetholwyr a gweriniaethwyr, llosgi pentrefi ac adeiladau cyhoeddus ac yn aml gorfodi'r boblogaeth i ffoi i lochesi yng nghefn gwlad. Fel y dywedodd un o swyddogion y 'Tans' ym Mehefin 1920:

If a police barracks is burned or if the barracks already occupied is not suitable, then the best house in the locality is to be commandeered, the occupants thrown into the gutter. Let them die there – the more the merrier.

Cyflawnwyd hyn i gyd dan sêl bendith y Bedyddiwr a'r Cymro oedd yn Brif Weinidog ar y pryd, er iddo fynegi ei bod yn well ganddo weld saethu aelodau Sinn Féin na llosgi adeiladau cyhoeddus. Fel y nododd un o haneswyr y Rhyfel Annibyniaeth am y Black and Tans, 'however appalling their deeds they were the product of Lloyd George's policies'.[15]

Daeth y digwyddiadau yn nes adref adeg ympryd Terence MacSwiney. Cenedlaetholwr blaenllaw a chymeriad amlwg ym mudiad yr iaith Wyddeleg yn ardal Dinas Corc oedd MacSwiney. Cymerodd ran yng Ngwrthryfel y Pasg, 1916 gan ddod yn un o arweinwyr yr IRA yng Nghorc yn ystod y Rhyfel Annibyniaeth. Etholwyd ef yn Arglwydd Faer Dinas Corc yng ngwanwyn 1920, ond ym mis Awst cafodd ei ddal gan y fyddin Brydeinig a'i gyhuddo o fod â dogfennau yn ei feddiant fyddai'n debygol o achosi annheyrngarwch,[16] ac fe'i dedfrydwyd i ddwy flynedd o garchar gan lys milwrol. Gwadodd MacSwiney'r cyhuddiad, a phenderfynodd ymprydio gan ddweud y byddai'n rhydd o fewn y mis, yn fyw neu'n farw, gan na fyddai'n bwyta nac yn yfed tra byddai yn y carchar. Symudodd yr awdurdodau ef i garchar Brixton yn Llundain er mwyn ceisio rheoli'r cyhoeddusrwydd ac effaith ei ympryd. Er gwaethaf apeliadau ar draws y byd bu farw MacSwiney ar 25 Hydref 1920. Fe gafodd ei farwolaeth effaith fawr, ac wrth i'w arch gael ei chario trwy strydoedd Llundain, safai pobl y ddinas ar ochr y lôn i dalu teyrnged iddo.

Roedd Valentine yn teimlo'n ysol fod angen gwneud rhywbeth i dalu gwrogaeth i rywun a oedd yn ei olwg ef yn wladgarwr dewr. Daeth cyfle pan ddeallwyd bod yr awdurdodau wedi trefnu i gludo corff MacSwiney yn ôl i Iwerddon ar drên o Lundain i Gaergybi. Golygai hynny y byddai'n pasio trwy orsaf Bangor ar ei daith. Felly, fel llywydd Cyngor y Myfyrwyr, trefnodd Valentine fod mintai o fyfyrwyr Bangor yn gorymdeithio i lawr i'r orsaf ac yn sefyll mewn rhes ddistaw ar ymyl y platfform fel arwydd o barch i'r ymprydiwr.

Roedd terfyn streic newyn MacSwiney yn cyd-daro â *cause célèbre* arall yn y Rhyfel Annibyniaeth, oherwydd ar 1 Tachwedd 1920 yng ngharchar Mountjoy yn Nulyn dienyddiwyd Kevin Barry, gweriniaethwr ifanc dwy ar bymtheg oed, gan yr awdurdodau Prydeinig.

Roedd Kevin Barry yn fyfyriwr meddygol yng Ngholeg Prifysgol Dulyn, ac yn aelod brwdfrydig o'r IRA. Bu'n weithredol mewn sawl cyrch i gipio arfau oddi ar y fyddin Brydeinig, ac ar 20 Medi 1920 bu'n rhan o ymosodiad ar lori arfau y tu allan i siop fara Monk's yn Nulyn. Ei fwriad oedd cymryd rhan yn y cyrch am un ar ddeg y bore a dychwelyd i sefyll ei arholiadau meddygol yn y coleg am ddau o'r gloch y prynhawn. Aeth y cynllun o chwith, fodd bynnag, pan ddechreuodd y milwyr danio'n ôl. Lladdwyd tri o'r Prydeinwyr yn yr ymladd a gorfu i'r Gwyddelod gilio a dianc. Ceisiodd Barry guddio o dan y lori ond fe'i gwelwyd ac fe'i llusgwyd allan. Yn y ddalfa cafodd ei boenydio'n giaidd a thynnwyd ei ewinedd, ond nid agorodd ei geg i fradychu ei gyd-filwyr. Ar 20 Hydref, mewn achos milwrol yn y Marlborough Barracks, fe'i dedfrydwyd i farwolaeth. Gyda diffyg dealltwriaeth a chrebwyll a fu'n nodwedd o reolaeth Prydain ar Iwerddon dros y canrifoedd, penderfynwyd mai dyddiad dienyddiad

Barry fyddai 1 Tachwedd, sef dydd Gŵyl yr Holl Saint, un o brif wyliau crefyddol yr Eglwys Gatholig.[17]

Roedd achos Barry wedi cael cryn sylw yng ngwledydd Prydain ac yn rhyngwladol, ond er i nifer fawr o sefydliadau, papurau newydd ac unigolion dylanwadol ymbilio ar ran y Gwyddel ifanc, gwrthododd Prydain bob apêl am drugaredd. Mewn cynhadledd o weinidogion Cabinet o dan gadeiryddiaeth Lloyd George yn Nhŷ'r Cyffredin ar 28 Hydref, penderfynwyd na ellid gwyrdroi'r ddedfryd o farwolaeth. Gydag Iwerddon yn ferw gwyllt roedd yn rhaid i'r awdurdodau Prydeinig gael eu gweld yn delio'n llym gydag aelodau'r IRA. Er hynny, roedd hyd yn oed swyddog propaganda Castell Dulyn yn gorfod cyfaddef i'r llanc wynebu ei ddienyddiad yn eofn, gan ddweud 'he went to the drop with callous composure'.[18]

Lledodd awyrgylch gynhyrfus ar draws gwledydd Prydain yn sgil angladd MacSwiney ar 31 Hydref a dienyddiad Kevin Barry y diwrnod canlynol. Eto i gyd, mewn areithiau yng Nghaernarfon ar 9 Hydref ac yn Llundain ar 9 Tachwedd, roedd Lloyd George yn hyderus mai Prydain oedd â'r llaw uchaf: "we have murder by the throat", meddai.[19]

Mynegodd nifer o wŷr blaenllaw eu hanesmwythyd ynghylch polisïau'r llywodraeth. Cynhaliwyd cyfarfod ar y Maes yng Nghaernarfon lle siaradodd Thomas Shankland a'r Parch Thomas Rees, prifathro Coleg yr Annibynwyr, i wrthwynebu ymddygiad y Black and Tans a rhan y llywodraeth yn y digwyddiadau. Ymddangosodd llythyr yn *Seren Cymru*, wythnosolyn y Bedyddwyr, wedi'i lofnodi gan amryw o aelodau staff Prifysgol Cymru, yn cynnwys D. Emrys Evans, Thomas Shankland, Ifor Williams, Henry Lewis a W.J. Gruffydd, yn cwyno am agwedd yr awdurdodau tuag at Iwerddon. Yn ôl y llythyr, roeddent yn protestio 'against the actions of the British government and its agents in Ireland', gan haeru hefyd 'there is a vigorous unanimity among Welsh University Students on this question'.[20]

Yn rhinwedd ei swydd fel llywydd Cyngor y Myfyrwyr derbyniodd Valentine lythyr gan swyddogion Cyngor Myfyrwyr Prifysgol Dulyn, lle bu Kevin Barry yn fyfyriwr cyn ei ddienyddio. Dywedwyd bod y llythyr hwn yn cael ei anfon i brifysgolion pob gwlad rydd yn Ewrop ac ynddo adroddwyd hanes achos Kevin Barry, gan fynd ymlaen i gondemnio ei ddienyddiad a pholisi prif weinidog Prydain yn Iwerddon.

'Fy nyletswydd i fel Llywydd', meddai Valentine, 'oedd hysbysu fy Nghyngor ym Mangor a darllen ei gynnwys, a'r Cyngor oedd i benderfynu a oedd yr achos yn ddigon pwysig i alw cyfarfod cyffredinol i glywed ei gynnwys. Nid oedd y llythyr yn gofyn am ddim – dim cydymdeimlad, dim protest, dim ond cyflwyno'r gwir a'r hanes cyflawn.'[21]

Trafododd Valentine y llythyr gyda J.P. Davies a Shankland, ac roedd y tri ohonynt yn gytûn y dylid ei ddarllen yn gyhoeddus. Hysbyswyd awdurdodau'r coleg i'r perwyl ei bod yn arferol darllen gohebiaeth oddi wrth fyfyrwyr prifysgol arall mewn cyfarfod o gorff y myfyrwyr. Cafwyd gwrthwynebiad ffyrnig i'r bwriad yma gan Gyngor y Coleg. Pobl y sefydliad oedd yr aelodau a bu llawer ohonynt yn uchel-swyddogion yn y fyddin yn ystod y rhyfel. Anfonodd un ohonynt gŵyn ffurfiol at Brif Gwnstabl y Sir yng Nghaernarfon yn haeru bod dogfen fradwrus ym meddiant llywydd Cyngor y Myfyrwyr. Gwnaed ymholiadau i'r mater gan yr heddlu, a mynegodd y Prif Gwnstabl ei anesmwythyd ynglŷn â'r bwriad i ddarllen y llythyr mewn cyfarfod cyhoeddus. Canlyniad hyn i gyd oedd galw Valentine gerbron ei brifathro, y 'noryn oer' ei hun, Syr Harry Reichel.

Gofynnodd Reichel a oedd yn wir bod ganddo ddogfen fradwrus yn ei feddiant.

Atebodd Valentine nad oedd yn ymwybodol o hynny.

Oedd ganddo ohebiaeth o brifysgol yn Iwerddon?

Oedd.

Gofynnodd Reichel a gâi weld y ddogfen.

Na, ond fe wnâi Valentine ei darllen iddo.

Wedi i Reichel glywed y cyfieithiad Saesneg o'r llythyr Gwyddeleg, dywedodd ei fod yn waeth nag y tybiai ac nad oedd Valentine i gael defnyddio unrhyw ystafell yn y coleg i ddarllen y llythyr.

Atebodd Valentine mai'r arfer felly, os oedd yr awdurdodau yn gwrthod rhoi ystafell i'r myfyrwyr gyfarfod, oedd ymgynnull yn yr awyr agored. Ymhelaethodd ar hynny trwy ddatgan mai dyna oedd ei fwriad yn yr achos hwn, ac y cynhelid y cyfarfod o dan olau stryd ym Mangor Uchaf – gan ychwanegu y gallai hynny olygu y deuai'r myfyrwyr i wrthdaro â'r awdurdodau.

Yn y diwedd, cytunodd Reichel y câi'r myfyrwyr ddefnyddio un o ystafelloedd y coleg. Wedi ildio ar yr egwyddor honno, fodd bynnag, ceisiodd y prifathro sicrhau addewid na fyddai darllen y llythyr yn esgor ar drafodaeth o'i gynnwys. Cytunodd Valentine na fyddai ef fel llywydd yn caniatáu trafodaeth ar yr ohebiaeth.

Cyfarfod 'rhyfedd, rhyfedd' fu'r cyfarfod hwnnw, yn ôl Valentine, gyda merched yn wylo ar ôl clywed manylion y poenydio a fu ar y Gwyddel ifanc. Yn dilyn adrodd cynnwys y llythyr roedd gan y llywydd gyhoeddiad i'w wneud:

> "Mae'n ddrwg gen i, yr wyf wedi rhoi fy ngair na wnaf i ddim caniatáu trafodaeth ar y llythyr yma. Wedyn y peth gorau i mi ei wneud yw ymddeol o'r Gadair, ac i chwi ethol llywydd newydd."[22]

Cadwodd Valentine ei air i'r prifathro na fyddai ef yn caniatáu trafodaeth o gadair y llywydd a chyda hynny ymddiswyddodd o'r gadair ac arwain trafodaeth o'r llawr.

Ynghanol y berw hwn, daeth cyfle arall i ymgyrchu dros Gymru ac yn erbyn Seisnigrwydd y coleg pan gynhaliwyd ffug-etholiad ymysg y myfyrwyr ddiwedd Tachwedd 1920. Dewiswyd Moses Griffith yn ymgeisydd a phenderfynwyd y byddai'n sefyll yn agored fel cenedlaetholwr Cymreig. Roedd yr etholiad yn cael ei drin o ddifri gan yr ymgeisydd a'i gefnogwyr, ac aeth Moses Griffith mor bell â gohebu gydag E.T. John i gael ei gefnogaeth yntau.

Bu'n ymgyrch gynhyrfus, ac mewn datblygiad sinistr ar drothwy'r bleidlais derbyniodd Moses Griffith lythyrau dienw wedi eu cyfeirio ato yn cynnwys bygythiadau i'w ladd. Roedd y llythyrau yn cynnwys cartwnau bygythiol o gyllyll gwaedlyd a bomiau, a'r geiriau maleisus:

> Moses!!! Withdraw!
> Wales is no place for Sinn Fein ...
> Be wise and withdraw before tomorrow
> Break with De Valera immediately or ere Wednesday's dawn
> you'll join MacSwiney ...
> Take heed!
> Black + Tan[23]

Ar hyd y papur roedd dafnau o inc coch i efelychu smotiau gwaed, ac yn y gornel uchaf flotyn mawr coch ac wrth ei ymyl y geiriau 'Remember Connolly! His blood is upon you!!!!' Ar lythyr arall, ynghanol lluniau o fomiau, rhaff grogi a chyllell waedlyd, dywedwyd y dylai dynnu ei enw'n ôl neu wynebu'r canlyniadau. Mae'n ddigon posib mai ffrwyth herian a thynnu coes oedd y llythyrau, ond yn awyrgylch cythryblus y cyfnod yn y Coleg ar y Bryn a thu hwnt, byddai wedi bod yn anodd peidio â'u cymryd o ddifrif.

Disgrifiodd yr ymgeisydd y sefyllfa wrth y blychau pleidleisio:

> Cynhaliwyd ffug etholiad a dewiswyd fi yn Ymgeisydd
> Cenedlaethol, a chafwyd mwyafrif mawr, a chofiaf yn dda fel
> y safai rhai o'r Cymry mwyaf penboeth wrth y blychau balot
> a gofyn i'r pleidleiswyr "ai Sais ynte dyn wyt?"[24]

Ar ddiwrnod cyntaf Rhagfyr, ychydig wedi'r canlyniad,

cysylltodd Moses ag E.T. John i ddiolch iddo am ei gefnogaeth:

> Annwyl Mr John
>
> Dymunaf gymryd y cyfle yma i ddatgan fy niolchgarwch cynhesaf i chwi, am eich caredigrwydd a'ch cynhorthwy i mi fel Ymgeisydd Cenedlaethol Cymreig yn ein Ffug Etholiad Seneddol. Credaf mai dyma y tro cyntaf i Nationalist Candidate sefyll, ac ymladd yr etholiad ar Ymreolaith [sic] i Gymru. Diolch yn fawr am fenthyg y llyfrau, maent wedi bod yn help mawr imi. Bu pleidleisio fel y canlyn –
>
> | | |
> |---|---|
> | Welsh Nationalist | 205 |
> | Labour | 130 |
> | Independent | 83 |
> | Rag Candidate | 50 (app) |
>
> Credaf fy hun fod y pleidleisio yn safon lled gywir o syniad y myfyrwr [sic] ar Hunan Ymreolaith, er fod yna lawer o Gymry pypur [sic] yn cynorthwyo y blaid Lafur.
>
> Gobeithio fod y llyfrau a yrais yn ol wedi cyrhaedd yn ddiogel.
>
> Yr eiddoch yn gywir
>
> Moses Griffith[25]

Yna, ym mis Mai 1921, cynhaliwyd cyfarfod arall yn ymwneud â'r argyfwng yn Iwerddon yn Neuadd y Penrhyn. Bwriad y trefnwyr, mae'n debyg, oedd dangos cefnogaeth i Lloyd George a'i bolisïau. Rhoddodd Valentine a'i gydymgyrchwyr wybodaeth ar led y dylai pawb oedd yn ymddiddori yng ngwleidyddiaeth Cymru neu Iwerddon fynychu'r cyfarfod, ac felly trwy drefnu manwl ymlaen llaw llwyddodd y myfyrwyr i feddiannu'r rhan fwyaf o'r seddi yn y neuadd. Cadeiriwyd y cyfarfod gan yr Athro E.V. Arnold o'r Adran Ladin, gŵr parod iawn ei gefnogaeth i'r llywodraeth ac erlidiwr diflino ar wrthwynebwyr cydwybodol y coleg yn ystod y Rhyfel Mawr.

Wedi i siaradwr ar ôl siaradwr ganmol doethineb a

gweledigaeth Lloyd George i'r cymylau, cynigiwyd pleidlais o gefnogaeth i bolisi'r Prif Weinidog yn Iwerddon. Bryd hynny safodd Valentine ar ei draed a chamu i'r blaen er mwyn darllen cynnwys y llythyr a dderbyniodd o Iwerddon ynglŷn ag achos Kevin Barry. Yna cynigiodd welliant i'r cynnig, sef na ddylid ystyried y cynnig gwreiddiol nes derbyn ateb i gais yn gofyn i Lloyd George ei hun ddod i'r coleg i gyfiawnhau ei bolisi Gwyddelig ac ateb am weithredoedd y Black and Tans yn benodol. Cafodd y gwelliant ei eilio a'i gario, ond gwrthododd Arnold dderbyn y bleidlais. Cyhoeddodd nad oedd gan y myfyrwyr hawl i bleidleisio, ac felly nad oedd y canlyniad yn ddilys. Ychwanegodd fod y cynnig gwreiddiol, o blaid Lloyd George, wedi'i gario.

Yn sgil yr helyntion hyn roedd Valentine yn rhyw hanner disgwyl cael ei ddiarddel o'r coleg, ond ddigwyddodd hynny ddim. Mae'n bosib mai'r rheswm am hynny oedd mai cwta wythnosau oedd ganddo cyn dechrau ar ei waith fel gweinidog amser llawn yn Llandudno a gadael Bangor am byth.

'Ond eto i gyd', teimlai Valentine o'r diwedd fod 'Cymreictod yn dechrau ennill tir'.[26]

Pan oedd y cynnwrf ar ei anterth ddechrau mis Mai 1921 derbyniodd, yn rhinwedd ei swydd fel llywydd Cyngor y Myfyrwyr, neges mewn Gwyddeleg a Saesneg gan Sarsfield Hogan a Richard Johnson, ysgrifenyddion mygedol Cyngor Myfyrwyr Coleg Prifysgol Dulyn, yn diolch i fyfyrwyr Bangor am eu cefnogaeth. Mae'r llythyr Gwyddeleg yn darllen fel a ganlyn o'i gyfieithu i'r Gymraeg:

4 Mai 1921

Gyfaill

Ar ran Cyngor y Myfyrwyr ac ar ran yr holl fyfyrwyr yn y Brifysgol hon, rhoddwn ddiolch i ti ac i fyfyrwyr y Brifysgol ym Mangor am y cynnig a roddwyd ar waith gennych o du rhyddid Iwerddon. Testun llawenydd inni yw bod hanes yr ymlad sydd ar droed yn ein gwlad ein hunain yn cael ei

glywed dramor ym mhob gwlad y mae cariad at ryddid eto'n
fyw.

Gobeithiwn y bydd y cyfeillgarwch rhwng Iwerddon a
Chymru yn mynd yn ei flaen am byth.

Nyni
Dros achos Iwerddon
Sairseal O h-Ogain
Risceard MacEoin
(Ysgrifenyddion)[27]

Flwyddyn yn ddiweddarach, penderfynodd y myfyrwyr
Cymraeg ym Mangor ffurfio'r Gymdeithas Genedlaethol
Gymreig. Byddai'r gymdeithas yn cael ei hadnabod fel y Tair
G, ac o'r cychwyn roedd ei hamcanion yn ymestyn y tu hwnt
i wleidyddiaeth myfyrwyr ac ymgyrchu colegol. Lluniwyd
rhaglen o bolisïau economaidd a chymdeithasol a oedd yn
cynnwys gwladoli pyllau glo a chwareli, datblygu cynlluniau
trydaneiddio, gwella cysylltiadau trafnidiaeth, a chynllun
lle byddai Lloegr yn talu i Gymru am ei dŵr, yn ogystal â
mynnu bod y Gymraeg yn iaith swyddogol yng Nghymru ac
yn unig iaith i'w defnyddio mewn senedd Gymreig.[28]

Moses Griffith oedd cadeirydd cyntaf y Tair G, ac
ysgrifennodd unwaith eto at E.T. John, y tro hwn yn gofyn
iddo fod yn llywydd anrhydeddus ar y gymdeithas newydd.
Cytunodd John yn frwd, gan weld sefydlu'r Tair G fel cam
calonogol a oedd yn gosod esiampl glodwiw:

Rhagfyr 12fed 1921

Annwyl Syr,
Derbyniais heddyw eich llythyr dyddiedig y 9fed cyfisol.
Da gennyf glywed am ffurfiad y Gymdeithas Genedlaethol
Gymreig ynglyn a Choleg Bangor. Dyry imi hafal bleser i
gydsynio a'ch gwahoddiad i weithredu fel Llywydd Mygedol
cyntaf eich Cymdeithas.

Os gellir trefnu dyddiad cyfleus, byddaf yn eithaf parod
i draddodi anerchiad lywyddol [sic] yn Gymraeg ar 'Hanfod

a Chylch Cenedlaetholdeb Cymreig', neu os y mynwch ar
'Gyfle a Gwaith Cenedl y Cymry Heddyw'.

Caniatewch imi eich llongyfarch yn wresog iawn ar
linellau ehangfryd rhaglen eich Cymdeithas newydd. Gesyd
esiampl tra rhagorol i Gymdeithasau Cymreig yn gyffredinol
– gartref ac oddicartref.

 Yr eiddoch yn wladgar,

 E.T. John[29]

Sefydlwyd y Tair G yn swyddogol ar 14 Mawrth 1922,
ond bu'n rhaid aros tan haf y flwyddyn ganlynol iddi
wneud ei marc digamsyniol ar wleidyddiaeth Cymru, a
hynny yn Eisteddfod Genedlaethol yr Wyddgrug 1923, pan
wahoddwyd y cyn-filwr a'r darlithydd ifanc Saunders Lewis
i draddodi araith yn ei chyfarfod. Araith a fyddai, heb os,
yn gosod y gath ymysg colomennod dof bywyd cyhoeddus
Cymru.

6

'Yr oes haearn hon'

ROEDD RHYFEL MAWR 1914–18 wedi creu daeargryn
drwy'r hen Gymru Ryddfrydol ac Anghydffurfiol, ac ni fyddai
pethau yr un fath wedi hynny. Er na ellir pennu'r rhyfel
fel yr unig reswm dros yr holl newidiadau economaidd a
chymdeithasol dilynol, mae'n glir fod y bywydau a gollwyd,
y chwalfa gymdeithasol, a'r datblygiadau technolegol
chwyldroadol a ddaeth yn ei sgil wedi trawsnewid Cymru.
Ni fu pethau fyth yr un fath wedi 1918.

Yn y blynyddoedd wedi'r rhyfel nid oedd sefyllfa
wleidyddol Cymru yn argoeli bod unrhyw fath o ymreolaeth
ar y gweill heb sôn am ryddid cenedlaethol llawn. I bob
golwg, ffantasi ffôl oedd breuddwydio am wireddu'r
argyhoeddiadau hyn.

Ar un wedd, roedd pethau'n edrych yn galonogol, fodd
bynnag. Yn rhyngwladol, wrth i ddyfroedd y brwydro
gilio fe ddaeth hen wledydd bychain Ewrop i'r golwg,
a rhoddwyd pwys mawr ar hawliau'r gwledydd bach
yng Nghynhadledd Versailles yn 1919. Roedd Belg yn
wlad sofran unwaith eto, cadarnhawyd annibyniaeth
Gwlad Pwyl ac roedd yr arweinydd dygn Tomáš Mazaryk
wedi arwain Tsiecoslofacia i ryddid yn sgil dymchwel
yr Ymerodraeth Awstro-Hwngaraidd. Yng ngoleuni'r

datblygiadau hyn, mynegwyd gobaith gan rai o'r hen do Rhyddfrydol yng Nghymru y deuai rhyw fath o ymreolaeth i'w gwlad. 'The war has ostensibly been fought for the right of small nations', ebe'r Uwchgapten David Davies, Aelod Seneddol Rhyddfrydol Maldwyn, yn 1918 – 'is Wales to be the only small nation who is not prepared to assert her individuality?'[1]

Nid oedd achos Cymru yn uchel iawn ar agenda unrhyw un o'r pleidiau Prydeinig, serch hynny. Wedi etholiad 1918 Rhyddfrydwyr Cenedlaethol Lloyd George oedd yn dal mwyafrif y seddi er iddynt golli tir i'r Blaid Lafur, yn enwedig yn ardaloedd diwydiannol de-ddwyrain Cymru. Cilio fel pwnc yr oedd ymreolaeth i Gymru. Yn wir, cilio yr oedd llawer iawn o faterion uniongyrchol 'Gymreig' o'r llwyfan gwleidyddol. Enillwyd amryw o'r brwydrau a fu'n gymaint o dramgwydd i Anghydffurfwyr Cymraeg. Diwygiwyd y degwm a sicrhawyd hawliau claddu i Anghydffurfwyr, a phan ddaeth datgysylltu'r Eglwys yn ffaith o'r diwedd yn 1920, fe brofodd yn dipyn o 'anticleimacs' – pwnc llosg oes arall oedd y mater erbyn hynny. Roedd pwnc a fu o'r pwys mwyaf bedair blynedd ynghynt bellach yn cael ei weld fel rhywbeth dibwys ac amherthnasol. Arwydd oedd hynny o'r ffaith fod yr enwadau Anghydffurfiol yn dechrau colli gafael ar Gymru.

Er y twf mewn sefydliadau cenedlaethol Cymreig fel Prifysgol Cymru ar ddiwedd y bedwaredd ganrif ar bymtheg ac er bod y Llyfrgell Genedlaethol a'r Amgueddfa Genedlaethol wedi derbyn Siarter Frenhinol yn 1907, ni chafwyd llawer o sôn am hawliau cenedlaethol i Gymru. Materion economaidd a gwleidyddol mwy uniongyrchol fel diweithdra, hawliau gweithwyr a chartrefi addas oedd yn mynd â bryd pobl fwyfwy.

Ar ôl y rhyfel roedd fel pe bai 'parlys meddyliol', chwedl A.O.H. Jarman, wedi gafael yn y Cymry.[2] Mynnai rhai lynu'n sentimental wrth yr hen Ddewin o Gricieth, tra bo eraill yn troi at sosialaeth a chomiwnyddiaeth, ac yn benodol at y Blaid Lafur. Troi eu cefnau ar hunaniaeth Gymreig yn sylweddol a wnaeth y Rhyddfrydwyr yn y cyfnod yma, a llugoer oedd cefnogaeth y Blaid Lafur i ymreolaeth.

Cynhaliwyd nifer o gynadleddau rhwng 1918 a 1922 i drafod hunanlywodraeth i Gymru. Fe'u trefnwyd gan lond llaw o aelodau seneddol Rhyddfrydol unigol, yn eu plith yr Uwchgapten David Davies (Aelod Seneddol Maldwyn), Syr Robert Thomas (Aelod Seneddol Wrecsam) a Syr Herbert Lewis (Aelod Seneddol Prifysgol Cymru), a gwahoddwyd cynrychiolwyr o gynghorau lleol a mudiadau eraill i drafod. Ychydig iawn o ymateb a gafwyd i'r gynhadledd gyntaf a gynhaliwyd yn Llandrindod adeg y Sulgwyn yn 1918. Cytunwyd y byddai 'hunanlywodraeth' o fudd i Gymru ond heb unrhyw ymgais i ddiffinio beth yn union yr oedd hynny'n ei olygu. I amryw yn y Blaid Lafur, twyll Rhyddfrydol oedd yr holl beth i geisio dal gafael mewn pleidleiswyr gwladgarol, yn enwedig gan na welwyd yn dda i wahodd cynrychiolwyr o'u plaid hwy i'r drafodaeth. Er gwaethaf datganiadau o 'Home rule all round' yn 1918, fodd bynnag, ni chafwyd gweithredu pendant i ategu'r rhethreg. Er bod ymreolwyr fel Silyn Roberts a David Thomas yn aelodau brwd ohoni, edrychai'n annhebygol y byddai'r Blaid Lafur yn rhoi llawer o flaenoriaeth i bynciau penodol Gymreig fel hunanlywodraeth neu hawliau'r Gymraeg ar draul materion bara menyn fel cyfiawnder i'r dosbarth gweithiol.

Ar fater sefydlu plaid genedlaethol i ymladd dros Gymru yn unig, roedd hyd yn oed rhywun fel David Thomas, un o arloeswyr y mudiad Llafur yn y gogledd, yn erbyn y syniad. Er gwaethaf ei gefnogaeth i ymreolaeth ac er ei fod wedi ymdrwytho'n llwyr yn y diwylliant Cymraeg, nid oedd yn ystyried y materion hynny o'r pwys mwyaf yn y byd modern. Materion i bawb oeddent yn ei farn ef, nid plaid benodol; ac fe ffafriai sefydlu cymdeithas amhleidiol i warchod buddiannau'r genedl.

Y gynhadledd fwyaf llwyddiannus oedd honno yn 1919, a gynhaliwyd unwaith eto yn Llandrindod. Pasiwyd cynnig gyda chefnogaeth gref i alw am 'ymreolaeth leol lawn', ond fel y troeon o'r blaen, ni chafwyd diffiniad o beth yn union y byddai hyn yn ei olygu. Bu cynnig arall yn galw am sefydlu swydd Ysgrifennydd Gwladol Cymru yn y Cabinet yn llywodraeth Llundain hefyd yn llwyddiannus, ond gyda mwyafrif tipyn llai yn dilyn dadl danllyd. Ar ddiwedd y gynhadledd disgrifiodd y *Western Mail* y cynigion a basiwyd fel rhywbeth yn debyg i wyrth, ond o ran mater hunanlywodraeth ni wnaed fawr ddim cynnydd: 'it left the question very much where it found it'.[3]

Yn 1920 aeth grŵp bychan o aelodau seneddol Rhyddfrydol at Lloyd George yn gofyn iddo greu swydd Ysgrifennydd Gwladol Cymru. Ymateb annelwig y Prif Weinidog oedd "Go for the big thing", heb ymhelaethu o gwbl beth yn union oedd 'y peth mawr' hwnnw. Cynigiwyd mesur seneddol yn 1921 gan David Matthews, Aelod Seneddol Rhyddfrydol Dwyrain Abertawe, yn galw eto am greu Ysgrifennydd Gwladol i Gymru, ond ychydig iawn o gefnogaeth a gafodd. Erbyn hynny, roedd y Blaid Ryddfrydol yn wynebu her ddirfodol i'w hegemoni wleidyddol yng Nghymru yn wyneb twf aruthrol y Blaid Lafur.

Yn 1918, mewn cynhadledd yn Llundain, cyhoeddodd y Blaid Lafur fod hunanlywodraeth i Gymru a'r Alban yn egwyddor sylfaenol ganddi:

> Along with the grant of Home Rule to Ireland, there should be constituted separate statutory legislative assemblies for Scotland, Wales and even England.[4]

Ond unwaith eto, fel gyda'r Blaid Ryddfrydol mewn blynyddoedd a fu, rhyw sgil gynnyrch i ddatrys problem Iwerddon fyddai datganoli grym i Gymru, ac yn aml iawn, hyd yn oed yn rhengoedd y sosialwyr, byddai unrhyw sôn am hunanlywodraeth yn cael ei lastwreiddio gyda rhethreg am gyswllt Cymru â'r ymerodraeth.

Yng Nghaerdydd ategodd Arthur Henderson, ysgrifennydd y Blaid Lafur, yr hyn a basiwyd yn gynharach yn y flwyddyn yn Llundain gan ddweud, 'The Labour Party is pledged to the widest and most generous measure of Home Rule for Ireland. We regard the claims of Scotland and Wales as strictly analogous to those of Ireland.'[5] Mewn llythyr at D.J. Williams, a oedd bellach yn athro yn Abergwaun ac a fu'n weithgar gyda'r ILP yn Sir Benfro, ailadroddodd Henderson ymrwymiad Llafur i hunanlywodraeth: 'Our Labour forces in Wales, and especially in the great coalfields in south Wales, are very keen on this question; and Labour generally hopes to use its influence in the direction of Home Rule for Wales, both in this and the next Parliament.'[6]

I'r rhai oedd yn gweld yr angen am blaid genedlaethol Gymreig, roedd dirywiad y Blaid Ryddfrydol, ac yn gysylltiedig â hynny ddirywiad y capeli a'r diwylliant Cymraeg, yn gyfle ac yn her. Mewn oes lle roedd hen syniadau yn cael eu rhoi heibio a syniadau newydd yn hoelio sylw a'u dylanwad yn lledu, nid oedd y syniad o blaid genedlaethol mor ffansïol â hynny, ac roedd yna enghraifft wrth law o blaid newydd yn tyfu o ddim ac yn profi llwyddiant rhyfeddol ar dir mawr Prydain.

Roedd y Blaid Lafur eisoes wedi profi cryn lwyddiant yn etholiad 1918 pan ddyblodd ei chynrychiolaeth yng Nghymru i ddeg aelod seneddol, gyda Rhyddfrydwyr Lloyd George yn gostwng i ugain sedd. Cafodd y Blaid Lafur lwyddiant pellach yn etholiad cyffredinol 1922, gan gipio deunaw sedd yng Nghymru. Yn wyneb cyni cymdeithasol ac economaidd trodd pleidleiswyr Cymru ati yn y gobaith y byddai llywodraeth o'i heiddo yn sicrhau cyfiawnder cymdeithasol gwirioneddol. Yn y blynyddoedd nesaf, yr awydd yma am newid cymdeithasol ac economaidd a fyddai'n meddiannu llwyfan gwleidyddol Cymru a Phrydain yn gynyddol, gyda phynciau Cymreig yn llai a llai amlwg.

*****

Un o'r rhai fu'n mynychu'r cynadleddau yn Llandrindod oedd E.T. John. Er ei fod bellach wedi colli ei sedd fel aelod seneddol, ac wedi gadael y Blaid Ryddfrydol ac ymuno â'r Blaid Lafur, roedd y diwydiannwr yn parhau i ddefnyddio ei gysylltiadau a'i gyfalaf i gefnogi'r achosion oedd yn agos at ei galon. I'r perwyl hwnnw, roedd ef, ynghyd â'i gyfaill Beriah Gwynfe Evans, yn parhau i ymgyrchu'n selog dros hunanlywodraeth. Credai fod ymreolaeth i Gymru yn sicr o ddod, yn enwedig yn dilyn y frwydr dros annibyniaeth yn Iwerddon a'r ffaith fod egwyddor cenedligrwydd wedi cael ei chydnabod yn ffurfiol yng Nghytundeb Versailles. Nid oedd wedi rhoi'r gorau i wleidyddiaeth seneddol chwaith, gan dderbyn amryw o gynigion gan Lafur i sefyll fel ymgeisydd mewn etholiadau ac isetholiadau ar ei rhan, gan gynnwys yn Ynys Môn, ac yntau bellach yn byw yn Neuadd Llanidan ger Llanfair Pwllgwyngyll.

Nid oedd E.T. John wedi gorffwys ar ei rwyfau mewn meysydd eraill chwaith. Ef oedd llywydd Undeb y Cymdeithasau Cymraeg, ac ef hefyd oedd sylfaenydd y Gyngres Geltaidd yn 1917. Yn dechnegol, ailsefydlu'r hen Gyngres Ban-Geltaidd a wnaed y flwyddyn honno, ond roedd adwaith diwylliannol i'r Rhyfel Mawr a'r awydd i glosio rhwng cenhedloedd hefyd yn ffactor.

Dros y blynyddoedd nesaf byddai'r Gyngres Geltaidd yn cyfarfod yn flynyddol yng Nghaeredin, Bangor, Ynys Manaw, Llydaw a Dulyn. Unigolyn arall fu'n cydweithio gyda John wrth sefydlu'r Gyngres oedd Agnes O'Farrelly o'r Gaelic League. Hi oedd llywydd cyfarfod cyntaf adran merched yr Irish Volunteers, Cumann na mBan, ac roedd yn ffrind agos i Roger Casement a ddienyddiwyd gan Brydain ar gyhuddiad o deyrnfradwriaeth am ei ran yng Ngwrthryfel y Pasg. At hynny, bu amryw o Wyddelod blaenllaw yn gefnogol i'r Gyngres, gan gynnwys Douglas Hyde, Arlywydd cyntaf Gwladwriaeth Rydd Iwerddon ac un o arloeswyr y dadeni Gwyddelig ar droad y ganrif. Un arall oedd yn gefnogol i'r Gyngres yn ariannol ac yn ei brwdfrydedd carlamus oedd Mallt Williams, sylfaenydd Urdd y Delyn ac Undeb y Ddraig Goch, ac un llawn anogaeth i unrhyw fudiad oedd am hyrwyddo achos Cymru a'r Gymraeg.

Yn y cyfnod yma wedi'r rhyfel daeth merch ifanc o'r enw Mai Roberts i weithio fel ysgrifennydd preifat i E.T. John. Cenedlaetholwr pybyr oedd Mai, a fyddai maes o law yn dod i chwarae rhan ganolog yn y digwyddiadau a fyddai'n arwain at ffurfio Plaid Genedlaethol Cymru, gan ddod yn flaenllaw hefyd yn y gwaith o'i gosod ar sylfeini cadarn.

Un o deulu Glanrhydfadog ym mhentref Deiniolen oedd hi, ac wedi gadael Ysgol Brynrefail treuliodd gyfnod ym Manceinion cyn cael ei phenodi'n ysgrifennydd preifat i E.T. John. Roedd yn ferch fodern, annibynnol, yn gwisgo'n ffasiynol, yn ysmygu, yn gwisgo colur ac yn gyrru ei char ei hun. Fel hyn y disgrifiwyd hi gan Cassie Davies, a ddaeth i'w hadnabod yn dda yn nyddiau cynnar y Blaid Genedlaethol:

Fe'i gwelaf hi nawr ... yn ferch dal luniaidd, o doriad bonheddig ac osgo urddasol yn gwisgo'n weithiai'n feiddgar ffasiynol. Yn ei hymyl hi, fe deimlwn i'n wladaidd iawn. Fe dorrodd Mai iddi hi ei hun lwybr mwy anghyffredin na'r rhelyw ohonom ni, ferched y Blaid, a thrwy ei gwaith a'i chysylltiadau â phobl o uchel dras a swyddi blaenllaw, fe gafodd brofiad.[7]

Magodd Mai brofiad o fod ym merw y byd gwleidyddol, a throi ymysg cylchoedd uchaf cymdeithas Prydain yn Llundain. Ar ben hynny, wrth i E.T. John sefyll fel ymgeisydd Llafur yn etholiadau cyffredinol 1922 ac 1924, fe gafodd Mai brofiad o redeg ymgyrchoedd etholiadol. Bu hefyd, yn rhinwedd ei swydd gydag E.T. John, yn gweithio gydag Undeb Cynghrair y Cenhedloedd Cymru a sefydlwyd yn Eisteddfod Genedlaethol Castell-nedd yn 1918. Ymgyrch fwyaf adnabyddus Undeb Cynghrair y Cenhedloedd oedd cefnogi Apêl Heddwch Menywod Cymru yn 1923–4 pan gasglwyd enwau 390,000 o fenywod ledled Cymru ar ddeiseb. Ac roedd Mai'n bresennol yn y cyfarfod i ffarwelio ag Annie Hughes Griffiths wrth iddi gychwyn ar ei thaith i America i gyflwyno'r ddeiseb heddwch i'r Gyngres yn Washington yn 1924. Hi hefyd gafodd y gwaith am y deng mlynedd y bu'n gweithio i John o drefnu'r Gyngres Geltaidd, a thrwy hynny daeth i gysylltiad agos gyda rhai o arweinwyr mudiadau cenedlaethol yr Alban, Llydaw ac yn fwyaf arbennig, Iwerddon, lle y cyfarfu a dod yn ffrindiau gyda llawer o weriniaethwyr a chenedlaetholwyr y wlad honno ar adeg gynhyrfus a chyffrous.

Roedd esiampl Iwerddon yn fyw iawn ym meddyliau cenedlaetholwyr Cymru ar ddechrau'r dauddegau, ac aeth Beriah Evans mor bell â dychmygu E.T. John yn arwain ei wlad i ryddid fel 'de Valera Cymru'.[8]

Y gwir amdani, serch hynny, oedd fod Cymru'n bell o ddilyn ôl troed Iwerddon. Yn 1921, cafodd mesur ei gyflwyno yn Nhŷ'r Cyffredin yn ceisio ailgodi'r syniad o gael Ysgrifennydd Gwladol i Gymru, ond nid aeth ddim pellach na darlleniad cyntaf ar lawr y Tŷ.

Yr olaf o'r cynadleddau ymreolaeth oedd un a gynhaliwyd yn Amwythig yn 1922. Diben y gynhadledd oedd ennyn cefnogaeth i Fesur Llywodraeth Cymru, a oedd i'w gyflwyno i'r Senedd yn Ebrill y flwyddyn honno gan Syr Robert Thomas, Aelod Seneddol Wrecsam. Roedd y mesur, a gyflwynwyd ar gynffon mesur tebyg i'r Alban, yn galw am ddatganoli grym mewn rhai meysydd ond heb ofyn am unrhyw gyllid ychwanegol i Gymru. Fodd bynnag, yn hytrach na dangos cefnogaeth unfrydol Cymru i'r mesur, bu'r gynhadledd yn fethiant llwyr. Yn y lle cyntaf, nid oedd llawer yn bresennol, gyda'r rhan fwyaf o awdurdodau lleol Cymru yn ystyried y digwyddiad yn amherthnasol. Ar ben hynny, treuliwyd llawer o amser yn hollti blew mewn ffrae rhwng cynrychiolwyr o'r gogledd a'r de ynghylch faint o aelodau y dylid eu hethol i senedd Gymreig. Testun cecru arall oedd pryder rhai Rhyddfrydwyr o'r gogledd am roi gormod o ddylanwad i 'Bolsheviks' y de ar draul gweddill Cymru. Yn yr un cywair, dadleuodd Dr Lloyd Owen mai Caernarfon neu Wrecsam ddylai fod yn brifddinas Cymru nid Caerdydd.

Ceisiodd y ddau aelod seneddol oedd yn bresennol, Syr Robert Thomas a Herbert Lewis, esbonio beth oedd cynnwys y mesur, ond ni chyflwynwyd cynnig ffurfiol i'r gynhadledd. Daeth yr holl beth i ben heb hyd yn oed ddod i benderfyniad ynghylch a oedd mwyafrif o blaid prif egwyddor y mesur o ymreolaeth i Gymru. Tanlinellodd methiant cynhadledd Amwythig naïfrwydd gwleidyddol cefnogwyr ymreolaeth. Roeddent wedi gobeithio am gefnogaeth i'w hachos heb alw cyfarfodydd cyhoeddus ledled Cymru na threfnu ymgyrch gyhoeddusrwydd o fath yn y byd.

Barn dywyll oedd gan y *Welsh Outlook* ar yr holl fater:

> The futile Shrewsbury Conference on March 31st last and the ridiculous debate which followed it in the House of Commons on April 18th, marked the nadir of the Welsh Home Rule movement, and only a small remnant of those who supported it escaped pessimism and despair.[9]

Pan ddaeth y mesur gerbron Tŷ'r Cyffredin digon gwawdlyd oedd ymateb llawer o aelodau seneddol Cymru. Un o'r mwyaf hallt ei wrthwynebiad oedd y Brigadydd Syr Owen Thomas, Aelod Seneddol Annibynnol Ynys Môn – yr un Owen Thomas a fu'n recriwtio bechgyn ifanc o Gymru i ymladd yn y Rhyfel Mawr, er iddo yntau golli tri o'i feibion yn y gyflafan. Roedd yn gwrthwynebu, meddai, am nad oedd pobl Cymru yn gweld yr angen am fesur o'r fath.

Nid oedd modd cymharu Cymru ac Iwerddon, dadleuodd, a thynnodd sylw at fethiant chwerthinllyd cynhadledd Amwythig, ac absenoldeb cynrychiolwyr o San Steffan a'r cynghorau sir. Ar ben hynny, ychwanegodd, roedd pryderon eraill ynghylch datganoli, gan gynnwys tensiwn rhwng de a gogledd Cymru: 'we in North Wales fear the domination of Glamorganshire'.[10] Mewn rhagargoel o'r dadleuon ynghylch y pwnc a fyddai'n nodweddu llawer o'r gwrthwynebiad i hunanlywodraeth drwy weddill y ganrif, dywedodd Thomas fod y mesur yn codi problemau cyllido sylweddol. Er hynny nid oedd yn gwrthwynebu datganoli fel egwyddor:

> I am not against devolution. I am very much in favour of it, but not on the lines proposed in this Bill. We have our county councils which have been established in England and Wales for the last 35 years. They have been established on solid ground and I should like to see them get extended powers.[11]

Mewn ymateb, cyhuddodd J. Hugh Edwards, Aelod Seneddol Rhyddfrydol Castell-nedd, Owen Thomas o siarad fel Tori. Bu Edwards yn weithgar iawn yn cefnogi achos Cymru Fydd ac ysgrifennodd gofiant cynnar i Lloyd George. Wedi herio dadleuon Owen Thomas, aeth rhagddo i nodi bod Cymru wedi bod yn aelod teyrngar iawn o'r Ymerodraeth ac wedi aberthu llawer yn y rhyfel, ond ei bod yn awr ar fin colli yr hawl i hunanlywodraeth:

> Wales, one of the most loyal parts of the British Empire, in proportion to its population, gave a higher percentage, of men in the War than any portion of the Empire. We are asking for an extremely small thing, and now we are in danger of losing it.[12]

Roedd hyd yn oed Dr Lloyd Owen o Gricieth, a fyddai

fel arfer yn llawn brwdfrydedd a sêl dros ymreolaeth, yn gwrthwynebu'r mesur oherwydd ei oblygiadau ariannol. Wrth siarad â Beriah Gwynfe Evans, maentumiodd mai E.T. John ac yntau (Beriah) oedd yr eithafwyr. Ychwanegodd, gan gyfeirio at Éamon de Valera, arweinydd Sinn Féin, mai E.T. John ac Evans oedd 'De Valeras Ymreolaeth i Gymru'. Nhw oedd â'r weledigaeth, meddai, ond rhaid oedd wynebu'r ffaith fod cyllid yn bwnc anodd. Roedd Beriah Gwynfe Evans hefyd o'r farn nad oedd y mesur i'w gymryd o ddifri, a bod yr elfen gyllidol yn faen tramgwydd go fawr. Credai bod y mesur wedi gwneud pethau'n anos i gefnogwyr hunanlywodraeth, gan ddadlau ei fod wedi cryfhau'r gwrthwynebiad i ymreolaeth, a bod y ffactor ariannol yn fwgan parhaus ac yn codi ofn hyd yn oed ar genedlaetholwyr.[13]

'Our friend R.J. T[homas] must be feeling rather small after the Home Rule fiasco', meddai Evans mewn llythyr at E.T. John.[14] 'A very poor joke' oedd yr holl ymdrech yn ôl un colofnydd papur newydd ifanc o'r enw Saunders Lewis.[15] Ategwyd hynny hefyd gan D.J. Williams yn *Y Faner*, wrth iddo ddweud am y mesur mai 'o'r braidd y medrai ffydd wan ofyn am beth gwannach'.[16]

Trechwyd y mesur yn San Steffan, a chiliodd ymreolaeth i Gymru fel pwnc gwleidyddol. Yn arwyddocaol, fel y noda Hywel Davies, digwyddodd yr anhrefn a'r diffyg undod Cymreig i gyd ar yr union adeg y derbyniodd Deddf Gwladwriaeth Rydd Iwerddon gydsyniad brenhinol.[17]

*****

Roedd dechrau'r dauddegau yn gyfnod dramatig ym Mhrydain a'r byd.

Cynhaliwyd etholiad cyffredinol y Deyrnas Unedig ym mis Tachwedd 1922, gyda'r Blaid Geidwadol, dan arweiniad Andrew Bonar Law, yn fuddugol. Enillodd y Ceidwadwyr fwyafrif dros y Blaid Lafur, gyda'r Blaid Ryddfrydol yn drydydd. Etholiad arwyddocaol dros ben oedd hwn, yn dynodi cwymp y Blaid Ryddfrydol gyda Llafur yn ei disodli fel prif wrthwynebwyr politicaidd y Ceidwadwyr. Roedd hefyd yn nodedig am mai dyma'r etholiad cyntaf i'w gynnal ers llofnodi'r Cytundeb Eingl-Wyddelig ar 6 Rhagfyr 1921. Yn sgil y cytundeb byddai de Iwerddon yn gwahanu oddi wrth y Deyrnas Unedig ac yn derbyn statws Dominiwn – ac yn ffurfio Gwladwriaeth Rydd Iwerddon ar 6 Rhagfyr 1922.

Digon ansefydlog oedd pethau yn Ewrop hefyd.

Ym mis Hydref 1922 gorymdeithiodd Mussolini a miloedd o'i gefnogwyr i Rufain, gan ysgogi argyfwng cyfansoddiadol yn yr Eidal ac arwain yn pen draw at orseddu Mussolini yn brif weinidog a chychwyn ar ddau ddegawd o reolaeth y Ffasgwyr. Yn yr Almaen yn 1923, ceisiodd cynllwynwyr asgell dde eithafol wneud rhywbeth tebyg drwy orymdeithio trwy ganol dinas Munich mewn ymgais aflwyddiannus i gipio grym. Ymhlith y rhai a garcharwyd am eu rhan yn y Putsch yr oedd Adolf Hitler.

Roedd yr asgell dde ar gerdded yn Ffrainc hefyd. Llofruddiwyd Marius Plateau, arweinydd grŵp adain dde eithafol y Camelots du Roi gan yr anarchydd Germaine Berton yn Ionawr 1922, gan roi esgus i'r Camelots ddinistrio swyddfeydd ac argraffdai papurau newydd y chwith, ac ymosod hefyd ar aelodau etholedig rhyddfrydol a sosialaidd. Cefnogwyd y Camelots gan arweinwyr mudiad L'Action Française, fel Charles Maurras, yr oedd Ambrose Bebb yn edmygydd mawr ohono ar y pryd.

Yn Rwsia daeth y rhyfel cartref i ben yn 1923 pan gyhoeddodd Lenin, arweinydd y Bolsieficiaid, fuddugoliaeth y Fyddin Goch dros Fyddin y Rwsiaid Gwyn a sefydlu'r Undeb Sofietaidd. Roedd y rhyfel cartref wedi cychwyn ddiwedd 1917, pan geisiodd brenhinwyr, cyfalafwyr a phleidiau gwleidyddol eraill atal y Chwyldro Sofietaidd.

Roedd Iwerddon hefyd ynghanol rhyfel cartref yn dilyn rhaniadau chwerw ynghylch y Cytundeb Eingl-Wyddelig a thyngu llw i'r brenin, a ganol Awst 1923 cafodd de Valera ei arestio gan filwyr y Wladwriaeth Rydd.

Er gwaethaf colli de Iwerddon, ar ddiwedd 1923 ehangu yr oedd yr Ymerodraeth Brydeinig. Lluniwyd Cytundeb Sykes–Picot rhwng Prydain a Ffrainc i ddarnio tiroedd yr Ymerodraeth Ottoman yn y Dwyrain Canol, yn groes i obeithion cenedlaetholwyr Arabaidd. Brad arall i Arabiaid oedd Datganiad Balfour yn 1917, lle rhoddodd Gweinidog Tramor Prydain, Arthur Balfour, ei gefnogaeth i sefydlu 'cartref cenedlaethol' Iddewig ym Mhalesteina. Yn 1923, felly, cynyddodd yr ymerodraeth i'w maint mwyaf erioed. Bellach roedd 460 miliwn o bobl yn byw dan adain Prydain, pumed rhan o boblogaeth y byd. Dyma oedd awr anterth yr Ymerodraeth Brydeinig – byddai gweddill yr ugeinfed ganrif yn gweld Jac yr Undeb yn cael ei thynnu lawr ym mhob rhan ohoni.

*****

Yng Nghymru, yn dilyn methiant y cynadleddau a'r mesurau seneddol, cilio o'r llwyfan gwleidyddol wnaeth cyfeiriadau at faterion Cymreig. Yn wir, ar ddechrau'r dauddegau roedd yna deimlad fod Cymreictod ei hun ar drai. Ategwyd yr ymdeimlad o ddadfeiliad gan ganlyniadau Cyfrifiad 1921, a ddangosodd gwymp sylweddol yng nghanran a niferoedd poblogaeth Cymru a fedrai siarad Cymraeg. Bu'r arwyddion yn y gwynt ers tro. Cafwyd gostyngiad yng nghanran y siaradwyr Cymraeg o 54.4% yn 1894 i 43.5% yn 1911, gyda chyfanswm o 977,366 yn siaradwyr Cymraeg. Yn y cyfrifiad hwnnw hefyd datgelwyd bod naw o bob deg oedolyn yn honni eu bod yn deall Saesneg. Roedd y Gymru uniaith ar ben, ond yn fwy brawychus, roedd nifer y siaradwyr Cymraeg wedi syrthio i 929,183 erbyn 1921. Bron i hanner can mil o ostyngiad mewn degawd.[18]

Roedd sawl peth i gyfrif am y dirywiad: mewnfudo

cyson i ardaloedd diwydiannol y de-ddwyrain, dadfeiliad rhwydwaith diwylliannol ac ieithyddol y capeli a rhieni Cymraeg yn methu trosglwyddo'r iaith i'w plant. Digwyddodd hyn nid yn unig yn sgil pwysau cymdeithasol 'i ddod ymlaen yn y byd' ond hefyd oherwydd dylanwad cynyddol dulliau cyfathrebu ac adloniant newydd modern a chyffrous radio a ffilm, a oedd yn ddieithriad yn Saesneg eu cyfrwng.

Dyma'r ffactor pennaf, o bosib, a sbardunodd amryw o bobl oedd yn rhannu argyhoeddiadau tebyg i ddod at ei gilydd i geisio gwneud rhywbeth i atal y dirywiad. I lawer roedd tynged yr iaith yn ganolog i'r ymdeimlad o hunaniaeth Gymreig. Un o'r bobl hynny oedd sylfaenydd Undeb y Cymdeithasau Cymraeg, Arthen Evans, y Barri. Gwelai Arthen fod perygl i'r 'llanw Seisnig' olchi dros Gymru fel 'ton anferth', gan fygwth nid yn unig y Gymraeg ond hefyd barhad y genedl gyfan.

Adleisiwyd hynny gan sylfaenydd Urdd Gobaith Cymru Fach, Ifan ab Owen Edwards. Mewn erthygl yng nghylchgrawn *Cymru* ddechrau 1922, nododd y gŵr ifanc saith ar hugain oed mai un o'r prif resymau dros sefydlu'r Urdd y flwyddyn honno oedd i atal 'plant ein trefydd' rhag cefnu ar y Gymraeg. I'r perwyl hwnnw, roedd yr Urdd yn gofyn i'w haelodau addo defnyddio'r Gymraeg ym mhob cyd-destun – ei siarad a'i darllen, canu caneuon Cymreig, chwarae bob amser yn Gymraeg, ac ati. Amod arall lled-wleidyddol oedd gofyn i'r aelodau beidio â gwadu mai Cymry oeddent, na bradychu eu gwlad 'ar unrhyw amgylchiad'. Ymgais oedd hon, yn ôl Ifan ab Owen, i 'uno plant Cymru mewn urdd i gynorthwyo ei gilydd i fod yn Gymry pybyr'. Tynnodd E. Wyn James sylw at y ddeuoliaeth yn agwedd Ifan ab Owen at berthynas yr Urdd a gwleidyddiaeth,[19] oherwydd er gwahardd gwleidyddiaeth o'r agenda swyddogol, roedd cryfhau'r hunaniaeth Gymreig yn greiddiol i weledigaeth y mudiad ieuenctid o'r cychwyn cyntaf. Amlygir hyn yn rhifyn Gorffennaf 1922 o *Cymru*, lle dadleua Ifan ab Owen mai angen mawr Cymru oedd 'ymreolaeth a hawl i ddatblygu ei hun yn ei dull ei hun'. Diau bod Tecwyn Lloyd yn gywir pan ddywed 'fod cwestiynau gwleidyddol ym meddwl Ifan ab Owen Edwards pan sefydlodd y mudiad, ac nad oedd yn bwriadu ysgaru cenedlaetholdeb gwleidyddol oddi wrth bwrpasau diwylliannol', ar y cychwyn o leiaf.[20] A phan fyddai bwriad gwirioneddol ar droed i sefydlu plaid genedlaethol, roedd sylfaenydd yr Urdd yn bresennol yn amryw o'r cyfarfodydd.

Y Gymraeg oedd 'ein trysor pennaf i gyd', yn ôl Arthen Evans,[21] ac yn wir, prif ddiben Undeb y Cymdeithasau Cymraeg oedd amddiffyn a diogelu'r iaith, er bod ymgyrchu dros ymreolaeth i Gymru hefyd yn rhan o'i amcanion ar y cychwyn. Rhwng 1916 a 1926, dan anogaeth frwd E.T. John, y llywydd, mynegodd y mudiad ddyheadau gwleidyddol. Mewn pleidlais yn ei gyfarfod blynyddol yn 1919, gofynnwyd i aelodau ymrwymo i 'ddefnyddio pob moddion cyfreithlawn i bwysleisio hawl Cymru i Ymreolaeth'.[22] Fel y dengys gohebiaeth John gyda D. Arthen Evans ac aelodau blaenllaw eraill o'r Undeb, roedd gobaith – digon seithug fel y gwelwyd – fod ymreolaeth gerllaw yn blynyddoedd wedi'r rhyfel. Bu'r Undeb yn rhan o'r cynadleddau ar hunanlywodraeth yn Llandrindod ac Amwythig a dosbarthwyd taflenni a llyfrynnau gwladgarol.

Oherwydd hyn, ac efallai yn niffyg unrhyw fudiad arall yng Nghymru'r dauddegau cynnar, bu amryw o Gymry ifanc oedd yn eu hystyried eu hunain yn genedlaetholwyr yn siarad ac yn darlithio yng nghyfarfodydd yr Undeb, yn eu plith Ambrose Bebb, Lewis Valentine, Saunders Lewis a D.J. Williams.

Cenedlaetholwr brwd arall oedd yn ymwneud ag Undeb y Cymdeithasau Cymraeg yn y blynyddoedd hyn oedd gŵr ifanc o ardaloedd llechi Arfon, sef Hugh Robert Jones. Ganwyd H.R. Jones yn Neiniolen yn 1894, a gadawodd yr ysgol yn dair ar ddeg i ddilyn ei dad i'r chwarel, ond oherwydd afiechyd, fe'i gorfodwyd i adael y gwaith hwnnw yn ystod y Rhyfel Mawr a cheisio swydd arall. Roedd ei aelwyd yn un ddiwylliedig ac ategodd ef hynny drwy ei addysgu ei hun, fel sawl chwarelwr yn ei ddydd, drwy ddarllen papurau newydd a chyfnodolion Cymraeg a Chymreig, megis *Y Faner*, *Y Geninen*, *Cymru* a'r *Welsh Outlook*. Ei ddiddordeb pennaf oedd hanes gwledydd llai a'u brwydr dros ryddid, ac ymddiddorai'n enwedig ym mrwydr Iwerddon dros annibyniaeth.

Treuliodd H.R. gyfnod byr yn Lerpwl, a maes o law daeth yn drafaeliwr i gwmni o'r ddinas a werthai nwyddau ac offer amaethyddol. Yn rhinwedd ei waith fel trafaeliwr, teithiodd ar hyd a lled y gogledd a bu hynny'n fodd iddo ddod i gysylltiad gydag amryw o bobl oedd â daliadau tebyg iddo. Yn naturiol, gan eu bod yn hanu o'r un pentref, roedd yn adnabod Mai Roberts, ysgrifennydd preifat E.T. John, yn dda ac yn ymwelydd aml â chartref y teulu yng Nglanrhydfadog. Dyma gyswllt a fyddai'n hollbwysig ymhen rhai blynyddoedd pan gyflymodd y symudiad i ffurfio plaid genedlaethol. Roedd H.R. yn ymgyrchydd wrth reddf, a meddai ar egni mawr, er gwaethaf bregusrwydd ei iechyd. Credai y dylai pentrefi Arfon gael enwau Cymraeg yn hytrach na'r gormodedd o enwau beiblaidd. Er i drigolion Nasareth, Nebo a Bethel wrthod yr awgrym, cafodd lwyddiant yn ei bentref genedigol a newidiwyd enw'r lle o Ebeneser i Ddeiniolen.

Delfrydwr a breuddwydiwr oedd H.R. Jones, ond roedd ganddo frwdfrydedd diderfyn dros achos Cymru, ac roedd am weld newid er gwell ym mywyd y genedl. Ar y pryd nid oedd mudiad arall mor weithgar dros y pethau oedd yn agos at ei galon ag Undeb y Cymdeithasau Cymraeg. Nid syndod felly i rywun fel H.R., oedd mor frwd dros Gymru a'r Gymraeg, ddod yn ysgrifennydd dros Eifionydd ac Arfon i'r undeb hwnnw.

Cafwyd sawl ymgais aflwyddiannus i gynyddu

presenoldeb yr Undeb yn y gogledd, ond fel y cyfaddefai adroddiad blynyddol 1919, nid oedd y gogledd yn teimlo'r un angen am gymdeithasau Cymraeg ag yr oedd y de ar y cychwyn. Y prif reswm am hyn, mae'n debyg, ac eithrio rhagfarnau a checru rhwng de a gogledd, oedd na theimlai ardaloedd y gogledd dan gymaint o wasgfa ieithyddol â siroedd y de-ddwyrain.

Ond ymhen dwy neu dair blynedd sefydlwyd canghennau o'r Undeb ar hyd arfordir y gogledd ac yn y gogledd-ddwyrain, lle roedd dylanwadau Seisnig yn treiddio fwyfwy. Er mwyn ceisio ehangu ymhellach, trefnwyd bod H.R. Jones a Dr Lloyd Owen, un o aelodau cyntaf yr Undeb (fel sawl mudiad arall yn cyfnod!), yn cynnal ymgyrch yn y wasg ac yn galw cyfres o gyfarfodydd cyhoeddus mewn mannau fel Blaenau Ffestiniog, Caernarfon, Machynlleth, y Rhyl a Wrecsam.[23]

Fel hyn y disgrifiwyd un o'r cyfarfodydd yma gan H.R. Jones:

> Daeth ynghyd i Gaernarfon oddeutu tri chant o bob cwr o Fôn, Arfon ac Eifionydd; ffermwyr, athrawon ac athrawesau, ysgolfeistriaid a gweinidogion, myfyrwyr Prif Ysgol Bangor, a dau o'u prif athrawon. Roedd Ifan ab Owen Edwards yno hefyd o Lanuwchllyn, a 'Tryfan' o Brestatyn wedi dod rai ugeiniau o filltiroedd i Gaernarfon ... Ni bu Arthen, meddai ef, mewn cyfarfod mor frwdfrydig erioed ... Croesawyd a bloeddiadau y trydydd credo yn y datganiad, sef 'Fod Hunan-Lywodraeth gyflawn i Gymru – yn cynnwys Mynwy – yn anhepgor er dadblygu ein cenedl yn unol â'i theithi a'i hanianawd ei hun.' Penderfynwyd derbyn datganiad yr Undeb a symud ymlaen i uno'r Cymdeithasau dan nawdd yr Undeb, a phenodwyd pwyllgor cryf i'r perwyl hwn.[24]

Wrth baratoi ar gyfer etholiadau cyffredinol 1922, 1923 a 1924, anfonwyd holiaduron gan yr Undeb at bob ymgeisydd oedd yn sefyll yng Nghymru ac ymysg y cwestiynau yr oedd un yn gofyn iddynt ddatgan a oeddent o blaid ymreolaeth i

Gymru, ac a oeddent o blaid gwneud y Saesneg a'r Gymraeg yn ieithoedd cydswyddogol yn y wlad.

Fodd bynnag, fel y noda Marion Löffler, gwelwyd newid yn y mudiad ar ôl 1923.[25] Roedd nifer gynyddol o ganghennau ac aelodau yn amharod i ddefnyddio'r Undeb at ddibenion gwleidyddol. Sgileffaith methiant y cynadleddau ymreolaeth oedd hyn i ryw raddau, gyda'r diffyg undod a'r cecru ynghylch y pwnc, ynghyd â chodi ofnau yn sgil Rhyfel Annibyniaeth Iwerddon a'r edwino cyffredinol ar drafod materion gwleidyddol Cymreig, wedi taflu dŵr oer dros y syniad. Felly rhoddwyd blaenoriaeth i ymgyrchu dros yr iaith uwchben unrhyw amcanion gwleidyddol eraill. Amlygodd E.T. John ei siom gyda'r datblygiad yma ac ymddiswyddodd o'r llywyddiaeth.

Er gwaethaf taerineb John dros achos ymreolaeth, un feirniadaeth a wnaed ohono o'r cychwyn oedd ei ddiffyg sylw i'r iaith. Prif feirniadaeth Ambrose Bebb o Fesur Llywodraeth Cymru, a gyflwynwyd gan John yn 1914, er enghraifft, oedd absenoldeb unrhyw ddarpariaeth yn y ddeddfwriaeth i roi statws cydradd i'r Gymraeg.

Mabwysiadwyd egwyddor statws cyfartal gan Undeb y Cymdeithasau Cymraeg yn 1921, ac yn ôl canlyniadau'r holiadur a anfonodd yr Undeb at ymgeiswyr etholiad cyffredinol 1922, roedd y mwyafrif ohonynt yn gefnogol i'r egwyddor.

Yn *Y Geninen* yn Ionawr 1923, yn ei erthygl 'Polisi Ieithyddol i Gymru', amlinellodd yr Athro Morgan Watkin pa mor fregus oedd sefyllfa'r Gymraeg, gan rybuddio ymhellach mai tasg eithriadol anodd fyddai sicrhau statws cydradd iddi, ac y byddai anghydfod a chynnen yn sicr o ddeillio o unrhyw ymdrech hyd yn oed i'w gwneud yn iaith swyddogol.[26] Mae'n debyg mai anelu ergydion at Bebb yr oedd Watkin, oherwydd trwy ei erthyglau cyson yn y wasg Gymraeg yn galw am ddiogelu'r iaith, roedd Bebb wedi dod yn lladmerydd dros greu Cymru uniaith Gymraeg. Ateb Bebb mewn erthygl o'r enw 'Achub y Gymraeg: Achub Cymru' oedd dadlau fod y ddeubeth bellach yn un nod pontiol. Dan ddylanwad ei brofiadau yn herio Seisnigrwydd coleg Aberystwyth, yn darllen gwaith y meddyliwr asgell dde Ffrengig Charles Maurras, ac yn mawrygu gweithredu gwleidyddol unplyg a digymrodedd rhai fel Lenin a Mussolini, dadleuai Bebb dros genedlaetholdeb Cymreig llawer mwy radical ac ymosodol. Wfftiodd y syniad o gydraddoldeb ieithyddol – y Gymraeg ddylai fod yn unig iaith swyddogol. Dim ond un ateb oedd i argyfwng yr iaith, a hynny oedd dim llai na 'gorfodi'r Gymraeg'.[27]

I'r perwyl hwnnw, anogodd Undeb y Cymdeithasau Cymraeg i ddod yn flaengad adnewyddiad cenedlaethol. Ym mharagraff clo ei erthygl, mae Bebb yn siarsio'r Undeb i fod yn fwy gweithredol, a synhwyrir yn ei eiriau elfen o'r rhwystredigaeth gynyddol a deimlai cenedlatholwyr ifanc gydag ymagwedd orofalus yr Undeb a'i arweinwyr tuag at bwnc yr iaith ac ymreolaeth:

Bydded hy', bydded gynnil. Aneled yn gywir; tarawed yn eglur. Yn bennaf dim bydded gadarn; bydded rymus. Cadernid a grymuster ydyw'r unig beth a gyfrif yn helyntion a brwydrau fyrdd yr oes haearn hon.[28]

Yn ei ddyddiadur ar ôl cwblhau'r erthygl, ysgrifennodd Bebb nad siarad oedd ei angen mwyach ond gweithredu: 'Ofer y cwbl arall. Gweithred! Y mae un weithred gyfwerth â mil geiriau.'[29]

7

'Several cultured Mohawks'

YN NEGAWDAU CYNTAF yr ugeinfed ganrif roedd yna
fywiogrwydd anghyffredin ym mywyd Cymraeg tref y Barri.
Ymysg y Cymry amlwg a dreuliodd gyfnod yn y dref
yn y cyfnod hwn yr oedd R. Williams Parry, yn athro
ifanc, a'i gyfaill yr arloeswr ym maes addysg oedolion, y
Llafurwr a'r bardd telynegol R. Silyn Roberts a'i wraig
Mary. Ymgartrefodd Silyn yno am ddegawd pan oedd yn
ysgrifennydd cyntaf Bwrdd Penodiadau Prifysgol Cymru
ac yn drefnydd hyfforddiant i filwyr a anafwyd yn y Rhyfel
Mawr. Roedd Edgar Jones, prifathro Ysgol Sir y Barri, hefyd
yn flaenllaw yng Nghymdeithas y Cymrodorion yn y dref,
a bu'n un o gyfeillion mawr T.E. Ellis, yr aelod seneddol
ac arweinydd Cymru Fydd. Mab Edgar Jones oedd Gareth
Jones, y newyddiadurwr enwog a ddatgelodd y gwirionedd
am y newyn yn Wcrain yn 1933. Bu Edgar Jones yn aelod
o fwrdd golygyddol y *Welsh Outlook* ar un adeg, ac roedd
golygydd y cylchgrawn hwnnw Thomas 'T.J.' Jones hefyd yn
byw yn y dref am gyfnod rhwng 1911 ac 1919.

Roedd pobl ifanc hefyd yn cael eu denu i'r ardal, gan
gynnwys Griffith John Williams a'i wraig Elisabeth.
Ymgartrefodd y ddau yn nhref gyfagos Penarth wedi i

Griffith John gael ei benodi'n ddarlithydd Cymraeg yng Ngholeg y Brifysgol Caerdydd. Symudodd un o'u cyfeillion o ddyddiau coleg yn Aberystwyth hefyd i'r ardal yn y cyfnod hwn, sef Ellen Evans, a ddaeth yn bennaeth Coleg y Barri yn 1923. Roedd hithau, fel ei chyfeillion, yn selog dros yr iaith a mynnodd fod pob myfyriwr yn ei choleg yn astudio'r Gymraeg i ryw lefel. Un arall o griw myfyrwyr Aberystwyth a chyn-aelod o fwrdd golygyddol *Y Wawr* oedd Cassie Davies, a benodwyd yn ddarlithydd Cymraeg yng Ngholeg y Barri.

O'r dref hon yr oedd D. Arthen Evans yn trefnu Undeb y Cymdeithasau Cymraeg, ac ef, ynghyd â'r Parch Ben Evans (taid Gwynfor Evans), oedd un o sylfaenwyr Cymdeithas Cymrodorion y Barri, a fyddai'n gwahodd siaradwyr i draethu ar bynciau o ddiddordeb Cymraeg a Chymreig.[1]

Yn 1922 gwahoddwyd darlithydd ifanc, oedd yn prysur wneud argraff trwy ei erthyglau mewn cyfnodolion a chylchgronau Cymraeg cyfoes, i siarad yn un o gyfarfodydd y gymdeithas hon. Roedd Saunders Lewis bellach yn aelod o staff Adran Gymraeg Coleg y Brifysgol Abertawe, ac yn ôl *Y Faner* roedd yn 'llenor a beirniad ieuanc ... sy'n mynd i dorri ei farc'.[2]

Cyn mynd yn ddarlithydd i Abertawe yn 1922 bu Saunders yn gweithio fel llyfrgellydd sirol yng Nghaerdydd a daeth i adnabod Griffith John ddiwedd 1920, gan daro ar ei gilydd wrth i Griffith John wneud ymchwil ar Iolo Morganwg. Daethant yn gyfeillion da, gan gwrdd â'i gilydd o leiaf un noson yr wythnos, ac ar ôl i Griffith John ac Elisabeth briodi, byddai Saunders yn ymwelydd cyson â'u cartref yn Bedwas Place, Penarth.

Roedd eisoes wedi ysgrifennu a chyhoeddi drama Saesneg, *The Eve of St John*, yn 1921, ond dechreuodd greu argraff ar fyd llenyddol a beirniadol Cymru y flwyddyn ganlynol gyda chyhoeddi ei ddrama Gymraeg gyntaf, *Gwaed yr Uchelwyr*.

Cenedlaetholdeb oedd thema anerchiad Saunders Lewis i Gymrodorion y Barri, gan gyplysu, nid am y tro olaf, ddyfodol y Gymraeg a dyfodol y genedl. Yn ôl adroddiad am y cyfarfod yn *Y Faner*:

> Mynegodd Mr Saunders Lewis ... fod cenedlaetholdeb yng Nghymru yn ddi-rym yn bennaf oherwydd bod y Cymry wedi esgeuluso eu traddodiadau a'u hiaith ac wedi caniatáu i rywbeth ddyfod i mewn a wenwynasai ac a lyncasai frwdfrydedd eu bywyd cenedlaethol. Rhoddai Mr Lewis ar ysgwyddau Cymry ieuainc heddiw y ddyletswydd o gadw'r iaith yn fyw, canys byddai hynny yn symbyliad cryf iddynt gadw eu cenedlaetholdeb yn ogystal.[3]

Mae'n debyg mai dyma'r tro cyntaf i Saunders Lewis siarad yn gyhoeddus ar fater cenedlaetholdeb, a datgan ar goedd ei fod ef ei hun yn genedlatholwr. Nid bod i'r gair hwnnw, fel y sylwodd Robin Chapman, unrhyw ystyr neilltuol o arwyddocaol.[4] Oherwydd roedd amryw byd o bobl yng Nghymru yn eu galw eu hunain yn genedlatholwyr Cymreig, gan gynnwys cyn-Brif Weinidog Prydain Fawr, David Lloyd George. Roedd y gair yn gallu golygu pob dim i bawb. Yr hyn sy'n drawiadol am y dyfyniad uchod o sgwrs y Barri yw'r syniad a gyflwynir o ddyletswydd i weithredu dros Gymru a'r Gymraeg. Adleisir hyn yn gyson nid yn unig yn syniadaeth wleidyddol Saunders Lewis, ond hefyd ym meddylfryd 'cenedlatholwyr' ifanc y blynyddoedd wedyn.

Yn fuan wedi hynny, bu trafodaeth yn *Y Goleuad* ar sefyllfa'r Gymraeg, ac yn ei gyfraniad ef i'r ddadl pwysleisia Saunders Lewis eto le canolog yr iaith yn hunaniaeth Cymru:

> Un iaith sy'n orfodol i'r neb a fynno ddyfod i Brifysgol Cymru ac nid iaith y Cymry yw honno. Heblaw fod hynny yn arwydd caethwasiaeth, dyna braw hefyd nad oes dim cysylltiad hanfodol rhwng addysg Cymru heddiw a'r gwareiddiad a fu, dro, yn eiddo inni. Hynny yw, y mae addysg yng Nghymru yn ddifonedd ac yn ddidraddodiad.[5]

Gwelai Tecwyn Lloyd hyn fel dylanwad Emrys ap Iwan gyda'r pwyslais ar anwarineb bod yn ddidraddodiad. Arwydd o genedlaetholdeb newydd mwy ymosodol a diflewyn-ar-dafod oedd hyn. Fel y dywed Lloyd, 'Ni cheir dim o'r meddalwch teimladus a oedd yn nodweddu cymaint o agwedd arweinwyr cynharach at yr iaith Gymraeg, na dim o ramantiaeth O.M. Edwards. Mater o wreiddiau yw iaith a hebddi, a heb y gwerthoedd a groniclir ynddi, ni ellir disgwyl ond hil o fandaliaid.'[6]

Rhwng datganiadau fel hyn a gweithgaredd Undeb y Cymdeithasau Cymraeg a thrafodaethau fel un Ambrose Bebb a Morgan Watkin yn *Y Geninen*, roedd lle hanfodol y Gymraeg yn hunaniaeth genedlaethol Cymru yn cryfhau. Ym Mehefin 1923 dywedodd *Y Faner*:

> Nid ydym yn meddwl ein bod yn ein twyllo ein hunain wrth gredu bod arwyddion sicr y dyddiau hyn bod Cymry yn dechrau sylweddoli'r pwysigrwydd o gadw'r iaith Gymraeg yn fyw. Y mae mwy o fin yn ddiweddar ar weithrediadau y Cymdeithasau Gymraeg a bu gwyr fel y Dr Morgan Watkin a Mr Ambrose Bebb yn dadleu bob un yn ei ffordd ei hun dros roddi i'r iaith ei lle priod yn ei bro.[7]

Ond roedd Saunders Lewis am geisio symud pethau ymlaen ymhellach. Cawsai ddigon ar fogail rythu di-fudd y cynadleddau, ac roedd meddwl am Gymru mewn cymhariaeth ag Iwerddon yn codi cywilydd arno. Mewn llythyr at T. Gwynn Jones yn 1922 mynegodd ei rwystredigaeth:

> Byddaf yn fy nghashau fy hun ac yn ffieiddio fy nghenedl pan gymharwyf angerdd Iwerddon a difrawder ein cynadleddau ninnau. Ac eto, beth a wnawn ni? Y mae'n amhosibl cefnu ar ein gwlad, ei melltithio, a gadael iddi.[8]

Roedd yn rhaid gwneud rhywbeth i ysgwyd y Cymry o'u syrthni claear, ac mewn ymgais i wneud yn union hynny, traddododd anerchiad yng nghyfarfod y Tair G yn Eisteddfod Genedlaethol yr Wyddgrug yn Awst 1923. Anerchiad a luniwyd yn unswydd i gynhyrfu'r dyfroedd, a dyna yn wir a ddigwyddodd.

*****

Cyn yr Eisteddfod, gwahoddodd Prosser Rhys, golygydd ifanc *Y Faner*, nifer o Gymry amlwg i fynegi barn ar 'ddyfodol y mudiad cenedlaethol' ac ar y syniad o alw 'cynhadledd o genedlaetholwyr diffuant' yn fuan i wyntyllu'r mater. Roedd wedi ceisio cymell trafodaeth gan ofyn y cwestiwn pryfoclyd a oedd diben cynnal cynhadledd arall. Cyhoeddwyd ymatebion gan amrywiol gyfranwyr o bob cenhedlaeth a charfan gan gynnwys Ernest Evans AS, J.C. Davies AS, Iorwerth Peate, E.T. John, Miall Edwards, Ambrose Bebb a Saunders Lewis.

Mynegwyd y safbwyntiau traddodiadol gan y ddau aelod seneddol Rhyddfrydol, Ernest Evans, Ceredigion, a J.C. Davies, Dinbych, wrth iddynt sôn yn annelwig am yr angen gwirioneddol am gyd-ddealltwriaeth a chydweithio ym mywyd y genedl, ac i ddod â chymdeithasau Cymraeg ynghyd i wella cydweithrediad. Fel y gellid disgwyl, roedd cyfraniad Saunders Lewis yn drawiadol o wreiddiol ynghanol yr ymatebion mwy traddodiadol a phwyllog. Mewn cyfres o bwyntiau miniog amlinellodd ei farn yn glir. Roedd y cyn-lefftenant wedi saethu ergyd i chwalu holl ragdybiaethau gwlanog y cenedlaetholwyr Rhyddfrydol:

1. Yr wyf yn drwgdybio pob cynhadledd.
2. Yr wyf yn drwgdybio fwy fyth bob 'cymdeithas genedlaethol'.
3. Nid oes gennyf fawr ffydd mewn mudiad gwleidyddol yng Nghymru, oblegid y mae gonestrwydd politicaidd yn beth rhy brin ym mysg y to sy'n awr, ac nid oes un rheswm dros gredu y byddem ninnau'n ffyddlon pe'n temtid ni gan bleidiau Lloegr.

4. Ac eto, y mae mudiad gwleidyddol yn angenrheidiol os yw diwylliant Gymreig yn ffynnu yn hwyr neu hwyrach.

5. Nid cynhadledd a achub ein cyflwr, eithr disgyblaeth ac ufudd-dod. Na cheisiwch gynhadledd lle y gall holl glebrwyr Cymru areithio'n ddifudd, ond y flwyddyn nesaf, ffurfiwch fataliwn a gwersyll Gymreig, a phob Cymro a fynno wasanaethu ei wlad i ddyfod yno a drilio ynghyd am bythefnos ac ufuddhau i orchymynion milwriad, fel y caffont wers mewn gweithio ynghyd yn dawel ac heb ffraeo, pawb yn fodlon ufuddhau ac i'w gosbi onis gwnelo. A gwnewch hyn am bum mlynedd, heb glebran. Drilio heb arfau, ac felly yn gwbl agored ac heb dorri cyfraith unrhyw wlad, ond ein paratoi ein hunain felly i dderbyn deddfau ac arweiniad gan Gymry. Pe caem gant neu hanner cant neu ugain yn unig y flwyddyn gyntaf i wneuthur hyn, dyna fudiad pwysicaf Cymru ers dyddiau Glyndwr. Yr wyf yn hollol ddifrifol.[9]

Rhag ofn i ddarllenwyr feddwl mai cellwair yr oedd, atododd y frawddeg olaf gryno i danlinellu ei fod yn gwbl o ddifri ynghylch yr angen am ddisgyblaeth a threfn byddin ar unrhyw fudiad cenedlaethol. Dichon fod cysgod yr oes ar y datganiad, yn enwedig yn sgil yr hyn a welwyd yn Rhyfel Annibyniaeth Iwerddon, lle llwyddodd y Gwyddelod i gael rhyddid trwy ddulliau milwrol. Ond dylid cofio hefyd nad heddychwr oedd Saunders Lewis – nid oedd yn casáu milwriaeth fel rhai eraill o'i genhedlaeth.

Roedd Moses Griffith, cadeirydd y Tair G, eisoes wedi cyfarfod Saunders Lewis yn Llandrindod yn 1922, ac wedi cael ei gyflwyno iddo gan Richard Williams oedd yn aros yn y Metropole, ac wedi bod cyn hynny'n gyd-swyddog i Saunders yn y South Wales Borderers.[10] Trwy'r cyswllt hwnnw y daeth y syniad o wahodd y darlithydd o Abertawe i siarad yng nghyfarfod y Tair G yn yr Eisteddfod. Cafodd Moses y gwaith o drefnu'r cyfarfod oedd i'w gynnal yn ysgoldy Bethel, capel yr Annibynwyr, ddydd Iau, 9 Awst. Yr

Athro Morgan Watkin oedd y cadeirydd ac roedd y siaradwyr eraill yn cynnwys Henry Lewis a T. Gwynn Jones.

Cafwyd cyfarfod arall i drafod yr un math o bynciau cenedlaethol yn yr Eisteddfod honno. Sefydlwyd Cymdeithas Cymru Well gan William George, brawd Lloyd George, oherwydd nad oedd gan arweinwyr Cymru weledigaeth ar fater y genedl, ac roedd diffyg undod hefyd yn amlwg. Ond er gwaethaf sgyrsiau gan Syr John Morris-Jones, T. Gwynn Jones a Prosser Rhys, nid achosodd hwnnw agos cymaint o gynnwrf ag un y Tair G.

Disgrifiwyd Saunders Lewis gan ohebydd *Y Faner* y mis Awst hwnnw fel 'llanc (prin y gellid ei alw fo'n ddyn!) pen felyn, byr, sleit; wyneb go gul; golwg swil, a llais clir heb fod yn llais mawr'. Un o'i nodweddion amlycaf oedd ei 'ddull di daro o ddywedyd pethau ysgubol'.[11] Yn ei anerchiad yng nghyfarfod y Tair G, ailadroddodd 'y llanc' yr hyn a ddywedodd yn ei lythyr yn *Y Faner*, sef y dylai bechgyn ifanc o genedlatholwyr 'ddrilio gyda'i gilydd i ddysgu disgyblaeth a chydweithio penderfynol, ac nid siarad dibwrpas am hawliau Cymru'. Ychwanegodd y byddai Cymru'n elwa pe bai rhywun yn cyflawni gweithred ar ran y genedl gan arwain at ddedfryd o garchar.[12]

Bu adwaith y wasg Saesneg yng Nghymru i'r anerchiad herfeiddiol yn chwyrn a ffyrnig. 'The most stupid of reactionaries' oedd disgrifiad y *Western Mail* o Saunders Lewis.[13] 'Hotheads who propose to give the undergraduates of the Welsh colleges military training in holiday camps!' sgrechiodd y *South Wales News*.[14] Portreadwyd y Tair G fel 'extreme members' o adain Geltaidd a dweud mai arweinwyr y gymdeithas oedd 'several cultured Mohawks connected with the University, who, having failed to acquire fame by their learning, are now determined to do so by sheer ferocity and dexterity in gnashing their teeth'.[15] Cafodd y gymdeithas a'i harweinwyr, a Saunders Lewis hefyd mae'n debyg, eu cyhuddo o 'aping the tactics of de Valera'.[16]

Go brin y byddai galwad i efelychu'r mudiad cenedlaethol yn Iwerddon yn denu cefnogaeth y wasg. Yn wir dylid cadw mewn cof mai ychydig iawn o gydymdeimlad a gafodd y Gwyddelod gan y Cymry trwy gydol eu Rhyfel Annibyniaeth. Ar 15 Awst, cyhoeddwyd llythyr beirniadol yn edliw'r edmygedd o ddulliau Gwyddelig yn y *Western Mail*. Dywedodd y llythyrwr anhysbys o dan y ffugenw 'Imperialist':

> I feel sure that all sane inhabitants of Wales will view with horror the possibility of Sinn Féin methods being used in order to bring about Home Rule for Wales, for which there is no demand and no prospect of realisation. It is poor tribute, too, to our universities, that they should countenance the activities of men who hold the Sinn Féin programme in such high esteem ...[17]

Ceisiodd y *Welsh Outlook* bortreadu'r holl stŵr fel storm mewn cwpan de. Nid oedd sylwadau Saunders Lewis yn ddim ond 'chance wild remark' gan 'some young speaker'.[18] Wedi dweud hynny, fodd bynnag, roedd yn rheidrwydd ar y cylchgrawn i ymddifrifoli ar fater trais: 'Our position in the matter is clear. Violence and the talk of violence we hate like poison'.

Yn yr un modd, ceisio gwneud yn fach o'r peth wnaeth golygydd *Y Darian*, J. Tywi Jones, er iddo roi erthygl yn trafod anerchiad yr Wyddgrug ar y dudalen flaen:

> Yn yr Wyddgrug dyma'r Athro [*sic*] Saunders Lewis yn beiddio awgrymu mai buddiol a fyddai i'r myfyrwyr ffurfio bataliwn a gwersyll Cymreig ... Nid oeddem ni ... yn meddwl dim o'r fath awgrym. Un o'r pethau hynny ydoedd y llithra dynion call iddynt weithiau. Ni ddywedodd neb oedd yn y cyfarfod [yn yr Wyddgrug] air yn ei ffafr.[19]

Er hynny, cytunai'r *Darian* nad oedd modd gwahanu

cenedlaetholdeb diwylliannol oddi wrth genedlaetholdeb gwleidyddol; yr oedd y ddeubeth ynghlwm:

> Dywedwn hyn, beth bynnag, mai'r anhawster i hyrwyddo polisi diwylliant cenedlaethol a gynnwys ddiogelu iaith a llen Cymru sydd yn rhoddi grym cynhyddol yn y cais am drefniant politicaidd a fo'n annibynnol ar Loegr. Pa gais bynnag a wnawn i hyrwyddo iaith a diwylliant cenedlaethol Cymru, y mae popeth yn ein herbyn. Y mae addysg Seisnig, y Wasg Seisnig, gwaseiddiwch Cymry a wad eu gwlad eu hunain o gariad at olud byd ...

Gallai rhywun feddwl y byddai Saunders Lewis yn arswydo o weld y fath ymateb gwyllt i'w araith, ond i'r gwrthwyneb – yr oedd ar ben ei ddigon. Mynegodd hynny, ynghyd â'i obaith o ddatblygu'r syniad o gael gwersyll drilio i genedlaetholwyr, mewn llythyr at Moses Griffith ar 14 Awst:

> Annwyl Mr. Griffith,
> A welsoch chi'r London Daily News heddyw neu'r South Wales News yr wythnos hon? Fe ymddengys fod y syniad am wersyll haf Cymreig yn brawychu llawer ar wŷr y dê [*sic*] yma, a bu cynnwrf rhyfedd yng Nghaerdydd ac yma yn Abertawe. Ac y mae'r cynnwrf anghyffredin yn braw i mi ein bod o'r diwedd wedi taro ar gynllun buddiol, a bod dyletswydd arnom, od oes modd, fyned rhagom ag ef. Yn awr, chwi yw'r unig un o'r gogledd a adwaen i o'r rhai a oedd yng nghyfarfod y tair G. A fuoch chwi a bechgyn Bangor yn sôn mwy am y peth? Yr wyf i'n llawn syniadau, ac mi fynnwn weled cychwyn.
> Yr angen cyntaf yw bod y trefniad cyntaf yn gwbl gyfrinachol – fel na bo <u>cyfle i fradwr</u> megis y bradwr a roes hanes y tair G i'r South Wales News yn gwbl anwireddus.
> Ail anghenraid yw bod y trefniadau oll yn nwylo ychydig iawn, tri, neu bedwar ar y mwyaf; ac od oes modd, bod y tri hynny o fewn cyrraedd i'w gilydd. Yn awr, mi fyddaf yn y

gogledd fis Medi, ac mi ddeuaf i Fangor. A oes gobaith am
ddechrau rhywbeth? Mae'n hollol bwysig peidio a dechrau
dim oni bo'n llwyddiant, oblegid bydd gennym elynion
filoedd. Ond fy syniad i yw gwersyll Hâf, a drilio a darlithiau
ar faterion cenedlaethol, a chwaraeon a rhaglen ddifyr,
lawn, a digon o amrywiaeth a chryn dipyn o waith difrifol. A
gwahoddiad cyffredinol agored pan fo'r cynllun yn aeddfed
gennym. Ond nid un gair cyn hynny wrth fod byw. Wrth
gwrs, bydd rhaid meddwl am yr ochr ariannol – a meddwl
llawer.

Yn awr, awgrym yw'r llythyr hwn. Ond carwn wybod
gennych a oes gobaith y cymerai bobl y tair G at hyn neu
beidio. Mi ddymunwn ei weld yn eu dwylo hwy ac nid yn
nwylo neb o'r cenedlaetholwyr enwog yma sy'n ffraeo un ag
arall.

Cofion brwd,
Saunders Lewis[20]

Nid eistedd yn ôl a gwylio'r wasg yn ffromi oedd unig
ymateb Saunders Lewis, serch hynny. Ysgrifennodd ateb
i lythyr beirniadol yn y *Western Mail* gan y Parch Llew G.
Williams, gweinidog capel Penuel y Barri a chyfyrder i Silyn
Roberts. Yn rhan gyntaf yr ateb hwnnw, gyda rhesymeg
finiog, mae'n beirniadu agwedd Llew Williams tuag at
faterion Cymreig, agwedd a oedd yn barhad o syniadau'r
bedwaredd ganrif ar bymtheg ac yn dal nad oedd cyswllt
rhwng diwylliant a gwleidyddiaeth:

> Another weakness in Mr Williams' letter is that he implies
> that Welsh Nationalism as a spiritual expression of a
> people's life is one thing and a good thing, while Welsh
> Nationalism as a political creed is another, and a bad thing.
> This means, I must suppose, that in Mr Williams' view it is
> a good thing to foster Welsh literature and music and all
> harmless non-political institutions but to think of Wales as a
> nation that may demand 'Home Rule', may want, that is, to

be politically free, is to nurse thoughts that ultimately lead to war, and so are wrong.

Now, I do not think that war is the worst of all evils, but if Mr Williams thinks that the fear of it should be a guiding motive of a people's life, surely he must also repudiate his love of Welsh literature and 'spiritual expression'. For these also separate peoples, and so may lead to war, and it is the passionate defence of those spiritual things which so often in 19th century Europe, and in the last twenty years also, has inspired Nationalist politics. Absolute logic demands that Mr Williams should believe in political Nationalism or else in the extinction of Welsh literature.[21]

Mae ail ran yr ymateb yn ceisio diffinio beth y mae Saunders Lewis ei hun yn ei gredu ddylai fod yn nod i genedlaetholdeb yng Nghymru:

1. I believe that a civilised life in Wales can only be preserved by preserving the Welsh life of Wales, since civilisation is founded on tradition and continuity.
2. I believe it would be a better thing for civilisation that we should make Welsh the English-speaking Welshman and the Englishman in Wales rather than allow the Welsh-speaking man to be made English. The first method links newcomers to an old tradition and local associations and so gives them a share in our civilisation. The other method divorces a people from its traditions, and so makes it barbarian.
3. This Welsh civilisation can only be preserved by giving the Welsh language official status and the most privileged position among languages spoken in Wales. Without this the most vital factor in a Welsh civilisation is degraded, the one factor which gives Welsh life continuity. All legal officers, from judge to policeman, all Civil Servants, all railway officials, all teachers and education officials must be Welsh-speaking.
4. Welsh territory must be inviolate. Such another attack as

that of Warrington on the Ceiriog Valley must be made impossible. A nation does not deserve to live if it will not defend its territory.

5. Now, if these safeguards of civilisation be impossible without some form of self-government, we must have it, or we must try to win it. But whatever form will provide these safeguards satisfies me, even a 'glorified county council'. What is any Government but a glorified county council? And I add that if these safeguards can be assured without any radical change in the relation of Wales and England, then I for my part will be content. I agree that we cannot go back to 1282. But we can in some matters go back to pre-Tudor conditions.[22]

*****

Ddydd Iau, 6 Rhagfyr 1923, cynhaliwyd etholiad cyffredinol arall, lle'r enillwyd y rhan fwyaf o'r seddi gan y Torïaid dan y Prif Weinidog Stanley Baldwin. Er hynny, am y tro cyntaf erioed yn ei hanes, y Blaid Lafur a gafodd y cyfle i ffurfio llywodraeth oherwydd cefnogaeth Rhyddfrydwyr Herbert Asquith. Felly daeth Ramsay MacDonald, Aelod Seneddol Aberafan, yn Brif Weinidog. Cymhellion Asquith dros gefnogi Llafur, mae'n debyg, oedd prynu amser i'w blaid, yn y gobaith y byddai llywodraeth MacDonald yn ansefydlog ac y gallai ei blaid yntau adennill ei chryfder etholiadol blaenorol a dychwelyd i rym.

Roedd materion pleidiol yn uchel iawn ym meddyliau gwleidyddion yng Nghymru fel yng ngweddill y Deyrnas Unedig yn y cyfnod hwn. Rhoddodd y rhan fwyaf o aelodau seneddol Rhyddfrydol eu hegnïon i geisio atal y llif o gefnogaeth o'u rhengoedd i Lafur yn ne-ddwyrain Cymru. Canlyniad anorfod hyn oedd bod materion Cymreig yn cilio i gyrion y byd cyhoeddus.

Adlewyrchai hyn deimlad cynyddol ymysg y to ifanc o genedlaetholwyr fod angen iddynt dorri i ffwrdd oddi wrth y pleidiau Prydeinig. Mewn llythyr at Griffith John Williams ym Mai 1923 maentumiodd Ambrose Bebb fod angen plaid genedlaethol annibynnol ar Gymru, ac o sefydlu plaid o'r fath y dylid ystyried dilyn esiampl Sinn Féin a pheidio ag anfon cynrychiolwyr i San Steffan:

> Pleidiau Seisnig ydynt – wedi ymestyn eu hymrysonau i Gymru. Dadlau y maent am bynciau nad ydynt o ddim pwys i Gymru ... A phan ddeddfont yng Nghymru, gyda mympwy estron a'i anwybodaeth y gwnânt hynny. Pa ddaioni a ddaw o daclau felly?
> ... y maent yn rhwystr yn ffordd Llywodraeth i Gymru. Canys caeth ydynt i feistri'r codau aur yn Llundain ...
> Ac yn eu lle? Yn eu lle, ffurfier plaid Genedlaethol. Ni bydd honno'n perthyn i'r un o'r tair y sydd. Cymru, a Chymru'n unig fydd achos ei bodoli. Sefyll dros Gymru'n unig y bydd hi. Ac wedi ei hethol, ni bydd iddi fyned i Sant Steffan. Dyna'r weithred. Ac, o'r weithred hon, Llywodraeth i Gymru!
> Ie: ai Nage? Ie, meddaf i. Yn sicr: yn ddiamheuaeth![23]

Adleisiwyd y farn hon gan academydd ifanc arall, Iorwerth Peate, gan ddweud nad oedd y Torïaid na'r Blaid Ryddfrydol yn barod i roi Cymru'n gyntaf, a bod angen cenedlaetholwyr i gynrychioli Cymru, rhai a fyddai'n rhoi teyrngarwch i'w gwlad o flaen teyrngarwch i'w plaid. Pennaf angen Cymru oedd cenedlaetholwyr i'w chynrychioli – nid Ceidwadwyr neu Ryddfrydwyr, ond cenedlaetholwyr yn gyntaf.[24]

*****

Cafodd Saunders Lewis gyfle arall cyn diwedd Awst 1923 i roi rhagor o gig ar esgyrn ei syniadau am genedlaetholdeb. Yn ystod wythnos olaf y mis, cynhaliwyd ysgol haf yn Llandrindod gan y Welsh School of Social Service a gwahoddwyd y darlithydd ifanc o Abertawe i'w hannerch ar y testun 'Tueddiadau Cymru rhwng 1919 a 1923'. Fel y gellid disgwyl ar ôl cynnwrf yr Eisteddfod, roedd disgwyl mawr am ei araith.

Dechreuodd trwy bwysleisio 'nid wyf i ddim yn wleidydd' gan fynd rhagddo i esbonio mai o safbwynt llenyddiaeth a'r celfyddydau yr oedd ef yn dod at wleidyddiaeth. Y peth oedd yn flaenaf iddo, meddai, oedd traddodiad:

> Yr wyf felly yn rhoddi'r pwys mwyaf ar werth traddodiad mewn bywyd, oherwydd ni all llenyddiaeth na chelfyddyd ffynnu heb draddodiad. Y mae'n canlyn hefyd fy mod yn credu nad oes ym mywyd dynion ddim yn fwy gwerthfawr na gwareiddiad sefydlog a chryf, ac amlwg a phendant ei nodweddion, canys ar draddodiad y sylfaenir gwareiddiad, ac heb gymdeithas sefydlog a phendant ei nodweddion, ni all celfyddyd fyw. Dyma fy rhagfarnau gwreiddiol i ac y maent yn cyfyngu cylch fy nghydymdeimlad.[25]

Dywed mai sylfaen gwareiddiad yw traddodiad, cysylltiadau lleol, atgofion am orffennol sy'n uno pobl â'i gilydd ac yn eu gwneud yn genedl. Cyhudda'r Blaid Lafur o fynd yn groes i hynny wrth iddynt anelu at greu cymdeithas ddiwreiddiau a phobl heb orffennol heb fod ganddynt unrhyw ddiddordeb yn y darn o'r ddaear y maent yn byw arno:

> Beth yw Dyffryn Ceiriog iddo fo? Beth yw'r iaith Gymraeg iddo fo? Peth sy'n cadw dyn yn Gymro yw'r Gymraeg, yn gwneuthur y gweithiwr a'r ysgol-haig yn frodyr yng Nghymru, y tlawd a'r cyfoethog yn aelodau o'r un teulu. A chas ganddo ef hynny. Ei frodyr ef yw'r gweithwyr eraill yn yr Almaen ac yn America, dynion nas gwelodd erioed. Ac felly, Saesneg yw iaith swyddogol y blaid Lafur.[26]

Ymhelaethodd ar ei ddadansoddiad trwy haeru mai:

1 | E.T. John

2 | Mallt Williams, 'Bonesig Llandudoch'

that will be dedicated
to the teaching of the
native tongue — Moron, I hope.
Surely also Ireland
will see to it that the
young men of Tawin
are not left to her
through that terrible
evil — Emigration —
& some rich patriots will
provide after them
employment of a living wage."
in their own land —
Ireland never needed
her De Gaelic
speaking children
more than she
does to-day —
Well done Tawin!
Yr Eiddoch yn
wladgar
Mallt Williams
(Merch Brychan)

3 | Llythyr gan Mallt Williams at Padraig Pearse, 1904

4 | Saunders Lewis yn y Rhyfel Mawr

5 | Lewis Valentine yn 1921

6 | Griffith John Williams

7 | Elisabeth Williams (darlun gan artist anhysbys o Wlad Belg wedi'r Rhyfel Mawr)

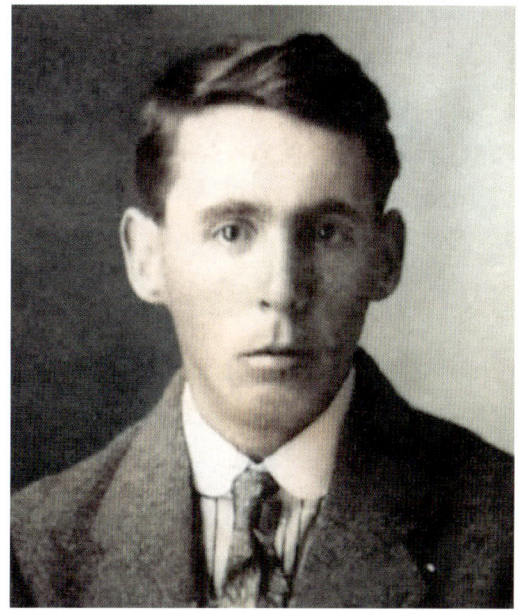

8 | Ambrose Bebb

9 | D.J. Williams

10 | Bwrdd golygyddol *Y Wawr*, yn cynnwys Griffith John Williams (canol y rhes gefn), T.H. Parry-Williams (cyntaf ar y chwith yn yr ail res), Cassie Davies (cyntaf ar y chwith yn y rhes flaen) ac Ambrose Bebb, y golygydd (canol y rhes flaen)

11 | Dosbarth Cymraeg Edward Anwyl, 1914, Coleg Prifysgol Aberystwyth, yn cynnwys D.J. Williams (ail o'r dde yn y rhes flaen), Griffith John Williams (trydydd o'r chwith y rhes gefn) ac Elisabeth Roberts (ail o'r chwith yn y rhes flaen). Hefyd yn y llun y mae T. Gwynn Jones a T.H. Parry-Williams.

12 | Myfyrwyr Bangor yn 1921, gyda Lewis Valentine, llywydd Cyngor y Myfyrwyr, ynghanol yr ail res, ac wrth ei ymyl Rhiannon Morris-Jones, yr is-lywydd. Yr ail o'r dde yn y rhes gefn yw Moses Griffith.

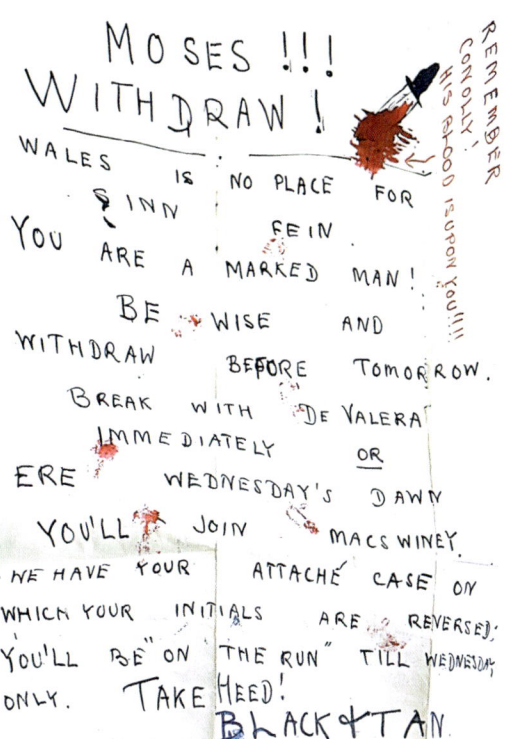

13 | Llythyr bygythiol (i) at Moses Griffith yn 1921, pan oedd yn ymgeisydd mewn ffug etholiad yng Ngholeg Bangor

14 | Llythyr bygythiol (ii) at Moses Griffith yn 1921, pan oedd yn ymgeisydd mewn ffug etholiad yng Ngholeg Bangor

15 | Moses Griffith ar gefn ei feic modur

16 | Poster yn hysbysebu cyfarfod y Tair G yn Eisteddfod Genedlaethol yr Wyddgrug, 1923

17 | H.R. Jones, Deiniolen

18 | Lloyd Owen, Cricieth

19 | Ifan Alwyn Owen, Rhyd-ddu

20 | Gwallter Llyfni

21 | Y cofnod yn nyddiadur Ambrose Bebb sy'n adrodd am sefydlu'r Mudiad Cymreig ym Mhenarth, Ionawr 1924

22 | Mai Roberts yng Nghyngres Geltaidd Ynys Manaw, 1921

23 | Y Parch Fred Jones

Plaid Genedlaethol Cymru.

COFIWCH AM Y

Cyfarfod Mawr Cyhoeddus

A GYNHELIR YNG
Nghapel y Bedyddwyr, Pwllheli,
am 5-30 prynhawn Iau

Wythnos yr Eisteddfod

Anerchir gan Wyr blaenaf y genedl.

Bydd son am y cyfarfod hwn tra bo'r genedl !
Dadlennir ynddo Bolisi'r Blaid sydd i
achub Cymru

Croeso Mawr i Bob Cymro a Chymraes.

Argraffwyd yn Swyddfa'r "Herald," Caernarfon.

24 | Poster yn hysbysebu cyfarfod cyhoeddus cyntaf Plaid Genedlaethol Cymru, Pwllheli, 1925

25 | Cofnodion pwyllgor gwaith cyntaf y Blaid Genedlaethol a gynhaliwyd yng nghaffi Maes Gwyn, Pwllheli, 5 Awst 1925

Plaid Genedlaethol Cymru

(SEFYDLWYD 1925)

AMCANION

1. Ennill i Gymru yr unrhyw safle a chyfansoddiad o fewn y gyfundrefn o genhedloedd a elwir yn Ymerodraeth Prydain ag y sydd yn awr yn feddiant Dominiwn Newfoundland, Canada ac Awstralia a Deheudir Affrica a Gwladwriaeth Rydd Iwerddon, etc.

   Ennill i Gymru SENEDD a chanddi awdurdod llawn i ddeddfu er budd a mantais Cymru ynghyd â LLYWODRAETH a fo'n gyfrifol i'r senedd honno.

2. Sicrhau diogelwch diwylliant, iaith a thraddodiadau Cymru drwy roddi iddynt gydnabyddiaeth ac amddiffyn swyddogol y llywodraeth.

3. Ennill i Gymru hawl i ymaelodi yng NGHYNGRAIR Y CENHEDLOEDD.

Yr wyf i'n ymaelodi ym Mhlaid Genedlaethol Cymru :

Enw..............................

Cyfeiriad ....

....

....

Tanysgrifiad £   s.   c.

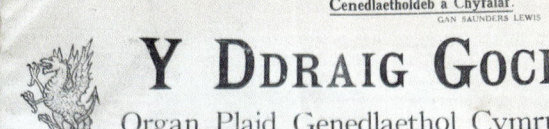

27 | Tudalen flaen rhifyn cyntaf *Y Ddraig Goch*, Mehefin 1926

28 | H.R. Jones, D.J. Williams ac Iorwerth Peate

29 | Mynychwyr ysgol haf Machynlleth, 1926, y tu allan i Senedd-dy Owain Glyndŵr.
Yn eu plith: Prosser Rhys, Morris Williams, Saunders Lewis, Kate Roberts, Mai Roberts,
Ifan Alwyn Owen, Gwallter Llyfni, D.J. Williams, Iorwerth Peate, Lloyd Owen, Fred Jones.

30 | Rhai o fynychwyr ysgol haf Machynlleth, 1926, ar stryd fawr y dref

31 | Ar y prom yn Aberystwyth. O'r chwith: Prosser Rhys, Kate Roberts, Saunders Lewis, Mai Roberts a Jack Edwards.

32 | Pwyllgor gwaith Plaid Genedlaethol Cymru, 1927. O'r chwith: Lewis Valentine, Ambrose Bebb, D.J. Williams, Mai Roberts, Saunders Lewis, Kate Roberts, H.R. Jones a Prosser Rhys.

Enw arall yw ceidwadaeth ar genedlaetholdeb. Y mae cenedlaetholdeb a cheidwadaeth yn eu hanfodion yn un. Cenedlaetholwyr Lloegr yw'r Blaid Geidwadol Seisnig, Cenedlaetholwyr Ffrainc yw'r blaid geidwadol yno, plaid Charles Maurras a'r Action Française. Sylfaenydd y blaid geidwadol yn Lloegr oedd Burke, ac mewn adwaith yn erbyn y Chwyldroad Ffrengig y lluniwyd egwyddorion ceidwadaeth. Ac egwyddor gyntaf ceidwadaeth yw ymwrthod â phob chwyldroad, cadw llinyn bywyd cymdeithas yn gyfan a didor, parchu yn fwy na dim arall mewn bywyd, draddodiadau'r genedl.

Byrdwn ei anerchiad oedd mynegi ei gred na ddylid ystyried cenedlaetholdeb fel atodiad i ideolegau eraill, megis sosialaeth neu ryddfrydiaeth, ond hytrach y dylid ei ystyried fel athroniaeth yn ei rhinwedd ei hun. Yn ei farn ef, cyhyd ag yr oedd dyheadau gwleidyddol a diwylliannol Cymru yn cael eu trin fel is-bynciau o fewn rhaglenni pleidiau gwleidyddol Prydeinig, ni fyddent fyth yn cael eu gwireddu. Dylai cenedlaetholdeb Cymreig, dadleuai Saunders, fod yn rym ideolegol cwbl ar wahân i'r ideolegau eraill oedd yn meddiannu'r drafodaeth wleidyddol yng Nghymru. Trwy danlinellu'r gwacter hwn ym mywyd sifig Cymru yr oedd yn awgrymu'r angen pendant am fudiad gwleidyddol annibynnol.

Wrth drafod y symudiad ymhlith Cymry ifanc tuag at fath newydd o genedlaetholdeb Cymreig, ceisia ddiffinio nod y symudiad hwnnw: 'Yn awr, adwaith yw'r mudiad cenedlaethol. Ymgais i feithrin plaid geidwadol Gymreig, ac i achub gwareiddiad yn ein mysg.'

Yn hyn o beth, atgoffir rhywun o syniadaeth tad y mudiad cenedlaethol yng Ngwlad y Basg, Sabino Arana. Yr oedd Arana, fel Saunders Lewis, yn geidwadwr greddfol, yn dyrchafu'r iaith Fasgeg fel rhan annatod o hunaniaeth genedlaethol y Basgiaid ac yn gwrthwynebu'r ffordd y gwasgwyd yr iaith i'r cyrion ym mywyd y genedl gan y

Sbaeneg. Arana oedd sylfaenydd y Partido Nacionalista Vasco (PNV), plaid genedlaethol Gwlad y Basg a ddaeth ymhen amser i ddominyddu gwleidyddiaeth y wlad. Fel i Saunders, roedd y traddodiad Cristnogol yn greiddiol i'w syniad o hunaniaeth genedlaethol, a gwrthwynebai lastwreiddio a gwanio'r diwylliant brodorol gan fewnfudwyr uniaith Sbaeneg o weddill Sbaen. Er gwaethaf ei ddaliadau ceidwadol, ystyrir ef bellach yn gatalydd a sbardunodd ddadeni diwylliannol a gwleidyddol ei genedl. Nodwedd o arddull Arana oedd pryfocio ac ennyn ymateb cenedl y teimlai ei bod yn farwaidd ac yn llithro i ddifancoll heb sylweddoli ei thynged. Swyddogaeth nid annhebyg i'r un gyflawnwyd gan Saunders Lewis yn natblygiad y mudiad cenedlaethol yng Nghymru.[27]

Rhywun a gafodd flas amheuthun a chalondid mawr o ddarllen araith Saunders Lewis yn Llandrindod oedd Ambrose Bebb. Ysgrifennodd yn ei ddyddiadur nos Sul, 9 Medi 1923:

Dwy awr arall i ddarllen 'Y Faner'. Yr oedd ynddo araith a wnaeth Mr Saunders Lewis yn Llandrindod. 'Tueddiadau Cymru 1919–1923' ydoedd y testun, a nis gwelais ddim cyffelyb gan neb sy'n fyw. Fe ddeall efo angen Cymru yn well o ddigon na neb a adwaen i – yn well o lawer na Gwynn Jones, Syr John Morris Jones, W.J. Gruffydd, Henry Lewis, Dr Morgan Watkin. Y mae'n graffach o'r hanner na neb ohonynt. Gwêl yn glir o ba ddrygioni y dioddefwn. Dealla'r drwg a ddaw o lwydd y Blaid Lafur yng Nghymru. A gwyr yn burion mai cadw'r Gymraeg, amddiffyn ein traddodiadau, glynu wrth ein defodau a'n moesau, parhau cysondeb a llinyn parhad ein hanes, sydd i'n hachub. Yr araith orau a wnaed ar sefyllfa Cymru ers canrifoedd. Diolch yn fawr iddo. Gan gymaint y cytunwn ag ef, gan fel yr aeth y sylwadau i'm meddwl, ni bu fodd imi gysgu o gwbl, er iddi fod yn un o'r gloch arnaf yn myned i'r gwely.[28]

Roedd awdur 'Notes of the Month' yn rhifyn Hydref 1923 y *Welsh Outlook* yn dipyn llai cefnogol. Er mynegi edmygedd o allu deallusol y siaradwr, a'i 'great originality and force', nid oedd yn cytuno gyda'i ddadansoddiad o'r sefyllfa yng Nghymru fel gwrthdaro rhwng 'a philosophic nationalism and an economic internationalism, between Owen Glendower and Karl Marx':

> To our mind this thesis is fundamentally erroneous and superficial. We would not for a moment deny that there is a kind of internationalism which is completely subversive of all national traditions and aspirations, but to say that it is the spirit that dominates the Labour movement in Wales is wildly extravagant ... The great Irish nationalist philosopher, George Russell,[29] found no difficulty in reconciling a universal economic sympathy with a passion for the holy things and places of his own people, and why should any true Welsh nationalist not be able to accept, on the one hand, Mr Saunders Lewis' dogma of the first importance of a national tradition, and at the same time avow his kinship 'with every poor devil who works for a wage in Wales, or England or South America'? Indeed, it would be almost true to say that the inability to combine the two philosophies is the greatest danger of nationalism at the moment, for if Mr Saunders Lewis and those who believe with him wish to establish their stable and ordered society, which is the first essential of culture, they must take their part in the grimy struggle against the economic brutalities ... If the social problem brings Europe to disaster, Welsh culture will go down with it.[30]

Yn ei anerchiadau yn y Barri, yr Wyddgrug a Llandrindod a'i erthyglau yn y wasg roedd Saunders Lewis wedi taro sawl postyn i'r parwydydd glywed. Trawodd ergyd yn erbyn baldordi ofer ac anhrefnus y cynadleddau, tynnodd sylw at yr angen am ddisgyblaeth a threfn mewn unrhyw fudiad cenedlaethol gwerth ei halen, mynnodd nad oedd modd gwahanu cenedlaetholdeb diwylliannol a chenedlaetholdeb gwleidyddol, a thrwy hynny dechreuodd amlinellu syniadaeth wleidyddol a allai fod yn sail i blaid genedlaethol bosib. Megis cychwyn yr oedd hynny, fodd bynnag, gan nad oedd ymgais ddifrifol i gynnig polisi cymdeithasol neu economaidd yn yr areithiau.

Roedd yr hyn wnaeth Saunders Lewis yn Llandrindod, felly, yn ddeublyg. Amlinellodd ei athroniaeth wleidyddol bersonol ef ei hun, ac ar yr un pryd ceisiodd dynnu sylw at fwlch ym mywyd politicaidd Cymru lle y gallai plaid genedlaethol bosib ei lleoli ei hun. Wrth i rym y Blaid Ryddfrydol edwino, ac i wrth i'r Blaid Lafur godi i gymryd ei lle fel prif blaid Cymru, gwelodd Saunders Lewis gyfle i blaid genedlaethol fodoli fel gwrthbwynt i Seisnigrwydd y Torïaid a sosialaeth ryngwladol Llafur.

8

Byddin Ymreolwyr

Nɪᴅ ᴅɪᴍ ᴏɴᴅ ᴍʏꜰʏʀᴡʏʀ Aberystwyth a Bangor ac academyddion yr adrannau Cymraeg a gafodd eu cyffroi gan frwydr Iwerddon rhwng 1916 ac 1922. Yn ardaloedd llechi Arfon roedd criw arall o genedlaetholwyr hefyd yn tynnu ysbrydoliaeth o'r Ynys Werdd.

Nid oeddent yn rhannu tuedd geidwadol Saunders Lewis a Bebb ond roeddent yn gweld yr angen am blaid genedlaethol annibynnol Gymreig yn rhydd o ddylanwad y pleidiau Seisnig. Y cwestiwn oedd sut i drefnu a chael pawb i ddod ynghyd yn gytûn i ffurfio mudiad o'r fath.

Yn eu plith yr oedd pobl o gefndir dosbarth gweithiol diwylliedig fel Walter Sylvanus Jones (Gwallter Llyfni) ac Ifan Alwyn Owen. Ond yr ysgogydd mawr i'r symudiad yn y gogledd-orllewin i sefydlu mudiad gwleidyddol annibynnol oedd H.R. Jones, y cyn-chwarelwr a'r trafaeliwr o bentref Ebeneser (Deiniolen).

Nid tasg hawdd, serch hynny, oedd dwyn pobl ynghyd a chyflawni ei uchelgais. Ond os oedd un peth yn nodweddu cymeriad H.R., yna ei agwedd benderfynol oedd hynny. Gŵr ifanc yn ei ugeiniau hwyr ydoedd a thân ysol yn llosgi ynddo dros weld newid yng Nghymru.

Tystiodd y blynyddoedd wedi'r Rhyfel Mawr i amryw

o genhedloedd eraill yn y byd yn brwydro ac weithiau'n ennill eu rhyddid.

Roedd mudiad cenedlaethol India yn dechrau ymgyrchu o ddifrif o dan arweiniad Mohandas Gandhi, roedd yr Aifft newydd ennill mesur o ryddid sylweddol oddi wrth yr ymerodraeth yn 1922, ac etholwyd y llenor a'r gwleidydd Tomáš Mazaryk yn arlywydd cyntaf gwladwriaeth newydd Tsiecoslofacia yn 1920. Ond yn fwy na dim esiampl Rhyfel Annibyniaeth Iwerddon oedd yr ysbrydoliaeth fawr i H.R.

Ysgogwr, llythyrwr a phamffledwr di-ail ydoedd. Ei freuddwyd oedd gweld dydd yn dod pan fyddai'r Cymry'n dangos yr un sêl dros eu rhyddid â'r Gwyddelod, gan wneud hynny trwy unrhyw ddull a modd, boed gyfansoddiadol neu anghyfansoddiadol.

Er gwaethaf ei waith fel trefnydd Eifionydd i Undeb y Cymdeithasau, tyfodd ei rwystredigaeth gydag agwedd geidwadol a gofalus y mudiad hwnnw. Nid dyma'r mudiad fyddai'n gerbyd i arwain Cymru i ddyfodol fel cenedl rydd ysgwydd wrth ysgwydd â gwledydd eraill y byd.

Er hynny fe wnaeth ei waith gyda'r Undeb ddod â H.R. i gysylltiad gydag amryw o bobl o'r un meddylfryd ag yntau, oedd am weld cymryd camau mwy pendant tuag at sefydlu mudiad gwleidyddol i ymladd yn benodol dros Gymru a'r Gymraeg. I'r perwyl hwnnw, llythyrodd H.R. ym misoedd cyntaf 1924 fel pe na bai yfory'n bod. Mewn rhaeadr o ohebiaeth cysylltodd â phawb yr oedd yn ei ystyried yn genedlaetholwr neu'n wladgarwr, yn y gobaith o recriwtio pobl i'w ymdrech. Estynnodd wahoddiad pellach iddynt ddod i gaffi'r Queen's yng Nghaernarfon i'r diben hwnnw.

Lleoliad hwylus oedd y Queen's, dafliad carreg o orsaf drenau'r dref (sydd heddiw yn safle archfarchnad), oedd yn galluogi pobl i deithio yno'n hwylus o drefi fel Llandudno a Phwllheli.

Ar 13 Ionawr 1924 cafodd H.R. ateb gan Ifan ab Owen Edwards, a oedd ddwy flynedd ynghynt wedi sefydlu Urdd

Gobaith Cymru. Dywedodd Ifan ab Owen y deuai i gyfarfod yn y Queen's, ond fel sylwebydd nid cyfrannwr: 'cofiwch mai fel Gwrandawr Dienw y byddaf' yno, meddai.

Ym mis Ebrill ymhelaethodd sylfaenydd yr Urdd ar ei ddyheadau gwleidyddol, gan gydnabod bod angen sefydlu plaid genedlaethol Gymreig:

Hoffwn weled Cymru yn wlad rydd yng 'Nghynghrair Cenhedloedd Prydain'; yno buasai iddi ei rhyddid i ddatblygu ei hun fel y mynnai, yn ol ei ffordd er lles y byd. Ond cyn gall Cymru gyrraedd at y nod yna rhaid deffro'r teimlad dwfn a phur sydd yn perthyn i bob cenedl – y teimlad o'i chenedlaetholdeb. Y mae ein cenhedlaeth ni wedi colli eu henaid trwy effaith Seisnigeiddrwydd a Sais addoliaeth, nis deallant hwy guriadau calon cenedl. Y mae dyfodol ein gwlad yn nwylaw ein plant ac atynt hwy y dylem droi …
Dylem hefyd godi plaid Genedlaethol. Poen calon i mi ydyw gweled ein gwlad yn colli ei phen adeg lecsiwn rhwng pleidiau Seisnig nad oes a fynnont ddim a Chymru.
Yr wyf felly'n gredwr cryf mewn Ymreolaeth i Genedl, ond nid ydyw teimlad angerddol y wir genedl yng Nghymru hefyd [*sic*] ac felly nid ydyw Cymru yn barod i Ymreolaeth nac yn ei haeddu.[1]

Er bod ysgrifenyddion Lloyd George wedi cydnabod derbyn llythyrau gan H.R., ni chafwyd ateb gan y cyn-Brif Weinidog ei hun. Fe atebodd ei frawd, William George, fodd bynnag. Mewn llythyr ym mis Mawrth 1924, dywedodd ei fod yn mwynhau darllen llythyrau H.R. oherwydd 'eich bywiogrwydd gyda materion cenedlaethol',[2] gan ychwanegu yn ddiweddarach yn Ebrill ei fod yn credu mewn ymreolaeth ac yn dymuno llwyddiant i'r ymdrechion. Nid oedd, meddai, wedi cael amser i grybwyll y mater wrth ei frawd, 'Ond fel y gwyddoch y mae yn hen Ymreolwr a gallwch deimlo yn sicr y bydd ei gydymdeimlad gyda chwi yn hollol'.[3]
Un arall wnaeth ymateb yn gadarnhaol i H.R. oedd

darlithydd ifanc tair ar hugain oed o Lanbrynmair. Ar y pryd roedd Iorwerth Peate, a ddaeth yn ddiweddarach yn sylfaenydd Amgueddfa Werin Cymru yn Sain Ffagan, yn ddarlithydd yn Adran Efrydiau Allanol Coleg Prifysgol Cymru Aberystwyth. Ym mis Ebrill 1924 ysgrifennodd at H.R. gan ddweud mai'r angen mawr 'yw deffro bechgyn "gwerin gwlad" ... Ni wna'r Colegau ddim hebddynt.'[4] Cytunodd ymhellach i ysgrifennu erthygl o blaid y syniad o gymdeithas o ymreolwyr ieuainc, ac yn fwy arwyddocaol, argymhellodd Ambrose Bebb, Saunders Lewis a Prosser Rhys fel unigolion y byddai ganddynt ddiddordeb pendant mewn sefydlu plaid genedlaethol.

Un o'r Mynydd Bach, Trefenter yng Ngheredigion oedd Prosser Rhys, ac roedd eisoes wedi gwneud ei farc fel newyddiadurwr a bardd ac yntau ond yn ei ugeiniau cynnar. Yn 1924 ef oedd golygydd *Y Faner*, ac yn 1923 roedd wedi cyhoeddi cyfrol o farddoniaeth ar y cyd â J.T. Jones o'r enw *Gwaed Ifanc*. Yn haf 1924 byddai'n ennill coron Eisteddfod Genedlaethol Pont-y-pŵl am ei bryddest 'Atgof'. Ystyrir y bryddest honno'n nodedig a modern oherwydd ei hymdriniaeth â themâu rhywiol a'i phortread o berthynas rywiol rhwng dau ddyn.

Cafodd Prosser enw fel gwladgarwr brwd. Mewn ymateb i lythyr gan H.R. ym mis Ebrill yn amlinellu'r bwriad i sefydlu mudiad newydd i frwydo'n benodol dros Gymru, dywed nad oedd yn 'dwym' iawn o blaid ymreolaeth ond ei fod yn hollol fodlon cydweithio i'w ennill os oedd ar y rhan fwyaf o genedlaetholwyr ei eisiau.[5] Roedd, meddai, wedi blino ar fudiadau yn siarad ar draws ei gilydd, ac roedd yn cytuno â'r syniad o gael un mudiad, fel mudiad arfaethedig H.R., i ddwyn cenedlaetholwyr ynghyd. Mae Prosser hefyd yn crybwyll mudiad newydd William George yn ei lythyr, sef Cymdeithas Cymru Well, gan fynegi hyder yn hwnnw a'i obaith y deuai rhywbeth ohono cyn sefydlu un arall yr un fath.

Ymysg yr unigolion a wahoddwyd i Gaernarfon yr oedd Moses Griffith, a oedd erbyn hynny yn gweithio i'r Weinyddiaeth Amaeth yn Nolgellau fel trefnydd amaethyddol Sir Feirionnydd. Daeth Moses i gysylltiad â H.R. Jones yn sgil gweithgaredd y ddau gydag Undeb y Cymdeithasau Cymraeg.[6]

Yn ystod gweddill 1924 galwodd H.R. gyfres o gyfarfodydd mewn ystafell yn y seler o dan gaffi'r Queen's. Yn bresennol yn y cyfarfodydd hyn yr oedd croestoriad o bobl, yn bennaf weithwyr o bentrefi llechi Arfon a chynrychiolwyr o gymdeithas Gymraeg Coleg y Brifysgol Bangor, y Tair G. Yno hefyd yr oedd rhai o gyn-fyfyrwyr Bangor, fel J.P. Davies a Lewis Valentine.

Clywodd Valentine am y cyfarfodydd trwy ei gysylltiad â'r Tair G, a chafodd achlust fod ei hen gyfeillion coleg, J.P. Davies a Moses Griffith, yn eu mynychu, yn ogystal ag ysgolheigion fel Ifor Williams, y Prifathro Thomas Rees a'r bardd R. Williams Parry. Dechreuodd Valentine fentro draw yng nghwmni'r bobl hyn yn y gobaith y byddai mudiad trefnus ac effeithiol yn tyfu o'r cyfarfodydd. Y gobaith pellach oedd y byddai'r mudiad hwn yn symud pethau yn eu blaen ac yn cynnig gweledigaeth ac arweiniad newydd i Gymru.

Ond, meddai Valentine, roedd y cyfarfodydd yn ddiarhebol o ddi-drefn. Roeddent, meddai, 'yn faith gyda llawer o siarad diamcan. Roeddwn i'n gadael mewn diflastod, ac eto'n teimlo rywsut: does dim arall i'w gael. Palfalu'n ffordd sydd raid inni.'[7]

Roedd H.R. Jones, meddai, 'yn selog iawn, ac yn ddi-ollwng iawn':

Nid oedd dim yn medru ei ddigalonni fo, ac fe ddaliodd ati. Yr oedd y cyfarfodydd hyn, wrth gwrs, yn bethau digri wrth edrych yn ôl arnyn' nhw: pawb a'i stori a phawb a'i theori; y gymysgfa ryfeddaf a welsoch chwi erioed, heb fawr o drefn a llun arnom ni. Ac eto yr oeddwn i yn methu a pheidio mynd iddyn' nhw.[8]

Cadeiriwyd y cyfarfodydd gan Dr Lloyd Owen, gŵr yn ôl Gerald Morgan 'yr oedd ei ddull o'i fynegi ei hun yn ei gwneud bron yn amhosibl i neb ei ddeall'.[9] Mae 'lliwgar' yn un gair i ddisgrifio Lloyd Owen, ond nid arweinydd mudiad cenedlaethol mohono er gwaethaf ei gefnogaeth bybyr i ymreolaeth, ei lythyru brwd i'r wasg, a'i aelodaeth o bron pob mudiad oedd o blaid hunanlywodraeth a'r Gymraeg yn y cyfnod. Dywedir nad oedd amryw o drigolion Cricieth yn hollol siŵr o ble y cafodd yr hawl i'w alw ei hun yn ddoctor; er hynny, teithiai'r wlad yn cludo bag ag offer meddygol ynddo. Cymeriad hoffus a diffuant ydoedd ond roedd ei arddull ecsentrig yn cyfrannu at natur flêr ac anhrefnus cyfarfodydd Caernarfon.

Wrth i'r cyfarfodydd fynd rhagddynt yn ddigyfeiriad, cynyddai rhwystredigaeth amryw o'r mynychwyr. Nid fel hyn yr oedd mynd ati i herio hawl llywodraeth Lloegr i reoli Cymru. Profodd Valentine ei hun beth y gellid ei gyflawni trwy fod yn drefnus gyda'i ymgyrchoedd dyddiau coleg, ond er mai mudiad gweriniaethol Iwerddon oedd wedi tanio brwdfrydedd llawer o griw caffi'r Queen's, nid Sinn Féin mohonynt. Nid oedd argoel o wleidydd o ansawdd Éamon de Valera neu drefnydd o allu Michael Collins yn eu mysg.

Un arall oedd yn methu cadw draw o gyfarfodydd y Queen's oedd y newyddiadurwr ifanc o Ddyffryn Nantlle, Gwilym R. Jones:

Yr oeddwn i'n gyw-gohebydd ar staff *Yr Herald Cymraeg* o dan Meuryn, y cenedlatholwr diwylliannol tanbaid, erbyn 1921, a dyma'r pryd y daeth llythyr i'n cartref ni yn Nhal-y-sarn yn gwahodd lliaws o Gymry gwlatgar i de ym Mwyty'r Frenhines, Caernarfon, i'r pwrpas o drafod y priodoldeb o sefydlu mudiad a elwid gan y cynullydd yn 'Fyddin Ymreolaeth'. Yr oedd nifer go dda ohonom yn aeddfed i groesawu rhyw fath o fudiad i geisio deffro ein cenedl o'i thrwmgwsg ac i geisio atal y dirywiad yn hanes yr iaith Gymraeg.[10]

Yn ôl Gwilym R., 'dyn ifanc tal, tenau, llwyd ei wedd' oedd H.R. Jones, 'yn eistedd mewn congl a bwndel o bapurau o'i flaen a phensil yn ei law'. Y peth cyntaf a'i trawodd amdano oedd diffuantrwydd ei neges a'i ymarweddiad, ac yna wrth ddod i'w adnabod daeth i weld rhinweddau eraill H.R., yn enwedig ei 'benderfyniad, gwydnwch ac ynni di-bendraw'. Cyfaddefai'r gŵr llwyd ei wedd nad oedd ganddo weledigaeth glir, ond dadleuai fod yr amcan terfynol o hunanlywodraeth i Gymru a chyfiawnder i'r Gymraeg yn nodau rhesymol.

Yn anffodus, fel y canfu Valentine, gwelodd Gwilym R. yntau fod rhai o griw'r Queen's yn dueddol o wamalu 'a chael tipyn o hwyl ar gorn y syniad a'r cynullydd'. Dywed mai ymateb H.R. i'w hagwedd ddilornus oedd gwenu arnynt a datgan yn dawel hyderus: "Mi ddaw, gewch chi weld. Mi ddaw."

Ymhlith y tri neu bedwar dwsin a oedd yn selogion yn y cyfarfodydd yr oedd Gwallter Llyfni o Lanllyfni. Cyn-saer coed, bellach ar bensiwn o'r fyddin oherwydd afiechyd, oedd Walter Sylvanus Jones, i roi iddo ei enw bedydd. Roedd yn gyfaill i R. Williams Parry, ac yn hoff iawn o farddoni a llenydda. Roedd Gwallter yn esiampl dda o'r gwerinwr diwylliedig, gan gyfrannu colofn gerddorol i bapur *Y Dinesydd Cymreig* dan y ffugenw Largo, ac erthyglau yn *Y Cerddor Newydd* ac mewn cylchgronau Cymraeg blaenllaw eraill fel *Yr Haul*, *Y Llan*, *Y Brython*, *Y Llenor* a'r *Ford Gron*. Roedd yn aelod o'r Blaid Lafur ac yn ymgyrchydd brwd dros faterion y mudiad Llafur yn lleol, ac fe'i disgrifir gan Bleddyn Owen Huws fel 'sosialydd o anian genedlaetholgar … fel sawl un arall yn ei gyfnod'.[11]

Yn bresennol yn y cyfarfodydd hefyd yr oedd golygydd

Yr Herald Cymraeg, Meuryn (R.J. Rowlands). Mynychai yn bennaf yn rhinwedd ei swydd fel newyddiadurwr ond roedd hefyd yn cytuno â'r nod terfynol o sefydlu plaid genedlaethol Gymreig. Cyn dod i Gaernarfon roedd Meuryn wedi gwneud enw iddo'i hun yn Lerpwl fel gohebydd *Y Darian* a'r *Herald Cymraeg*. Roedd yn fardd cadeiriol, yn amlwg ym mywyd diwylliannol Cymraeg y ddinas, ac ef oedd un o sylfaenwyr Undeb y Ddraig Goch. Yn 1921 symudodd i Gaernarfon i fod yn olygydd *Yr Herald*, gan ddod yn gyfrifol am *Y Geninen* hefyd yn 1923.

Trwy gydol 1924 ac ym misoedd cyntaf 1925 rhoddodd Meuryn ofod i H.R. ysgrifennu sawl erthygl i'r *Herald*, yn cynnwys 'Neges Cymru i'w Hymreolwyr', 'Caru Cymru' a disgrifiad iwtopaidd o'r wlad yn y flwyddyn 2025. Roedd 'swˆn efengyl rhyddid Cymru' yn y gwynt, meddai H.R. Rhethreg y proffwyd oedd ei arddull, nid annhebyg i'r hyn a geid ym mhamffledi brwydrau'r bedwaredd ganrif ar bymtheg dros ddatgysylltu'r eglwys neu hawliau gweithwyr:

> Cenedlaetholdeb yw ein genedigaeth-fraint a choron
> cenedlaetholdeb yw hunan-lywodraeth ... gwelodd y bobl
> a gerddai gynt mewn tywyllwch oleuni mawr. Gwelsom
> y goleuni; gwelsom ein genedigaeth-fraint yn disgleirio
> drwy'r tywyllwch, yr hawl i reoli'n gwlad ein hunain. A
> ydych chwi yn barod i aberthu dros Gymru, eich gwlad? Nid
> gyda chleddyf neu ddryll, ac nid gyda nwy neu gannon ond
> gyda phenderfyniad di-ildio i amddiffyn buddiannau uchaf
> Cymru.[12]

Ym mis Gorffennaf 1924 derbyniodd H.R. lythyr gan ysgrifennydd Byddin yr Iaith, R.W. Melangell Evans o Langynog, Maldwyn, yn dweud ei fod ef ei hun yn gefnogol i ymreolaeth, ond gan nad oedd y genedl eto yn 'cefnogi'r alwad honno',[13] fod angen blaenoriaethu'r iaith. Nid oes amheuaeth nad oedd derbyn gohebiaeth amwys fel hyn yn cynyddu rhwystredigaeth H.R. Dichon mai cyfarfod Byddin yr Iaith yn Llandrindod yr haf hwnnw oedd y gwelltyn diarhebol olaf iddo.

Ar 15 Awst ymgasglodd nifer o bobl yr oedd ganddynt ddiddordeb mewn ymreolaeth yn Nhŷ'r Crynwyr yn y dref, ar gais yr hollbresennol Lloyd Owen. Cadeiriwyd y cyfarfod gan y Dr Thomas Rees, a H.R. oedd yr ysgrifennydd. Yn ôl adroddiad *Yr Herald Cymraeg*, roedd H.R. wedi dod â chardiau ymrwymiad i'w rhannu a'u dosbarthu i bawb oedd yn awyddus i arwyddo ac ymuno. Ar y cardiau argraffwyd y geiriau:

> Yr wyf i yn barod i bleidio pob mesur democrataidd – ond i roddi mesur Cymreig (Mesur Ymreolaeth yn bennaf oll) o flaen unrhyw fesur arall. Mewn gair yr wyf yn penderfynu rhoddi Cymru o flaen y pleidiau.

Yn dilyn y cyfarfod hwn, cynhaliwyd yr hyn a hysbysebwyd fel cyfarfod blynyddol Byddin yr Iaith, gyda Melangell Evans yn rhannu nifer o fathodynnau ymysg y rhai oedd yn bresennol. Ac roedd Adran Ymreolaeth Cynghrair y Cenedlaetholwyr Cymreig hefyd wedi trefnu eu cyfarfod eu hunain. Yn ôl gohebydd *Y Faner*:

> Yn ddiweddarach cynhaliwyd cyfarfod o adran Ymreolaeth i Gymru o Gynghrair y Cenedlaetholwyr Cymreig, pryd y dywedodd y cynullydd, Dr Lloyd Owen, ei fod ef a'i gyfeillion yn rhoddi achos cenedlaetholdeb Cymreig ac Ymreolaeth i Gymru o flaen unrhyw ymlyniad i blaid wleidyddol. Eu dymuniad hwy ydoedd i Gymru chwarae ei hofferynnau ei hun yn y gerddorfa gydgenedlaethol, ac i daro ei nodyn ei hun yng nghydgan y cenhedloedd. Yr oedd ef yn gydgenedlaetholwr yn ogystal a chenedlaetholwr.[14]

Yn dilyn yr areithiau, cytunodd yr aelodau i wneud apêl arall eto i arweinwyr profiadol y genedl ddod ynghyd a rhoddi cynllun gerbron y wlad. Ond roedd H.R. Jones, a oedd ei hun yn un o'r siaradwyr, wedi cael digon ar y diffyg cynnydd yn Llandrindod. Roedd angen mwy na chynnull cyfarfod a gofyn i eraill lunio cynllun. Dychwelodd i Arfon yn fwy penderfynol nag erioed fod angen sefydlu mudiad newydd ar fyrder.

*****

Ddechrau mis Medi derbyniodd H.R. lythyr oddi wrth ŵr ifanc o bentref Rhyd-ddu.

Addysgwyd Ifan Alwyn Owen yn Ysgol y Cyngor yn y pentref wrth odre'r Wyddfa, ac aeth ymlaen i Ysgol Ganol Caernarfon a Choleg Skerry, Lerpwl. Dychwelodd i Arfon ac wedi gweithio am gyfnod yn Swyddfa'r Sir yng Nghaernarfon, cafodd swydd gyda phapur *Y Genedl Gymreig*. Ei fwriad oedd mynd yn newyddiadurwr, ond daeth afiechyd i lesteirio ei uchelgais, a bu'n rhaid iddo aros adref yn gweithio yn siop ei bentref genedigol. Nid oedd iechyd bregus yn ei atal rhag lleisio barn danbaid am wleidyddiaeth a Chymreictod serch hynny. Yn ei lythyr brwdfrydig at H.R., dywed Ifan Alwyn iddo ddarllen ei apêl yn *Yr Herald* at 'Ieuenctid Cymru' ac am y cyfarfod yn Llandrindod. Mae'n canmol y syniad o ddosbarthu bathodynnau oherwydd 'mwy o ddangos yn yr amlwg dros beth yr ydym yn sefyll sydd eisieu'. Yna mae'n mynd yn ei flaen i fynegi ei barodrwydd i weithio dros yr achos, gan ganmol mudiad cenedlaethol Iwerddon ac agwedd filwriaethus rhai a fu'n brwydro am hawliau yng Nghymru hefyd mewn blynyddoedd a fu:

> Beth bynag a allaf i ei wneuthur myfi a'i gwnaf – hoffwn pe byddai Cymdeithas yng Nghymru a dipyn o dan ynddi – wedi'r cyfan i'r eithafwyr yr ydym i ddiolch am lawer o'r manteision yr ydym yn eu mwynhau heddyw.
>
> Y mae genym lawer i'w ddysgu oddiwrth y Gwyddelod a phe ceid dipyn o Sinn Feinners yn Nghymru byddai yn well erddynt.[15]

Mae'n siŵr fod derbyn llythyr fel hyn gan rywun newydd oedd yn rhannu'r un teithi meddwl ag ef wedi codi calon H.R. ac atgyfnerthu ei ymroddiad i sefydlu mudiad pwrpasol. Felly bythefnos ar ôl derbyn llythyr Ifan Alwyn, galwodd gyfarfod arall yn y Queen's i'r diben hwnnw.

Cafodd lythyr gan Iorwerth Peate o Aberystwyth ar 17 Medi yn dweud ei fod wedi'i galonogi gyda'r newyddion:

A fyddwch chwi gystal a datgan i Ymreolwyr Ieuainc Sir Gaernarfon fy nymuniadau goreu am lwyddiant eu hymgyrch? Llawenydd imi oedd deall y cynhelir eich cyfarfod cyntaf ddydd Sadwrn nesaf – llawenydd am mai cyfarfod Ymreolwyr ydyw, ond llawenydd mwy am mai cyfarfod yw a ddengys fod Cymry am ymddeffro i daflu ymaith ei gwaseiddiwch ac yn ceisio yn wyneb pob anhawster adennill ei hunan-barch. I ymgyrch a ddengys y fath safbwynt a hwn, nid oes gan unrhyw wir Gymro ddim ond cymorth bywyd, meddwl ac ysbryd – a hynny, mi obeithiaf, hyd yr eithaf.[16]

Er gwaethaf y ganmoliaeth a dymuniadau gorau Peate, yr oedd ganddo rai cwestiynau. 'Wrth frwydro am Ymreolaeth,' gofynnodd 'pa beth yw'r delfryd a rydd eich Ymreolwyr o'u blaen?' Credai ef y dylid cyrchu'r nod o greu cymdeithas unedig lle 'bydd ei phobl mewn cytgord ynddi yn eu bywyd beunyddiol, lle y byddant barod, trwy ewyllys, rheswm a chydymdeimlad i ddeall ei gilydd, ac i ddyfod o'r diwedd trwy gariad a chydymdeimlad i anghofio eu gwahaniaethau'.

Cyfarfod 20 Medi oedd trydydd ymgais H.R. i ffurfio rhyw fath o fudiad cenedlaethol. Cadeiriwyd y cyfarfod unwaith eto gan Dr Lloyd Owen, Cricieth, ac er mai cwta ddeg ar hugain oedd yn bresennol, y tro hwn cafwyd rhyw fesur o lwyddiant, a chytunwyd i ffurfio mudiad newydd Byddin Ymreolwyr Cymru. Penodwyd swyddogion i'r Fyddin, gyda Gwallter Llyfni yn llywydd, Ifan Alwyn Owen yn drysorydd a H.R. yn gweithredu fel ysgrifennydd.

Yn ôl Gwilym R. Jones, fe gododd mater dulliau ymgyrchu ei ben, gydag anghytundeb ynghylch dulliau cyfansoddiadol neu anghyfansoddiadol:

Yr oedd y rhain yn fwy parod i ymladd ar y maes gwleidyddol nag yr oedd H.R. Ei ateb ef i'w dadleuon cynnar hwy oedd: 'Rhaid inni aberthu dros Gymru, ac ni chawn ryddid byth nes bydd rhai ohonom wedi mynd yn ferthyron dros ein delfrydau', yn ôl gohebydd a'i geilw'i hun yn 'Gyfaill' yn *Yr Herald Cymraeg*. 'Cofiaf,' medd y gohebydd hwn, 'fel y dywedodd wrthyf un hwyrnos pan eisteddem ar fainc yng Nghei Caernarfon, "Fedrwn ni byth ddeffro Cymru heb i rai ohonom gael ein carcharu."'[17]

Yn y cyswllt hwn, dywedodd Lloyd Owen er bod croeso i 'agwedd filwriaethol' yn y mudiad newydd, nad oedd yn ei farn ef unrhyw le i ddulliau 'trais'. Eiliwyd hynny gan eraill a oedd yn anghymeradwyo unrhyw syniad o fabwysiadu 'dulliau Rwsaidd neu Wyddelig' o ymgyrchu. Barn groes i hynny gafwyd gan Ifan Alwyn, a faentumiodd nad drwg o beth fyddai cyflwyno tipyn o Sinn Féin i'r mudiad.[18]

Ni ddaeth y cyfarfod i unrhyw gytundeb ar ddulliau, heb sôn am pa fath o ymreolaeth i Gymru yr oedd y Fyddin am ymgyrchu drosto. Er hynny, y peth creiddiol oedd bod mudiad gwleidyddol newydd wedi'i sefydlu. Mewn dyfyniad ar gyfer y wasg, dywedodd H.R. mai:

Amcanu am Ymreolaeth a wnawn ni heddyw, nid yn adfail y Deyrnas Gyfunol, ond trwy ymresymu ein hawliau. Hawlir genym ni, y genedl hynaf yn Ewrop, Senedd a chartref, trwy ba un y trefnir ffordd i'n cenedl ddadblygu ei bywyd ar linellau Cymreig.[19]

Yn wahanol i'r model Gwyddelig y ceisiwyd ei efelychu, nodweddid Byddin Ymreolwyr Cymru gan benrhyddid i bawb, diffyg cyfrinachedd a dim syniadau o ran dulliau nac amcanion pendant.

Fel y soniwyd eisoes, roedd Meuryn, golygydd *Yr Herald*, yn gefnogol i ymreolaeth, ond roedd gohebydd y papur hwnnw hyd yn oed yn cyfaddef wrth adrodd am y cyfarfod pan ffurfiwyd y Fyddin:

> Nid oedd y cyfarfod o Ymreolwyr y cylch a gynhaliwyd yng Nghaernarfon y dydd Sadwrn o'r blaen yn unrhyw help i'r mudiad; ond yn hytrach fel arall. Yr oedd y cwbl yn rhy anghyfrifol a phlentynnaidd. Gresyn mawr yw symud ymlaen gyda mudiad mor bwysig heb baratoad priodol ar ei gyfer, a heb sicrhau siaradwyr dylanwadol ... Onid yw'r mudiad am Ymreolaeth i Gymru yn rhywbeth mwy difrifol a chyfrifol na'r cyfarfod hwn, goreu po gyntaf i roi terfyn arno.[20]

Os mai siomedig oedd gohebydd *Yr Herald*, bychanu oedd ymateb sylwebydd y *North Wales Chronicle*:

> Though the public were invited to be present it appears that only a mere handful of people turned up. They certainly outnumbered the famous tailors of Tooley-street, but, like the latter, their ambition has brought a touch of comedy into a movement which has as much attraction for faddists as a lamp light has for moths.[21]

Er hynny roedd H.R. Jones wedi cychwyn rhywbeth di-droi'n-ôl. Argraffodd gardiau aelodaeth gyda geiriau llw ufudd-dod y Fyddin Ymreolaeth arnynt:

> Ardystiaf trwy hyn fy mod yn ymaelodi ym Myddin Ymreolwyr Cymru.
> Gwnaf yr hyn sydd yn fy ngallu i gynorthwyo Cymru, Cymry a phopeth Cymreig, ac i fynu Ymreolaeth i Gymru.
> Yr wyf yn barod ar alwad swyddogion y Fyddin

i wneuthur yr hyn a elwir arnaf er mwyn Cymru ac
Ymreolaeth i Gymru.
BYW BYTH F'O CYMRU.

Nid oedd pall ar frwdfrydedd a gohebu H.R. Lluniodd
apêl i ddarllenwyr *Y Darian* yn ardaloedd y de gan ddatgan:

Nid sefydliad i blant mynyddoedd Arfon yn unig ydyw
y 'Fyddin' hon, ond rhaid cael o bob pentref a thref yng
Nghymru ferched a meibion brwdfrydig i ymuno a hi, neu ni
chyflawnir ei neges ...
    Cafodd teyrnasoedd bychain Ewrop eu hannibyniaeth
allan o adfail cwympo teyrnasoedd yn nrycin y Rhyfel Mawr.
Amcanu am annibyniaeth a wnawn ninnau hefyd, nid trwy
adfail y Deyrnas Gyfunol ond trwy ymresymu ein hawliau.
    Hawlio gennym ni, y genedl hynaf yn Ewrop, Senedd a
chartref, drwy ba un y trefnir ffordd i'n cenedl ddatblygu ei
bywyd ar linellau Cymreig ...
    Mae pwdr ddylanwadau Seisnig yn madru bywyd
Cymreig, a chyn hir os goddefwn yn ddistaw ni pheri ddim o
nodweddion ein bywyd cenedlaethol ...
    Nid oes le i'r gwangalon yn ein rhengau, caethweision
fyth yw haeddiant llwfriaid ...
    Apeliwn atoch chi Gymry Deheubarth i chwyddo
ein rhengau ... a chasglu llu o filwyr dan faner Byddin
Ymreolwyr Cymru.[22]

Ar gynffon ei apêl rhestrir cyfres o gwestiynau gan y
Fyddin i'w holi i aelodau seneddol Cymru, fel prawf o'u
hymlyniad i achos y genedl. Y rhain oedd:

1. A ydych o blaid ymreolaeth i Gymru?
2. A ydych o blaid i'r Gymraeg gael lle priodol ym mhob llys,
    ysgol a Cyngor yng Nghymru?
3. A ydych o blaid penodi barnwyr Cymreig i Lysoedd
    Cymru ac i weithrediadau y Llys gael ei gario allan yn
    Gymraeg?

4. Pe deuai achos a addawoch chi, er mwyn hyrwyddo mesurau cenedlaethol Cymru, roddi Cymru gyntaf o flaen plaid?

Rai dyddiau wedi cyfarfod 20 Medi cysylltodd Ifan Alwyn Owen â H.R. yn nodi bod sylw da wedi bod i'r Fyddin yn y *Daily Mail* a'r *Observer*. Er gwaethaf siom H.R. gyda sylwadau annisgwyl o negyddol Meuryn yn *Yr Herald*, teimlai Ifan Alwyn nad oedd diben mynd â'r ddadl ymhellach yn y wasg. Roedd y cyfarfod yn llwyddiant o'i safbwynt ef. Crybwyllodd hefyd y posibilrwydd o ffurfio cymdeithas gyfrin, yn gysylltiedig efo'r Fyddin ond yn gweithio'n gudd o'i mewn:

> Gyda golwg ar y Gymdeithas Gyfrin – y mae wir ofynol cael hon – ond mae rhaid bod yn ofalus pwy a dderbyniwn i fewn iddi. Gall Cymdeithas o'r fath ddylanwadu a gwneyd mwy o waith na hyd nod y fyddin.[23]

Yn amlwg, roedd sefydlu'r mudiad newydd wedi gafael yn nychymyg y gŵr o Ryd-ddu, oherwydd wythnos yn ddiweddarach, ar 3 Hydref, ysgrifennodd eto gan ddatgan ei fod am weld y Fyddin yn ehangu ei gorwelion ac yn datblygu rhaglen a pholisïau ar bynciau eraill yn ogystal ag ymreolaeth:

> Yr wyf wedi bod yn meddwl llawer pa fodd i symud ymlaen – ac i weithredu – yn ddi-ddadl y mae yna waith mawr yn aros y Fyddin – ac y mae posibl iddi ddod yn allu cryf mewn byr amser.
>
> Fe hoffwn fy hun weled y Fyddin yn eangu ei therfynau ac yn ymgymeryd a cheisio dadrys problemau nad ydynt yn dal cysylltiad uniongyrchol âg Ymreolaeth – gallai hefyd fod yn allu er dioni mawr yng Nghymru a thrwy hynny enill cymeradwyaeth a chefnogaeth ei lliaws gelynion.[24]

Mae'n cyfaddef bod ysgrifau ac erthyglau H.R. wedi'i

argyhoeddi o'r angen am blaid genedlaethol Gymreig, plaid
y byddai 'ynddi le i'r mwyaf eithafol o Ymreolwyr yn ogystal
a'r cymedrol – ac odid fawr na all yr eithafwyr ar ol gweithio
yn egniol – ennill trosodd y cymedrol i'w golygiadau hwy
– a cofio mae'r "Extremists of today are the sane men of
tomorrow"'.[25]
Ar hyd y cyfnod yma roedd H.R. Jones wedi cadw mewn
cysylltiad ag Ifan ab Owen Edwards, gyda'r bwriad o geisio
ei ddenu i ymuno â'r mudiad newydd. Parhau i fod yn amwys
ynghylch y mater yr oedd sylfaenydd yr Urdd. Ysgrifennodd
at H.R. ym mis Hydref yn dweud ei fod yn cytuno o ran
egwyddorion ond nad oedd wedi'i argyhoeddi ynghylch y
dulliau o roi'r egwyddorion hynny ar waith:

> Mae ein credo yr un, ond nid ym yn hollol gydweld ar y
> ffordd o roddi y credo mewn grym. Fe ddywedwch y gwir
> fod Cymru'n deffro i'w hawliau ac i'w dyletswyddau. Mae
> yna ddeffroad yng Nghymru heddyw, ein gwaith ni ydyw ei
> feithrin a'i ddatblygu ...
>   Ein dyletswydd ni heddyw yw meithrin ysbryd Cymreig
> pur i gyfaddasu y wlad i dderbyn mesur o hunanlywodraeth,
> a rhaid i'r mesur hwnnw ddod yng nghwrs pethau.[26]

Gwelwyd yr un agwedd ochelgar a gofalus gan Ifan ab
tuag at genedlaetholdeb gwleidyddol mewn gohebiaeth
gydag Ambrose Bebb y flwyddyn flaenorol. Rhoddodd yr
argraff nad oedd wedi'i ddarbwyllo mai dyna oedd y ffordd
ymlaen i Gymru. Dywedodd nad oedd hyd yma 'yn glir fy
ngwelediad o'r ffordd oreu i mi ei throedio gyda golwg ar ein
Cenedlaetholdeb'.[27] Roedd yn barod i fynychu cyfarfodydd a
chynadleddau 'i geisio cael goleuni' ond nid oedd am siarad
– 'gwell gennyf wrando', meddai.[28]
Er gwaethaf brwdfrydedd digamsyniol a diffuant H.R. a
phobl fel Ifan Alwyn, roedd amheuon rhywun fel Ifan ab
yn tanlinellu sylweddoliad rhai o fynychwyr mwyaf hirben
cyfarfodydd Caernarfon fod angen gwell trefn. Dadleuai

Valentine a Moses Griffith yn frwd dros ddod yn fudiad gwleidyddol a chael gwared â'r teitl absẃrd 'Byddin', oedd yn cymell mwy o wawd nag o ofn. Yr un oedd barn un o gyfeillion H.R., sef Mai Roberts, ysgrifennydd preifat E.T. John. Cam gwag oedd enwi mudiad newydd yn 'fyddin' yn ei barn hi. Roedd y rhesymau'n niferus, ond yn bennaf, roedd y Rhyfel Mawr yn dal i fwrw cysgod hir dros fywyd Cymru'r dauddegau:

> Byddai H.R. yn ymwelydd cyson a'm cartref cyn ac ar ôl ffurfio y Fyddin ... a ceisiai fy mherswadio i ymuno. Er nad oeddwn yn basiffist credwn mai annoeth oedd galw y Mudiad yn Fyddin Cymru gan fod Cenedl y Cymry yn tueddu i fod yn basiffistiaid ar ôl y rhyfel 1914–18, ac yr oedd son am fyddin yn sicr o fod yn boen i'r teuluoedd oedd wedi colli eu hanwyliaid yn y Rhyfel gyntaf.[29]

Daeth Ifan Alwyn i'r un casgliad hefyd parthed yr enw ac mewn llythyr ar 24 Tachwedd, cynigiodd y dylid ailwampio'r Fyddin a'i throi'n blaid wleidyddol a fyddai'n cyflwyno ymgeiswyr mewn etholiadau ac yn rhoi ei chefnogaeth i Gynghrair y Cenhedloedd. Gofynnodd am ganiatâd H.R. i roi cynnig gerbron pwyllgor nesaf Byddin yr Ymreolwyr, yr oedd ef ei hun yn eistedd arno fel trysorydd, eu bod yn ffurfio yn blaid genedlaethol Gymreig. Soniodd hefyd am gydweithio ar lefel seneddol gydag aelodau o blaid gyffelyb yn yr Alban.[30]

Galwyd cyfarfod unwaith eto yn y Queen's ar 20 Rhagfyr, ac un mater o bwys ar y rhaglen oedd newid enw'r mudiad yn ffurfiol i Blaid Genedlaethol Cymru. Cyn hynny, fodd bynnag, roedd mater arall wedi codi – mater a allai hollti'r mudiad ifanc cyn iddo gael ei draed oddi tano.

Bu cynrychiolwyr y Tair G o'r Coleg ar y Bryn, yn ogystal â chyn-fyfyrwyr Bangor, yn mynychu'r cyfarfodydd yn y Queen's o'r cychwyn cyntaf. Ddechrau Rhagfyr cymerwyd camau i uno'r Tair G gyda'r mudiad newydd.

Ysgrifennodd Dr Lloyd Owen at H.R. ddechrau Rhagfyr i'w hysbysu bod y coleg yn torri am wyliau'r Nadolig ar y 10fed o'r mis, ac na fyddai'r myfyrwyr yn gallu anfon cynrychiolaeth i gyfarfod Byddin yr Ymreolwyr ar yr 20fed.[31] Awgrym Lloyd Owen oedd bod H.R. ac yntau yn cyfarfod rhai o aelodau'r Tair G yng nghaffi Westminster, Bangor, brynhawn Sadwrn y 6ed 'am drafodaeth ragbaratoawl'. Roedd y myfyrwyr, meddai'r Doctor, 'yn selog dros Ymreolaeth ac yn bwriadu annerch cyfarfodydd yn ystod y gwyliau'. Anogodd H.R. i wahodd Gwallter Llyfni a rhai eraill o'r Fyddin, ond na ddylai wneud hynny nes i Lloyd Owen gael cadarnhad bod y cyfarfod ym Mangor i ddigwydd yn bendant.

Pan glywodd Ifan Alwyn Owen am y bwriad, trawodd lythyr beirniadol at H.R. yn syth. Ynddo, mae'n ymddiheuro am fethu bod yn bresennol mewn cyfarfod o bwyllgor y Fyddin, ond ei fod wedi cael ar ddeall eu bod wedi pasio i bedwar o'r aelodau fynd i gyfarfod ym Mangor gyda'r amcan o wneud trefniadau i uno â'r Tair G, ac y byddai'r cyfarfod hwnnw wedyn yn dewis pwyllgor newydd ac yn ffurfio'n blaid genedlaethol Gymreig. Cam a fyddai, yn ôl Ifan Alwyn, yn 'ysgubo i ffwrdd ein pwyllgor ni yn Nghaernarfon' ac yn golygu y 'byddwn wedi ein llyncu i fynu gan y Gymdeithas hono'.[32] Ychwanega hefyd, yn ôl yr hyn a ddeallai ef, mai pwnc y Gymraeg oedd y peth pwysicaf ar agenda'r cyfarfod ac na fyddai sôn am ymreolaeth. Yna mae'n ymhelaethu ar ei safbwynt:

Teimlaf fod genyf resymau cryfion dros sefyll yn erbyn i ni ymuno âg unrhyw Gymdeithas. Yn y lle cyntaf – methaf a gweled fod angen hynny o gwbl. Ar ol cael newid yr enw – yr oeddwn i yn meddwl i [sic] bydda i ni symud rag blaen i gynal cyfarfodydd ymhob ardal – i gael dynion ieuaingc ein cymoedd i ymuno – a chael cangen ymhob ardal – ac yna gynyrchiolwyr [sic] o honynt ar bwyllgor gweithiol pob Sir – ac yn y blaen – yn ddi-os dyna fuasai y ffordd fwyaf gwerinol i symud ymlaen – ac os ydym eisieu cefnogaeth y werin – y mae yn rhaid gweithio i fyny ar linellau hollol werinol – yn lle hynny dyma ni wedi pasio i ymuno a Chymdeithas hollol ddieithr i'r rhan fwyaf o honom – fel pe baem ni wedi methu mynd yn mlaen yn [*sic*] hunain. Y mae yn rhaid i bawb gyfaddef fod y 'Tair G' a phob Cymdeithas debyg yn 'failures' glan, gan belled ag y mae sicrhau ei hawliau i Gymru yn y cwestiwn felly pa angen sydd mewn ymuno ac un felly – 'pa fodd y gall y dall dywys y dall'? Ond nid ydym ni yn ddall eto – beth bynnag. Os oes arnynt eisieu ymaelodi gyda ni – paham na ddeuant fel pob aelod arall.

Rhagwelai Ifan Alwyn mai meddiannu'r Fyddin fyddai canlyniad yr uno, a'i throi'n fudiad tebyg i'r mudiadau hesb eraill a fodolai yng Nghymru. Mae'n debyg mai un o'i ofnau oedd y byddai uno gyda'r Tair G yn arwain at roi mwy o sylw i fater y Gymraeg ar draul ymgyrchu dros ymreolaeth. Ategwyd yr ofnau hynny gan safbwyntiau Gwallter Llyfni, llywydd y Fyddin Ymreolwyr, a oedd yn tueddu i roi mwy o bwyslais ar faterion diwylliannol a lle'r iaith yn y system addysg. O farnu a darllen yr ohebiaeth, mae'n glir fod yna densiwn personol rhwng Gwallter Llyfni ac Ifan Alwyn, gyda'r dyn ifanc yn teimlo'n rhwystredig gydag arweinyddiaeth neu ddiffyg arweinyddiaeth y llywydd o Lanllyfni. Ar ben hynny, mae'n bosib ei fod wedi'i ynysu i raddau oddi wrth ddigwyddiadau yn ardal Caernarfon gan fod ei gartref yn Rhyd-ddu.

Mae Ifan Alwyn yn mynd gam ymhellach yn ei lythyr hefyd drwy awgrymu mai cenfigen at lwyddiant y Fyddin oedd prif symbyliad y Tair G:

Ni fuasent yn pryderu dim ond eu bod ofn i ni lwyddo a hwythau wedi methu – bydded i ni sefyll i fyny fel dynion ein hunain a gwrthod rhoi i fewn i neb.

Ofn arall oedd ganddo oedd y byddai'r mudiad ar ei

newydd wedd yn un llai gwerinol ei naws, ac yn rhy barchus
i allu gweithredu'n eofn:

Wrth ymuno fel hyn a chymdeithas o'r fath – ni chaiff y
gwerinwr lais o gwbl – bydd y cwbl yn nwylaw rhyw ychydig
bach – fydd yn rhy 'respectable' i wneud dim byd beiddgar.
Y mae eisieu gwaed newydd – a gadael i'r gwerinwyr
ieuaingc [yn] ein hardaloedd ymladd a gweithio eu hunain
i fyny – dyna sydd yn cyfrif fod y Blaid Lafur wedi ennill
cymaint o dir – sefyll ar ei thraed ei hun ddarfu hi.

Cyhuddir Gwallter Llyfni yn benodol o beidio â chynnwys
gweddill aelodau'r pwyllgor yn y drafodaeth ynghylch y
camau at uno. 'Y mae arnaf i ofn fod yna dipyn o "cookio" yn
mynd ymlaen', meddai, gan ychwanegu ei fod yn 'teimlo yn
siomedig iawn – oherwydd [y] penderfyniad ac yr wyf bron
a chredu y dylwn ymddiswyddo oddi ar y pwyllgor'.

Ond nid ymddiswyddodd Ifan Alwyn, ac wedi derbyn
ateb gan H.R., ysgrifennodd yn ôl ato gan ymddiheuro iddo
fethu mynd i'r cyfarfod ar yr 20fed oherwydd annwyd trwm,
ond ei bod yn dda ganddo ddeall nad oedd pethau fel yr
oedd wedi ofni, er ei fod yn dal yn amheus o ymddygiad
Gwallter Llyfni, gan ailadrodd ei amheuon fod 'cookio' yn
parhau i ddigwydd.[33]

Felly, ar 20 Rhagfyr 1924, newidiodd Byddin Ymreolwyr
Cymru ei henw ac uno gyda'r Tair G gan ffurfio Plaid
Genedlaethol Cymru.

Mi wnaeth y Blaid Genedlaethol fechan fwrw iddi'n
syth i ymgyrchu ar faterion gwleidyddol. Yn gynnar yn
1925, bwriadai'r Weinyddiaeth Bensiynau gau ei swyddfa
ranbarthol yng Nghaerdydd, ac ysgrifennodd H.R. at y
Gweinidog i nodi gwrthwynebiad y Blaid. Ar 13 Chwefror,
dan bwysau gan Thomas Griffiths, Aelod Seneddol Llafur
Pont-y-pŵl, dywedodd Ysgrifennydd Seneddol y Gweinidog
fod y Gweinidog wedi addo cyfarfod â'r Blaid Genedlaethol
Gymreig cyn i'r swyddfa gau, ond gwrthododd dynnu'r

rhybudd cau yn ôl yn y cyfamser. Ysgrifennodd y Gweinidog wedyn at H.R. i ddweud mai dibwynt fuasai cynnal cyfarfod, gan mai cau fyddai tynged y swyddfa beth bynnag. Felly rhoddwyd taw ar feirniadaeth seneddol trwy roi addewid a dorrwyd yn sinigaidd. Unig lwyddiant y Blaid ar y pwnc fu cael ei chrybwyll yn Hansard am y tro cyntaf.

Protestiwyd hefyd yn erbyn bwriad llywodraeth Prydain i rannu Bwrdd Addysg Ganolog Cymru; llythyrwyd â gwleidyddion blaenllaw yn galw arnynt i gefnogi hunanlywodraeth i Gymru; galwyd am farnwyr Cymraeg eu hiaith ar gyfer llysoedd y gogledd a chynyddu'r defnydd o'r iaith yn y llysoedd, ac mewn ysgolion a llywodraeth leol. Roedd yr olaf o'r materion ymgyrchu hyn yn adlewyrchu'r ffaith fod dyfodol y Gymraeg yn rhan greiddiol o hunaniaeth y blaid newydd, ac mai drwy gyfrwng yr iaith yr oedd yn gweithredu.

Rhywbeth arall a amlygwyd gan y protestiadau hyn oedd natur gyfansoddiadol y Blaid. Er gwaethaf apêl gweithredu milwriaethus y mudiad cenedlaethol yn Iwerddon, gwleidyddiaeth gyfansoddiadol grŵp pwyso oedd i'w gweld yn yr ymgyrchoedd cynnar hyn.

Er mwyn ehangu a gwreiddio fel plaid wleidyddol gredadwy, teimlai H.R. Jones a Lloyd Owen fel ei gilydd fod angen denu nid yn unig gefnogwyr llawr gwlad ond hefyd aelodau o blith gwleidyddion profiadol Cymru. Y gŵr delfrydol yn hyn o beth oedd yr heddychwr a'r gwladgarwr E.T. John.

Roedd gan H.R. eisoes gysylltiad â John trwy ei gyfeillgarwch â Mai Roberts a thrwy fod yn un o drefnyddion Undeb y Cymdeithasau Cymraeg, ac yn gynnar yn 1925 ysgrifennodd ef ynghyd â Lloyd Owen at John yn gofyn iddo ddod i un o gyfarfodydd y Blaid yng Nghaernarfon.

Yn ei lythyr yn gwahodd John dywed H.R. fod dyfodol Cymru yn y fantol,[34] ond dechreua Lloyd Owen ei lythyr yntau gan ddatgan bod 'a splendid Welsh Nationalist organiser has come into light – Mr H. R. Caradawg-Jones, Caradoc Place, Ebenezer'.[35] Ar ben hynny, roedd newyddion gwell fyth, oherwydd roeddent wedi gosod sylfaen ar gyfer plaid genedlaethol, ond cyfaddefa fod un anhawster, eithaf sylfaenol i blaid oedd yn ymladd am hunanlywodraeth, sef agwedd amwys Gwallter Llyfni tuag at ymreolaeth:

> We have formed a nucleus of a Welsh Nationalist Party, with him as Secretary and Mr. W.S. Jones from Llanllyfni as Chairman. Between ourselves, unfortunately Chairman is very lukewarm about Home Rule, but he will soon see its inevitebility [sic].
> We are Non-Tory, Non-Libe[ra]l + Non-Labour.
> We should love for you to throw your lot in amongst us and lead the new Party. Will you think over it? Mr. H. Caradawg-Jones is also Sec. of North Wales Adran of Undeb Cymdeithasau, but the two movements are quite separate all the same.

E.T. John oedd llywydd Undeb y Cymdeithasau Cymraeg ar y pryd ac roedd y mudiad hwnnw'n cyfarfod yng Nghaernarfon am ddau o'r gloch y prynhawn y Sadwrn canlynol, 17 Ionawr. Holodd y Doctor o Gricieth a fyddai modd i John gyfarfod â phwyllgor gwaith y Blaid am un o'r gloch yng nghaffi'r Arvonia am sgwrs anffurfiol.

Gorffenna'i lythyr gydag anogaeth i John achub ar y cyfle i ddod yn arweinydd cenedlaethol:

> Deuwch yn Apostol y Blaid Newydd fel yr ydych eisoes yn Apostol Ymreolaeth.

Roedd E.T. John hefyd yn llywydd anrhydeddus y Tair G, felly ychwanegodd Lloyd Owen abwyd pellach drwy gyhoeddi fod cymdeithas y myfyrwyr hefyd wedi ymuno:

> We have the Bangor College Tair G with us.

154

Ond cael ei siomi wnaeth y Doctor gydag ymateb negyddol
a beirniadol E.T. John mewn llythyr dyddiedig 15 Ionawr
1925. Er ei fod yn croesawu gweithgaredd a diddordeb
mewn ymreolaeth, roedd sefydlu plaid annibynnol Gymreig
yn gwbl annoeth, meddai:

> Dear Dr. Lloyd Owen,
> I duly received your letter of the 12th inst. The Undeb
> Meeting at Carnarvon is convened for 3 o'clock and not 2
> o'clock. In any case, I cannot conveniently attend a Meeting
> convened for 1 o'clock. While I welcome every evidence
> of interest and activity in connection with the movement
> for securing Welsh National Self Government, I am quite
> satisfied that to set about forming a fourth party in Wales
> is just as unwise as it is entirely superfluous. I am glad your
> friends have discarded the most unacceptable title of 'Byddin
> Ymreolaeth Cymru' – so distasteful to the Peace loving
> people of Wales. They are really not much more fortunate in
> already styling themselves the Welsh Nationalist Party. They
> may as you state, constitute the nucleus of such a body, but
> in a Parliamentary sense, the conseption [*sic*] is illadvised.
> What is undoubtdly wanted is a Welsh National Self
> Government Union, with its purpose to enlisten and organise
> opinion and action in Wales itself.
>
> I would be very willing to talk this matter over with your
> friends, but most certainly will not take any action that
> would imply any sort of severance between myself and the
> Labour Party in Wales.[36]

Er mawr siom i H.R. Jones, er bod ei gyfaill Mai
Roberts, ysgrifennydd E.T. John, yn frwd dros weld plaid
genedlaethol newydd, nid felly ei chyflogwr. Oherwydd yr
un oedd neges E.T. John iddo yntau â'r hyn a ddywedodd
wrth Lloyd Owen. 'Yn ddiamheuol', meddai, 'y mae dirfawr
angen am ryw Undeb Hunan Lywodraeth Cenedlaethol
Cymreig, ond mawr hyderaf y sicrheir Ymreolaeth i Gymru

yn hir cyn y daw Plaid newydd Genedlaethol Gymreig i fodolaeth effeithiol.'[37]

Mae'n ddiddorol nodi bod tôn ateb John i H.R. yn llai hallt na'i ymateb i Lloyd Owen. Rheswm posib am hynny yw bod y meddyg o Gricieth wedi bod yn cynnig cynlluniau ac yn ffurfio mudiadau idiosyncratig o blaid hunanlywodraeth ers blynyddoedd. Ond mae ymateb John hefyd yn adlewyrchu cymaint o dalcen caled oedd yn wynebu sylfaenwyr y blaid newydd. Mae'n debyg fod ei farn yn crisialu safbwynt llawer ym mywyd cyhoeddus Cymru, i'r graddau eu bod yn gefnogol i'r iaith ond yn deyrngar i bleidiau Prydeinig Llafur a'r Rhyddfrydwyr a heb weld unrhyw ddiben o gwbl mewn sefydlu plaid Gymreig annibynnol.

Ar ben hynny, er gwaethaf ffurfio'n blaid swyddogol, ac er holl ymdrechion H.R., digon anhrefnus oedd cynulliadau'r caffi o hyd. Prawf o hynny oedd y cecru y tu ôl i'r llenni a'r lladd ar Gwallter Llyfni gan Ifan Alwyn Owen.

Mewn cyfres o lythyrau at H.R. ddiwedd Chwefror cwyna'r gŵr o Ryd-ddu am ymddygiad Gwallter mewn cyfarfod o bwyllgor y Blaid. Roedd H.R. wedi paratoi agenda ar gyfer y cyfarfod ond roedd Gwallter wedi gwrthod trafod unrhyw beth oedd ynddo:

> Ni ddaeth ond pedwar ohonom ynghyd i'r pwyllgor y Sadwrn – Walter S. Jones (Y Llywydd), Dr Lloyd Owen, Pritchard Ebenezer neu Llanberis, a fy hunan.
>
> Yr oedd 'rhaglen &c' wedi ei gyfeirio i 'Lywydd Plaid Genedlaethol Cymru' – felly efe a'u hagorodd.
>
> Y peth cyntaf a ddywedodd ar ol i ni benderfynu ei bod tua amser dechreu: "nad oedd yna ddim byd y gellid ei drafod ynddynt"... Dywedais innau "mai ffoliineb o'r mwyaf oedd i'r Ysgrifenydd alw pwyllgor pwysig, ac yna y Llywydd yn ein hysbysu nad oedd yna ddim i'w wneyd – na goleuni o gwbl ar yr hyn oedd i ddod gerbron." Yr oeddym yn methu yn lan a chael ganddo ddarllen dim o'r hyn a anfonasoch.[38]

Wedi trafod ychydig ar yr ymgyrch i atal cau'r Swyddfa Bensiynau, daeth y cyfarfod i ben. Rhoddodd Gwallter amlen wedi'i selio gyda phapurau swyddogol y Blaid i Ifan Alwyn a gofyn iddo ei phostio. Oherwydd ei amheuon a'i chwilfrydedd ynghylch ymddygiad rhyfedd Gwallter yn y pwyllgor, ar ôl cyrraedd adref fe agorodd Ifan Alwyn yr amlen, 'a chanfyddais ei fod wedi anwybyddu gwaith y dylasid ei fod wedi ei gyflawni y Sadwrn'.[39]

Nid dyma oedd yr unig achlysur i Ifan Alwyn gwyno am Gwallter Llyfni; bu'n edliw agwedd amaturaidd neu drahaus y gŵr o Lanllyfni sawl tro cyn ac wedi hynny. Ond beth bynnag yw'r gwirionedd am ymwneud y ddau â'i gilydd, mae'n adlewyrchu'r cecru a'r diffyg unoliaeth pwrpas a nodweddai Fyddin Ymreolwyr Cymru ac yn wir y Blaid Genedlaethol Gymreig a ffurfiwyd yn sgil cyfarfodydd caffi'r Queen's yng Nghaernarfon.

Un o gwestiynau mawr hanes amgen Plaid Cymru yw beth petasai'r Blaid Genedlaethol Gymreig wedi dilyn awgrymiadau a theithi meddwl Ifan Alwyn Owen, ac wedi datblygu'n fudiad dosbarth gweithiol asgell chwith a'i wreiddiau yn chwareli'r gogledd-orllewin, ac wedi ymledu trwy weddill Cymru ar batrwm y mudiad Llafur. Mudiad gwahanol iawn fyddai hwnnw i'r hyn a gafwyd yn y diwedd. Mae'n ddarlun atyniadol a delfrydol sy'n apelio at feddylfryd a syniadau ein dyddiau ni. Y gwir amdani, fodd bynnag, yw nad oedd posibilrwydd ymarferol i blaid o'r fath ddatblygu o fudiad y gogledd. Yn un peth, roedd Ifan Alwyn yn gymharol ynysig yn Rhyd-ddu. Yn ail, roedd diffyg disgyblaeth mynychwyr y cyfarfodydd a natur idiosyncratig swyddogion fel Gwallter Llyfni a Lloyd Owen, a'r anghydweld a'r hollti blew ar bynciau o bwysigrwydd y Gymraeg i ymreolaeth ei hun, yn milwrio yn erbyn unrhyw fath o sefydlogrwydd yn y mudiad. Er gwaethaf diwydrwydd a diffuantrwydd H.R. ac eraill, heb ddisgyblaeth, trefn a pholisi clir ni ddeuai dim o unrhyw blaid boliticaidd, ac roedd y rheini'n absennol o'r blaid a ffurfiwyd yng nghaffi'r Queen's.

Yn nghyswllt yr anhrefn a'r ffraeo di-fudd yma, gwaredigaeth i bobl fel Valentine, a H.R. Jones ei hun mae'n siŵr, oedd clywed bod grŵp arall o genedlaetholwyr wedi ffurfio mudiad tebyg yn y de.

9

'Teithio 'mlaen neu droi oddiar y ffordd'

ROEDD MEDDWL AMBROSE BEBB yn dal i droelli o amgylch y syniad o dorri pob cysylltiad gyda'r pleidiau Seisnig a ffurfio plaid cwbl annibynnol.

Roedd areithiau Saunders Lewis wedi hoelio ei feddwl ar y posibilrwydd unwaith eto, ac roedd erthygl fel un y Parch Dyfnallt Owen yn *Y Darian* ym mis Ebrill 1923 yn galw am sefydlu plaid o'r fath yn tanlinellu'r angen. Dadleuai Dyfnallt dros sefydlu plaid newydd ar y sail fod y Blaid Lafur yn rhoi mwy o bwyslais ar ddosbarth nag ar y genedl.

Noda Bebb yn ei ddyddiadur ar 5 Ebrill iddo fynd yn ôl i Dregaron i gyfres o gyfarfodydd yn ei fro enedigol oedd yn trafod cyfraniad Henry Richard, yr Aelod Seneddol ac 'Apostol Heddwch' fel y'i gelwid, a'i gysylltiad â Chynghrair y Cenhedloedd. Ni chafodd Bebb argraff dda o'r anerchwyr gan weld eu rhethreg yn ddim byd ond geiriau gwag i ennyn cymeradwyaeth:

> Y siaradwyr oedd Ernest Hughes, Caerdydd, Tom Hughes Davies gol. y 'Welsh Outlook' a Hopkin Morris. Y cyntaf oedd y callaf a'r diogelaf, yr ail yr huotlaf, a'r trydydd y mwyaf ehud. Nid oedd yr un yn deall hanes; nid oedd yr

un yn gwybod yn gywir am galon Cymru. Yr oedd y tri yn honni bod yn basiffistiaid – am fod hynny'n boblogaidd! Nid oes dim yn fwy poblogaidd heddiw. Ac os honni bod yn Sosialydd wedyn – a dyna'ch poblogrwydd yn gyflawn! O ysgrifenyddion a deillion. Oes ddibrofiad! Pobl oedd y rheiny neithiwr heb ddysgu dim oddi wrth hanes a phrofiad y rhyfel diwethaf. A Chymru, druan, yn aberth i'w dysg benwag. Gwelwn innau guro dwylo o fodlonrwydd ar ben y pethau salaf a ddywedid. Yr unig gamp ydoedd bod yn huawdl. Ac am hynny, dal ddigon mewn gweiddi cymeradwyaeth! Gwerin ddifeddwl! Yn cael ei thwyllo, ac yn ei thwyllo ei hun![1]

Mwy calonogol iddo oedd adroddiad a ddarllenodd yn *Y Faner* y mis canlynol am gyfarfod Undeb y Cymdeithasau Cymraeg, lle siaradodd gweinidog o Dreorci yn huawdl a diflewyn-ar-dafod am hawliau'r Gymraeg:

... edrych yn fanwl ar 'Y Faner' a ddaethai yma yn ystod y prynhawn. Yn ei darllen hi y bum wedi swpera, a'i darllen onid oeddwn wedi gorffen popeth o bwys ynddi. Cysur mawr imi oedd gweled i'r Parch. Fred Jones – ni wn i ddim amdano – yn siarad yn agored yn Undeb y Cymdeithasau Cymraeg ar ei ddyletswydd i sefyll i fyny'n ddi-ofn dros yr iaith Gymraeg a phopeth sydd o fudd inni fel cenedl. Rhagor o'r dywedyd plaen hwn sydd eisiau arnom; a throi'r dywedyd yn wneuthur. Yna llwyddiant. Yn ddiamau![2]

Yr hynaf o 'fois y Cilie', Ceredigion, oedd Fred Jones, a gweinidog gyda'r Annibynwyr yn Nhreorci. Fel llawer o'i fath, roedd yn fardd ac yn llenor yn ogystal â gweinidog, a dywedid ei fod yn bregethwr huawdl ac yn areithydd penigamp, gyda gafael cyhyrog ar y Gymraeg. Roedd wedi dod i amlygrwydd lleol ac ym mhapurau de Cymru fel ymgyrchydd mawr dros ehangu'r defnydd o'r Gymraeg yn ysgolion y Rhondda, ac wedi tynnu sawl gohebydd gwrth-

Gymraeg i'w ben yn sgil hynny. Enw i'w gofio at y dyfodol i Bebb a Griffith John Williams wrth iddynt chwilio am gynghreiriaid i'w hachos.

Oherwydd ar ôl gadael coleg Aberystwyth roedd Bebb wedi cadw mewn gysylltiad cyson â'i hen gyfaill o ddyddiau Ysgol Tregaron, Griffith John Williams, a oedd bellach wedi cychwyn ar yrfa academaidd ym Mhrifysgol Cymru Caerdydd, ac yn dod i amlygrwydd fel arbenigwr arloesol ar fywyd a gwaith Iolo Morganwg. Ni fu'n ymwneud llawer gyda D.J. Williams hyd nes iddynt ailafael yn eu cyfeillgarwch ym Medi 1923.

Erbyn hynny, roedd D.J. yn athro Saesneg yn Ysgol Ganol Abergwaun, ond roedd yn parhau i fod yn ymgyrchydd gwleidyddol. Gan ddilyn ei dueddiadau sosialaidd, ymaelododd â'r Blaid Lafur yn lleol, ac ef oedd ysgrifennydd cangen y blaid honno yng ngogledd Sir Benfro ar ddechrau'r dauddegau. Bu'n gefnogwr brwd i'r Llafurwr a'r heddychwr Willie Jenkins pan safodd fel ymgeisydd seneddol yn etholiad cyffredinol 1922. Carcharwyd Willie Jenkins fel gwrthwynebydd cydwybodol yn y Rhyfel Mawr ac roedd yn gyfaill hefyd i'r bardd Waldo Williams.

Er bod D.J. yn heddychwr ac yn sosialydd naturiol, roedd hefyd yn genedlaetholwr cadarn ac yn wrth-imperialydd o argyhoeddiad, ac amlinellodd ei safbwyntiau mewn erthyglau yn y wasg. Yng nghylchgrawn y *Welsh Outlook* yn 1922, o dan y pennawd 'Wales – Its Politics and No Politics', dywedodd:

> For says 'A.E.', the Irish lyric statesman, in advocating the right of the spirit of a nation as against the naked might of an Empire: 'The genius of Nationality develops from within by energies inherent in the race, as the tree from the seed. The genius of Empire grows strong by the alien elements it brings into control, as the savage by the wild horse he has tamed. The first springs from inherent right. The second depends upon the use of power.' So must the genius of the

Welsh nation develop along those lines which have governed her growth in the past. The nation that gives her willing consent to become a mere imitator of another, however excellent the model may be, thereby barters away her own right to exist.[3]

Yn y *South Wales News* yn 1924, ysgrifennodd am ei obeithion ynghylch sefydlu gwladwriaeth Gymreig rydd o afael ymerodrol Lloegr, fel cyfrwng i bobl Cymru allu siarad gyda'r byd yn eu llais eu hunain:

The raison d'etre for the emergence of the new Welsh State is to give the right to the Welsh people to speak to the world in its own voice. The Welsh language, the shrine of the national soul and the symbol of the nation's true entity, would be made the official organ of the State.

The Welsh State would neither have an Army or a Navy to protect its interests, and would thus be able to give a great moral lead to the world by being the first nation in history to trust Christ rather than Caesar in its international relationships. The immense revenue thus saved through disarmament would be devoted to education and to social amelioration. Science and the Arts in all their varied departments would be liberally patronised by the State with a view to enriching the national life.[4]

Canmol erthyglau Bebb oedd byrdwn llythyr D.J. at hwnnw ym Medi 1923, wrth iddo gysylltu ag ef am y tro cyntaf 'ers blynyddoedd maith'. Er y ganmoliaeth, nid oedd yn cytuno gyda Bebb ar bob pwynt, yn enwedig yn yr elfennau o ladd ar sosialaeth, ond ni fyddai hynny'n mennu dim ar eu cyfeillgarwch na'i edmygedd ohono:

Rwyf weithiau'n cytuno a ch'i i'r pen a phob amser felly pan soniwch am Gymru a Chymraeg. Weithiau, drachefn, rwy'n anghytuno yr un mor bell a ch'i i'r pen arall ...

Ond cytuno neu anghytuno mewn barn bersonol nid yw hynny ond eilbeth, yr un yw fy syniad i am William Ambrose Bebb drwy'r amser sef fod mwy o onestrwydd a dewrder ysbryd yn ei fys bach nag sy'n holl gorpws llawer a adwaen.[5]

Gorffenna'r llythyr gyda gwahoddiad i Bebb ymweld ag Abergwaun i draddodi darlith yng Nghymdeithas Cymrodorion y dref, gan awgrymu y dylai siarad ar bwnc tebyg i gynnwys ei erthyglau 'cryfion a diamwys ynglyn a lle'r Gymraeg yng nghyfundrefn addysg Cymru ar hyn o bryd' yn *Y Geninen*.

Roedd Bebb wrth ei fodd i allu ailafael yn eu cyfeillgarwch. Yn ei ddyddiadur disgrifiodd yr ohebiaeth fel 'llythyr yn galon i gyd', gan farnu mai D.J. 'ydoedd un o'r bechgyn mwyaf "piwr", ys dyweder, a welais yn Aberystwyth ... Un felly sydd eisiau ar Gymru. Un hael i'w ddelfryd, nid i'w fywyd.'[6] Derbyniodd y gwahoddiad yn frwd, gan ddweud y gallai deithio draw i Abergwaun i draddodi ei sgwrs yn wythnos olaf y mis. Yn ei lythyr sonia am frwydr y dydd i warchod y Gymraeg a'r angen am blaid unedig i frwydro dros lywodraeth i Gymru, plaid a fyddai yn 'gwbl ar wahan i'r tair sydd heddyw'n ymryson am ein gwrogaeth'. Nid cyfeillion Cymru oedd y pleidiau Seisnig, meddai:

> Gelynion ydynt hwy fel ei gilydd, a'r Blaid Llafur (! dyna drueni!) yn llawn gwaeth na'r un. Nid oes a wnelom a hwy ond eu hanwybyddu'n llwyr, a gweithio yn rhydd oddiwrthynt. Sinn Feinn neu beidio, rhaid i Gymru fynnu ei Senedd ei hun. Goreu po gyntaf hefyd. Onide? Buom ry hwyr o lawer. Twyllwyd ein Henry Richards a'n Tom Ellis, bob un yn ei dro![7]

Ychwanega nad yw'n synnu bod D.J. yn anghytuno gyda'i feddyliau am wleidyddiaeth Ewrop a sosialaeth:

Na: ni synnaf ichwi anghytuno a mi ar wleidyddiaeth y cyfandir. Bu raid imi aberthu llawer i hen ragdyb neu ragfarn a goeliwn gynt. Nid wyf i Sosialydd heddyw – nid am imi garu'r gweithiwr yn llai (na ato Duw!) ond am fy argyhoeddi nad gwir damcaniaethau Marx a Lenin &c.

Ysgrifennodd D.J. eto yn cadarnhau y byddai Bebb yn darlithio ar yr 28ain o'r mis ar y testun 'Achub yr Iaith, Achub Cymru', gan ei annog i gorddi'r dyfroedd ymysg ei gynulleidfa:

O mynner crowd yn Abergwaun sonier am 'Sinn Fein' … Soniais innau am hynny i beri iddynt goco'u cluste' fel y dywedwn ni yn Shir Ga'r am gi neu fwlsyn wedi gweld rhywbeth mwy nag arfer …

Does genny ond cynneu nghannwyll frwyn yn fflamdorch eich gweledigaeth ch'i.[8]

Wrth i Bebb gyrraedd gorsaf Abergwaun, roedd D.J. ar y platfform yn ei ddisgwyl, 'Efo'n delpyn bychan, wyneb heulog, disglair yr un ag y gwelais ef ddiwethaf'. Aduniad pleserus oedd hwnnw ddiwedd Medi 1923. Bu'r ddau yn hel atgofion am helyntion *Y Wawr*, a chafwyd noson lwyddiannus yng Nghymdeithas y Cymrodorion:

Llenwyd y lle mewn toc o dro, ac euthum innau at fy narlith. Cymerth awr imi fyned trwyddi. Gwahoddais fy holi a'm croesholi, am wybod na ellid cydweled â mi. A holi a wnaed, nes codi hwyl anarferol, a bodloni pawb, – yr holwyr yn gystal a'r gwrandawyr, a minnau'n llawn cymaint â neb.[9]

Wythnos yn ddiweddarach ysgrifennodd D.J. at Bebb yn dweud bod grym geiriau y darlithydd o Dregaron wedi gwneud argraff ar bawb oedd yno. Yn wir, roedd D.J. ei hun bron â'i argyhoeddi:

Ac o'm hargyhoeddi o gydwybod unwaith, byddaf barod i unpeth wedyn. Ac oni ddanghosaf fy nghredo mewn rhyw fath o weithred boed saled ag y bo, nid wyf fi'n werth fy rhegi. Credaf weithiau nad yw Cymru'n werth ei rhegi, er fod yr athrylith bennaf a fedd Cymru heddyw wedi ei gweld hi'n werth ei rhegi lawer tro, a'i rhegi'n groyw hefyd – rhegfeydd enaid yn diodde ...

Wel Bebb, 'r ydych wedi symud Abergwaun o ben bwy gilydd. Rwyf fi yma ar fin pum mlynedd ac wedi dweyd a gwneud rhai pethau rhyfedd yma o dro i dro, ond darfyddai'r cyfan mewn mwg. Ond pe doech ch'i yma yfory caech 'regiment' o Sinn Ffein i'ch dilyn yn syth gan ddiofrydu i'w henaid i farw dros ddelfrydau eu gwlad. Gallaf eich sicrhau o hyn o leia', na adawodd yr un cyfarfod ei ol gymaint ar Abergwaun oddiar pan wyf fi yma na'r cyfarfod y noson o'r blaen yn y Cymrodorion. Sonnir am dano o hyd, a phawb bron yn cytuno ynghylch y tair plaid a'r syniad o gael plaid annibynnol i ddadleu achos Cymru.[10]

Diwedda'i lythyr drwy estyn gwahoddiad i Bebb ddychwelyd i Abergwaun i gyflwyno darlith arall ym mis Ionawr 1924. Derbyniwyd y cynnig, a'r ganmoliaeth, er bod Bebb yn ofni mai 'cynhyrfiad yn unig ydyw ... Canys un o'n gwendidau ni'r Cymry ydyw hynny. Cawn ein symud am yr ennyd, ac yna syrthiwn yn ôl i ddifaterwch.'[11]

Yr hyn sy'n drawiadol am lythyr nesaf D.J. at Bebb yw ei feirniadaeth goeglyd o Undeb y Cymdeithasau Cymraeg. Er ei fod wedi bod yn darlithio iddynt, ni theimlai fod yr Undeb yn mynd i unman. Roedd yr arweinyddiaeth, gan gynnwys Arthen Evans, yn rhy saff a gofalus i gyflawni dim o sylwedd. Gan ddefnyddio cymhariaeth o'r byd bocsio y bu'n rhan ohono yn ei lencyndod, dywed:

Bydd genny rywbeth yn 'Y Faner' a'r 'Darian' yr wythnos yma hefyd – 'straight lefter' i Urdd y Cosi Cefnau – Arthen ac eraill 'Royal Standbacks' Undeb y Cymdeithasau Cymraeg.

Y mae eisieu i'r 'dewrion' yma – o air hanesyddol – i deithio 'mlaen neu droi oddiar y ffordd i ereill fynd rhagddynt. Ni wnant heddyw ond cyhwfan y faner a chodi eu penliniau cuwch a'u bogeli – i ddangos fod metel ynddynt, petai raid. Y mae dyn yn cael gwraig yn mynd yn gachgi'n ddiarwybod iddo, rwy'n ofni. Gyda llaw ydych chi'n cofio'r hybarch T. Cachgi Jones yn siarad yn y Celtic ers talwm? Hyawdledd Methodus a wisgodd ei grys am ei got gan ei gael ei hun yn ffeirad.[12]

(Mae 'T. Cachgi Jones' yn y llythyr yn cyfeirio at T. Hughes Jones, golygydd cyntaf *Y Wawr*. Er bod Hughes Jones wedi parhau i gyhoeddi erthyglau diflewyn-ar dafod D.J. yn ystod ei gyfnod fel golygydd, mae'n debyg ei fod wedi ennyn dirmyg D.J. trwy dderbyn swydd fel ysgrifennydd y Blaid Ryddfrydol yn etholaeth Maldwyn, sedd y diwydiannwr David Davies, Llandinam.)

Llais dyn ifanc yn mynegi ei rwystredigaeth gyda pharchusrwydd a chymedroldeb swrth yr hen do sydd yma, rhywun sy'n dyheu i'r henoed gamu o'r neilltu a gadael i genhedlaeth iau greu'r newid yr oedd ar Gymru ei angen. Roedd yr amseroedd yn newid a'i neges oedd 'get out of the road if you can't lend a hand', yng ngeiriau bardd Americanaidd diweddarach!

10

Mudiad Cymreig

ROEDD DYDDIAU CYNTAF 1924 yn argoeli i fod yn rhai prysur iawn i Ambrose Bebb. Ddydd Iau, 3 Ionawr, teithiodd i Abertawe ar gyfer cinio Cyfres y Werin yng nghaffi Thomas. Yn bresennol yr oedd rhai o academyddion y brifysgol, yn eu plith Henry Lewis ac yn ei gwmni, ddarlithydd ifanc arall – Saunders Lewis:

> Gydag ef, dyfod bachgen arall, ieuanc hwnnw eto ond yn llai o lawer, main hefyd ac ysgafn; bywiog ei osgo a boneddigaidd ei fryd a'i wedd. Wyneb cul, heb fawr wrid arno. Wedi tynnu ei het, gweled ei wallt cyrliog melyn yn denau drosto ac yn colli ar y talcen. Daeth ymlaen ataf gyda'i gam buan, bywiog, ac ysgwyd llaw â mi gyda gafael y teimlwn ynddi ar unwaith egni a theimlad. Gwelwn ar y funud y cyfrifai fy nghyfarfod yn ffawd dda iddo. Ac yn wir fe ddywedodd hynny heb oedi dim. Lawer gwaith y buasai'n dyheu am fy nghyfarfod ... Felly y deuthum ar ei draws ef am y tro cyntaf erioed. A da inni gyfarfod.[1]

Bwriad Bebb oedd teithio ymlaen i Abergwaun i gyfarfod D.J. Roedd Dyfnallt hefyd yn bresennol yn y cinio yn Abertawe a chafodd Bebb ei gwmni ar y trên hyd Gaerfyrddin. Cymru a'i dyfodol oedd sgwrs y ddau ar y daith, ond er bod y darlithydd ifanc yn rhannu'r un dyheadau â'r gweinidog gyda'r Annibynwyr, nid oedd yn rhannu ei agwedd fythol optimistaidd:

Llawn gobaith ydyw bob amser, ac, efallai, yn rhy lawn ohono. Rhaid cydnabod ei danbeidrwydd ... eithr ni ddisgwyliaf iddo ddyfod yr holl ffordd. Rhyddfrydwr yw ef ym mhob ystyr, ac nid athroniaeth gwr felly sydd i ryddhau Cymru.[2]

Wedi cyrraedd cartref D.J. unwaith eto yn trafod a sgwrsio y bu'r ddau am y ffordd ymlaen i Gymru. Treuliwyd gyda'r nos o wyth o'r gloch hyd un y bore 'yn ymddiddan, weithiau yn ceisio deall ein gilydd, yn dadlau, ac yn ymresymu'. Nid oedd neb mwy pybyr dros achos Cymru na D.J., meddai Bebb, ond ychwanegodd mai: 'Yr anhawster ydyw iddo gael ei ddenu i gofl y Blaid Lafur. Ymhellach, y mae'n ormod ei ffydd mewn cydwladoldeb. Peth anghyffwrdd, annelwig yw hwnnw ar y gorau; a'r gelyn gwaethaf, efallai, ydyw hwnnw sydd â ffydd ddall ynddo ac yn ei fynegi fyth a hefyd.'[3]

Y diwrnod canlynol roedd Bebb ar ei ffordd i gartref Griffith John Williams a'i wraig Elisabeth ym Mhenarth. Bu'r tri yn sôn am drefnu cyfarfod fel hyn ers tro, a phenderfynwyd y dylid gwahodd Saunders Lewis i ymuno â hwynt am y penwythnos. Roedd Griffith John wedi dod i adnabod Saunders yn dda dros y blynyddoedd diwethaf, ac wedi bod yn pwyso ar Bebb i ddod i'w gyfarfod hefyd, gyda'r bwriad penodol o drafod sefydlu plaid genedlaethol.

Ysgrifennodd Griffith John at Bebb ar 21 Rhagfyr 1923 yn mynegi ei rwystredigaeth gyda'r genhedlaeth hŷn: 'Y mae'r papurau Cymraeg a'r rhan fwyaf o'r Cymry sydd yn ddynion cyhoeddus yn hollol anobeithiol. A'r unig obaith a welaf i ydyw'r to newydd sydd yn codi', gan ddweud bod y bechgyn a'r merched ifanc y deuai i gysylltiad â hwynt yn y coleg yn 'hollol iach yn y ffydd'. Yna dywed fod 'Lisabeth a minnau eisiau i ti ddyfod i aros yma' dros benwythnos cyntaf y flwyddyn newydd. 'A wnei di ddyfod y tro hwn, inni gael digon o amser i ymdrin â'r pethau sydd agosed i'n calonnau. Mae Saunders Lewis eisiau dy weld ...'⁴

Cytunodd Bebb i'r cais. Y cynllun oedd cyfarfod yng Nghaerfyrddin ar 5 Ionawr a theithio i Benarth gyda'i gilydd. Cyfarfu'r ddau â Saunders yng Nghaerdydd ac yna aeth y tri ohonynt ymlaen i fwrw'r Sul yn 9 Bedwas Place.

Gwelai Griffith John ac Elisabeth Williams y cyfarfod fel cyfle i gychwyn rhywbeth newydd. Teimlent fod gwleidyddiaeth Ryddfrydol y bedwaredd ganrif ar bymtheg wedi chwythu ei phlwc yng Nghymru a bod angen cenedlaetholdeb newydd. 'Dyma ddechrau ymwadu â chenedlaetholdeb diwyliannol mudiadau fel y Cymdeithasau Cymraeg a'r Cymmrodorion a cheisio rhoi sylfeini diogel i bob agwedd ar fywyd y genedl, yn lle ei gyfyngu i'r iaith yn unig', meddai Griffith John yn ei atgofion, gan ychwanegu bod angen 'rhoi iddo dro ymarferol ac ymwadu â'r hen ddull o feddwl am genedlaetholdeb Cymru fel rhyw atodiad i'r Blaid Ryddfrydol Seisnig.'⁵

Merch o Flaenau Ffestiniog oedd Elisabeth Roberts, y pedwerydd o chwech o blant i Richard ac Elinor Roberts. Cyn gweithio fel chwarelwr yn Chwarel Oakley, bu ei thad, Richard, yn filwr yn Ne Affrica. Hanai ei mam, Elinor, o Drawsfynydd ac wedi marw ei mam hithau, ymfudodd gweddill y teulu i'r Wladfa ym Mhatagonia, ond arhosodd Elinor yng Nghymru a phriodi. Wedi dyddiau ysgol, aeth Elisabeth yn ei blaen i Aberystwyth i astudio'r Gymraeg, lle y cyfarfu â Griffith John Williams. Ar ôl graddio bu'n athrawes yng Nghilfynydd, Pontypridd, ac yn ardal Glynebwy. Er hynny, wedi i Griffith John gael swydd yn Adran Gymraeg y coleg yng Nghaerdydd, fel oedd yn arferiad yn y cyfnod, bu'n rhaid i'w wraig roi'r gorau i'w swydd ddysgu.

Yn ôl ei nai, y diweddar Emrys Roberts, roedd Elisabeth yn gymeriad cryf iawn, 'yn gwybod ei meddwl ei hun ac yn barod iawn i fynegi ei safbwynt'. Dywedir ei bod yn unigolyn hynod weithgar oedd yn chwilio bob amser am ffordd i roi ei syniadau ar waith. Roedd hithau, fel ei gŵr, yn pryderu'n fawr am sefyllfa Cymru a'r Gymraeg yn y cyfnod wedi'r Rhyfel Mawr, ac yn ôl Emrys Roberts, ar ei hanogaeth hi yr aeth Griffith John ati i wahodd Bebb a Saunders Lewis i gyfarfod yn eu cartref ddechrau 1924.[6]

Cytunodd y pedwar a ddaeth ynghyd yn Bedwas Place eu bod am ffurfio cymdeithas gyfrinachol, a'i phrif nod fyddai 'achub Cymru o'i chyflwr presennol a'i throi yn Gymru Gymreig'. Y modd o gyflawni hyn fyddai trwy 'orfodi'r iaith Gymraeg'.[7]

Roedd holl weithgareddau'r mudiad i'w cynnal o fewn Cymru, ac roedd etholiadau seneddol i'w hymladd yn ogystal ag etholiadau lleol, ond ni fyddai ymgeiswyr llwyddiannus yn cymryd eu seddi yn San Steffan. Teimlid yn gryf fod llwyddiant y mudiad yn dibynnu ar gydweithrediad llwyr a chyfrinachedd, felly roedd yn ofynnol i bob aelod dyngu llw o ufudd-dod i'r pwyllgor gwaith. Nid oedd unrhyw un ohonynt i ddatgelu bodolaeth y mudiad i unrhyw un arall heb gymeradwyaeth y pwyllgor gwaith ac nid oedd unrhyw aelod o'r pwyllgor gwaith i wneud hynny chwaith heb gymeradwyaeth ei gyd-swyddogion. Anogwyd pob aelod o'r mudiad, fodd bynnag, i chwilio am unigolion eraill y bernid eu bod yn addas i ddod yn aelodau ac i gyflwyno eu henwau i'w cymeradwyo gan y pwyllgor gwaith.

Rhoddwyd pwyslais mawr ar yr angen am adnoddau ariannol sylweddol at ddibenion propaganda, ac roedd pob aelod i gyfrannu o leiaf £2 y flwyddyn i goffrau'r mudiad. Dewiswyd Ambrose Bebb yn llywydd, Saunders Lewis yn ysgrifennydd a Griffith John Williams yn drysorydd.

Syniad Saunders Lewis yn fwy na neb oedd y dylai'r mudiad barhau'n gyfrinachol hyd nes ei fod wedi gwreiddio'n gadarn, ond roedd yr aelodau eraill yn gytûn ar y pwynt. Adwaith oedd hyn yn bennaf i ddiffyg trefn ac annisgyblaeth cynadleddau dirifedi'r cyfnod. Fel y dywedodd Griffith John Williams wrth gofio'n ôl am y cyfarfod cyntaf hwnnw:

Mae'n debyg eich bod yn sylwi mai y pethau y rhoddid mwyaf o bwys arnynt ydoedd llw o ufudd-dod i'r Pwyllgor Gweithio, ac yn ail, cadw'r cyfan yn gyfrinach. Paham hyn? Teimlid bod cynifer mudiad wedi cychwyn ac wedi marw gyda rhyw hwre fawr yn Llandrindod neu'r Amwythig, a bod llwyddiant y mudiad hwn yn dibynnu ar gadw allan bawb ond y rhai a oedd yn gwbl argyhoeddedig, ac yn bobl y gellid dibynnu arnynt. Ac er mwyn sicrhau ein bod yn cadw'n ffyddlon at y polisi gwreiddiol dylid rhoi gallu unbenaethol yn nwylo'r Pwyllgor Gwaith. Dylid hefyd fod yn ofalus wrth ddewis gwŷr i ymuno.[8]

Dadleuai Emrys Roberts mai Elisabeth Williams a luniodd gofnodion y cyfarfod cyntaf, ond mae'r copi ohonynt sydd wedi goroesi yn llawysgrifen Griffith John Williams. Er hynny, mae'n bwysig nodi bod Elisabeth yn cael ei henwi yn un o'r pedwar oedd yn bresennol adeg y sefydlu.

*****

Bu tipyn o drafod ymysg criw Penarth ynghylch gwahodd eraill i ymuno â nhw, 'eithr i'w gwrthod'. Ymhlith y gwrthodedig yr oedd W.J. Gruffydd, T.H. Parry-Williams, Ifor Williams, Henry Lewis a T. Gwynn Jones; er bod bwriad pellach i dafoli unigolion eraill fel D.J. Williams a Lewis Valentine.[9]

Ar ôl y cyfarfod ysgrifennodd Saunders Lewis at ei ddarpar wraig Margaret gan ddweud iddo dreulio penwythnos wrth ei fodd:

> I spent a long last weekend in Cardiff with G.J. Williams, a great friend of mine, married last year, who is lecturer in Welsh at Cardiff. Another friend was there too, Bebb, who is Welsh tutor at the University of Paris. I had to sleep on a big couch in the study, but we had a great time all together, talking till dawn and sleeping till noons.[10]

Yr hyn sy'n drawiadol yw na nodir ymreolaeth fel amcan penodol i'r mudiad, er ei fod yn ymhlyg yn y dyhead i wneud Cymru yn Gymru Gymreig. Y ffordd i roi grym yn ôl yn nwylo'r Cymry a gorseddu'r Gymraeg unwaith eto oedd trwy ennill etholiadau ar y cynghorau lleol. Mudiad cyfan gwbl boliticaidd i eiriol dros y genedl oedd hwn i fod, serch hynny – rhywbeth hollol newydd yng ngwleidyddiaeth Cymru.

Calonogol hefyd oedd barn Bebb am gyfarfod sefydlu Penarth:

> Trin y pwnc cenedlaethol ydoedd yr amcan mawr, ac fe'i gwnaed yn weddol lwyr. Yn ffodus, y mae Lewis yn rhydd oddiwrth y ffydd ryddfrydol a dogmau gwleidyddol a chrefyddol y dydd yng Nghymru a Lloegr. Y mae'n ddigon gonest i wynebu ffeithiau, ac i aberthu credo er eu mwyn. Yr un fel am G.J. Wms, er i raddau llai.[11]

Teimlai Bebb, fel y gweddill, fod angen cyfrwng i ledaenu'r neges: 'rhaid hefyd wrth bapur neu gylchgrawn; a phe gellid, y ddau'.

Er nad oedd y mudiad yn gweithredu'n agored eto, roedd rhywbeth wedi digwydd o'r diwedd:

> Ni yw'r cnewyllyn y tyf hi allan ohono; ni y craidd iddi weithio o'i gylch. Mynnai Lewis imi fod yn Gadeirydd neu Lywydd. Felly G.J. yntau, a bu raid imi fodloni er gwybod maint fy annheilyngdod. Lewis fynnai fod yn Ysgrifennydd. Yna'n aros G.J. yn Drysorydd. Dyna ddechreu'r Blaid Genedlaethol Gymreig, ac annibyniaeth.[12]

Nid oedodd Bebb ddim cyn cysylltu gyda'i gyfaill yn Abergwaun i adrodd hanes y penwythnos:

> Gwelais Griffith John a S. Lewis, a threuliasom y Sul ynghyd, gan ymdrin y pwnc cenedlaethol yn weddol fanwl. Y mae'n rhaid gweithredu o ddifrif, ac ar unwaith, yn

wleidyddol, drwy blaid genedlaethol, a thrwy bapur neu gylchgrawn i ledaenu ein dysg. Ni ddywedaf fwy yn y fan hon. A ydych chwi'n barod i ymuno â ni? Gweithio am annibyniaeth Cymru yr ym, a hynny trwy bob moddion a dal [*sic*]. Cofiaf ichwi unwaith awgrymu i S. Lewis a minnau ddechreu mudiad cenedlaethol. Dyma fo.

> Os ydych barod i ymuno a ni, na ddywedwch hynny wrth neb. Cedwch yn llwyr ichwi eich hun. Yn unig, ysgrifennwch i S. Lewis i Brifysgol Abertawe ac y mae ef yn barod i ddyfod i'ch cwrdd unrhyw ddydd Sadwrn yng Nghaerfyrddin. Cewch wybod mwy ganddo.[13]

Wythnos ar ôl y cyfarfod, roedd Bebb wedi dychwelyd i Baris. Anfonodd Saunders lythyr ato yn adrodd iddo fynychu cyfarfod mudiad William George, Cymru Well, yn Amwythig. Tila oedd nifer y mynychwyr, meddai:

> Fe wahoddwyd mwy nag ugain, ond yr unig rai a ddaeth yno oedd William George, Henry Lewis, Prosser Rhys, Peate, Tywi Jones, a minnau. Ym mysg enwau'r lleill a wahoddwyd yr oedd yr holl hen enwau, Arthen Evans, John Morris Jones, Gwynn, Miall Edwards etc. etc.[14]

Ar raglen y cyfarfod roedd trafodaeth ar 'Yr Iaith Gymraeg a Chrefydd' gyda'r Parch Tecwyn Evans a'r Athro Miall Edwards, darlith gan T. Gwynn Jones ar 'Ddysgu'r Gymraeg' a thrafodaethau ar 'Ddatblygiad Cerddoriaeth Gymreig' a 'Diwydiant, Masnach a Gwleidyddiaeth yng Nghymru'. Ni chafodd Saunders argraff gadarnhaol o'r digwyddiad:

> Wedi bod yno a gwrando a gweld, fy marn i yw na ddaw dim o gwbl o'r gymdeithas. Mae'n ddrwg gennyf, oblegid fe ymddengys William George yn ddyn onest, diymhongar, ac mewn ymgom ar ôl y cyfarfod fe aeth yntau mor bell â dweud wrthyf i: – "Wel ie, i fudiad gwleidyddol y daw hi yn y diwedd, ac yng Nghymru, nid yn y senedd." Go dda

i wr felly, onide? Ond am y Gymdeithas Gymru Well, un
arall o'r cymdeithasau hynny sy'n ymddifyrru drwy basio
penderfyniadau yw hi.
Felly mi ddeuthum oddiyno yn fwy cadarn na chynt fod
yn rhaid i'n mudiad ni fynd rhagddo.

O weld nad oedd unrhyw obaith o gymdeithas fel Cymru
Well, awgrymodd y dylid chwilio am aelodau ychwanegol
i fudiad Penarth, gan enwi D.J. Williams fel recriwt cyntaf
posib, heb wybod bod Bebb eisoes wedi bwrw ymlaen o'i
ben a'i bastwn ei hun i gysylltu ag ef:

Anfonwch ar fyrder at D.J.W. fel y gallwyf ei weld yng
Nghaerfyrddin. Canys nid oes yn bod un mudiad arall ar ein
llinellau ni, ac nid yw'n bosib i fudiad fel 'Cymru Well' fyth
weithredu'n boliticaidd, am fod yr aelodau yn cynnwys pob
math o bobl a'r syniadau mwyaf amrywiol ac anghytun. Yr
ydym ni'n ychydig, ond fe fyddwn yn un, ac felly'n gryfach
na llawer.

Awgrym pendant arall yn ei lythyr yw y dylid mabwysiadu'r
enw y Mudiad Cymreig, ac er bod Bebb yn ffafrio Mudiad
Cymru Rydd, nid oedd yn teimlo'n gryf am y peth ac awgrym
Saunders a orfu.
Ar 19 Ionawr trefnodd Saunders i gyfarfod yn Abertawe,
adeg gêm rygbi ryngwladol rhwng Cymru a Lloegr, gyda D.J.
Williams a Ben Bowen Thomas, cyfaill i D.J. o Ystrad Rhondda
oedd yn rhannu ei lety yn Abergwaun. (Lloegr enillodd y
gêm honno o 17 pwynt i 9.) Rai dyddiau'n ddiweddarach, ar
ôl dychwelyd adref, ysgrifennodd Saunders at Griffith John
yn adrodd yr hanes:

Gwelais DJW a'i gyfaill Ben Bowen Thomas yn Abertawe
ddydd yr International, a chael dwy awr o scwrs. Ni
ddywedais i fod ein cymdeithas mewn bod, ond awgrymais
y dylid ffurfio un o'r fath, a gofynnais iddynt gymryd

pythefnos i ystyried y peth ac yna roi gwybod imi a fyddai'n dda ganddynt ymuno pes ffurfid. Mae gennyf obaith y cytunant – ond fel y disgwyliais y mae'r llw ufudd-dod yn faen tramgwydd – ond os ceir, bydd yn werth moesol mawr iawn.[15]

Yn y sgwrs ddwyawr, roedd wedi awgrymu cynllun a ffordd ymlaen, ond heb sôn dim am y mudiad cyfrinachol. Amlinellodd ei syniadau am yr angen i reoli Cymru yn ôl egwyddorion cenedlaetholdeb, a bod angen ffurfio cymdeithas newydd i ddwyn yr amcan hwnnw i ben. Ennill y cynghorau tref a sir yng Nghymru oedd y dasg gyntaf, gan ymladd am senedd Llundain wedi ennill tir yn yr awdurdodau lleol. Soniodd hefyd am bwysigrwydd cyfrinachedd a llw o ufudd-dod. Hynny yw, i bob pwrpas, amlinellodd syniadaeth a threfn y Mudiad Cymreig, ond heb ddadlennu ei fod eisoes wedi'i ffurfio. Terfynodd drwy ddweud wrth y ddau am gysylltu'n ôl o fewn pythefnos os oeddent yn teimlo y gallent ymuno â mudiad o'r fath.

Ysgrifennodd Saunders lythyr at Bebb yr un diwrnod yn gresynu bod 'hanner dwsin o Gymry' wedi'u cynnwys yn y llywodraeth newydd, gan fod hynny'n ei gwneud yn anos i genedlaetholwyr ymosod ar Lafur yn Llundain: 'Dyna'r felltith. Yr oeddwn i'n hoffi llywodraeth Dorïaidd oblegid nad oedd ganddi le ond i Saeson. Fe glyma'r llywodraeth hon Gymru'n dynnach fyth wrth Loegr.'[16]

Ddechrau Chwefror anfonodd D.J. neges at Saunders yn gofyn am gael ymuno â'r mudiad. Yn ei ateb dywed y darlithydd:

Yr oedd yn llawen gennyf gael eich llythyr. Yn wir, yr oeddwn yn disgwyl yr ateb a gefais. Gwn yn burion nad ydych yn cytuno â mi ar bob pwnc. Nid yw hynny o bwys, – y peth pwysig yw ein bod yn cytuno ar yr ychydig egwyddorion hanfodol. Ac mi ofalaf innau na ofynnir dim i neb ond ar y seiliau hynny. Felly, gan ganiatáu yr un amod a roddwch

– 'hawl i ymryddhau gan ymrwymo'n bendant i gadw pob cyfrinach' – yr wyf bellach yn rhoi'ch enw ym mysg aelodau'r Mudiad. Y mae 'Llw Ymuno' i'w gymryd gan bob aelod, ac yn y cyfarfod nesaf (yn Abertawe oddeutu'r Pasg mae'n debyg) fe ofynnir hynny gennych.[17]

Derbyniwyd Ben Bowen Thomas yn aelod yn fuan wedi hynny.

Yn y cyfamser roedd Griffith John wedi bod yn meddwl am aelodau newydd posib, ac wedi awgrymu enw y Parch Fred Jones i Saunders, gan ddweud mai da o beth fyddai iddo gael sgwrs gydag ef. Cytunodd Saunders: 'mi ddeuaf i gyfarfod Fred Jones pan fynnoch ar ddydd Sadwrn unrhyw wythnos'.[18]

Roedd G.J. Williams wedi gweld deunydd aelod o'r Mudiad Cymreig yn yr ymgyrchydd dros y Gymraeg o Dreorci ac ategodd hynny mewn llythyr at Bebb ar 3 Mawrth:

Gwelais Saunders Lewis yn yr Eisteddfod yng Nghaerdydd, a holai yn arw am dy hanes. Tebyg iti glywed oddiwrtho cyn hyn. Buom yn siarad â Fred Jones Treorci, ac y mae yntau wedi ymuno â ni, ac yn fodlon gwneuthur un peth i hyrwyddo'r mudiad – yn cydweld â ni ym mhopeth. Credaf y gellir gŵr defnyddiol dros ben ohono.[19]

Roedd i Fred Jones hefyd y fantais o fod â phrofiad gwleidyddol ar wyneb y graig, gan iddo ymladd etholiad lleol yn 1921. Yn yr etholiad hwnnw yn Ward 2 Treorci, daeth o fewn trwch blewyn i gipio sedd ar Gyngor Dosbarth y Rhondda. Mewn gornest yn erbyn George Newman, tafarnwr lleol, denodd Jones 2,318 o bleidleisiau, tra cafodd ei wrthwynebydd buddugol 2,450.

Roedd pryder mawr yn y Rhondda ac ardaloedd tebyg fod ysgolion y Cymoedd wedi agor llifddorau Seisnigrwydd ac yn bygwth boddi'r Gymraeg yn yr ardal. Ymysg y rhai mwyaf hallt eu beirniadaeth yr oedd Fred Jones, ac mewn llythyr at Gyfarwyddwr Addysg Merthyr Tudful yn 1924, honnodd fod rhieni Cymraeg lleol wedi torri eu calonnau o fewn chwe wythnos i anfon eu plentyn hynaf i'r ysgol a gweld mor gwbl Saesneg oedd yr addysg a gâi yno.[20] Yn y blynyddoedd hyn nid oedd neb yn fwy gweithgar dros y Gymraeg yn y Cymoedd na'r gweinidog o Dreorci.

Nid cwyno am ddarpariaeth Gymraeg a Seisnigrwydd yr addysg yn unig a wnâi Fred Jones. Roedd yn weithgar hefyd ym maes dysgu'r iaith i oedolion. Cyfrannodd at gyfres o ddosbarthiadau a gynhaliwyd gan Undeb y Cymdeithasau Cymraeg ledled y de, o Gaerfyrddin i Bontypridd. Er bod llawer o'r dosbarthiadau hyn yn fyrhoedlog, y mwyaf llwyddiannus oedd y rhai a gynhaliwyd gan Fred Jones dan nawdd Cymrodorion Treorci. Erbyn 1922, roedd deuddeg ar hugain o fyfyrwyr wedi cofrestru ar gyfer cwrs tair blynedd gydag ef, a dros gant yn mynychu dosbarthiadau paratoadol.[21] Dichon, felly, fod criw Penarth yn gweld denu eiriolwr profiadol a huawdl fel hwn i'r rhengoedd yn dipyn o bluen yn eu het.

Roedd yna dipyn o ramant yn gysylltiedig â'r mudiad newydd ym meddyliau ei sylfaenwyr, ac roedd gwledydd eraill yn ysbrydoliaeth gyson. Cyfeiriodd Ben Bowen Thomas at y Mudiad Cymreig fel 'y Carbonari', sef y mudiad cudd chwyldroadol a weithredai yn y dirgel dros uno'r Eidal adeg y *Risorgimento* yn y bedwaredd ganrif ar bymtheg. Awgrymodd hefyd y dylai D.J., Bebb a Saunders gyhoeddi llyfrynnau bychain ar Iwerddon, Llydaw, Groeg ac un o wledydd y Balcanau. Amcan y rhain fyddai ceisio deffro Cymru drwy ei chymharu â chenhedloedd eraill a enillodd eu rhyddid. Byddai cynnig esiamplau fel ysbrydoliaeth i'r Cymry ychydig yn wahanol, meddai, i bastynu a cheryddu parhaus.[22]

Roedd chwech eitem ar yr agenda yn ail gyfarfod ffurfiol y Mudiad Cymreig, a gynhaliwyd yn nhŷ Saunders Lewis yn Abertawe ddydd Llun, 5 Mai 1924:

1. Cymryd y llw.
2. Hanes y mudiad a chofnodion.
3. Tanysgrifiadau.
4. Sut i drefnu propaganda.
5. Penderfynu a ellir ymladd mewn lecsiwn dosbarth neu dref, y flwyddyn hon
   a. y wedd ariannol
   b. y dosbarth i'w ddewis
   c. ymgeisydd
   d. Rhaglen.
6. Trefnu sut i gael aelodau newydd.[23]

Yn ôl D.J., roedd wyth o aelodau'n bresennol. Pob un, yn ôl Bebb, 'yn weddol ifanc, pob un yn iraidd a chwimwth, ac yn llawen fel y gog. I bob un ei gwpanaid o goffi i ddechrau'n union ar ein gwaith.'[24] Yr wythawd oedd Ambrose Bebb, Saunders Lewis, Griffith John Williams, D.J. Williams, Fred Jones, Ben Bowen Thomas, Dyfnallt a hefyd R.A. Thomas, athro Daearyddiaeth o Abergwaun a chyfaill i Bebb a D.J. ers eu dyddiau coleg.

Propaganda a lledaenu'r neges oedd y prif bwnc trafod, ac mewn penderfyniad oedd yn datgelu rhywfaint o naïfrwydd gwleidyddol, penderfynwyd dewis *Breiz Atao*, cylchgrawn cenedlaetholgar Llydewig, yn gyfrwng. Er gwaethaf ei deitl Llydaweg 'Breiz Atao' (Llydaw am Byth), Ffrangeg oedd prif iaith y cyhoeddiad. Ond trwy ei gysylltiadau yn Llydaw a Ffrainc, Bebb oedd yn gyfrifol am olygu'r adran Gymraeg ynddo. Y gobaith, diniwed braidd, oedd cynyddu gwerthiant isel *Breiz Atao* yng Nghymru drwy gael adolygiadau trawiadol o erthyglau Bebb yn y wasg Gymraeg.

Fe wnaed ymgais i gael aelodau eraill i gyfrannu erthyglau i gylchronau gwahanol, mwy eang eu cylchrediad yng Nghymru, a thrafodwyd rhoi cyfrifoldeb am *Y Darian* i Dyfnallt, *Y Faner* i Iorwerth Peate, *Y Tyst* i Fred Jones, *Y Dinesydd Cymreig* i D.J., a *Seren Cymru*, *Seren Gomer* a'r *Efrydydd* i'r Bedyddiwr Ben Bowen Thomas, gyda G.J.

Williams yn ysgrifennu i'r *Weekly Mail* a Saunders Lewis yn cyfrannu eitemau yn *Y Llan*, papur yr Eglwys yng Nghymru.

Penderfynodd y cyfarfod hefyd y dylai'r Parch Fred Jones ymladd etholiad lleol cyntaf y mudiad yn Nhreorci, ac y dylid paratoi llenyddiaeth i'r perwyl hwnnw mewn ymgais i ledaenu'r neges a hau hadau. Fel y digwyddodd pethau, ni weithredwyd ar y bwriad, er i Fred Jones gymryd rhan flaenllaw, fel y gwnaethai yn y gorffennol, mewn ymgyrch a drefnwyd yn lleol i gefnogi'r Gymraeg yng Nghwm Rhondda. Ar wahân i hynny, ymddengys nad oedd llawer o gamau ymarferol ar droed gan y Mudiad.

Dywed Bebb i'r cwmni dreulio prynhawn 'hyfryd iawn, a llawen' cyn cloi'r cyfarfod am naw o'r gloch yr hwyr.[25] Er hynny, synhwyrir nad oedd gormod o destunau trafod na chynllun clir y mis Mai hwnnw. Felly, er bod Mudiad Cymreig wedi'i sefydlu ac wedi graddol dyfu drwy ychwanegu aelodau dethol i'w rengoedd, erbyn canol 1924 nid oedd yn glir beth fyddai ei gam nesaf. Digon ymylol oedd ei ddylanwad, cudd ac agored fel ei gilydd, gan fod ei lywydd ym Mharis a'r arf propaganda yn gylchgrawn mewn iaith dramor na wyddai fawr o neb yng Nghymru amdano.

*****

Yn y cyfnod hwn, roedd Bebb yn cael amser wrth ei fodd yn Ffrainc, ac yn gwirioni ar fywyd deallusol y wlad. Gwirioni gormod efallai, oherwydd fe'i denwyd gan syniadau Charles Maurras a'i fudiad asgell dde eithafol, L'Action Française. Mae'r erthyglau a gyfrannodd i gyhoeddiadau Cymraeg yn ystod y blynyddoedd hyn yn tystio i'w frwdfrydedd dros syniadau Maurras a'i debyg, a'r ffordd yr oedd y syniad o arweinydd cryf ar batrwm Lenin neu Mussolini yn apelio ato. Yn hynny o beth, roedd yn ddrych o'i oes, gyda phegynu gwleidyddol a symudiadau gwrth-ddemocrataidd ar gynnydd ar draws Ewrop.

Beth oedd apêl Maurras iddo? Newydd-deb y profiad o fod ar y Cyfandir efallai, yn rhydd o fyd-olwg Prydeindod. Ategai Bebb bwyslais Maurras ar draddodiadau cenedlaethol fel sail gwareiddiad a'r angen am weithredu gwleidyddol a llywodraeth gref fel modd o gynnal diwylliant cenedlaethol. Er hynny roedd L'Action Française yn tarddu o draddodiad gwrth-Semitaidd Ffrainc, ac er nad oes awgrym fod Bebb ei hun yn arddel syniadau o'r fath, ni chrybwyllodd yr elfennau hynny yng ngwleidyddiaeth Maurras ac ni ddywedodd ddim o blaid nac yn erbyn safbwyntiau felly. Teg dweud hefyd i Bebb newid ei farn yn llwyr ymhen degawd, gan wrthwynebu Natsïaeth yn chwyrn. Fel y dywedodd Alun Llywelyn-Williams, 'Meddwl â'i galon yn hytrach na'i ben' yr oedd Bebb yn y cyfnod hwnnw.[26]

Yn wahanol i Bebb, serch hynny, nid oedd Maurras yn apelio llawer at Saunders Lewis. Llenorion a meddylwyr Catholig Ffrainc, fel Paul Claudel, y bardd, a'r nofelydd François Mauriac oedd yn mynd â'i fryd ef – 'gwŷr mwy ysbrydol a mwy creadigol', yn ôl Alun Llywelyn-Williams.[27] Sylw pellach y beirniad yw bod trafod ar syniadau'r cenedlaetholwyr Ffrengig yn digwydd i raddau helaeth oherwydd bod 'angen myth newydd ar Gymru ar ôl y rhyfel byd cyntaf'.[28] Ym marn Bebb, fel Saunders, roedd Cymru wedi dioddef tair anffawd fawr yn ei hanes. Y gyntaf oedd colli ei hannibyniaeth yn 1282 wedi lladd Llywelyn ap Gruffudd, yr ail oedd colli'r hen ffydd Gatholig a gorseddu Protestaniaeth fel crefydd Cymru gan y Tuduriaid, a'r drydedd anffawd oedd clymu Cymru wrth 'beirianwaith seneddol Llundain'.[29]

Aeth y mudiad cenedlaethol ar gyfeiliorn oherwydd Rhyddfrydiaeth Brydeinig y bedwaredd ganrif ar bymtheg ac roedd yn ymddangos bod y Rhyfel Mawr wedyn wedi rhoi ergyd farwol iddo. Ateb Saunders Lewis a Bebb oedd gosod sylfeini o'r newydd i genedlaetholdeb Cymreig trwy greu myth newydd o orffennol Cymru fel gwlad bendefigaidd,

Gatholig, 'a fyddai'n cynnig ysbrydoliaeth gadarnach a mwy urddasol i'r genedl'.

Wedi'r cyfarfod yn ei gartref, ysgrifennodd Saunders yn rhwystredig at D.J. gan ddweud na theimlai fod diben galw'r Mudiad ynghyd eto 'hyd nes y bydd gennym amcanion pendant a rhywbeth i'w wneud'.[30]

Yr haf hwnnw treuliodd D.J. bythefnos dda yn crwydro Llydaw gyda Bebb. Fe wahoddwyd Saunders i ymuno â'r daith hefyd, ond roedd yn priodi â Margaret Gilcriest a bu'n rhaid iddo wrthod y cynnig. Roedd Bebb yn ei elfen yn tywys y 'di-guro D.J. Williams' o amgylch rhai o leoliadau nodedig Llydaw fel Montroulez (Morlaix) a Huelgoat ac yn ei gyflwyno i rai o'r cenedlaetholwyr amlycaf, cymeriadau fel Francis Gourvil a Taldir, bardd a chyd-sylfaenydd Gorsedd Llydaw, a grëwyd ar batrwm Gorsedd y Beirdd yng Nghymru.

Gourvil oedd un o gyfeillion pennaf Bebb yn Llydaw, a chadwai siop lyfrau Ti-Breiz yn Montroulez. Ac yntau'n aelod o Orsedd Llydaw, roedd Gourvil hefyd yn weithgar gyda'r Union Régionaliste Bretonne (URB), y mudiad agosaf at fod yn blaid genedlaethol Lydewig ar y pryd, ac yna gyda phlaid ymreolaeth Llydaw, y Parti Autonomiste Breton, pan ffurfiwyd honno yn 1927.

Yn ddiweddarach, yn ystod yr Ail Ryfel Byd, holltodd y mudiad cenedlaethol yn Llydaw, gyda rhai cenedlaetholwyr yn cydweithredu gyda'r Almaenwyr wedi iddynt oresgyn Ffrainc. Ymhlith y rheini, Olier Mordrel, un o ddynion blaenllaw cylchgrawn *Breiz Atao* yr oedd Bebb wedi'i gyfarfod sawl tro yn y Gyngres Geltaidd ac ar ei deithiau yn Llydaw. Ochri gyda'r gwrthsafiad yn erbyn y Natsïaid a wnaeth Gourvil, fodd bynnag. Fe'i hystyrid yn fradwr i'r mudiad cenedlaethol yn Llydaw, a chafodd ef a'i wraig eu harestio ac yna eu carcharu gan y Gestapo tan ddiwedd y rhyfel.

Safbwynt tebyg i Gourvil a gymerodd Bebb yn ystod yr

Ail Ryfel Byd, a gellir casglu iddo ymddieithrio oddi wrth
y cenedlaetholwyr Llydewig a ochrodd gyda'r goresgynwyr
yn sgil hynny. Fel arwydd o'i gyfeillgarwch a'i edmygedd
ohono, yn 1941 fe gyflwynodd Bebb ei lyfr taith yn Llydaw,
Pererindodau, i Gourvil.[31]

*****

Ni chynhaliwyd cyfarfod llawn arall o'r Mudiad Cymreig tan
5 Ionawr 1925, bron i flwyddyn union ers y cyfarfod sefydlu.
Y prif bwnc trafod y tro hwn oedd agwedd y mudiad tuag at y
pleidiau Prydeinig, a phenderfynwyd nad oedd modd gweithio
y tu mewn i'r un ohonynt. Ymfalchïai Bebb yn y ffaith fod rhai
fel D.J. a Ben Bowen Thomas oedd â chydymdeimlad naturiol
a phersonol â Llafur bellach wedi cefnu ar unrhyw syniad
o gydweithio gyda'r blaid honno, ac roedd hyn, meddai, 'yn
gam mawr' ymlaen.[32]

Ond er bod Bebb wedi'i galonogi gan y cyfarfod yn y
Mwmbwls, nid oedd cynulliadau ysbeidiol y Mudiad Cymreig
a chytgord dros goffi yn mynd i wneud llawer i symud achos
ymreolaeth Cymru yn ei flaen.

Rai misoedd ynghynt, fodd bynnag, yn y Gyngres
Geltaidd yn Llydaw, roedd Bebb wedi cael cyfarfyddiad
arwyddocaol a fyddai'n arwain at gyfeillgarwch oes ond
hefyd yn uniongyrchol at gam pellgyrhaeddol yn natblygiad
y mudiad cenedlaethol yng Nghymru.

11

Kemper, Llundain a Glanrhydfadog

YM MIS MEDI 1924 cynhaliwyd y Gyngres Geltaidd yn ninas Kemper yn Llydaw, ac yno, fel y gellid disgwyl, yr oedd un o hoelion wyth y Gyngres E.T. John, ynghyd â'i ysgrifennydd preifat, Mai Roberts. Roedd Mai eisoes yn gyfarwydd ag erthyglau Bebb yn *Y Faner*, *Y Darian* ac yn *Y Geninen* ac roedd yn eithaf amlwg o'r ysgrifau hynny ei fod yn genedlaetholwr. Fel hyn y cofiai hi am eu cyfarfyddiad cyntaf:

> Cofiaf yn dda cyrraedd y Gwesty yn Quimper, a gweld dyn tal yn sefyll o flaen y lle tan yn Neuadd y gwesty. Nid oeddwn erioed wedi cyfarfod Bebb ac nid oedd gennyf yr un syniad pa fath o ddyn oedd yn gorfforol, byr ynte tal, tenau ynte tew? ond drwy rhyw reddf yn sydyn daeth y syniad imi mai A[mbrose] B[ebb] oedd. Troais at E.T. J[ohn] oedd y tu ôl imi a dwedais rhwng fy nannedd "rwyn siwr mai A.B. ydyw hwn". Cerddodd E.T.J. yn syth ato gan ddweud "Ambrose Bebb ynte, E.T.J. ydwyf i a dyma Miss Mai R. fy ysgrifenyddes, un o'ch edmygwyr mwyaf.["] Roeddwn wedi dilyn erthyglau Bebb yn y Genhinen a'r Faner – bu dadl yn un o'r newyddiaduron Cymreig rhwng A.B. a'r Athro Morgan Watkins [*sic*] ar 'Orfodi'r Gymraeg' a byddai y ddadl yn cael

ei chario ymlaen rhwng E.T.J. a minnau. Cyfeiriai ataf fel
edmygwr mawr o Bebb am fy mod i yn ochri Bebb yn erbyn
M.W.[1]

Wedi cyfarfod, fe dreuliodd y ddau ohonynt lawer o
amser yn trafod mudiadau Cymreig a phroblemau Cymru,
a Bebb yn 'holi a holi am yr hyn oedd yn mynd ymlaen yng
Nghymru'. Soniodd Mai wrtho am y mudiad yn y gogledd, ac
roedd hynny 'y newydd gorau iddo gael o Gymru ers amser'.

Yna mentrodd yntau ddweud wrthyf yn gyfrinachol (nid
ydwyf yn amau na bu raid imi fynd ar fy llw na soniwn
wrth neb am dano) P'run bynnag ar ôl fy holi a'm croes
holi, mentrodd fy ngwahodd i ymaelodi a'r Mudiad Cudd.
Dechreuais innau ei holi ef rwan. Bu hyn yn mynd ymlaen
am rai dyddiau, a dwedodd wrthyf y byddai'n rhaid i aelod
arall o'r Mudiad ddod i fy ngweld i wneud yn siwr mae'n
debyg a oeddwn yn ddiogel i ymuno a Mudiad mor bwysig.

Ond nid oedd angen iddi betruso. Dywedodd Bebb wrthi ei
bod yn amlwg 'yn berffaith iach yn y ffydd', gan ychwanegu
y ceisiai drefnu i Saunders Lewis ei chyfarfod yn rhywle i'w
derbyn yn gyflawn aelod.

Cysylltodd Bebb gyda Saunders i sôn am ddiddordeb Mai
mewn ymuno â'r Mudiad, ac iddo ddisgwyl llythyr ganddi i'r
perwyl hwnnw. Cafodd ateb ddiwedd Medi yn cadarnhau ei
bod wedi bod mewn cysylltiad:

Diolch am eich llythyr. Fel y rhybuddiasoch, mi gefais lythyr
ddoe gan Miss May Roberts yn holi am y mudiad. Ni welaf i
ddim rheswm dros gau merched allan, ac yr wyf yn hoffi ei
llythyr. Feallai y gwelwch hi eto yn Llundain pan eloch yno.
Mi sgrifennaf innau ati. Gall fod yn aelod gwerthfawr dros
ben.[2]

Yn syth ar ôl derbyn y llythyr hwn, trawodd Bebb nodyn

at Mai yn dweud iddo dderbyn gair gan Saunders yn nodi iddo dderbyn gohebiaeth ganddi hi:

> Yna dywed 'ac yr wyf yn hoffi ei llythyr'. Felly, fe welwch bod popeth yn iawn. Y mae'n ddiau y cewch air oddiwrtho'n fuan iawn, os na chawsoch eisoes. Chwi, fel y dywedais, fydd y ferch gyntaf yn y Mudiad, ac y mae hynny'n anrhydedd i ni – ac i chwi! Hyderwn, drwoch, ddyfod ar draws hynny y sydd o Gymry llygadog a gwlatgar yn Llundain.[3]

Mae'n glir o'r uchod fod Bebb yn ystyried Mai fel y ferch gyntaf i ymaelodi â'r Mudiad Cymreig, er bod Elisabeth Williams yn bresennol yn y cyfarfod cyntaf. Yn amlwg, roedd Elisabeth yn cael ei hystyried fel sylwedydd yn hytrach nag aelod llawn ganddo.

Ym mis Hydref ysgrifennodd Saunders at Mai yn dweud y byddai'n darlithio yn Kings Cross yn fuan, ac estynnodd wahoddiad iddi fynd am ginio gydag ef bryd hynny:

> Y peth nesaf oedd imi gael llythyr oddiwrth S.L. yn fy ngwahodd i giniawa ag ef yn un o Restaurants Llundain. (Fel y gwyr ei gyfeillion mae S.L. yn connoiseur ar fwyd a gwin ac fe gawsom [...]) Ar ol trafodaeth hir ar fath o ymreolaeth dwedais wrtho na fyddwn yn fodlon ar ddim llai na'r hyn oedd Iwerddon wedi ei gael sef Gwladwriaeth Rydd (Free State) ac mae dyna hefyd oedd agwedd E.T.J. Derbyniwyd fi i Seiat y De.[4]

Yn ystod y cinio soniodd Mai wrth Saunders am y mudiad arall yn y gogledd, 'a cymerodd ddiddordeb mawr yn y newydd'.[5] Nid yw'n ymhelaethu ymhellach ar gynnwys eu sgwrs yn y tŷ bwyta yn Llundain, ond hawdd credu iddi sôn am ei hadnabyddiaeth o H.R. Jones a rhoi portread ohono i Saunders – ei gryfderau o ran diffuantrwydd ac ymroddiad, a'i duedd i freuddwydio a delfrydu.

Rywbryd rhwng yr hydref a'r Nadolig dychwelodd Mai

i'w chartref yng Neiniolen 'am ychydig seibiant' gyda'r
bwriad, meddai, o 'geisio anghofio pob dim am Gymru a'i
phroblemau'. Nid dyna fel y bu, serch hynny, oherwydd
'galwodd H.R. yng Nglanrhydfadog'.[6]
Byddai croeso cynnes i H.R. ar aelwyd Mai a'i theulu
bob amser, gyda'i mam yn rhoi '"Amen" i'w Syniadau
Cenedlaethol'. Yn ôl ei arfer y noson honno, fel bob tro arall
y deuai, ni soniai am ddim ond y Fyddin Ymreolaeth. Roedd
yn llawn adroddiadau gwych am gyfarfodydd y mudiad
newydd yn y gogledd, ac yn dweud fel yr oedd yn tyfu'n
aruthrol a phobl yn ymuno wrth y cannoedd. Creu darlun
delfrydgar nid ei dwyllo ei hun yr oedd yr ysgrifennydd, yn
ôl Mai: 'Nid dweud anwiredd oedd H.R. – roedd yn byw yn
y dyfodol – yn breuddwydio gweld y miloedd o Gymry yn
genedlatholwyr.'
Yna, cymerodd Mai y cam tyngedfennol a cheisio arwain
H.R. lawr y llwybr tuag at uno'r gwahanol garfanau. Heb
sôn yn benodol am y Mudiad Cymreig, na'r ffaith ei bod hi'n
aelod ohono, crybwyllodd y criw o genedlatholwyr oedd yn
weithgar yn y de:

> Daeth i fy mhen yn sydyn ai tybed a oedd yn bosibl i ddod
> a'r ddau fudiad ynghyd ond ni allwn son am fudiad Cudd
> y De wrth H.R. ond fe ddywedais wrtho nad allai Mudiad
> Caernarfon ddim ffurfio Plaid a'i galw yn Blaid Cymru heb
> gael y De i mewn.

Cytunodd H.R. ond dywedodd nad oedd mewn cysylltiad â'r
cenedlatholwyr yno. Atebodd Mai hithau drwy ddweud:

> Wel, mae'n siwr eich bod wedi darllen ysgrifau un o'r enw
> Ambrose Bebb yn y Geninen; oedd mi roedd. Wel meddwn
> os oes Cenedlatholwr o gwbl yng Nghymru y mae Bebb yn
> un a mi roddaf enw un arall i chwi sydd yn ôl beth rwyf wedi
> ei ddarllen sef S. Lewis.[7]

Awgrymodd y dylai H.R. ofyn i un ohonynt ddod i gyfarfod ei fudiad ef. Roedd Bebb wedi dychwelyd i Lydaw, yn anffodus, ac roedd cenedlaetholwr arall amlwg yn y de, D.J. Williams, yn byw yn rhy bell i deithio i'r gogledd yn hwylus. Ond, meddai, "Beth am ofyn i Saunders Lewis?" gan ychwanegu ei bod yn credu bod ganddo berthnasau yn y gogledd ac efallai y buasai'n derbyn. Cyfaddefodd Mai wedyn nad oedd ganddi'r syniad lleiaf am unrhyw gysylltiad teuluol i Saunders Lewis yn y gogledd, ac mai siarad ar ei chyfer yr oedd hi.[8]

Er hynny, mae'n ddiddorol holi ai cyd-digwyddiad oedd iddi gynnig enw Saunders i H.R. Beth yn union y bu'r ddau'n ei drafod dros y cinio amheuthun yn Llundain? A awgrymwyd ei bod hi'n sefydlu cyswllt rhwng mudiadau'r de a'r gogledd? Neu ai syniad byrfyfyr ar ei rhan hi ei hun y noson honno oedd y cyfan?

Beth bynnag am hynny, rhoddodd gyfeiriad Saunders Lewis i H.R. Jones. Wedi cymaint o gecru a thin-droi ymysg dynion y cynadleddau a mudiadau amrywiol Cymru, roedd merch Glanrhydfadog wedi gwthio cwch plaid genedlaethol unedig i'r dŵr.

12

Paris, Brycheiniog a'r byd modern

BLWYDDYN O GYNNWRF a newid oedd 1924 ar draws y byd. Roedd y byd modern yn ysgubo fel corwynt trwy wleidyddiaeth, y celfyddydau ac agweddau cymdeithasol. Cynhaliwyd y Gemau Olympaidd ym Mharis y flwyddyn honno gan ddenu pobl i'r ddinas o bell ac agos. Dyma oedd degawd cynhyrfus y *Jazz Age* yn America, yr *Années folles* yn Ffrainc. Ym mhrifddinas Ffrainc hefyd roedd awduron Americanaidd fel Hemingway a Scott a Zelda Fitzgerald yn cymdeithasu yng nghwmni llenorion fel T.S. Eliot, Ezra Pound a James Joyce yn salons llenyddol Gertrude Stein. Byddai'r deallusion hyn yn mynd o barti i barti, yn cymysgu gydag arlunwyr swrealaidd fel Picasso, Salvador Dalí, Marcel Duchamp a Man Ray, â chaneuon Maurice Chevalier a Josephine Baker yn drac sain i'r cyfan.

Ac roedd cenedlaetholwyr ifanc o Gymru yn cael eu denu gan foderniaeth prifddinas Ffrainc hefyd. Ymysg y Cymry oedd yn byw yno yr oedd Morris T. Williams – gŵr Kate Roberts maes o law a gwrthrych yr olygfa serch ym mhryddest Prosser Rhys cyn hynny. Wedi cyfnodau yn gweithio fel cysodydd ar bapurau'r *Herald Cymraeg* a'r *Cambrian News*, treuliodd flwyddyn ym Mharis rhwng 1924 ac 1925, yn gweithio ar bapur newydd y *Continental Daily Mail*.

Dylanwadwyd ar Morris Williams gan awduron modernaidd, yn enwedig Joyce. Dechreuodd ysgrifennu nofel o'r enw *Troi a Throsi* yn ystod ei gyfnod ym Mharis, ac er na chafodd ei chyhoeddi mae'n goroesi mewn llawysgrif ac yn dangos dylanwad elfennau arbrofol a seicolegol llenyddiaeth y cyfnod. Cyffelyba Peredur Lynch y prif gymeriad, Meurig Prisiart (sy'n ddrych o gymeriad Morris ei hun), i Stephen Dedalus yn nofel Joyce, *Ulysseus*, a gyhoeddwyd yn 1922, wrth iddo geisio 'ymddihatru oddi wrth y gorffennol gan ailesgor ar ei bersonoliaeth ei hun'.[1] Cafodd cyfaill Morris, Prosser, yntau ei ddylanwadu'n amlwg gan dueddiadau modernaidd mewn llenyddiaeth – yn wir, ei ffugenw pan enillodd y Goron oedd 'Dedelus', enw a sillafiad prif gymeriad nofel Joyce.

Ym Mharis ar yr un pryd yr oedd Ambrose Bebb, fel y soniwyd eisoes, yn ddarlithydd yn y Sorbonne ac yn troi mewn cylchoedd mwy academaidd a cheidwadol. Hudwyd Iorwerth Peate yno hefyd, ac ysgrifennodd at Mai Roberts ynghanol y dauddegau yn ymddiheuro na fedrai fod yn bresennol mewn cyfarfod oherwydd 'y dydd hwnnw y byddaf yn cyrraedd yn ôl o Baris ar ôl bod ar y razzle am wythnos yn y fan honno, ac efallai mai golwg go od fydd arnaf!'[2] Anodd efallai yw dychmygu darpar guradur yr Amgueddfa Werin yn rhempio ar y Rive Gauche neu Montmarte, ond rhaid cofio mai pump ar hugain oed ydoedd ar y pryd.

Paris oedd canolbwynt y chwyldro ym myd ffasiwn yn ogystal yn 1924 gyda sefydlu cwmni Parfums Chanel i farchnata persawr No.5 a No.22 ledled y byd, ac yn yr un cyfnod aeth dylunwyr ffasiwn fel Coco Chanel a Catherine Reboux, cynllunydd yr het *cloche*, ati i greu dillad ar gyfer merched annibynnol a rhydd. Ffasiwn a fyddai'n apelio at ferched nid annhebyg i Mai Roberts – yn sicr yn ôl tystiolaeth y lluniau ohoni yr adeg honno.

Er ei ddelfrydu o werthoedd cyfnod Beirdd yr Uchelwyr yn yr Oesoedd Canol, dyn ifanc deg ar hugain oed ei gyfnod oedd Saunders Lewis hefyd. Bryd hynny, roedd y sinema'n tyfu'n gyflym mewn poblogrwydd fel ffurf o adloniant a chelfyddyd cyfoes. Y rhain oedd y blynyddoedd pan ddatblygodd Hollywood i fod yn ffatri freuddwydion, gyda ffilmiau fel *The Ten Commandments* gan Cecil B. De Mille, *The Thief of Baghdad* gan y cyfarwyddwr Raoul Walsh gyda Douglas Fairbanks yn serennu, a *Gold Rush* gan Charlie Chaplin, yn cyfuno comedi a sylwebaeth gymdeithasol. Yn yr Almaen, yn stiwdio ffilmiau Babelsberg ger Berlin, roedd cyfarwyddwyr Almaenig Mynegiadol fel Robert Wiene, F.W. Murnau a Fritz Lang yn creu ffilmiau arloesol fel *Das Cabinet des Dr. Caligari*, *Nosferatu* a *Die Nibelungen*. Croesawai Saunders Lewis ddyfodiad ffilmiau'r sgrin fawr fel ffurf newydd a modern o gelfyddyd. 'Y mae'r ffotograffiaeth a ddangosir yn y ffilmiau Almaenig ac Americanaidd diweddaraf', meddai, 'yn gamp celfyddyd yn aml.'[3] Credai fod angen cofleidio'r cyfrwng newydd a chreu ffilmiau Cymreig a sylwebaeth Gymreig arnynt:

Ni wiw i bobl hen-ffasiwn na grwgnach na chau llygaid arno. Tuedd ddrwg yng Nghymru yw ceisio gwrthod pob darganfod newydd a'i wthio o'r bywyd Cymreig. Effaith hynny yw gadael pob dim newydd ... i'w ddatblygu gan Saeson, ac yna droi'r bobl ifainc yn Saeson ... a rhoi ar ddeall iddynt mai gan Saeson a Saesneg y mae popeth modern a swynol. Rhaid i ninnau Gymry Cymraeg ddysgu byw yn ein byd a meistroli adnoddau ein byd a'u troi yn rhan o'n treftadaeth.

Gresynai at biwritaniaeth rhai Cymry, yn enwedig colofnwyr y wasg Gymraeg, oedd fel petai'n well ganddynt fyw yn y gorffennol:

A dyma un gŵyn sy gennym ni yn erbyn y papurau wythnosol Cymraeg. O'u darllen gallech feddwl bod Cymru heddiw yn union yr un ag y bu hi hanner canrif yn ôl. Nid ydynt yn trin namyn hanner bywyd Cymru heddiw. Y mae'r cinema'n rhan o fywyd Cymreig ein dydd yn llawn cymaint a'r ddrama. Ai olion yr hen Biwritaniaeth sy'n peri i'r papurau Cymraeg anwybyddu hynny?

Wrth drafod ei waith llenyddol, noda Dafydd Johnston fod 'Saunders Lewis yn gymysgedd rhyfedd o'r Modernaidd a'r traddodiadol'.[4] Adleisir hynny gan Gareth Miles pan ddywed ei fod yn 'un o feirdd modernaidd pwysicaf y Gymraeg yn yr ugeinfed ganrif',[5] gan ychwanegu fod ei 'feirniadaeth lenyddol ... mor ysgolheigaidd a threiddgar â dim a gaed gan y goreuon o blith ei gyfoedion Ewropeaidd'.[6] Yng nghyd-destun ei syniadau gwleidyddol, disgrifiodd Richard Wyn Jones ef fel 'modernydd gwrth-fodern', yn yr un modd â'r beirdd T.S. Eliot a W.B. Yeats, y meddylwyr Marcsaidd Theodor Adorno a Max Horkenheimer, a'r athronydd Ffrengig o dras Iddewig, Simone Weil.[7]

Mae'n werth oedi gyda Weil am eiliad, gan iddi gymryd syniad Barrès o bwysigrwydd gwreiddiau, ond gan bwysleisio gwladgarwch empathetig yn hytrach na balchder cul o famwlad. Drwy wneud hynny, rhoddodd ei bys ar nodwedd greiddiol moderniaeth, sef y teimlad o fod yn ddiwreiddiau. Digwydd hynny nid yn unig wrth symud o'ch bro enedigol, ond hefyd drwy awtomeiddio a rhesymoli byd gwaith gan weld pobl eraill fel 'pethau'. Bu gwaith mawr Weil, *L'Enraciment* (Yr Angen am Wreiddiau) yn ddylanwad ar un arall o feddylwyr mawr y mudiad cenedlaethol yng Nghymru, yr Athro J.R. Jones.

Bu Weil yn weithgar ar y Chwith yn Ffrainc ac ymunodd â'r Frigâd Ryngwladol yn Sbaen, ond nid oedd o blaid chwyldro Comiwnyddol. Yn hyn o beth, roedd yn adleisio Edmund Burke, yr athronydd ceidwadol o'r 1790au, a ddywedodd, 'Those who attempt to level never equalize'.

Dyfynnwyd Burke gan Saunders Lewis yn ei araith yn Llandrindod yn 1923, pan ddiffiniodd genedlaetholdeb fel ceidwadaeth, ac mae'r dyfyniad uchod hefyd yn cyfleu un o'r rhesymau pam nad ystyriai Saunders sosialaeth yn ateb i Gymru'r dauddegau.

Er hynny, ymateb modern i broblem fodern oedd ei ymdrechion i sefydlu mudiad gwleidyddol. Creu rhywbeth cwbl newydd nas gwelwyd erioed o'r blaen oedd ei amcan uchelgeisiol – plaid boliticaidd Gymreig gyda'r nod o newid y berthynas hanesyddol rhwng Cymru a Lloegr, a thrawsnewid diwylliant, cymdeithas ac economi Cymru yn y broses.

*****

Yn wleidyddol, bu cynnwrf rhyngwladol yn 1924 hefyd. Bu farw Lenin ar ddechrau'r flwyddyn, gan ddechrau teyrnasiad Stalin yn yr Undeb Sofietaidd. Yn yr Eidal llofruddiwyd Giacomo Matteoti, arweinydd y Sosialwyr, gan gefnogwyr ffasgwyr Mussolini ar 30 Mai. Yn India cafod arweinydd y mudiad cenedlaethol, Mohandas Gandhi, ei ryddhau o'r carchar ar ôl treulio dwy flynedd yno am drefnu boicot o nwyddau Prydeinig. Yn ychwanegol at wrthod prynu nwyddau o Brydain, anogodd ei gyd-wladwyr i foicotio sefydliadau a llysoedd Prydeinig, a gwrthod anrhydeddau ei Choron. Ei nod terfynol oedd ei gwneud hi'n amhosib i Lywodraeth Prydain yn India weithredu'n economaidd a gwleidyddol. Wynebodd Gandhi achos llys am annog gwrthryfel a'i garcharu am chwe blynedd, ond fe'i rhyddhawyd yn 1924.

I bobl ifanc yng Nghymru, fel yng ngweddill Ewrop, roedd bwrlwm a chythrwfl yr oes fodern yn cynyddu eu hawydd am newid.

Tymor tymhestlog yw hydref ar y gorau, ac yn 1924 roedd corwynt gwleidyddol yn chwythu'n arw ym Mhrydain.

Gan nad oedd gan lywodraeth Lafur Ramsay MacDonald fwyafrif yn Nhŷ'r Cyffredin, cwta ddeg mis fu ei hoes. Bu'n rhaid cynnal etholiad cyffredinol arall ym mis Hydref 1924, y drydedd o fewn llai na dwy flynedd. Ar y 25ain o'r mis, bedwar diwrnod cyn y bleidlais, adroddodd y *Daily Mail* fod llythyr yn ei feddiant a anfonwyd, yn ôl yr honiad, gan Grigory Zinoviev, llywydd yr International Comiwnyddol. Haerai'r papur fod y llythyr yn datgelu 'a great Bolshevik plot to paralyse the British Army and Navy and to plunge the country into civil war', ac mai'r Blaid Gomiwnyddol oedd y gwir rym tu ôl i lywodraeth Ramsay MacDonald.[8] Cadarnhawyd yn ddiweddarach fod y llythyr yn un ffug – tric budur gan y wasg adain dde, yn ôl pob tebyg. Collodd y Blaid Lafur ddeugain sedd yn yr etholiad ac enillodd y Ceidwadwyr o dan Stanley Baldwin fwyafrif seneddol anferth o 209. Roedd yr etholiad i bob pwrpas yn nodi diwedd y Blaid Ryddfrydol fel grym llywodraethol ym Mhrydain wrth i blaid Asquith golli 118 o seddi, gan ei gadael gyda chwta ddeugain o aelodau seneddol, a'u chwarter yn cynrychioli etholaethau yng Nghymru.

Yn y cyfnod cyn yr etholiad, daeth E.T. John dan bwysau gan arweinwyr y Blaid Lafur i sefyll fel ymgeisydd yn etholaeth Brycheiniog a Maesyfed. Roedd wedi gwneud hynny eisoes: yn Ninbych ar ôl y Rhyfel Mawr, fel ymgeisydd Llafur a Chenedlaethol yn Sir Fôn, ac unwaith o'r blaen ym Mrycheiniog a Maesyfed. Colli a wnaethai bob tro. Cytunodd i sefyll unwaith eto, yn groes i ddymuniad ei ysgrifennydd preifat.

Tybiai Mai Roberts ei bod yn gam gwag i E.T. John roi coel ar addewidion arweinwyr y Blaid Lafur Brydeinig, a'i fod yn ei dwyllo ei hun y byddent yn rhoi hunanlywodraeth i Gymru pan ddeuent i ffurfio llywodraeth:

Y camgymeriad a wnaeth E.T.J. oedd rhoddi ei ffydd yn y Blaid Lafur. Cofiaf i Ramsay MacDonald (ac Arthur Henderson, yr Ysgrifennydd Cartref) ddod i weld Mr John yn ei gartref yn Llundain. Roedd E.T.J. eisoes wedi ymladd tair Etholiad i'r Blaid Lafur – safai fel ymgeisydd Llafur a Chenedlaetholwr Cymreig, a'r cwbl ar ei gost ei hun. Cytunodd i sefyll am y 4ed [*sic*] tro ar yr amod y byddai i'r Blaid Lafur, pan y deuai i ffurfio Llywodraeth, ddod a Mesur o Hunan Lywodraeth i Gymru o flaen y Senedd. Cytunodd y ddau ond ni fu iddynt gadw eu haddewid.[9]

Croesawyd y ddau wleidydd i Warwick Square, cartref E.T. John yn Llundain, i frecwast. Gan fod gwraig John yn eu cartref yn Llanidan ar Ynys Môn, Mai Roberts gafodd y gwaith o weini ar y tri, ac felly bu'n dyst i'r hyn a ddywedwyd:

Neges y ddau aelod o'r B[laid] Lafur oedd i ofyn i E.T.J. sefyll dros y Blaid am y trydydd tro ym M[rycheiniog] a Maesyfed. Ei ateb oedd y buasai'n gwneud hyn ar un amod, sef, y byddai'r B[laid] Lafur pan ddeuai i ffurfio Llywodraeth [yn] deddfu Mesur o Ymreolaeth i Gymru. (Cofiaf imi ysgwyd fy mhen ar E.T.J. oedd yn fy ngwynebu ar y bwrdd, ond yn ofer). Cytunodd. Beth ddigwyddodd – pan gallodd y B[laid] Lafur ffurfio Llywodraeth [yn 1929] gwrthododd R. MacDonald ystyried Ysgrifennydd i Gymru.[10]

Roedd E.T. John, serch hynny, yn frwd dros sefyll fel ymreolwr o dan faner Llafur. Bu sefydlu Gwladwriaeth Rydd Iwerddon ar ddiwedd y Rhyfel Annibyniaeth yn 1922 yn ysbrydoliaeth iddo, a dadleuai y dylai Cymru fod yn aelod llawn o Gynghrair y Cenhedloedd.

Er nad oedd Mai yn cytuno gyda phenderfyniad ei chyflogwr i sefyll yn yr etholiad, arni hi y syrthiodd y baich o drefnu ei ymgyrch. Gweithiodd yn ddiflino, gan ofyn i'w chyfeillion ymysg cenedlaetholwyr ifanc Cymru am gymorth.

Ysgrifennodd at Bebb yn gofyn iddo ystyried rhoi help llaw. Cofnododd yntau yn ei ddyddiadur ei fod wedi meddwl yn hir cyn ateb. Ystyriodd helpu ar yr amod y 'deuai [John] allan fel Cenedlaetholwr yn unig i ymladd am lywodraeth i Gymru, ac os y byddai'n gwbl annibynnol ar bleidiau gwleidyddol Lloegr'. Anfonodd air at Saunders Lewis i drafod. Penderfynu gwrthod a wnaeth Bebb yn y pen draw, serch hynny, gan roi ei resymau mewn llythyr at Mai:

> Diau ichwi gasglu erbyn hyn na fwriadaf ddod i gynorthwyo Mr John. Nid am imi amau ei amcan, na dymuno methu yn ei frwydr. Nage ddim. Yn unig, y mae'n amhosibl imi ei gynorthwyo. Fel y gwelwch, mor bell ag y dengys atebion yr ymgeiswyr y tro o'r blaen y mae llawer un ohonynt yn ateb yn gyffelyb iddo ef – ac rwy'n sicr, yn groes i gael plaid annibynnol, ac yn bod yn unig i weithio dros Gymru ... ac am fod ateb Mr John heb nodi dim gwahanol iddynt nid allaf ei gynorthwyo yntau. A ydych yn deall?[11]

O gofio ei barn hithau am sefydlu plaid annibynnol, go brin bod Mai yn anghytuno gyda'i ddadleuon.

Gwahanol oedd penderfyniad cenedlaetholwr arall, Iorwerth Peate. Ar ôl sgwrsio gyda Mai ar y ffôn cytunodd ef fynd draw i Aberhonddu am noson neu ddwy i siarad o blaid yr ymgeisydd Llafur.

Un o'r dynion oedd yn rhan flaenllaw o ymgyrch John oedd Llew G. Williams, gweinidog capel Penuel y Barri, cyfyrder i Silyn Roberts a chyfaill i R. Williams Parry. Flwyddyn ynghynt bu Williams yn ysgrifennu'n feirniadol yn y *Western Mail* am syniadau Saunders Lewis ynghylch cenedlaetholdeb gan ddadlau nad oedd cyswllt rhwng cenedlaetholdeb diwylliannol a chenedlaetholdeb gwleidyddol.

Trefnwyd bod Llew Williams a Peate, ynghyd â merch E.T. John a maer Aberhonddu, i fynd i gyfarfodydd yn Nefynnog a'r Crai yn Rolls Royce E.T. John. Roedd Peate a'r maer, Llafurwr di-Gymraeg a gollodd ei goes yn y Rhyfel Byd Cyntaf, i aros yn Nefynnog i annerch cyfarfod yn yr ysgoldy a Llew Williams i fynd ymlaen i gyfarfod arall ym mhentref Crai, gan ddychwelyd i Ddefynnog cyn y diwedd i annerch yno. Gofynnwyd i Peate siarad hyd nes byddai Llew Williams yn cyrraedd.

Cododd y maer ar ei draed i gyflwyno'r siaradwr, gan

gyfeirio at y nodiadau a ddarparwyd ar ei gyfer gan Mai Roberts, a oedd yn crybwyll bod Peate yn hanu o ardal y tri brawd, S.R., J.R. a G.R. (sef y brodyr radical enwog Samuel Roberts, John Roberts a Gruffydd Rhisiart o Lanbrynmair). Ond, yn ôl Peate, roedd yn amlwg nad oedd y cadeirydd erioed wedi clywed am y brodyr, 'ac yn waeth fyth cafodd anhawster i ddarllen y nodiadau':

Cyhoeddodd yn hoyw fy mod yn dyfod o wlad 'S.X., J.X. a G.X.' Edrychai'r gynulleidfa arno ef a minnau mewn syndod. Ar hynny, eisteddodd gan fy ngwahodd i annerch. Eglurais i'm gwrandawyr arwyddocâd y llythrennau cyfrin, er mawr ddifyrrwch iddynt.[12]

Aeth Peate rhagddo i esbonio safbwynt y cenedlaetholwyr a'r ddadl o blaid hunanlywodraeth i Gymru. Yna, i ladd amser wrth aros am Llew Williams, rhoddodd amlinelliad manwl o hanes y mudiad ymreolaeth o ddyddiau Cymru Fydd ymlaen, ac egluro fod E.T. John wedi ymchwilio'n helaeth i'r pwnc ac mai dyna pam y dylid pleidleisio drosto. Nid oedd golwg o Llew Williams o hyd, a sylweddolodd Peate y byddai'n rhaid iddo ddweud rhywbeth am rinweddau John fel ymgeisydd Llafur, ond nid oedd ganddo syniad beth i'w ddweud gan nad oedd yn aelod o'r Blaid Lafur nac yn hyddysg yn ei pholisïau.[13] Cafodd wrandawiad digon cwrtais, ond pan gyrhaeddodd Llew Williams a chodi ar ei draed i annerch, 'dyma hi'n bandemoniwm'.[14] Cyn iddo gael siarad mwy nag ychydig funudau, nid oedd modd ei glywed yn y twrw, a bu'n rhaid dod â'r cyfarfod i ben. Roedd Llew Williams wedi bod yno yr wythnos flaenorol ac wedi tynnu pobl geidwadol cymuned amaethyddol Defynnog i'w ben gyda'i ddadleuon Llafurol.

Colli fu hanes E.T. John unwaith yn rhagor yn yr etholiad; er iddo ddod yn agosach y tro hwn na'r adegau cynt, roedd yn dal yn drydydd, y tu ôl i'r ymgeisydd Ceidwadol buddugol a'r Rhyddfrydwr ddaeth yn ail. Y canlyniad oedd:

Walter Hall (Ceidwadwr): 12,834
William Jenkins (Rhyddfrydwr): 10,374
E.T. John (Llafur): 10,167

Yn y llythyr at Bebb lle roedd yn sôn am dderbyn Mai yn aelod o'r Mudiad Cymreig, roedd Saunders Lewis hefyd wedi trafod E.T. John. Mae'n siŵr fod dod i gysylltiad â'i ysgrifennydd preifat wedi troi ei feddwl at ran y cyn-Aelod Seneddol yn y mudiad cenedlaethol. Roedd John yn ddiwyd a brwd dros wneud Cymru a'i dyfodol yn brif bwnc gwleidyddol. Roedd yn llywydd anrhydeddus ar fyrdd o fudiadau a chymdeithasau ac yn ysgogydd mawr i gysylltiadau pan-Geltaidd. Eto i gyd, teimlai Saunders, fel Bebb ei hun mae'n debyg, mai dyn ddoe ydoedd. Ond a oedd modd i'w mudiad newydd hwy wneud defnydd ohono? Y peth gorau y gallai John ei wneud, ym marn Saunders, oedd defnyddio ei arian i brynu papur newydd a allai fod yn llais i'r cenedlaetholdeb newydd:

Mae gen' i beth arall yn fy mhen. Beth am E.T. John? Yn sicr ni wnai ef fyth aelod o'r mudiad er cystal ei galon a'i deimladau da. Ond a oes modd ei gael i wneud rhywbeth dros Gymru? Dyma fy nghynllun i, sgrifennu ato a gofyn iddo brynu'r 'Darian' a'i roi inni i'w redeg. Eich rhoi chi yn olygydd; mi sgrifennwn innau bob wythnos golofn neu ddwy, a Dyfnallt, Fred Jones, Griffith John, D.J. Williams hwythau. Dyna i chi staff na chaech chi mo'i gwell ar bapur yng Nghymru. A wnai John hynny? Mewn difri, od oedd ystyr i'w holl siarad, mae'n ddyled arno, canys efo yn unig o'r Cymry gwlatgar sydd a modd ganddo. A gaf fi sgrifennu ato?[15]

Rhywbeth tebyg oedd barn Bebb am E.T. John. Nid oedd y ffaith iddo fagu ei blant yn ddi-Gymraeg yn arwydd cadarnhaol yn ei farn ef. Ac yn ei ddyddiadur yn ystod y Gyngres Geltaidd, mae Bebb yn nodi iddo sgwrsio tipyn â

John gan ddod i'r casgliad nad oedd ganddo'r weledigaeth wleidyddol i wella sefyllfa Cymru:

> Beth amdano? Cymysgedd ydyw o na wn i ba bethau croesion. Nid oes lawer o atyniad ynddo, ond y mae'n onest ddigon, ac yn Gymro da. Fe'i cyfrifa ei hun yn naturiol yn llawer uwch nag y dylai. Canys nid yw'n ddyn mawr o gwbl, nac yn nodedig. Hoff ganddo sôn am rai yn ei adnabod, ai yn Llydaw ai'n rhywle arall; ac arwydd o fychander rhyfedd ydyw tybio hynny a'i adrodd. Hoffai weled rhoddi ei hannibyniaeth i Gymru. Ond ni ŵyr y moddion. Calon dda, pen drwg.[16]

13

'Y mae llwyddiant Cymru heddyw yn gofyn am undeb'

NI FU H.R. JONES yn hir cyn rhannu'r newyddion a gafodd gan Mai Roberts am fodolaeth y Mudiad Cymreig gyda'i gyd-swyddogion. I Lewis Valentine, yr oedd hyn yn newyddion hynod galonogol: 'cafwyd sibrydion am ryw fudiad cyfrinachol yn y De a bod Miss Mai Roberts o Ddeiniolen yn aelod o hwnnw, a thrwy ei hanogaeth hi y gohebwyd â Saunders Lewis'.[1]

Felly ar 26 Chwefror 1925 anfonodd H.R. Jones lythyr at Saunders yn y Mwmbwls yn ei wahodd i ymuno â'r Blaid Genedlaethol a dod i'w hannerch, gan ofyn hefyd a fyddai'n cydsynio i fod yn is-lywydd arni. Gyda'i angerdd emosiynol nodweddiadol, dywedodd fod 'gobaith am iachawdwriaeth Cymru yn ein calonnau'.[2]

Dyn y dyddiadau arwyddocaol oedd Saunders Lewis, ac ar Ddydd Gŵyl Dewi yr atebodd lythyr H.R. yn derbyn y cynnig, ond gydag amodau ynghlwm:

Yn gyntaf gadewch imi ddiolch i chi am eich llythyr a chydnabod ei bwysiced. Yr wyf yn cytuno hefyd â hyn, bod yn ddyled arnaf i ymuno â'ch mudiad chi os gallaf heb ymwadu â'm hegwyddorion. Oblegid y mae llwyddiant Cymru heddyw yn gofyn am undeb, – ond y mae'n gofyn hefyd bod amodau yr undeb hwnnw yn rhai diogel ac yn sylfaen y gellir adeiladu'n gadarn arni.[3]

Roedd yr amod cyntaf a amlinellwyd yn gysylltiedig â'r iaith:

Gorfodi'r Gymraeg: Hynny yw bod gorfod ar bob awdurdod lleol yng Nghymru drafod yr holl fusnes yn yr iaith Gymraeg, a bod yn rhaid i bob gwas a swyddog dan yr awdurdod sy'n ymwneud â chofnodion, ystadegau, rheolau, etc yr awdurdod, ddefnyddio'r Gymraeg. Bod Cymraeg hefyd yn iaith addysg, hynny yw yn gyfrwng addysg yn holl ysgolion Cymru.

Nid oedd dim newydd yn hyn o beth, ond roedd Saunders Lewis am fynd yn bellach na hyd yn oed Emrys ap Iwan, wrth fynnu nad ystyr gorfodi'r Gymraeg oedd ei rhoi ar yr un tir neu mewn sefyllfa gydradd â'r Saesneg – yr hyn a olygai oedd 'gorfodi y Gymraeg yn unig'.[4]

Ail amod ei lythyr oedd nid yn unig 'torri cysylltiad â phob plaid wleidyddol arall yng Nghymru a Lloegr', fel yr awgrymodd H.R., ond bod 'rhaid torri pob cysylltiad hefyd â Senedd Loegr'. Rhaid oedd i blaid genedlaethol weithio yng Nghymru, drwy'r awdurdodau lleol, a throi Cymru yn Gymreig drwyddynt hwy, a 'boicotio' San Steffan. Yr oedd Saunders Lewis yn argyhoeddedig na ddeuai 'dim i Gymru fyth drwy Senedd Loegr'.

Ar ben y telerau ynglŷn ag amcanion gwleidyddol, gosododd Saunders Lewis amod ychwanegol. Amod oedd yn ymwneud yn uniongyrchol â disgyblaeth a threfn unrhyw blaid newydd, oherwydd 'er mwyn sicrhau bod holl aelodau'r blaid yn cadw egwyddorion y blaid, mi hoffwn weld yn gyntaf gymryd llw o ufudd-dod gan holl aelodau'r blaid i'r pwyllgor gweithio'.[5] Ym marn cofiannydd Saunders Lewis, Robin Chapman, yr hyn y mae'n ei olygu yma wrth egwyddorion yw cysondeb syniadol, 'yn lle iachawdwriaeth a chalon Jones, gwell ganddo oedd sôn am gadernid a meddwl ac ymwadu â theimladrwydd'.[6]

'Ni wn i ddim yn fanwl am eich plaid', meddai Saunders drachefn, ond anodd credu nad oedd wedi clywed rhyw sibrydion neu ddarllen adroddiadau am gyfarfodydd anhrefnus caffi'r Queen's. Er hynny, roedd wedi penderfynu mai dyma oedd y cerbyd mwyaf addas i wireddu ei obeithion gwleidyddol. Gorffennodd ei lythyr trwy roi ei air y byddai'n gwasanaethu o dan unrhyw bwyllgor neu arweinyddiaeth os derbynnid ei amodau: 'mi weithiaf gyda rhywun, neu dan rywun, sy'n ymrwymo i gadw'r ddwy egwyddor a grybwyllais'.[7]

Dadleuwyd mai rhyw fath o *fait accompli* gan y Mudiad Cymreig oedd amodau Saunders. Mae'n wir mai ei brif fwriad wrth dderbyn y cynnig i fod yn is-lywydd oedd sicrhau bod egwyddorion y Mudiad Cymreig yn llywio'r blaid newydd. A phwysleisiai'r egwyddorion hynny yr angen am eglurder ynglŷn â'r dulliau. Fel y nodwyd, mae'n siŵr fod rhemprwydd cyfarfodydd caffi'r Queen's yn wybyddus iddo ac mai taro'r post i'r pared glywed oedd y pwyslais ar yr angen allweddol am ddisgyblaeth ac 'ufudd-dod' i'r pwyllgor gwaith arfaethedig. Nid oedd gan griw Caernarfon safbwyntiau eglur na fawr ddim trefn, ac annelwig oedd eu hamcanion. Nid oedd ganddynt unrhyw syniad pendant am y math o ymreolaeth i'w gyrchu ac nid oedd unrhyw gytundeb yn eu plith ynghylch pa ddulliau i'w defnyddio i gyrraedd y nod. Roedd mwy o waelod deallusol a sylwedd yn y Mudiad Cymreig, ac nid oes amheuaeth y byddai pobl fel Lewis Valentine a Moses Griffith, a hyd yn oed H.R. Jones ei hun, wedi derbyn unrhyw amodau ganddynt, nid yn unig er mwyn denu cenedlaetholwyr amlwg o'r de i'r rhengoedd, ond hefyd i gael rhyw lun ar gyfeiriad a disgyblaeth.

Wedi cymryd y cam i gysylltu gyda mudiad y gogledd,
mae'n siŵr fod Saunders Lewis yn disgwyl ymateb prydlon
i symud pethau yn eu blaenau. Ond ni ddaeth gair am
wythnosau. Mewn rhwystredigaeth, ysgrifennodd at H.R.
eilwaith ar 19 Mawrth:

Yr oeddwn yn disgwyl clywed gennych o hyd beth a
drefnwyd yn y pwyllgor gennych ynglyn â'r amodau
gynygiais i cyn y gallwn ddyfod yn aelod o'ch mudiad.
Wrth gwrs, ni fynnwn i wasgu arnoch i dderbyn fy amodau,
ond mi hoffwn gael clywed am hyn, gan mai chwychwi a
sgrifennodd ataf i yn gyntaf.[8]

Ymateb H.R. oedd anfon taflen yn syth o'r wasg, gyda
rhestr o swyddogion a datganiad o fwriadau'r blaid newydd:

Llywydd: Lewis Valentine
Is-lywyddion: Y Fonesig Mallt Williams, Saunders Lewis a
    Meuryn.
Trysorydd: Dr Iorwerth [Lloyd] Owain
Ysgrifenyddion: [Ifan] Alwyn Owain a Gwilym R. Jones
Trefnydd: H.R. Jones

Yr amcanion oedd ennill hunanlywodraeth a hybu'r iaith
Gymraeg, gyda fersiwn o'r amodau a osodwyd i lawr gan
Saunders ynghlwm.

Nid oedd yr ymateb hwn yn plesio Saunders Lewis a
dweud y lleiaf. Ar 1 Ebrill gohebodd eto gan osod y ddeddf
i lawr:

1. Nid wyf yn hoffi gweld y rhestr swyddogion. Nid ydym
   yn ddynion mor enwog fel y bydd ein henwau o fantais
   fawr.[9]

Awgrymodd y dylid nodi enwau'r llywydd a'r trefnydd yn
unig, ond meddai, 'y mudiad sy'n bwysig nid y dynion hyn'.

Ar ben hynny, roedd yr amcanion yn llawer rhy annelwig ganddo, ac yn ddim mwy na fersiwn wedi'i lastwreiddio o'i amodau ef yn llythyr Gŵyl Dewi.

2. Amcanion
   Mynnu <u>hunan-lywodraeth</u> i Gymru. Beth yw ystyr hynny? Pa ffurf ar hunan-lywodraeth? Dyma le i rwygiadau diderfyn o fewn y blaid, ac y mae'n nodweddiadol o'r niwlogrwydd a droes llawer mudiad tebig i hwn yn destun gwawd a chwerthin yng Nghymru.
   O'm rhan i, yn bendant, ni allwn ymaelodi mewn mudiad sy'n dechreu mor ddi-syniad ac amhendant.

Rhywbeth arall a flinai'r darlithydd o Abertawe oedd y diffyg polisïau ar daflen H.R.:

3. Sut i weithio? Nid oes air yma i ddangos bod polisi gennym o gwbl. <u>A pholisi sy'n bwysig</u>, yr unig beth pwysig.

Aiff Saunders ymlaen i ddweud os mabwysiedid ei egwyddorion ef y byddai 'gwŷr pwysig yn barod ymuno â ni', ond gan daflu bwcedaid go fawr o ddŵr oer dros bamffled H.R. gan ddweud yn swta, 'Y mae'r daflen fel y mae hi yn ddiwerth hollol.'

Gorffenna'i lith gydag ymddiheuriad am fod mor hallt, ond nid oedd yn edifar chwaith. Roedd angen proffesiynoli'r blaid os oedd y Mudiad Cymreig i ddod yn rhan ohoni:

Maddeuwch eiriau plaen, ond llythyr busnes yw hwn, a bod yn blaen ac yn llym bawb ohonom at ei gilydd sydd eisieu ar gychwyn mudiad fel hwn onide.

Ymateb H.R., y pamffledwr *par excellence*, oedd cael argraffu taflen arall a ffurflen ymaelodi oedd yn adlewyrchu holl sylwadau Saunders Lewis:

Plaid Genedlaethol Cymru.
SEFYDLWYD 1925.
Amcan.
Cael Cymru Gymreig.
Y mae hynny'n cynnwys:
   a. Sicrhau'r Gymraeg yn unig iaith swyddogol Cymru,
      ac felly yn iaith orfod yn holl drafodaethau yr
      awdurdodau lleol, ac yn iaith orfod ar bob swydd a
      gwas dan bob awdurdod lleol yng Nghymru.
   b. Sicrhau'r Gymraeg yn gyfrwng addysg Cymru o'r Ysgol
      elfennol hyd at y brifysgol.

Cynllun Gweithio.
GWEITHIO YNG NGHYMRU YN UNIG. Felly yr ydys yn
cydnabod hawl Cymru i setlo ei thynged ei hun.
Y mae hynny'n golygu: –
   a. Ceisio cyrraedd ein hamcan trwy ennill yr
      awdurdodau lleol, sef y cynghorau plwyf, tref,
      dosbarth, a sir.
   b. Ymwrthod â phob lecsiwn senedd a pheidio a
      phleidleisio ynddi, am ei bod yn cydnabod hawl cenedl
      estron ar Gymru.
   c. Ymwrthod â phob plaid boliticaidd Seisnig.
   d. Cael cronfa i ymladd lecsiynau lleol yng Nghymru.
GELLIR CAEL CYMRU GYMREIG DRWY'R
AWDURDODAU LLEOL YNG NGHYMRU. GAN HYNNY,
ENILLWN Y RHEINY.

Addewid.
Yr wyf i sydd a'm henw isod yn ymuno â 'Plaid Genedlaethol
Cymru'; yr wyf yn derbyn y datganiad uchod o amcan y Blaid
a'i chynllun gweithio; ac ymrwymaf i dorri pob cyswllt â
phleidiau gwleidyddol eraill yng Nghymru a Lloegr.

Yr hyn sy'n arwyddocaol yn y daflen hon, a phamffledi
dilynol y Blaid Genedlaethol Gymreig, yw na cheir cyfeiriad
at unrhyw fath o hunanlywodraeth. Cred Saunders Lewis

yn y cyfnod hwn oedd y dylid datblygu ymreolaeth yng Nghymru trwy ennill grym a thrawsnewid llywodraeth leol, yn hytrach nag yng nghoridorau San Steffan. Mae'n bosib fod ôl dylanwad Sinn Féin yma, er nad arddelodd ef hynny erioed. Oherwydd o 1918 ymlaen, trwy gyfnod y Rhyfel Annibyniaeth, sefydlodd y gweriniaethwyr weinyddiaeth sifil danddaearol ledled Iwerddon, gan danseilio gafael y llysoedd Prydeinig ar gyfraith a threfn. Awgrym Arthur Griffith, arweinydd Sinn Féin, oedd cael Llysoedd y Dáil, fel y'u gelwid, fel ffordd o roi ei egwyddor o anufudd-dod heddychlon ar waith. Yn ystod y Rhyfel Annibyniaeth, fodd bynnag, fe'u defnyddid fel ffordd i ddatrys anghydfodau tir mewn ardaloedd gwledig. Dan oruchwyliaeth cenedlaetholwyr fel Kevin O'Shiel ac Austin Stack, roedd y llysoedd yn her uniongyrchol i awdurdod Coron Lloegr a Llywodraeth Prydain yn Iwerddon.

Wrth adrodd yn ôl i'w gyd-aelodau yn y Mudiad Cymreig, gwyddai Saunders fod ganddo dalcen caled. Roedd Griffith John Williams ac Ambrose Bebb yn amharod i'w mudiad gael ei lyncu'n llwyr gan y blaid yn y gogledd. Un o'u hofnau pennaf oedd y byddai cenedlaetholwyr meddal, llai ymroddedig i'r achos, yn ymuno ac felly yn ei lyffetheirio o'r cychwyn cyntaf.

Mewn llythyr at D.J. Williams flynyddoedd wedyn, dywedodd Elisabeth Williams fod Bebb a Griffith John am oedi cyn ymuno, 'rhag ofn i dorf y gogledd ymuno â'r mudiad ac iddynt foddi'r syniadau pendant – mudiad cyfrinachol, etc., ond fe fynnodd S.L. ymuno â'r gogledd – eisiau oedi uno oedd ar B. a G.J. i osod sylfeini sicr i'r mudiad ar y dechrau.'[10]

Eu cyngor nhw, felly, oedd y dylid holi H.R. ymhellach cyn cydsynio. Ond er gwaethaf diffyg polisi a threfniadaeth ddi-drefn y gogleddwyr, gwyddai Saunders nad oedd y Mudiad Cymreig yn mynd i unman chwaith, ac er mor optimistig oedd Bebb ar ôl cyfarfod Ionawr 1925, nad oedd

unrhyw weithgarwch neu ymgyrchu sylweddol ar droed.
Yng ngwanwyn 1925 anfonodd Saunders at ei gyfeillion
yn amlinellu'r trafodaethau a fu rhyngddo a H.R. hyd
hynny. Mae'r llythyr hwnnw, gydag atodiadau sy'n
cynnwys ymatebion H.R., yn batrwm o feddwl trefnus a
chaboledig.

1. Llythyr cyntaf H.R. Jones, trefnydd y Blaid Genedlaethol
   Gymreig Mawrth 4edd yn gofyn imi ymuno gyda hwy a
   disgrifio eu hamcanion (Atodiad A yn dilyn)
   1b. F'ateb innau yn gofyn iddynt am ychwanegu llawer
   at eu polisi – sef ychwanegu <u>ein holl amcanion</u> ni yn y
   Mudiad Cymreig, ond wrth gwrs heb ei enwi.
2. Cerdyn (Gweler Atodiad B) gan H.R.J. yn dweud i'r
   pwyllgor dderbyn yr 'amodau yn llwyr fel yr oeddynt', a'm
   dewis innau yn un o is-lywyddion eu mudiad – cytunais â
   hynny.
3. (Gweler Atodiad C) Anfon ffurflen y Blaid ataf. Crisis.
   Yr oedd ein hamcanion ni wedi eu <u>dwfrhau</u> lawer yn
   hon. Anfonais innau ffurflen o'm cyfansoddiad i yn
   ôl, gydag ultimatum <u>eu bod i'w chymryd</u> neu y byddai
   diwedd arnynt. Mynnu hefyd eu bod yn unig i roi enwau'r
   trefnydd a'r trysorydd a'r llywydd ar y ffurflen, a bod
   cyfarfod i'w gynnal ~~yn Eisteddfod~~ yn fuan i ddewis
   pwyllgor o arweinwyr Cymru, ac enwais Fred Jones
   Treorci ac Ambrose Bebb.
4. Ateb ganddynt (Gweler Atodiad D) eu bod yn derbyn <u>fy
   ffurflen i fel yr oedd a'n polisi ni yn gyfan</u>.
Felly, fe welwch, heb yn wybod iddynt, y maent <u>oll yn ein
mudiad ni</u>.
Yn awr yr wyf yn dymuno arnoch fel pwyllgor: –
1. orchymyn i holl aelodau ein mudiad ni ymuno a'r Blaid
   (Hynny yw, yr ysgrifennydd i anfon yr holl enwau at H.R.
   Jones).
2. Anfon o'r trysorydd <u>drostom oll, nid pob aelod ar wahan</u>,
   danysgrifiad dyweder o 10/- y pen. Felly heb enwi'r
   Mudiad ein bod ni yn 'bloc national' o fewn y Blaid

Genedlaethol, a gallwn felly ei gyrru hi 'dans notre sens' –
i'n cyfeiriad ni.

3. Yr wyf yn canmol fy ngwaith fy hun wrthych oblegid
credu'r wyf i'r siawns ddyfod imi yn rhyfedd o lwcus a
dyna ni mewn cyfle i ennill y wlad, – ond rhaid cadw ein
Mudiad dirgel ni yn fyw o hyd er mwyn gweithio yn yr
amlwg drwy'r blaid, a'i chadw hi ar y ffordd iawn, canys
pobl dda iawn ond gwan a yw pobl Caernarfon.
Yr eiddoch yn bur,
Saunders Lewis[11]

Wrth ddefnyddio'r geiriau Ffrangeg yn ei adroddiad,
roedd Saunders Lewis yn apelio at Francophilia Bebb yn
arbennig. Cyfeiria 'bloc national' at gynghrair pleidiau'r
asgell dde yn Ffrainc yn y dauddegau a gladdodd eu
drwgdybiaeth o'i gilydd i ffurfio llywodraeth. Dichon fod yr
ymadrodd Ffrangeg 'dans notre sens' (i'n cyfeiriad ni) hefyd
yn cael ei ddefnyddio i ddarbwyllo ei gyd-aelodau mai'r
Mudiad Cymreig oedd â'r weledigaeth wleidyddol a'r gallu
strategol i symud y blaid newydd yn ei blaen.

Bu Saunders Lewis yn ffodus i'r graddau fod anhrefn
cyfarfodydd caffi'r Queen's a'r cecru cysylltiedig yn golygu
bod pobl fel H.R. a Valentine yn fwy na pharod i dderbyn ei
amodau.

*****

Ar ôl y gohebu'n ôl ac ymlaen gyda lladmerydd y Mudiad
Cymreig roedd H.R. ar dân i gadarnhau'r newyddion da, ac
i ledaenu efengyl y Blaid Genedlaethol unedig, felly bwriodd
ati i lythyru gydag aelodau newydd posib.

Un o'r cyntaf i dderbyn llythyr oedd D.J. Williams.
Lluniwyd y llythyr ar bapur pennawd Byddin Ymreolwyr
Cymru ond croeswyd yr enw hwnnw allan ac ysgrifennwyd
'Plaid Genedlaethol Cymru' yn ei le. Ynddo, mae H.R.
yn gofyn i D.J. 'i ystyried yn bwyllog eich dyledswydd fel

Cymro a cenedlaetholwr [*sic*] i ymuno ar [*sic*] blaid. Nid yw ond ieuanc, eto i gyd, llifa goreugwyr Gwynedd i mewn yn ddyddiol i'w rhengau.'[12] Roedd y Blaid, meddai H.R., yn ymladd dros hunanlywodraeth a gwneud y Gymraeg yn unig iaith swyddogol Cymru. Gofynnwyd i D.J., fel pob darpar aelod, ardystio wrth ymaelodi ei fod yn torri pob cysylltiad gyda'r pleidiau Prydeinig.

Ymatebodd D.J. yn frwd ar 27 Mawrth gan ofyn am gael ymaelodi:

> Da iawn oedd gennyf gael gair oddiwrthych y dydd o'r blaen
> parthed 'Byddin Ymreolwyr Cymru'. Yr wyf yn cyd fynd
> yn hollol âg egwyddorion sylfaenol y mudiad fel y nodech
> chwi hwy, sef dyletswydd pob gwir Gymro i dorri'n rhydd
> oddiwrth y pleidiau gwleidyddol ereill ac ymuno â'i gyd
> Gymry i ffurfio plaid genedlaethol Gymraeg yn ymrwymo
> i wasanaethu Cymru ei hun yn gyntaf ac yn bennaf peth
> gyda'r amcan mewn golwg drwy'r holl amser o wneud
> Cymru'n Gymru Gymraeg.
> Dyna'r unig ffordd yn sicr y daw, os y daw hi rywfodd.
> Fe ddibynna hynny ar yr ynni a'r ymroddiad a roddwn ni i'r
> gwaith.[13]

Ym mis Mai y flwyddyn honno, mewn rhifyn o bapur lleol y mudiad Llafur yn ardal Llanelli, *The Labour News*, mynegodd D.J. y rhesymau pam yr oedd yn genedlaetholwr. Mae'n eitem y gellir ei hystyried bron fel rhyw fath o ffarwel ganddo i'r Blaid Lafur:

> Yr wyf fi yn Fethodis trwy ddamwain, yn Sosialydd o ran
> argyhoeddiad gwleidyddol, ac yn Gymro o ran gwaed a
> thraddodiad. Gallaf newid fy enwad, pe byddai enwad o
> ryw bwys, a gall fy argyhoeddiadau gwleidyddol newid, ond
> nid oes yr un gallu mewn bod, – fe ofalodd rhagluniaeth
> am hynny, – all fy newid o fod yn Gymro i fod yn Sais neu
> Wyddel, neu Ffrancwr neu Ellmyn. Felly, o anghenraid, y

mae fy nghysylltiad i â'm cenedl yn agosach ac yn rymusach peth, mewn ystyr gymdeithasol na'r un cysylltiad arall yn y byd hwn.[14]

Un arall a ymaelododd yn fuan oedd Moses Griffith, a oedd yn adnabod H.R. yn dda ers cydweithio gydag ef ar gyfarfodydd Undeb y Cymdeithasau Cymraeg ym Meirionnydd ac a fu hefyd yn mynychu rhai o gyfarfodydd y Queen's. Ysgrifennodd at H.R. ar 17 Mawrth 1925:

> Annwyl Gyfaill
> Diolch am eich llythyr dderbyniais yn ddiogel yr wythnos diweddaf. Bydd yn bleser o'r mwyaf gennyf ymuno ar [sic] Blaid.
> Amgaeaf fy nhanysgrifiad. Yn sicr y mae gennym lawer o waith i'w wneud.
> Llawenydd digymysg i mi yw gweled mai Mr [L.]E. Valentine Llandudno yw eich llywydd. Ymladdodd ef a finnau lawer gyda'n gilydd dros Gymry a Chymraeg pan yn gyd-efrydwyr yn Mangor.[15]

Nid Saunders Lewis oedd yr unig un i holi cwestiynau ynghylch diffyg eglurder polisïau'r blaid newydd, fodd bynnag. Wrth ddatgan ei barodrwydd i ymuno, cododd Iorwerth Peate sawl mater lle teimlai nad oedd y Blaid Genedlaethol yn gwbl glir. Cyn ymaelodi dywedodd ei fod am wybod beth oedd ei pholisi uniongyrchol i fod:

> Soniasom ddigon bellach am ddelfrydau, ac nid oes llawer o anghytuno am y rheiny: yn hytrach, a fyddwch chwi cystal a rhoddi gwybod imi ryw amcan o bolisi uniongyrchol y blaid, pa beth a wna hi yn ystod y blynyddoedd nesaf hyn, ac ar ba linellau y bydd hi'n gweithredu.[16]

Roedd Peate yntau'n croesawu penodiad Valentine yn llywydd ac roedd cael Saunders Lewis yn is-lywydd hefyd yn gymeradwy ganddo am fod y ddau yn credu 'mewn gwaith uniongyrchol'. Roedd am wybod hefyd a fyddai ymaelodi yn golygu na fyddai modd cynorthwyo dynion fel George M.Ll. Davies ac E.T. John oedd yn ymgyrchu dros yr un pethau â'r blaid genedlaethol mewn pleidiau eraill.

Yn olaf, holodd Peate 'ai byddin yw'r blaid, ac ai ymladd yw ei dull o weithredu? A fyn hi force neu a ydyw hi'n ddelfryd ganddi i ennill hawliau Cymru trwy resymu ar lwyfannau gwlad a Senedd, a bod yn debycach i'r Nationalists Gwyddelig nag i'r Sinn Fein?'[17]

Un arall a atebodd y cais i ymaelodi â'r Blaid oedd William George o fudiad Cymru Well. Amharod i adael y Rhyddfrydwyr oedd brawd David Lloyd George, er ei fod yn dymuno'n dda i ymdrechion H.R.:

> Gyda golwg ar y Blaid Genedlaethol – anaeddfed ydwyf yn awr i ymuno. Ond os byth y gwelaf fod Gwaredigaeth i Gymru yn annobeithiol [sic] drwy'r Blaid Ryddfrydig, wel bydd rhaid ail ystyried y sefyllfa wrth gwrs. Mae gennych nifer o ddynion rhagorol wrth y rhwyfau – os gellwch eu cael i gyd-dynnu.[18]

Yn y cyfamser, roedd golygydd *Y Darian*, J. Tywi Jones, wrthi'n llawn brwdfrydedd yn chwilio am aelodau newydd. Cysylltodd gyda H.R. i ddweud ei fod wedi siarad gyda merch ddeallus oedd â chryn botensial i fod yn aelod gweithgar, ond bod ganddi amheuon am niwlogrwydd y polisïau:

> Gwelais Miss Kate Roberts am funud neithiwr. Rhyw amau yr oedd a allai gytuno â pholisi'r Blaid Genedlaethol, ond yr oeddwn yn dweyd wrthi nad oedd y polisi wedi ei lunio'n derfynol, ac y gallai hi gael llais yn y mater. Yr wyf yn meddwl y gellir ei pherswadio i ymuno.[19]

A hithau'n hanu o bentref Rhosgadfan ym mro chwareli llechi Arfon, erbyn 1925 roedd Kate Roberts yn athrawes

Gymraeg yn Ysgol Aberdâr a newydd gyhoeddi ei chyfrol gyntaf o straeon byrion, *O Gors y Bryniau*. Cafodd y llyfr ganmoliaeth fawr gan y beirniaid, gyda T. Gwynn Jones yn dweud yn ei adolygiad yn *Y Darian*, 'Dyma awdures sy feistres ar ei chrefft, wrth y safonau gorau. Fel y maent y gwêl hi bethau, ac ni thwyllir moni gan yr olwg ar y wyneb.'[20] Disgrifiwyd y gyfrol fel 'carreg filltir bwysig yn ein twf llenyddol' gan W.J. Gruffydd yn *Y Llenor*.[21] Bu Kate hithau'n fyfyriwr ym Mangor o dan John Morris-Jones, a dioddefodd golled bersonol drom pan fu farw ei brawd Dei yn y Rhyfel Mawr ac yntau ond pedair ar bymtheg oed. Roedd ganddi gydymdeimlad naturiol â'r cenedlaetholwyr ifanc ond roedd hefyd yn ei hystyried ei hun yn sosialydd, ac roedd ceidwadaeth negeseuon Saunders Lewis a Bebb yn faen tramgwydd iddi ymuno â'r Blaid yn syth.[22] Roedd D.J. Williams, a rannai'r un syniadau gwleidyddol gydag arlliw sosialaidd â hi, hefyd o'r farn y byddai ei chael yn y rhengoedd yn gaffaeliad mawr iawn, a bod ynddi 'ddefnydd aelod heb ei fath'.[23]

Un arall a anfonodd neges at H.R. yn datgan ei fwriad i ymaelodi oedd Morris T. Williams o'r Groeslon, oedd bellach yn byw ym Mharis, fel y soniwyd eisoes.[24] (Byddai Kate Roberts a Morris yn priodi ymhen rhai blynyddoedd ar ôl cyfarfod yn ysgol haf gyntaf y Blaid Genedlaethol.)

Erbyn Ebrill 1925, dywedid bod rhwng 1,500 a 2,000 o aelodau gan y Blaid.

Yn ystod wythnosau Mai a Mehefin daeth aelodau'r Mudiad Cymreig i gysylltiad pellach gydag aelodau Plaid Genedlaethol Cymru. Bellach, roedd Ambrose Bebb wedi cychwyn yn ei swydd yn y Coleg Normal, Bangor, ac mewn sefyllfa i gysylltu rhwng dwy adain y blaid unedig arfaethedig. Yn sgil hynny, gwnaeth ragor o ymholiadau am grŵp Caernarfon, ac roedd yr adroddiadau'n ffafriol. Lewis Valentine oedd yr un oedd yn cyfri, meddai yn ei ddyddiadur ddydd Sadwrn, 9 Mai:

Yn y prynhawn daeth Valentine yma o Landudno i gael
ymddiddan â mi ... Deallais ar unwaith ei fod ef a minnau
â'n meddwl yn yr un man ar y pwnc cenedlaethol ... Bachgen
iawn ydyw, rhadlon, mwyn a diddorol. Nid yw efallai'n
wleidydd. Ond y mae'n bersonoliaeth. Y mae'n ddylanwad.
Yr wyf yn falch iawn o'i gyfarfod a chredaf mai hawdd o beth
fydd cydweithio ag ef. Yr oeddem ar unwaith yn gyfeillion;
ac felly y tybiaf yr arhoswn.[25]

O fewn rhai dyddiau roedd Bebb yn annerch y Tair G yng
nghaffi Westminster, Bangor – 'cyfarfod purion dda' – ac
ar y 23ain wedyn aeth i gyfarfod o bwyllgor gwaith y Blaid
Genedlaethol, lle roedd Valentine, H.R. a Lloyd Owen ymysg
eraill hefyd yn bresennol. Trafodwyd y bwriad i lansio ym
Mhwllheli gan benderfynu cynnal dau gyfarfod yn ystod yr
Eisteddfod. Pasiwyd hefyd i gondemnio colegau Bangor ac
Abertawe am benodi athrawon o Loegr. Ond dyna pryd y
cafodd Bebb flas o'r cecru a'r hollti blew a nodweddai fudiad
y gogledd. Oherwydd fe aeth yn ddadl danbaid rhyngddo ef
a Lloyd Owen, gyda'r meddyg o Gricieth yn dadlau na ddylid
penodi 'yr un estron byth i swydd gyhoeddus yng Nghymru'
a Bebb yn mynnu y gellid penodi ar yr amod fod ymgeiswyr
yn dangos parodrwydd i ddysgu'r iaith o fewn blwyddyn.

Cafwyd ffraeo pellach pan wnaeth Lloyd Owen hi'n amlwg
ei fod yn ddiamynedd iawn gyda chael senedd i Gymru cyn
diogelu dyfodol y Gymraeg. Awgrymodd ef ac eraill y dylid
boicotio'r pwyllgor oedd ar y pryd yn edrych i gyflwr y
Gymraeg yng Nghymru. Valentine a Bebb a enillodd y ddadl
a chael eu dewis i roi tystiolaeth ar ran y Blaid gerbron y
pwyllgor hwnnw. Ond roedd y profiad yn addysg i Bebb, fel
yr ysgrifennodd ar ôl y cyfarfod: 'Swm y cwbl? Cadw rhag
bod yn annoeth ac aneffeithiol. Ac anodd hynny. Pwyllgor
gorau, pwyllgor bychan.'[26]

Adroddodd yn ôl i'w gyfaill Griffith John Williams gyda'i
argraffiadau. Nid oedd y 'Blaid' eto wedi ei sefydlu, meddai,
ac nid oedd Valentine yn ei chyfrif hi'n 'ddim namyn paratoad

at ffurfio y "Blaid"' go iawn – 'hyd hynny rhyw bwyllgor sirol ydyw'. Ym Mhwllheli adeg yr Eisteddfod, y deuai'r Blaid Genedlaethol unedig i fod, a dyna pryd y dewisid ei swyddogion hefyd. Nid oedd Lloyd Owen yn unigolyn o bwys yn y mudiad, ychwanegodd. Cymaint oedd pryder Bebb ynghylch y doctor o Gricieth nes iddo fod wedi ceisio sicrwydd pellach ar y mater gan Valentine. Roedd gweinidog Llandudno, meddai, 'y rhadlonaf o ddynion, a'r hawddgaraf, ond eto'n gryf ei ffydd' ac ef oedd yr un allweddol, ef oedd y dyn oedd yn cyfrif yn eu mysg.[27]

Gan y Mudiad Cymreig yr oedd y sylwedd deallusol, ym meddwl Bebb, a dywed nad oedd grŵp y gogledd 'i'w gymharu â'n Mudiad ni mewn medr, a meddwl, a nerth rheswm a deall. Cyn iddo lwyddo, rhaid wrth ddynion nad ydynt ganddo.' Er hynny, ni welai anhawster o gwbl bellach i gydweithio â hwy ac yna yn yr Eisteddfod, 'ymuno, hwy a ni, ni a hwy, yn un "Blaid" newydd – y Blaid Genedlaethol'.[28]

Ei awgrym terfynol i'w gyd-aelod yn y Mudiad Cymreig oedd 'y dylem gyd-weithio o'r awr hon', gan ychwanegu nad 'cystadleuwyr ydym, ond dau fudiad wedi codi o'r un angen, o'r un rhaglen am orfodi'r Gymraeg, a chadw rhag y pleidiau Seisnig, i wynebu'r un gwaith mawr ... Cyfrifaf o hyn allan fod pawb o'n Mudiad ni yn gyd-weithwyr â hwy, yn rhinwedd ymaelodi gyda ni.'[29]

14

'Mae'r peth wedi ei gychwyn'

ERBYN GWANWYN 1925 roedd cynlluniau ar droed i lansio Plaid Genedlaethol Cymru yn swyddogol fel plaid wirioneddol genedlaethol yn Eisteddfod Pwllheli ym mis Awst. Pan gyhoeddodd y *South Wales News* erthygl yn datgelu bodolaeth y blaid newydd yn Ebrill 1925, ysgrifennodd Valentine at y golygydd yn datgan:

> I have no authority to make a statement on the subject at this stage. No committee or national officers have yet been elected, but it is hoped to be able to do so when representatives of the North and South meet at Pwllheli during the eisteddfod. Until these meet it cannot be said that the movement has national officers.[1]

Nid sefydlu nod, dulliau a pholisïau oedd y peth pwysig i Valentine – y cam cyntaf hollbwysig iddo ef oedd sefydlu'r blaid newydd fel corff cenedlaethol i siarad ar ran Cymru. Byddai'n rhaid aros tan ar ôl y cyfarfod ffurfiol cyntaf i benderfynu ar y rhain.

Yng ngholofn 'Nodion' *Y Faner* ar 25 Ebrill ysgrifennodd Prosser Rhys ar bwnc 'Y Blaid Genedlaethol, a'r angen am newid gwleidyddol yng Nghymru'. Cyfeiriodd yn arbennig at ddirywiad y Blaid Ryddfrydol Gymreig fel grym politicaidd:

Amlwg i'r neb a ystyrio ychydig fod rhyw ddiffrwythtra rhyfedd wedi gafael yn yr hen bleidiau gwleidyddol.

Mawr y gwahaniaeth rhyngddynt heddyw a'r peth oeddynt ugain neu ddeng mlynedd ar hugain yn ôl. Y pryd hwnnw yr oedd Dadsefydliad yr Eglwys ac Ymreolaeth Iwerddon yn bynciau llosg.

Wedi sylweddoli'r ddau gais hwnnw nid ymddengys bod gan y Blaid Ryddfrydig Gymreig ddim byd pendant i ymladd drosto. Yn ddiweddar, fodd bynnag, y mae rhai o'r Cymry ieuanc yn ymwybod a'r perigl y mae'r genedl a phopeth y sydd werthfawr ganddi yn ei wynebu ar hyn o bryd.

Y mae ein hiaith, a'i thraddodiadau ar y ffordd i ddiflannu onni wneir rhywbeth effeithiol i'w hachub. Myn rhai Cymry mai dyma'r adeg i sefydlu plaid wir genedlaethol, a gyfrif ein bod fel cenedl yn bwysicach na dim arall. Ceisiwyd ein rheoli a'n dysgu gan genedl arall i'w phwrpas arbennig hi.

Ni ddawr gan honno beth a ddaw ohonom fel cenedl. Casbeth yw pob math ar genedligrwydd y tu allan i Loegr a thu allan i Loegr y clywir Saeson yn taranu yn erbyn y peth. Y mae'n bryd i Gymru feddwl am ei hachub ei hun, ni ddichon neb arall wneuthur hynny. Ni wneir dim o symudiad fel hwn heb lawer o sêl danbaid a gweithredoedd hefyd.

Rhaid inni bellach ddewis un o ddau beth, – bod yn bobl weddol syber yn ein tŷ ein hunain neu yn gaethion i bobl eraill.

Nid oes eisieu neb wylltio ond i'r sawl a gollodd ei hunan barch.[2]

Mae'r pwyslais trawiadol ar weithredu a 'ni ein hunain' yn arwydd clir o deithi meddwl cenedlaetholwyr ifanc y cyfnod ac mae ôl dylanwad Sinn Féin yn amlwg ar y meddylfryd hwnnw.

Yn ystod gwanwyn a haf 1925 bu Saunders Lewis hefyd yn ysgrifennu yn *Y Faner* yn amlinellu'r hyn a welai fel rhai o amcanion y blaid. Nid oedd dim newydd yn ei erthyglau, ond roedd yn crisialu ei farn ar ddulliau ac egwyddorion sylfaenol. Y nod cyffredinol, meddai, oedd amddiffyn a hyrwyddo'r gwareiddiad Cymraeg, ac i'r perwyl hwnnw y cam cyntaf oedd 'ennill yr awdurdodau lleol i'r achos Cymreig, gweithio yng Nghymru drwyddynt hwy ... Dyna'r method a ddwg inni lwyddiant.' Byddai gofyn i'r blaid weithio yng Nghymru yn unig a 'gadael llonydd ... i senedd Lloegr, i bleidiau gwleidyddol Lloegr, dyna yw dyletswydd Cymro Cymraeg.'[3]

Gwastraff egni ac amser prin oedd ymladd etholiadau i San Steffan, ond ar y llaw arall, dylid cynnig ymgeiswyr ymhob etholiad lleol. Yna, wedi ennill grym ar y cynghorau, y nod fyddai 'gorfodi'r Gymraeg' yn iaith swyddogol yr awdurdodau hynny, yn fewnol, yn gyhoeddus ac ar draws y gyfundrefn addysg:

> Er mwyn y genedl y mae addysg, nid er mwyn yr unigolyn. Amcan ysgol yw traddodi i'r plant – i'r genhedlaeth nesaf – holl gyfoeth ysbrydol a moesol gwareiddiad y genedl ... Gan hynny, y mae addysg drwy'r Gymraeg ac yn Gymraeg yn hanfodol i barhad gwareiddiad Cymreig. Gan hynny, gorfoder y Gymraeg yn ysgolion Cymru.[4]

Os oedd Saunders Lewis yn rhoi cig ar asgwrn polisi y blaid newydd, ceisio gosod y frwydr dros ryddid Cymru mewn cyd-destun rhyngwladol a gwrth-imperialaidd a wnaeth H.R. Jones yn ei erthygl yntau i'r *Faner* ym mis Mehefin. Mae'n dechrau trwy ddadansoddi natur wladychol y Sais:

Ystyriwch natur y Sais. Cofiwch mai teyrn yw. Myn bob cenedl dan ei draed, a gwthia ei ddelfrydau, ei iaith a'i arferion i fywyd cenhedloedd eraill. Cred yn ei galon fod y genedl Seisnig yn genedl wedi ei neilltuo i lywodraethu'r holl fyd; mai israddol yw cenhedloedd eraill ac y dylent blygu glin iddo.[5]

Gan adleisio Emrys ap Iwan, dadleua H.R. nad 'un genedl fawr, ond llawer o genhedloedd bychain, pob un yn byw ei bywyd ei hun' yw amcan Duw. Dylai'r Cymry weld eu cenedl fel un ymysg llawer, pob un yn gydradd â'i gilydd:

Y mae gan bob cenedl rywbeth neilltuol yn ei bywyd hi ei hunan i roddi i'r ddynoliaeth, nad yw'n perthyn i genedl arall. Gellwch gael undeb rhwng gweithwyr a gweithwyr, rhwng gwerin a gwerin, rhwng llywodraeth a llywodraeth; ond nid oes unffurfiaeth, a gwae y neb a chwanycho hynny. Y mae i'r Negro da, y Chineaid a'r Indiaid, fel y dyn gwyn waith ac amcan neilltuol yn natblygiad dynoliaeth, ac am hynny rhaid iddynt ddatblygu eu bywyd cenedlaethol hwy eu hunain fel cenhedloedd rhyddion, heb orfod dwyn gorthrwm iau estronol ar eu hysgwyddau.

Hola pa bryd y bydd y Cymry'n magu digon o asgwrn cefn i sefyll ar eu traed eu hunain. Os oedd gwledydd fel Canada, Awstralia, Seland Newydd ac Iwerddon yn gallu ennill hunanlywodraeth, pam na allai Cymru hefyd?

Nid oes gan Gymru lais cenedlaethol mewn unpeth! Dim! Ni chaiff byth ychwaith, onis myn. Rhaid i Gymru hawlio ei lle fel cenedl gyfartal, rydd. Nid trwy y pleidiau estronol y gall Gymru fynnu ei lle yn nghyngor y cenhedloedd, ond trwy Blaid Genedlaethol ohoni ei hunan. Yn hon y mae ein gobaith, ynddi y mae ein cyfle, a thrwyddi y gallwn lwyddo i fynnu ein hawliau ac felly gynhyddu. Y mae Plaid Genedlaethol Gymreig ar y maes heddyw, i baratoi'r ffordd at ymreolaeth, a'i ennill yn y pen draw. Y mae'n bryd i'r Cymry bellach ganu'n iach a phleidiau gwleidyddol yr estron. Nid oes modd disgwyl dim byd o wir bwys i Gymru oddiwrthynt – nid dyna oedd amcan eu sefydlu o gwbl. Ymuned pob Cymro a hi heb oedi, – y Blaid sy'n bod er mwyn Cymru – er mwyn cadw Cymru'n genedl foneddig, yn Gymru Gymreig.

****

Yn yr wythnosau yn arwain at yr Eisteddfod, bu Valentine yn cydweithio'n agos gyda H.R. ar y paratoadau ar gyfer y cyfarfodydd oedd i lansio Plaid Genedlaethol Cymru ym Mhwllheli. Trefnwyd cyfarfod preifat i'w gynnal yng nghaffi'r Maes Gwyn Temperance Hotel a chyfarfod cyhoeddus i ddilyn, y diwrnod canlynol, yng nghapel Penlan.

Cyflwynodd H.R. raglen ddrafft i'r gweinidog o Landudno. Cysylltodd Valentine yn ôl gyda rhai awgrymiadau. Yn sicr, meddai, roedd dau gyfarfod yn ystod yr wythnos yn hen ddigon, ac roedd yn tueddu i feddwl nad oedd angen mwy nag un cyfarfod cyhoeddus.

Roedd un eitem ar yr agenda wedi tynnu ei sylw serch hynny, sef y cwestiwn a ddylai darpar aelodau seneddol y Blaid gymryd eu seddi yn San Steffan:

> Gwelaf eich bod wedi rhoddi ar y Rhaglen a ganlyn:–
> Penderfynu a ymgeisiwn am seddau seneddol, ac os gwneir hynny, a ganiateir i aelodau llwyddiannus eistedd yn Senedd-dy Prydain.[6]

Roedd y mater hwn eisoes wedi'i benderfynu, meddai Valentine, gan deipio ei ateb mewn priflythrennau i wneud y pwynt!

Y MAE HWN WEDI EI BENDERFYNU AC NID OES ANGEN EI DRAFOD, OND GWELWCH Y FFURF ARALL A

ROIS ARNO. Y MAE'R FFURFLEN A ARWYDDWYD GAN YR AELODAU YN AWGRYMU'N BENDANT NAD YDYM YN GYRRU AELODAU I SANT STEPHAN.[7]

Mae'n rhaid fod baich y trefnu a'r cydgysylltu yn mynd yn ormod i H.R. ar brydiau. Bregus oedd ei iechyd ar y gorau, ac roedd ei bryd a gwedd gwanllyd, llwydaidd, yn arwydd o'r gwendid hwnnw ar hyd ei oes. Er gwaethaf ei ddatganiadau optimistaidd am dwf yr achos, gallai ddioddef cyfnodau o iselder ar adegau, yn poeni ei fod yn mynd i ddyledion ariannol yn sgil ei holl waith ar ran y mudiad.

Cafodd gyfnod o'r fath ychydig cyn yr Eisteddfod, a cheisiodd Valentine godi ei ysbryd trwy roi sicrwydd iddo fod y blaid yn ymrwymedig i ad-dalu unrhyw gostau a ddaeth i'w ran yn rhinwedd ei waith iddi. Mynegodd hefyd ei gred eu bod yn ennill momentwm:

Yr wyf newydd ddychwelyd o'r Deheudir. Na soniwch am ymddiswyddo, fe gawn 'gloywach nen' wedi gweld ac ymgynghori a gwyr y De.[8]

Ar ben ceisio codi ysbryd ei gyd-aelod, gellir synhwyro o dôn y llythyr fod Valentine yn teimlo mai mater i griw'r gogledd oedd hi yn awr i brofi eu bod o ddifri: 'Gwelais rai o gyfeillion Saunders Lewis ar fy nhaith,' meddai, 'ac y maent yn disgwyl wrthym.'[9] Ategodd ei fod yn ystyried y cyfarfod wythnos yr Eisteddfod yn ddigwyddiad allweddol; wedi hynny, byddai gan y blaid newydd hygrededd gwleidyddol: 'Yr wyf yn rhoddi pwys mawr ar yr hyn a ddigwydd ym Mhwllheli, fe fydd awdurdod cenedl wedyn y tu ol i bopeth a wnawn.'[10]

Yn ogystal â chalonogi ac annog, fodd bynnag, ymdrechai Valentine i ffrwyno tuedd H.R. i ruthro:

Rhyw air bach am rai pethau sydd wedi mynd trwy'm meddwl: Y mae'n rhaid i ni beidio ceisio brasgamu, a ninnau heb ddechreu cerdded yn iawn. Y mae llawer o'r pethau a roddwch fel penderfyniadau yn anamserol. NID YW'R BLAID ETO, YN WIR YSTYR Y GAIR, WEDI EI FFURFIO, A RHAID AROS TAN HYNNY CYN Y GALLWN YSTYRIED LLAWER O'R PETHAU A NODWCH.[11]

Yn ei farn ef, yr hyn oedd ei angen i ddechrau oedd propaganda effeithiol ac addysgu'r bobl am y cam yr oedd Cymru'n ei gael.

Trefnodd H.R. fod posteri trawiadol yn cael eu hargraffu yn hysbysebu cyfarfod prynhawn Iau, 6 Awst yng nghapel Penuel. Cyfeiriai'r rhain at 'Gyfarfod Mawr Cyhoeddus' lle 'Anerchir gan Ŵyr Blaenaf y Genedl' gan ddatgan yn herfeiddiol y:

Bydd son am y cyfarfod hwn tra bo'r Genedl! Dadlennir ynddo Bolisi'r Blaid sydd i achub Cymru.

Ym mis Gorffennaf ysgrifennodd Valentine eto at y trefnydd yn dweud ei fod wedi'i blesio gyda'r deunydd cyhoeddusrwydd – 'y mae'r "posters" yn rhai campus iawn', meddai.[12]

Roedd Valentine wedi bod ar grwydr yn y de eto, gan siarad yn un o gyfarfodydd Undeb y Cymdeithasau Cymraeg, ond cynulliad 'digon llipa a llymrig ydoedd' er bod 'dau neu dri o fechgyn rhagorol yno'.[13] Mae'n drawiadol cymaint o ddarpar arweinwyr y Blaid Genedlaethol a fu'n ymwneud ag Undeb y Cymdeithasau. Roedd Valentine, D.J. Williams, H.R. Jones, Moses Griffith a Saunders Lewis oll wedi siarad yng nghyfarfodydd yr Undeb, ac roedd rhywun fel Fred Jones wedi bod yn cymryd rhan weithgar iawn ynddo. Eto i gyd, nid oeddent wedi'u hargyhoeddi mai dyma'r cerbyd i sicrhau newid gwleidyddol yng Nghymru. Mudiad rhy ddof ydoedd i'r cenedlatholwyr ifanc hyn – 'Urdd y Cosi Cefnau', chwedl D.J. Er i'r Undeb fod yn gyfrwng iddynt gyfarfod unigolion o'r un meddylfryd â hwythau, teimlent mai mudiad 'ddoe' ydoedd, nid un a fedrai gynnig patrwm o weithredu politicaidd ar gyfer y dyfodol.

Peth arall a ddaw i'r amlwg yng ngohebiaeth Valentine a H.R. yn yr wythnosau cyn Pwllheli yw'r pryder y gallai'r Dr Lloyd Owen chwarae rhan amlwg yn y Blaid Genedlaethol ar ei newydd wedd. Roedd gan y meddyg, er gwaethaf ei frwdfrydedd – neu efallai oherwydd ei orfrwdfrydedd – duedd i dynnu pobl i'w ben. Roedd ganddo ddull astrus o'i fynegi ei hun ar lafar, ac ar bapur hefyd, ym marn Valentine. Mewn un cyfeiriad dywed iddo dderbyn gair gan y Doctor, 'ond ni fedraf ddehongli ei gynnwys'.[14] Ym mis Gorffennaf, roedd Valentine yn dal i boeni am effaith negyddol y Doctor ar ddenu aelodau newydd. 'Y mae'n rhaid inni feddwl', meddai, 'am ryw gynllun i gael gwared o'r hen ddoctor, – nid yw yn gymeradwy fel cenedlaetholwr gan neb, – y mae ei ffwlbri hurt yn destun chwerthin gan bawb.'[15] Yn agosach at ddyddiadau'r cyfarfodydd sefydlu, ysgrifennodd at H.R. a theipio mewn llythrennau bras, 'YR WYF YN BENDERFYNOL NA CHAIFF Y DOCTOR O GRICIETH DDIM SWYDD YN Y BLAID. Y mae yn fwy o niwsans na dim, a drwg oedd gennyf glywed ei fod wedi bod mor anfoesgar gydag Ifan ab Owen.'[16]

Cyfeirio yr oedd yn y frawddeg honno at ddigwyddiad yn un o gyfarfodydd caffi'r Queen's yng ngwanwyn 1925, lle y cafwyd ymosodiad geiriol hallt gan Lloyd Owen ar Ifan ab Owen Edwards, a sylfaenydd yr Urdd ar y pryd yn ymddangos fel pe bai am gydweithio gyda'r Blaid Genedlaethol. Roedd Gwilym R. Jones yn bresennol ac yn dyst i'r digwyddiad. Yr un hen batrwm oedd i'r cyfarfod, mae'n debyg – 'siarad ofer a chweryla'. Ac roedd Gwilym R. o'r farn fod ymddygiad y meddyg o Gricieth yn 'hynod annoeth':

> ... dywedodd bethau annymunol am ddieithryn, sef Mr. Ifan ap Owen Edwards, M.A., a ddaeth yno mewn ysbryd teilwng iawn – yn ostyngedig a gwylaidd, ac yn barod i

gyd-weithio â ni ... Hysbys-len fu'n achos o'r anghydfod.
Gofidiwyd oherwydd fod y triwyr a gyfarwyddwyd i dynnu
allan ffurf ar bamffledi wedi bod yn anystwyth i wneud
eu gwaith, ac awgrymodd Ifan ap Owen mai gwell fuasai
cael hysbyslenni bychain a mawr (i'w dosbarthu â llaw, ac
i'w pastio ar y muriau). Awgrymodd gynllun o hysbysiad
syml a tharawiadol i'w roddi ar y pamffledi. Nid oedd
eisiau, meddai, sôn dim am bolisi'r blaid, ac yntau heb ei
benderfynu, nac am ddelfrydau Cymru, a ninnau heb fod
yn gytun arnynt. Bydd yn ddigon buan, meddai, i sôn am
y pethau hyn ar ol y cyfarfodydd ym Mhwllheli. Byddaf yn
cynnyg bod ei gynllun ef (Mr. Edwards) o hysbys-len i'w
mabwysiadu yn y cyfarfod nesaf a gawn.[17]

Cythruddwyd y Doctor gan yr awgrymiadau a chafwyd geiriau
gwyllt, er nad oedd y gwrthrych fel pe bai'n malio rhyw lawer.
Oherwydd wedi i H.R. ymddiheuro am ymddygiad Lloyd
Owen, atebodd Ifan ab Owen mewn llythyr yn dweud nad
oedd raid iddo ofni bod dim a wnaeth y meddyg yn ei boeni,
gan ychwanegu ei bod yn 'hawdd gweld bod rhywbeth yn ei
flino, ond beth nis gwn. Ofnaf, ffordd bynnag, nad oes obaith
o gwbl i'r Blaid tra y bydd ef yn aelod o'i Phwyllgor.'[18]

Roedd Ifan ab Owen wedi bod yn mynychu rhai o
gyfarfodydd caffi Caernarfon ers tro, ac wedi dangos
diddordeb yn y symudiadau tuag at ffurfio plaid
genedlaethol. Ym Mehefin 1925 dywedodd wrth H.R. ei bod
yn dda ganddo eu bod yn llwyddo cystal, gan ddatgan mai
'un o brif anghenion Cymru heddiw, ydyw plaid o'r fath'.[19]
Er hynny, ni welai'r ffordd yn glir i ymuno oherwydd yr hyn
a ystyriai ef yn ddiffyg polisi:

Teimlaf fy hun ffordd bynnag na ddylid gofyn i neb ymrestru
yn y blaid hyd y bydd ei daliadau a'i pholisi yn hysbys.
Credaf hefyd na ddylid gofyn am gynorthwy ariannol hyd
y bydd Trustees a swyddogion wedi eu hapwyntio. Dyna yr
anhawster ar hyn o bryd. Nid beio eich gwaith chwi yr wyf,

gwnaethoch waith penigamp eisoes, ond ceisio yn hytrach dangos i chwi yr anhawster y mae y wlad ynddi. Mae'n dda gennyf ddeall eich bod ar alw cyfarfodydd ym Mhwllheli. Os gadewch imi wybod eu hamseriad, gwnaf fy ngorau i fod yno.[20]

Roedd ganddo ddigon o chwilfrydedd, serch hynny, i awgrymu wrth H.R. sut i fynd ati i gael gwell trefn ar y blaid:

Dyma a gredaf a ddylai fod y llwybr.
Ethol swyddogion, ac yn enwedig Trustees. Gallesid rhoi'r gwaith yna i gyfoethogion.
Ethol Pwyllgor o fechgyn ifainc i dynnu allan manifesto, a llinellau polisi. Y hwy i gyfarfod ar unwaith mewn man canolog.
Cynnal cyfarfod cyffredinol wedyn i drin eu manifesto.
Tynnu allan brogram ar gyfer y gaeaf, a chynal darlithiau a chyfarfodydd ar hyd a lled Gogledd Cymru. Dewis un etholaeth a phenderfynu 'contestio' honno y tro nesaf.
Dangos o'r dechrau ei bod yn fusnes y tro yma, ac nid siarad.
Gwneud y Blaid yn un wleidyddol yn fwy nac yn [sic] iaith. Delfrydau Cymru, ac nid yr iaith. Cyfrwng ydyw yr iaith, a hi wrth gwrs a ddefnyddir, ond nid brwydr tros yr iaith a raid fod ond tros y delfrydau.[21]

Nid yw'r syniadau hyn filltiroedd oddi wrth o'r hyn a awgrymwyd gan Saunders Lewis – yr angen dybryd am drefniadaeth effeithiol a disgyblaeth, yr angen am bolisi clir a'i gwneud yn blaid wleidyddol yn hytrach nag yn fudiad lled-ddiwylliannol oedd yn canolbwyntio ar yr iaith yn unig.

Hysbysodd Ifan ab H.R. y byddai ym Mhwllheli adeg yr Eisteddfod a'i fod yn gobeithio cael cyfle i sgwrsio ag ef. Yng nghyswllt y Blaid, meddai, roedd angen llawer o bwyll, synnwyr cyffredin ac amynedd, a dylid gochel rhag dim byd eithafol.[22] Un o'r pethau eithafol hynny yr oedd yn eu

223

anghymeradwyo oedd y penderfyniad i beidio ag anfon aelodau seneddol i Lundain. Dywedodd y byddai'n denu llawer o aelodau, 'yn eu plith efeallai ysgrifennydd y llythyr hwn, pe gadewsid un amod allan o'r papur arwyddo, sef cadw'r aelodau allan o Sant Stephan'.[23] Anfonodd un llythyr arall at H.R. cyn y Brifwyl yn datgan ei fwriad i fynychu cyfarfodydd y Blaid ym Mhwllheli, gan ychwanegu 'ac yna os bydd rhywun yn gwrthwynebu i fy mhresenoldeb yno gallaf fynd allan'. Nid oedd am ymaelodi, serch hynny, oherwydd 'ar hyn o bryd gwell gennyf fod yn rhydd. Credaf y gallaf fod o lawer mwy o werth felly. Mae gennyf syniadau a chynlluniau yn naturiol, ac ni hoffwn ymuno â dim a allai fod yn groes iddynt hwy.'[24]

Ar ôl yr Eisteddfod caledodd barn sylfaenydd yr Urdd. Cysylltodd gyda H.R. unwaith eto yn cyfaddef iddo fod mewn 'penbleth pur arw', a bod yr Urdd wedi dod i drobwynt. Ar ôl pwyso a mesur, dywedodd ei fod wedi penderfynu canolbwyntio'n llwyr ar y mudiad ieuenctid. Ei fwriad yn awr oedd gwneud hwnnw'n 'beth llenyddol hollol. Cael gan y plant yn y gwahanol ardaloedd gynnal cyfarfodydd i drin hanes a llen eu gwlad. Ym mhen amser', ychwanegodd, 'disgwyliaf efeallai greu math ar camps neu ysgolion haf iddynt', gan fynegi'r gobaith a wireddwyd ganddo maes o law wrth agor gwersylloedd Llangrannog a Glan-llyn. Ymhelaethodd ar ei resymeg dros beidio ag ymuno â'r Blaid Genedlaethol, ac am droi cefn ar ymgyrchu dros annibyniaeth a chenedlaetholdeb gwleidyddol:

Ni feddyliais y buasai'r Urdd fyw cyhyd. Gwelaf ddelfryd ynddi yn awr, a dilynaf ef. Y delfryd hwnnw ydyw datblygu Cymru fel gwlad delfrydau i achub yr Undeb Gwledydd y perthyn iddo, ac fe wna hynny, nid ar ryddid corff yn anhepgorol eithr ar ryddid ei delfrydau a'i phethau gorau. Mae gwleidyddiaeth yn anhepgorol i Gymru, ond nid ydwyf yn siwr a ydyw annibyniaeth gwleidyddol yn anhepgorol. Y mae annibyniaeth delfryd a diwylliant yn sicr felly.

Credaf mai nid mewn annibyniaeth gwleidyddol y mae'r dyfodol ond mewn annibyniaeth delfryd …

Am hynny gadewaf y cwestiwn o wleidyddiaeth i eraill, a cheisiaf fy hun feithrin delfryd yn mronnau plant Cymru, fel y bydd gan y Gymru a ddaw enaid o'i heiddo ei hun, ac y gall yng ngrym ei delfryd achub enaid y byd.

Ym mhellach gallasai gweithrediad gwleidyddol arwain i ryfel, ac nid wy'n foddlon mentro rhyfel hyd yn oed er mwyn Cymru, nac ychwaith er mwyn dim arall, nid am fod gennyf ofn, ond am fod symudiadau felly yn groes i Gristnogaeth.

Fe achub Cymru ei hun drwy wneud ei dyletswydd, ac nid trwy hawlio hawliau.[25]

Cwestiwn arall i'w ofyn o ran hanes amgen Plaid Cymru yw beth fyddai ei hynt wedi bod pe bai Ifan ab Owen Edwards wedi ymroi iddi fel y gwnaeth i fudiad yr Urdd. Yn ddiau, roedd ganddo'r egni a'r gallu amheuthun i drefnu mudiad, ac fel y dengys ei awgrymiadau ar ddylunio taflenni a phosteri'r Blaid, roedd ganddo ddawn a dychymyg yn y cyfeiriad hwnnw hefyd. Fel William George ychydig fisoedd ynghynt, roedd Ifan ab Owen wedi bod yn chwilfrydig gefnogol i'r Blaid Genedlaethol tan y daeth hi'n fater o symud oddi ar y ffens ac ymaelodi go iawn. Bryd hynny, ymatal a chilio o fywyd pleidiol a wnaeth, gan ddewis rhoi ei egnïon i fudiadau ac achosion eraill, a'r pennaf ohonynt, wrth gwrs, oedd ei greadigaeth ei hun, Urdd Gobaith Cymru.

Mwy pendant ei chefnogaeth i'r Blaid oedd Mallt Williams, y Fonesig, Llandudoch. Mae'n ddiddorol gweld ei henw ar restr y swyddogion fel is-lywydd. Roedd Mallt wedi bod yn ymwneud â myrdd o gymdeithasau Cymraeg a Chymreig ers dechrau'r ganrif, gan sefydlu Urdd y Delyn a Byddin yr Iaith, ac roedd yn frwd dros unrhyw fudiad a allai sicrhau mesur o ymreolaeth i Gymru. Pan brynodd Frederick ei brawd Blas Pantsaeson rhwng Llechryd a Llandudoch yng Ngheredigion, fe wahoddwyd Mallt i fyw gydag ef a'i wraig. Ers y cyfnod hwnnw, ni fu'n ymwneud llawer â bywyd cyhoeddus yng

Nghymru, ond roedd yn is-lywydd ar Undeb y Cymdeithasau Cymraeg ac Urdd Gobaith Cymru. Roedd yn hynod gefnogol i unrhyw ymgais i sefydlu plaid genedlaethol annibynnol, ac fel un o'r ychydig bobl oedd â modd ariannol i gynnal yr ymdrechion hyn, mi fyddai ei nawdd yn allweddol i sicrhau dyfodol unrhyw blaid newydd.

Ym misoedd cyntaf 1925 daeth H.R. hefyd i gyswllt â chenedlaetholwyr yr Alban. Derbyniodd lythyr twymgalon a blodeuog gan Lewis Spence, is-lywydd y Scots National League, rhagflaenydd yr SNP, yn mynegi cefnogaeth i'r bwriad i sefydlu'r Blaid Genedlaethol:

... we of the Scots National League take our cue from our glorious Scottish hero William Wallace, whose name shows that he was a man of Welsh descent, as students of our languages agree.

Bound together in one confraternity, we Scots, Welsh and Irish, fourteen millions of people, can surely win our ancient status back from the Saxon, who, ever since he landed in our island has proved himself a scourge and pestilence. Divided, he can easily account for us. United, we can impose our collective will on him and render him harmless for ever.[26]

Roedd Lewis Spence yn newyddiadurwr ac yn fardd ac yn arbenigwr ar lên gwerin yr Alban a thu hwnt. Ynghyd â'r bardd Hugh MacDiarmid, a oedd hefyd yn genedlaetholwr, chwaraeodd ran fawr yn nadeni llenyddol yr Alban yn y dauddegau, wrth iddynt ddewis defnyddio'r iaith Sgoteg yn eu cerddi fel ffordd o aileni traddodiad y *makar*, bardd llys yr Alban yn y bymthegfed ganrif. Yn 1928 roedd Spence yn un o sylfaenwyr Plaid Genedlaethol yr Alban. (Ac erbyn heddiw y *Makar* yw'r enw ar Fardd Cenedlaethol y wlad.) Yn ystod gwanwyn 1925, bu H.R. hefyd yn ymgyrchu'n frwd ar faterion amrywiol – y rhan fwyaf ohonynt yn ymwneud â'r Gymraeg. Pasiodd y Blaid Genedlaethol benderfyniad yng Nghaernarfon, ddiwedd Mai, i gondemnio penodi dynion di-Gymraeg i Gadair Economeg Bangor a Chadair Athroniaeth Abertawe. Datganwyd bod y Blaid Genedlaethol yn mynnu y dylai pob athro fedru dysgu a hyfforddi yn Gymraeg ymhen blwyddyn i'r dyddiad hwnnw. Yn ôl Moses Griffith mewn llythyr at H.R., roedd yn amlwg mai dylanwad y Tair G o fewn y Blaid fu'n gyfrifol am y datganiad hwn. Roedd ef yn gweld gwerth i weithgarwch y Tair G, meddai, er na fyddai pawb o'r un farn.[27]

Nid oedd popeth yn fêl i gyd yn y Tair G bryd hynny chwaith. Cwynai Emrys Evans, un o'r myfyrwyr, nad oeddent o ddifri ynglŷn â'r ymgyrch i Gymreigio'r coleg. Haerai fod llawer o aelodau'r gymdeithas:

> na fynent ddim ar [sic] mater, am eu bod yn ofni y byddai
> hynny yn rhwystr iddynt yn eu cwrs ... Daeth eraill a
> rhesymau torcalonus o fabiaidd! Os yw addysc Prif Ysgol
> Cymru wedi llwyddo i gyflawni rhywbeth – llwyddo a wnaeth
> i greu dynion ? india rubber, heb ronyn o asgwrn cefn
> ynddynt.
>
> Na ddisgwylied Cymru ddim oddiwrth blant graddedig
> y Brif Ysgol, ond, hwyrach ambell i Soned neu delyneg i'r
> 'Western Mail'!! Os disgwylir rhywbeth mwy na 'rag' a hwyl,
> a bloeddio mewn 'football match' fe ddisgwylir yn ofer.[28]

Mor hwyr yn y dydd â mis Mehefin nid oedd yn fwriad gan Saunders Lewis fynd i Bwllheli yn ystod wythnos yr Eisteddfod. Dywedodd wrth H.R.:

> Mae'n sicr gennyf na bydd yn bosibl imi ddyfod i'r
> Eisteddfod. Y mae'n ddrwg gennyf am hynny, ond bydd
> Bebb a Fred Jones, Treorci yno, ac y maent hwy yn ddigon i
> gynrychioli ein syniadau ni ...
>
> Ond nid esgeulusaf y mudiad. Y peth a allaf i ei wneud
> oreu, mi gredaf, yw sgrifennu, ac mi wnaf hynny.[29]

Ond nid aeth Ambrose Bebb i'r Eisteddfod. Bu yn y

Gyngres Geltaidd yn Nulyn yn ystod wythnosau cyntaf gwyliau'r haf 1925. Dychwelodd i Fangor ac wedi tridiau yn y fan honno, teithiodd i Baris a chyrraedd yno ar 14 Gorffennaf. Roedd wedi addo cwblhau gwaith ymchwil ar ramadeg Cymraeg cyn diwedd ei gyfnod yn y Sorbonne. Ysgrifennodd at Saunders Lewis ar ddiwrnod olaf Gorffennaf yn rhoi gwybod iddo ei fod yn bwriadu aros ym Mharis, gan ofyn iddo ef gynrychioli'r Mudiad Cymreig yn y cyfarfod yn ei le. Nid oedd Saunders wedi'i blesio a dweud y lleiaf, a digiodd gyda'i gyfaill am gyfnod, gan dybio mai dewis bwriadol ar ran Bebb, yn wleidyddol ac yn bersonol, oedd peidio â mynd i Bwllheli.

****

Y chwech oedd yn bresennol yng nghaffi Maes Gwyn, Pwllheli ddydd Mercher, 5 Awst 1925 oedd Saunders Lewis, Lewis Valentine, H.R. Jones, Fred Jones, Moses Griffith a D. Edmund Williams o'r Groeslon. Brawd i Morris T. Williams oedd Dafydd Edmund, a bu'n un o fynychwyr selog y Queen's. Bwriadwyd hefyd i D.J. Williams, Abergwaun, fod ymysg y criw dethol ond roedd ei drên yn hwyr ac roedd y cyfarfod wedi gorffen cyn iddo gyrraedd.

Mae'r cyfarfod cyntaf rhwng Valentine a Saunders Lewis yn rhan o chwedloniaeth y mudiad cenedlaethol, ac mae'r hanes yn un cyfarwydd. Er bod Saunders i siarad yn y cyfarfod yn y Maes Gwyn Temperance Hotel, nid oedd dim golwg ohono. Aeth Valentine gyda Fred Jones allan i'r stryd i chwilio amdano, gan ddisgwyl gweld dyn tal, gosgeiddig â rhyw bresenoldeb corfforol sylweddol:

Ond ni welwn neb tebyg i'r darlun ohono oedd gennyf yn fy meddwl, darlun oedd yn seiliedig ar sbonc a newydd-deb gwrol rhai ysgrifau a gyhoeddwyd yn *Y Faner*. "Does dim golwg o Saunders Lewis," meddwn i wrth Fred Jones. "Dacw fe," meddai, am ŵr byr, main, a wyneb gwelw dan gnwd o wallt coch oedd yn anelu amdanom."[30]

Roedd y dyn main a byr a welai Valentine o'i flaen yn cerdded yn fân ac yn fuan i lawr y stryd gan gario het yn ei law. O ran argraff gychwynnol fe'i hatgoffwyd o ddarlun a welodd o un o'i arwyr, yr athronydd dirfodol o Ddenmarc, Søren Kierkegaard. Fel gyda Kierkegaard, roedd odrwydd osgo Saunders Lewis yn atgyfnerthu'r argraff fod yma ddyn o ddeallusrwydd uwch na'r cyffredin:

"Pwy?" meddwn i. "Hwn! Nid hwn ydi Saunders Lewis?" Ac fe ddaeth Saunders Lewis a chyfarch Fred Jones. Roedden nhw'n nabod ei gilydd. "Wel, Mr Fred Jones, lle rydych chwi'n aros? Mewn gwesty dirwestol mae'n debyg."[31]

Yn ôl ei dystiolaeth ei hun, cyfarfod Saunders Lewis oedd un o'r trobwyntiau mwyaf ym mywyd Lewis Valentine. Er na flodeuodd cyfeillgarwch rhyngddynt yn syth – rhywbeth a fyddai'n tyfu ac yn cryfhau dros y blynyddoedd fyddai hynny – fe synhwyrai Valentine fod rhywbeth arbennig yng nghymeriad a phersonoliaeth y dyn yma. Roedd wedi cyfarfod â mawrion y genedl fel Syr John Morris-Jones, Ifor Williams a Lloyd George, ond roedd gan Saunders Lewis rywbeth ychwanegol, rhyw garisma allweddol oedd yn hoelio sylw.

Amodau llai na ffafriol i lansio plaid wleidyddol a gafwyd yn y caffi y prynhawn hwnnw. Amharwyd ar y trafod gan sŵn llestri'n cael eu clirio a the'n cael ei weini, ac roedd fel pe bai holl drigolion Llŷn wedi dod am baned i Faes Pwllheli, ond roedd yna rywbeth ym mynegiant, osgo ac ymarweddiad y dyn bach o gorff a ddarbwyllodd Valentine ei fod wedi cyfarfod rhywun y byddai'n rhaid iddo roi ei deyrngarwch yn llwyr iddo o'r diwrnod hwnnw ymlaen. 'Ni siaradodd neb erioed dan fwy o anfanteision nag ef y prynhawn hwnnw, yr oedd yn ddieithr i lawer ohonom, ac yr oedd trwst mawr yn y gwesty.'[32] Er gwaethaf yr amodau anodd, argyhoeddwyd y gweinidog gan ymresymu tawel y dyn bychan: 'heb ddim meddalwch, dim gwamalu, dim lliniaru dim ar enbydrwydd yr alwad, dur o araith oedd yn trywanu'n ddwfn'.[33]

Yr hyn oedd yn drawiadol i Valentine oedd y gwrthgyferbyniad llwyr rhwng arddull a chynnwys yr hyn oedd gan Saunders Lewis i'w ddweud a chyfarfodydd traed moch Byddin Ymreolwyr Cymru. Un wers a ddysgodd Valentine gan Saunders y diwrnod hwnnw oedd bod yn rhaid i rywun oedd am wasanaethu unrhyw fudiad yn effeithiol feithrin ymroddiad cyson a disgyblaeth lem, ac nad gwaith ffwrdd-â-hi oedd ymladd dros y genedl. Dyma, meddai wedyn, 'oedd un o oriau mwyaf fy mywyd. Ni wyddwn y gallai geiriau dynol fod mor fywiol'.[34]

Dywedodd nad polisi a gafwyd gan Saunders yn y Maes Gwyn ond athroniaeth, ac roedd hynny yn fwy wrth ei fodd na dim. Nid dyn a hoffai drafod manylion polisi oedd Valentine. Cas ganddo oedd hollti blew ar faterion cymdeithasol neu economaidd. Un gyffes ffydd seml oedd ganddo, a honno oedd ennill rhyddid i Gymru a chyfiawnder i'w hiaith. Eilbeth oedd pob polisi a damcaniaeth wleidyddol i wireddu dyheadau'r gyffes ffydd honno, a'u troi'n ffaith.

Yn y cyfarfod penderfynwyd penodi swyddogion: Valentine yn llywydd, Moses Griffith yn drysorydd, H.R. yn ysgrifennydd, a Saunders, D.J. Williams a Fred Jones yn aelodau o'r pwyllgor gwaith.

Roedd Mai Roberts hithau i fod yn un o'r cnewyllyn o aelodau yn y cyfarfod sefydlu ffurfiol yng nghaffi Maes Gwyn, ond cafodd ei dal yn Nulyn. Meddai yn ei hatgofion:

Methais a chyrraedd Pwllheli erbyn Cyfarfod y boreu oherwydd imi fethu gadael Iwerddon cyn y nos, ond fe aethum i'r ail gyfarfod. Erbyn hyn roeddwn wedi clywed gan H.R. a S.L. bod y Blaid Genedlaethol wedi ei sefydlu. Os oedd hwn yn ddiwrnod mawr yn hanes Cymru i rhywun

– mi roedd i H.R. Roedd yn wên o glust i glust ac yn brysur chwilio am aelodau ar faes yr Eisteddfod.[35]

Oni bai am drefniadau teithio chwithig, felly, mi fyddai merch wedi cael ei chydnabod o'r cychwyn yn un o'r hoelion wyth a sefydlodd Blaid Genedlaethol Cymru. Yn wir, oni bai am Mai Roberts, mae'n bosib iawn na fyddai wedi dod i fodolaeth o gwbl ar yr adeg y gwnaeth. Mai yn sicr oedd aelod cyntaf y Blaid gan mai hi oedd y gyntaf i roi ei thâl aelodaeth a chael cerdyn ymaelodi gan H.R. yn ystod yr wythnos honno ym Mhwllheli.

Yn ogystal â'r cyfarfod preifat yn y Maes Gwyn, fe gynhaliwyd cyfarfod cyhoeddus yn festri capel y Bedyddwyr, Penlan, Pwllheli, am hanner awr wedi pump y prynhawn canlynol. Cadeiriwyd y cyfarfod gan Meuryn, ac areithiwyd gan D.J., Valentine a Fred Jones, ond mae'n debyg nad oedd llawer yn bresennol, ac ni chafwyd llawer o adroddiadau yn y wasg am sefydlu'r blaid newydd chwaith.

Yn y cyfarfod hwn trafodwyd chwe maes penodol, sef polisi economaidd y Blaid Genedlaethol; a ddylid ceisio cael trefniant arbennig o fewn y Blaid ar gyfer y merched; y Blaid a'r plant; diffinio perthynas y Blaid a Senedd Lloegr; a ddylid caniatáu ethol ymgeiswyr ond eu hatal rhag mynd i San Steffan; a'r mater olaf oedd penderfynu ar ddull y blaid o ddarparu llenyddiaeth, pamffledi a chyfnodolyn. Etholwyd pwyllgor cenedlaethol am y tro cyntaf hefyd, a'r aelodau oedd Lewis Valentine, Saunders Lewis, D.J. Williams, H.R. Jones, Fred Jones, Moses Griffith, Iorwerth Peate, Prosser Rhys, Ben Bowen Thomas a Mai Roberts. Y penderfyniad olaf oedd y cynhelid ysgol haf ym Machynlleth yn Awst 1926. Hawdd gweld o edrych yn ôl mai hwn oedd un o'r penderfyniadau pwysicaf a wnaed y diwrnod hwnnw, gan ei fod yn gosod cynsail ar gyfer ysgolion haf blynyddol – un o nodweddion mwyaf llwyddiannus y Blaid Genedlaethol ifanc.

Er gwaethaf y diffyg sylw yn y wasg, roedd rhywbeth cwbl newydd wedi cychwyn yn hanes gwleidyddiaeth Cymru. Amcanion gwahanol iawn oedd rhai'r blaid genedlaethol hon i ddim a welwyd cyn hynny. Torrwyd cysylltiad â phleidiau gwleidyddol Prydeinig, penderfynwyd mewn egwyddor na ddylid anfon cynrychiolwyr etholedig i San Steffan, a rhoddwyd pwyslais canolog ar adfer y Gymraeg. Yn *Y Faner* pwysleisiodd Valentine mai dechrau pennod newydd oedd hyn, nid atgyfodi Cymru Fydd:

Mynn rhai mai'r hen Blaid Ryddfrydol ydyw'r Blaid newydd wedi ymddangos mewn 'gwedd arall' ond ni ellir pwysleisio yn rhy bendant nad oes cyswllt yn y byd rhyngddi â'r hen bleidiau.[36]

Fel y sylwodd Hywel Davies, 'The Pwllheli meeting thus provided the nationalists with a sense of legitimacy regarding the national basis of their party, but it left the clarification of objectives and methods to a later date.'[37] Byddai'r tri phenderfyniad allweddol a wnaed, serch hynny, yn bellgyrhaeddol i'w dyfodol a'i hirhoedledd. Byddai swyddogion cenedlaethol yn parhau i fod yn greiddiol i weinyddiaeth a phrosesau llunio polisi'r Blaid, byddai cyfarfodydd cyhoeddus yn ganolbwynt i'w gweithgareddau, ac mi fyddai'r ysgol haf yn ei hamrywiaeth o ddarlithoedd ar bynciau gwleidyddol, cymdeithasol ac economaidd, ynghyd â chymdeithasu hwyliog, yn hanfodol i gynnal ysbryd yr aelodau a sicrhau goroesiad dros y degawdau i ddod.

Eto i gyd, roedd gan y Blaid fynydd i'w ddringo. Fel y dywedodd y *Welsh Outlook* yn 1926: 'Wales is an integral part of the British Empire, and may it long remain so.'[38]

Deuparth gwaith, fodd bynnag, yw ei ddechrau, ac wrth i D.J. Williams ddod oddi ar ei drên hwyr yng ngorsaf Pwllheli yn ddiweddarach y prynhawn hwnnw, fe'i cyfarchwyd gan Saunders Lewis gyda'r geiriau cynnil: "Y mae'r peth **wedi** ei gychwyn."[39]

15

'Cicaion Jonah'

NI WELWYD LLAWER o gynnydd yng ngweithgaredd na threfniadaeth y Blaid Genedlaethol yn ystod y misoedd wedi Pwllheli.

Cynhaliwyd llond dwrn o gyfarfodydd, ond ni wnaed llawer o ymdrech i gynyddu'r aelodaeth na lledaenu propaganda.[1] Yr unig gangen a sefydlwyd yn ystod y flwyddyn oedd un Rhyd-ddu, pentref Ifan Alwyn Owen.[2] Ac roedd ef ei hun yn realistig ynghylch yr anawsterau a wynebai'r Blaid wrth geisio ehangu ei chefnogaeth. Mewn llythyr at H.R. Jones yn Hydref 1925, dywedodd fod tasg y cenedlaetholwyr newydd yn llawer anos nag un y Blaid Lafur, ac ar ben hynny, fod aelodau'r blaid honno'n gwneud haeriadau celwyddog:

Cyfeiriwch at y Blaid Lafur – wel Jones bach y mae profi y fantais o gael Hunanlywodraeth i Gymru ymladd am ei hiawnderau er enill aelodau – yn waith mwy anodd o lawer na curo i lawr y stiward bach – a gwaeddi yn erbyn cyfalaf – a meistradau gwaith – gan ddynion yn palu anwireddau.[3]

Anwybyddu'r Blaid Genedlaethol a wnâi'r wasg ddyddiol Saesneg yng Nghymru at ei gilydd, ond yn ystod 1926, dechreuodd cylchgrawn y *Welsh Outlook* ymosod yn fwyfwy ffyrnig arni. Ym mis Mawrth, aeth mor bell ag awgrymu nad oedd diben i'r Blaid gan fod brwydrau'r bedwaredd ganrif ar bymtheg eisoes wedi'u hennill. Roedd y *Welsh Outlook* yn un o brif amddiffynwyr etifeddiaeth Cymru Fydd a chyfeiriwyd at y blaid newydd fel 'the extreme nationalist movement' cul oedd am gau'r wlad ymaith oddi wrth 'the outer world'.[4] Gwaeth na hynny oedd diffyg ymwybyddiaeth y Blaid o hanes Cymru a'i hagwedd anniolchgar tuag at ymdrechion y genhedlaeth flaenorol, 'those who laboured so faithfully, often in the midst of fierce persecution in the past'.[5] Fe'i beirniadwyd am geisio creu rhaniadau a chodi rhwystrau teithio rhwng Cymru a Lloegr ac am ei hagwedd wrth-Seisnig. Dadleuon a ddefnyddir hyd heddiw gan wrthwynebwyr annibyniaeth.

Yn y blynyddoedd oedd i ddod bychanu'r Blaid a wnâi Lloyd George hefyd. Roedd wedi clywed, meddai, fod plaid newydd wedi codi yn ei etholaeth yng Nghaernarfon, ond proffwydodd mai byr fyddai ei bywyd. Gan gyfeirio at blanhigyn a dyfodd ac a wywodd dros nos yn stori Jonah yn yr Hen Destament, dywedodd: 'Megis Cicaon Jonah y cododd y Blaid hon, mewn noswaith y bu ac mewn noswaith y derfydd.'[6]

Bu 1925 yn flwyddyn brysur a dweud y lleiaf i Saunders Lewis. Yn ei fywyd cyfochrog fel ysgolhaig, cyhoeddodd ysgrif yn *Y Llenor* ar waith y bardd Dafydd Nanmor – ysgrif hollbwysig yn hanes beirniadaeth lenyddol Gymraeg, a oedd hefyd yn cydblethu â'i syniadau gwleidyddol. Edrychai ar egwyddor ganoloesol *perchentyaeth*, lle y cysylltid hawl perchennog tir i feddiannu eiddo â'i ddyletswyddau tuag at ei deulu, ei ardal a'i genedl, gan addasu'r cysyniad i'w ddibenion syniadol ef ei hun, yn cynnwys athroniaeth wleidyddol ac economaidd. Defnyddiodd Saunders berchentyaeth fel trydedd ffordd amgen rhwng cyfalafiaeth a Marcsiaeth, lle byddid yn dosrannu eiddo ymysg y boblogaeth – cysyniad, er gwaethaf yr enw Cymraeg, oedd yn drwm dan ddylanwad athrawiaeth gymdeithasol yr Eglwys Gatholig. Roedd dosraniaeth yn dadlau y dylid rhannu cynnyrch y byd yn eang yn hytrach na'i gadw yn nwylo nifer fechan o unigolion. Poblogeiddiwyd yr egwyddor yn Lloegr gan Hilaire Belloc a G.K. Chesterton, dau lenor Catholig a fu'n fawr eu dylanwad ar dwf syniadol y Saunders Lewis ifanc.

Cylchgrawn llenyddol chwarterol oedd *Y Llenor*, a sefydlwyd yn 1922 dan olygyddiaeth W.J. Gruffydd. Roedd yn amlygu tueddiadau'r oes fodern, gydag Anghydffurfiaeth, y Blaid Ryddfrydol a Chymreictod ei hun ar drai. Rhwng y cloriau ceid mynegiant gan lenorion a beirniaid i'r syniad fod angen ailedrych ar hanes a llenyddiaeth Cymru i ganfod ffordd ymlaen yn y byd modern. Dros y tri degawd nesaf byddai'n chwarae rhan ganolog yn nhwf llenyddiaeth Gymraeg hanner cyntaf yr ugeinfed ganrif; ymhlith y beirdd, llenorion a beirniaid llenyddol a gyhoeddodd eu gwaith yn y cylchgrawn yr oedd T.H. Parry-Williams, Kate Roberts, R. Williams Parry, R.T. Jenkins, Ambrose Bebb a Griffith John Williams. Roedd yn gylchgrawn modern, arloesol, ac fel y dywedodd Gareth Miles, cododd feirniadaeth lenyddol Gymraeg 'o'r cecru cul, personol, plwyfol ac enwadol a'i nodweddai cyn [ei] sefydlu'.[7]

O ran y byd y tu hwnt i Gymru, blwyddyn dawel fu hi mewn cymhariaeth â'r blynyddoedd cynt. Eto i gyd, roedd yr asgell dde eithafol ar gerdded mewn sawl man. Yn yr Eidal cododd Mussolini ei hun yn unben, yn yr Almaen cyhoeddwyd maniffesto personol Adolf Hitler, *Mein Kampf*, a gorymdeithiodd miloedd o gefnogwyr y Klu Klux Klan yn Washington DC. Llofnodwyd cytundebau Locarno gan wledydd mawr Ewrop yn cadarnhau ffiniau Ffrainc a'r Almaen a Gwlad Belg fel y'u diffiniwyd yng Nghytundeb Versailles. Cytunwyd hefyd i ddatrys gwahaniaethau'n heddychlon o dan Gynghrair y Cenhedloedd. Parhaodd y cytundebau hyn yn weithredol hyd nes i filwyr yr Almaen Natsïaidd feddiannu'r Rhineland yn 1936, a phan fethodd gwledydd eraill Ewrop wrthsefyll hynny. Ond, am gyfnod o ganol i ddiwedd y dauddegau, roedd yna deimlad mwy optimistaidd fod Ewrop yn wynebu cyfnod o heddwch wedi blynyddoedd o ymladd a gwrthdaro. I danlinellu hynny, agorodd arddangosfa *Exposition internationale des arts décoratifs et industriels modernes* ym Mharis gan roi enw i ffurf bensaernïol a chelf weledol fywiog a lliwgar Art Deco, a ddiffiniodd ysbryd y dauddegau hwyr a'r tridegau cynnar. Ym Mhrydain, wedi cynnwrf etholiadol y blynyddoedd cynt, tawel fu'r flwyddyn wleidyddol. Da o beth oedd hynny, ym marn Saunders Lewis. Wrth gloriannu'r flwyddyn 1925 yng Nghymru dywedodd iddi fod yn un 'i'w chofio'n ddiolchgar'. Bu'n flwyddyn heb etholiad cyffredinol Prydeinig a 'chwerylon dibwys y pleidieuach Seisnig' i dynnu sylw'r Cymry, gan roi cyfle bellach i feddwl am faterion Cymreig, yn enwedig addysg, problem y Gymraeg a 'dyfodol y gwareiddiad Cymreig'. Prif ddigwyddiad 1925 iddo ef, fodd bynnag, oedd sefydlu Plaid Genedlaethol Cymru. Rhinwedd fawr y blaid hon oedd ei bod yn rhydd oddi wrth yr 'hen arweinwyr politicaidd', ac yn cynrychioli gweledigaeth cenhedlaeth newydd o Gymry ifainc.[8]

Graddol iawn oedd cynnydd y Blaid, fodd bynnag, ac arafach na hynny hyd yn oed, a bu hynny'n achos rhyw gymaint o syndod a siom i'r sylfaenwyr. 'Roedden ni'n obeithiol iawn,' meddai Valentine, 'efallai'n bod ni'n *naïve* – yn credu y byddai'r mudiad yn uniongyrchol boblogaidd, ac yn llwyddo'n anghyffredin.'[9]

****

Ar y cychwyn hefyd, roedd yr un hen wendidau'n parhau o ran cecru a ffraeo yn Arfon.

Un o'r chwech a fynychodd y cyfarfod sefydlu yn y Maes Gwyn ym Mhwllheli oedd Dafydd Edmund Williams o'r Groeslon, a chyn hynny roedd yn un o selogion cyfarfodydd Caffi'r Queen's. Bu'n siarad yn amryw o gyfarfodydd y Blaid yn y misoedd cyntaf gan geisio denu cefnogwyr.

Saer coed oedd Dafydd Edmund wrth ei alwedigaeth, ond treuliodd ddyddiau'r Rhyfel Mawr ar y môr fel saer llongau. Cyhoeddodd gyfrol o'i atgofion yn ddiweddarach, *Hwylio'r Moroedd*, lle mae'n adrodd am ei brofiadau, gan ddisgrifio sut y cafodd un llong yr oedd arni ei tharo gan dorpido llong danfor yr Almaenwyr a sut y suddodd llong arall yr oedd yn aelod o'i chriw ar ôl dod i wrthdrawiad. Bu Dafydd Edmund yn weithgar iawn yn ymgyrch seneddol gyntaf y Blaid yng Nghaernarfon yn 1929. Er ei sêl dros achos Cymru bu'n rhaid iddo dreulio blynyddoedd hir yn gweithio yn Lloegr. Dychwelodd i Gymru yn 1949, gan ddod yn gynghorydd ac arweinydd Cyngor Dosbarth Hiraethog.[10]

Yn 1925, fodd bynnag, er gwaethaf ei frwdfrydedd mawr dros yr achos, nid oedd cynnwys ei areithiau wrth fodd rhai o'r aelodau eraill.

Beirniadwyd ef gan Ifan Alwyn, a gwynodd wrth H.R. nad oedd yn addas fel siaradwr. Disgrifiai 'Williams Groeslon' fel 'tinker croes' a fyddai'n destun gwawd pe bai'n siarad ar ran y Blaid mewn cyfarfod arfaethedig yn Rhyd-ddu. Pwysleisiai bwysigrwydd cael siaradwyr oedd yn 'ddynion galluog – dynion o safle y byddai pobl yn barod i roi gwrandawiad iddynt', gan awgrymu T.H. Parry-Williams, brodor o'r ardal, fel rhywun llawer mwy addas.[11] Os nad oedd neb gwell na Dafydd Edmund i fod yn siaradwr, yna gwastraff arian fyddai cynnal cyfarfod o gwbl. Ategwyd y farn hon yn llwyr gan Moses Griffith, a ddywedodd nad ei arddull siarad yn unig oedd y broblem:

> ... buasai yn well gadael Williams Groeslon adref, pob parch iddo ond nid yw [yn] siaradwr i ddechreu, [gan] hanner darllen ac adrodd araith, ond pe yn dda gellid maddeu hynny, ond dywedodd lawer o bethau digon annoeth, a hwyrach anghywir, os na chawn ddynion da i fyned o gwmpas yna gwell gwneud llai.[12]

Arwydd yw'r feirniadaeth hon o ddiffyg trefn yn fwy na dim.

Beth bynnag oedd rhinweddau neu wendidau rhywun fel Dafydd Edmund, natur *ad-hoc* a diffyg meddwl ymlaen llaw oedd prif nodweddion trefniadaeth y Blaid ar y pryd, gan ddibynnu ar frwdfrydedd pwy bynnag oedd yn barod i fynd allan i annerch mewn amrywiol gymunedau.

Awgrymodd Ifan Alwyn fod angen tri pheth wrth drefnu cyfarfodydd cyhoeddus, sef sêl a brwdfrydedd, 'siaradwyr grymus a diamheuol – yn areithwyr da, o safle, ac y bydd pobl yn barod i roi clust iddynt' (gan anelu ergyd arall at Gwallter Llyfni: 'Dylem fod wedi cael digon o brofiad gyda W.S. Jones i wybod y ffolineb o roi pethau yn llaw unrhyw granc'). Yn drydydd, cynigiodd y dylid neilltuo digon o amser i drefnu a hysbysebu cyfarfodydd, sy'n awgrymu bod dull H.R. o baratoi yn anhrefnus a dryslyd.[13]

Nid dim ond yn Arfon yr oedd tensiynau ac amheuon ymysg yr aelodau, fodd bynnag. I lawr ym Mhenarth roedd sylfaenwyr y Mudiad Cymreig hefyd yn betrus ynghylch natur y blaid newydd. Nid oedd y Mudiad wedi'i ddiddymu yn dilyn sefydlu'r Blaid Genedlaethol, ac roedd yr aelodau'n dal i gwrdd yn ysbeidiol.

Roedd Griffith John Williams yn awyddus i gael cyfarfod i drafod dyfodol y Mudiad Cymreig, ac yn benodol beth i'w wneud â'r arian oedd yn ei goffrau. Ysgrifennodd at Bebb i ddweud hynny a chafodd ateb ym mis Tachwedd 1925. Yn ei lythyr ef mynega Bebb ei gred y dylai'r Mudiad barhau fel 'elite' o fewn y Blaid:

> Gwir a ddywedaist pan awgrymaist y dylem gyfarfod a phenderfynu dyfodol ein Mudiad ni. Eisieu ymuno â'r Blaid yr oedd S.L., ac er na wrthwynebaf i mo hynny, ni welaf reswm dros ddatod y Mudiad, a gwahanu ei aelodau. Dylai wasanaethu o hyd fel elite i'r Blaid, fel tad ysbrydol iddi, a'i harweinydd. Am yr arian, gwell iti eu cadw o hyd. Efallai hefyd mai doeth o beth fyddai i S.L., ti, D.J., Ben Bowen, Fred + gyd-gyfarfod yn ystod gwyliau'r Nadolig, ac ymgynghori ynghyd.[14]

Ychwanega ei fod yn gweld aelodau'r Blaid yn aml, a'i fod wedi mynychu pwyllgor yng Nghaernarfon ddwywaith yn ddiweddar. Roedd yn aelod o'r pwyllgor, ac i bob pwrpas yn ei reoli, ond cwyna am yr un hen wendidau, sef digon o frwdfrydedd ond '[nad] oes raglen bendant a gweledigaeth'. Roedd Lloyd Owen yn poeni Griffith John a gallai Bebb gydymdeimlo:

Deallaf fod y Dr Owen yn dy boeni di, fel llawer un arall. Y mae ei galon yn ddiogel ddigon, ond anniogel ydyw, ac anaeddfed ei farn ... Nid yw'n cyfrif nemor ddim, ond clywaf fod ei enw'n ddigon i gadw draw ddigon a ddymunai ymuno oni bai am hynny. Anodd fyddai ei daflu allan. Haws ei wneuthur yn ddiddrwg ...[15]

Cwyna Bebb am Gymraeg gwallus H.R. Jones, ond mae'n hael ei ganmoliaeth i danbeidrwydd y trefnydd. Terfyna drwy ddweud am y Blaid nad oedd yn disgwyl llawer o bethau mawr ganddi, ond gan ychwanegu'r *caveat* 'o leiaf ar hyn o bryd'. Roedd yn obeithiol y gallai wneud llawer o ddaioni, ond bod angen ei 'gwared rhag drwg'.[16] O ddarllen rhwng y llinellau, mae'n debyg mai ailddatgan y farn y dylai'r Mudiad Cymreig weithredu fel *bloc national* a chadw'r Blaid ar y llwybr iawn y mae.

Mae ei gofiannydd, Robin Chapman, o'r farn fod Bebb wedi dechrau diflasu erbyn hynny. Dadleua fod y cyffro wedi pylu gan fod y Blaid bellach yn fudiad cyfansoddiadol cyhoeddus. Nid oedd dim o'i le mewn ymgyrchu i Gymreigio enwau trefi a phentrefi ac i annog cynghorau i weinyddu trwy gyfrwng y Gymraeg, ond fel y dywed Chapman, profiad chwithig i Bebb oedd 'cyfnewid tanbeidrwydd deallusol am gwmni meddygon teulu, ysgolfeistri a chwarelwyr',[17] ac nid oedd ei feddylfryd elitaidd yn gallu dirnad awydd Saunders Lewis i'r Mudiad Cymreig, a grëwyd mor ofalus ganddynt, ymdoddi'n llwyr yn rhan o'r Blaid Genedlaethol.

Flwyddyn yn ddiweddarach, yn hydref 1926, roedd y

mater yn dal heb ei setlo'n derfynol. Ysgrifennodd Saunders Lewis nodyn rhwystredig at Griffith John Williams yn gofyn iddo anfon gweddill arian y Mudiad Cymreig at Moses Griffith, trysorydd y Blaid:

Bu cyfarfod o hen aelodau'r Mudiad Cymreig ym
Machynlleth, a phasiwyd yn unfryd i ofyn i chi anfon
cronfa'r Mudiad i Moses Griffith, Pen-y-Bryn, Dolgellau,
Sir Feirionydd [sic] tuag at gyllid y Blaid Genedlaethol. A
wnewch chi hyn yn derfynol yr wythnos hon? Y mae arnom
fawr angen yr arian. Gobeithiaf y rhowch chithau tuag at
gronfa'r blaid er mwyn sicrhau bywioliaeth [sic] y trefnydd.
Da chwi, gwnewch.[18]

Ymhen wythnos roedd Griffith John wedi anfon cynnwys cronfa'r Mudiad Cymreig at Saunders Lewis ei hun. Atebodd yntau i gydnabod derbyn yr arian a hefyd i drafod amharodrwydd Bebb i ddod â'r Mudiad i ben, ond ar yr un pryd, y pellter a oedd wedi tyfu rhyngddo a'r Blaid yn ddiweddar. Roedd penderfyniad Bebb i fynd i Ffrainc yn hytrach na mynychu cyfarfod sefydlu Pwllheli yn parhau i gorddi Saunders:

Diolch yn fawr am yr arian a'r llythyr. Caiff Moses Griffith
y gronfa rhagllaw. Am fater Bebb – pan welwyf chi y
Nadolig diau y cawn siarad am y peth … Nid ymosodaf ar
Bebb mewn llythyr atoch, – cawn siarad eto, ond yr wyf yn
credu hyn, bod mwy yn y cwestiwn na'r ffaith nad yw Bebb
yn ddyn busnes. Y mae'n rhaid cyn y gallom gydweithio
ag ef eto gael sicrwydd y ceidw ef addewidion ac nid
siomi cyfeillion bob tro. Nid ydych chi'n bolitician ond yn
ysgolhaig. Felly nid oes digio wrthych am beidio â gwneud
llawer. Ond politician yn unig yw Bebb. Nid yw'n ddim
arall – ac eto ef sy'n bradychu bob tro, a mynd i Ffrainc a
Llydaw a phobman ond i'r Blaid Genedlaethol. Yr wyf wedi
digio'n gas wrtho, canys ef yn fwyaf a'm tynnodd i i'r mudiad
politicaidd hwn.

Cofiwch: nid wyf yn dweud mor blaen â hyn wrth neb byw ond wrthych chi a Bebb ei hun. Ond od yw'r mudiad hwn i lwyddo mewn difri rhaid rhoi heibio pob ansefydlogrwydd a phawb ni ellir dibynnu arno. Anfonais at Bebb wythnos yn ôl, ni chefais eto ateb. Yr wyf yn ddig wrtho'n unig oblegid mai hoff gennyf ef a charwn ei weld yn arwain y Blaid. Mi allwn innau wedyn fynd yn ôl at faes didramgwydd llenyddiaeth ...

Wel, dyna ddigon am dro. Na ddigiwch wrthyf oblegid Bebb. Mi wnaf fy ngoreu i'w gael yn ol cyn bo hir iawn. Hynny yw, os mynn ef.[19]

Anfoddog oedd Bebb a Griffith John o hyd i ollwng gafael yn llwyr ar eu mudiad hwy eu hunain, rhywbeth oedd yn ymddangos yn afresymegol ac anymarferol i Saunders Lewis. Roedd ef wedi dewis ei lwybr, a'r llwybr hwnnw oedd creu un blaid genedlaethol unedig, ac nid oedd diben parhau â'r Mudiad Cymreig yn gorff ar wahân. Roedd wedi gwneud llawer i geisio dod â disgyblaeth a gwell trefniadaeth i rengoedd y Blaid, a gellir synhwyro ei rwystredigaeth fod ei gyfeillion gwleidyddol pennaf yn ystyfnigo fel hyn. Mor gynnar â Rhagfyr 1925, roedd wedi gorfod ysgrifennu at Griffith John yn dweud bod Bebb wedi cysylltu ag ef ynghylch dyfodol y Mudiad Cymreig, gan awgrymu:

... eich bod chi [G.J.W.] yn gryf o hyd yn erbyn suddo ein mudiad ni ym mhlaid Caernarfon. Ai gwir hynny? Yn awr, clywch fy marn i, ac yna bernwch chithau. Yr oedd ein mudiad ni yn iawn, yn ardderchog yn ei amcanion, a gwnaeth gryn lawer i benderfynu llwybr y mudiad cenedlaethol Cymreig. Ond – ac ond mawr – nid oes gennych chi ac nid oes gennyf innau nac ewyllys nac egwyl i arwain mudiad politicaidd. Gallwn ddangos y ffordd i eraill, ond dyna'r cwbl. Ac nid yw Bebb yntau yn arweinydd. Hoffaf Bebb yn fawr, ond nid wyf yn sicr o'i gallineb bob amser, nac o'i allu i ddygnu ati â phetheuach politicaidd, – a hynny sy'n rhaid.[20]

Gofynnodd i Griffith John fwrw heibio ei amheuon, oherwydd roedd yn y Blaid bobl o argyhoeddiad, brwdfrydedd a gallu diamheuol i ddwyn maen achos Cymru i'r wal:

Yn awr, y mae Valentine a H.R. Jones a Moses Griffiths [sic] a phobl y Blaid o Gaernarfon â'u holl fryd ar y pethau hyn. Nid ydynt na llenorion nac ysgolheigion. Eu byd a'u hunig fyd hwy yw mudiad gwleidyddol, – ac felly gallant ymroddi iddo ag unfrydedd calon a llwyrdeb, a dyna sy raid. Gallwn ninnau fod y tu cefn iddynt i'w helpu â syniadau, a'u hyrwyddo ar y llwybr iawn. Ond hwy yw'r gwŷr a ddwg y mudiad i lwyddiant – er gwaethaf pob ffolineb – ac nid nyni. Yr wyf yn sicr nad nyni. Onid wyf yn iawn? Os felly na rwgnachwn, ond ymuno â hwy. Talu'r arian sy gennym iddynt a'n tanysgrifiadau. Byddwn ninnau wedyn yn rhydd i roddi'n meddwl a'n hamser i lenyddiaeth. Oni chytunwch â hyn, yr unig ffordd arall yw dechreu gweithio ein hunain. Yn onest, nid oes gen i'r ewyllys i hynny. Methiant a fyddai mudiad a ddibynnai arnaf. Ni enillais erioed un aelod i'n mudiad ni, – na chithau un chwaith, gyfaill. Sut felly yr enillem y lliaws? Yr wyf yn sicr, os meddyliwch am hyn a gweld ein gwendid ni, y cytunwch â mi. Gwn am wendidau athronyddol gwŷr Caernarfon, ond gwn hefyd mai hwy sy'n gweithio yn ymarferol, ac iddynt hwy felly y rhoddaf i fy ffyddlondeb a hynny o help oriog ac achlysurol y gallaf.[21]

Roedd Saunders Lewis yn llwyr ymroddedig i'r llwybr a ddewisodd. Plaid Genedlaethol Cymru, ac nid unrhyw fudiad arall, oedd y cerbyd i wireddu ei obeithion gwleidyddol; ac anogodd ei frodyr cynnar yn y ffydd genedlaethol i'w ddilyn.

*****

Er bod y Blaid Genedlaethol wedi'i sefydlu'n swyddogol ac yn dechrau ymgyrchu ar faterion Cymreig, ni phenderfynwyd pa ddulliau yr oedd i'w mabwysiadu er mwyn cyflawni'r nod aruchel o sicrhau Cymru Rydd Gymraeg. Dadleuai H.R. Jones, ac yntau'n drwm dan ddylanwad brwydr annibyniaeth Iwerddon, o blaid gweithredu'n uniongyrchol. Un o'i syniadau yn y cyswllt hwn oedd gwrthod talu'r dreth incwm.

Roedd Saunders Lewis a D.J. Williams ill dau yn amheus o werth protest o'r fath gan ddadlau y dylai H.R. barhau i dalu'r dreth. Gwelai Saunders wahaniaeth rhwng cydnabod hawl foesol a derbyn grym gwladwriaeth. Nid oedd talu'r dreth, meddai, yn cydnabod hawl gwladwriaeth Prydain – y cyfan yr oedd yn ei wneud oedd cydnabod grym ac awdurdod, sy'n ffeithiau amlwg. Gallai rhywun dalu'r dreth incwm, yn anfoddog, oherwydd bod grym ac awdurdod y pryd yn eu gorfodi i'w thalu.[22] Roedd D.J. Williams, a oedd fel cyn-ymgyrchydd llawr gwlad gyda'r Blaid Lafur wedi cael mwy o brofiad gwleidyddol na sawl aelod arall o'r Blaid Genedlaethol ifanc, yn poeni mwy am ymarferoldeb a sgileffeithiau posib gweithredu anghyfansoddiadol. Er ei fod yn edmygu syniad H.R., ni welai ddiben i'r trefnydd beryglu ei ryddid ar y mater. Oherwydd, dadleuai, os oedd y Blaid am wrthwynebu un peth ar sail cydwybod, yna byddai'n rhaid gwrthwynebu cant a mil o bethau tebyg yn yr un ffordd.[23]

Er hynny, mewn rhagfynegiad o'r hyn y byddent hwy eu hunain yn penderfynu ei wneud ymhen degawd ym Mhenyberth, dywedodd Saunders a D.J. ill dau ei bod yn debyg y deuai amser pan fyddai'n rhaid i'r aelodau weithredu mewn ffordd anghyfansoddiadol. Ni welai Saunders unrhyw werth mewn gweithredu gan unigolyn ar ei ben ei hun ar y pryd oherwydd 'tebyg iawn y daw cyfle y bydd yn rhaid inni oll ymwrthod â thalu'r dreth',[24] a phan ddeuai'r amser am hynny, y byddai angen gweithredu ar y cyd ac mewn undod. Awgrymodd D.J. y gallai fod angen dull mwy radical yn y dyfodol, gan feio taeogrwydd y Cymry yn fwy na gormes cenedl arall. Tasg y Blaid, meddai, oedd braenaru'r tir ar gyfer gweithredu o'r fath.

Ond nid dyna ddiwedd y mater o geisio annog y Blaid i ddefnyddio dulliau anghyfansoddiadol i H.R. Ceisiodd eto ym mis Mawrth 1926 pan gynigiodd daflu taflenni o oriel Tŷ'r Cyffredin mewn protest yn erbyn penderfyniad y llywodraeth i benodi swyddogion di-Gymraeg i Fwrdd Iechyd Cymru. Er iddo gael ei ddarbwyllo drachefn i beidio â thorri'r gyfraith, cafodd dipyn mwy o gefnogaeth y tro hwn – awgrym pellach y gallai'r Blaid droi at ddulliau mwy uniongyrchol a dramatig o weithredu yn y dyfodol. Un o'r rhai a gefnogodd syniad H.R. oedd y Parch Fred Jones, a ddywedodd: 'Wel am brotestio bydd yn rhaid gwneuthur hynny a gwneuthur hynny yn uffernol o boeth.'[25] Er hynny nid oedd am weld gweithredu byrbwyll; byddai angen cynllunio a threfnu ac amseru unrhyw brotest yn effeithiol. 'Dylai cynllun yr ymgyrch fod yn glir a phob aelod o'r tu ol iddi. Am y cynllun o daflu taflenni o'r Tŷ Cyffredin mi gredaf y rhôi hysbysrwydd iawn inni ... Felly "bant â'r cart" ys dywed pobol Sir Aberteifi.' Ychwanegodd nad oedd 'eisiau aros cyn gwneuthur protestiadau fel hyn ... a goreu po chwyrnaf y bo heb ladd neb ond y diawl ei hun!'

Roedd Ambrose Bebb yntau'n gefnogol i syniad H.R., er nad oedd am i'r weithred gael ei chysylltu â'r Blaid Genedlaethol.[26] Mwy llugoer oedd agwedd y trysorydd, Moses Griffith, yn bennaf am y rheswm ymarferol ei bod yn rhy hwyr i gael unrhyw ddylanwad ar fater penodiadau'r Bwrdd Iechyd, ond roedd yntau hefyd yn credu y byddai galw am weithred debyg pe bai pwnc llosg ar fater Cymreig yn codi rywbryd yn y dyfodol.[27] Cyn cael gweithred anghyfansoddiadol o unrhyw fath, dadleuai D.J. Williams, roedd angen argyhoeddi'r wlad o gyfiawnder yr achos. Nid oedd llawer o ddiben i brotestiadau eithafol hwnt ac yma, meddai.[28]

O astudio'r ymateb i'r cynigion, mae'n bosib casglu mai natur fyrbwyll ac anhrefnus H.R. ei hun oedd yn llywio ymateb amryw o'r arweinwyr ac yn peri iddynt amau gwerth y dulliau, ond mae'n drawiadol nad oedd yr un ohonynt yn diystyru'r posibilrwydd o dor cyfraith a gweithredu uniongyrchol yn llwyr.

'Y Ddraig Goch ddyry cychwyn'

Os TRECHWYD H.R. ar fater dulliau gweithredu, cafodd lwyddiant pendant a phellgyrhaeddol ar fater cael cyhoeddiad misol i ledaenu neges y Blaid. Rhwng y cyfarfod sefydlu ac ysgol haf 1926 dyma oedd prif gamp y trefnydd.

Roedd H.R. wedi bod yn pwyso am sefydlu papur newydd o'r cychwyn, ond nid oedd pawb yn cytuno. Yn ôl Saunders Lewis, cafodd H.R. y maen i'r wal 'yn wyneb gwrthwynebiad rhai o'i gyd-weithwyr mwy petrus'.[1] Barn Prosser Rhys[2] a D.J. Williams[3] oedd y byddai'n fwy effeithiol defnyddio'r papurau newydd Cymreig oedd eisoes yn bod fel cyfrwng i ledaenu'r neges. Ond cefnogwyd H.R. gan Saunders Lewis a'r rhan fwyaf o'r pwyllgor gwaith.

Cafwyd trafodaeth fywiog ymysg yr arweinyddiaeth ar yr enw mwyaf addas i'r papur. Awgrymodd Dyfnallt a D.J. 'Y Ford Gron' ar y sail fod y teitl yn un hollol Gymraeg ei naws.[4] Ymysg y teitlau eraill a gafodd eu hystyried yr oedd 'Cymru Fydd', 'Cymru Rydd' ac 'Y Wawr', ond roedd Bebb yn ffafrio 'Y Ddraig Goch' uwchlaw unrhyw gynnig arall. Dywedir mai Meuryn, golygydd *Yr Herald Cymraeg*, a awgrymodd yr enw hwnnw yn y lle cyntaf. Bu'r blaid newydd yn ffodus, o ran y wasg Gymraeg o leiaf, i'r graddau fod tri o olygyddion prif bapurau'r cyfnod yn gefnogol iddi ac yn barod i'w chynorthwyo. Yn ogystal â Meuryn, Dyfnallt Owen oedd golygydd papur *Y Darian* yn de, a Prosser Rhys ar y *Faner*. Er gwaethaf ei amheuon ar y cychwyn, bu Prosser yn allweddol wrth hwyluso cyhoeddi'r *Ddraig Goch*. Yn ôl Gerald Morgan, yn ogystal â threfnu ar gyfer argraffu'r rhifynnau cyntaf, daeth yn ddiweddarach yn gyfrifol am lawer o'r gwaith dosbarthu a sicrhau cyllid i'r cylchgrawn.[5]

Cyhoeddwyd rhifyn cyntaf *Y Ddraig Goch* ym Mehefin 1926 dan olygyddiaeth Ambrose Bebb, ac ef fu'n gwneud y gwaith am y tri mis cyntaf. Pris y rhifyn cyntaf chwe thudalen oedd dwy geiniog, ac argraffwyd 2,500 o gopïau. Roedd yn cynnwys erthygl ar genedlaetholdeb a chyfalafiaeth gan Saunders Lewis, dadansoddiad o natur awdurdod gan Iorwerth Peate, amlinelliad o amcanion *Y Ddraig Goch* fel cyfnodolyn gan Ambrose Bebb, a cherdd gan Dyfnallt.

Mae'n debyg mai erthygl Saunders Lewis yw'r fwyaf diddorol yn y rhifyn cyntaf hwnnw. Mae'n agor gyda datganiad o fwriad:

> Pan gychwynom fudiad politicaidd newydd, peth da yw bod yn sicr o'n seiliau ... Er mwyn hynny y sefydlwyd y cylchgrawn hwn, a rydd inni gyfle i draethu am egwyddorion ein plaid ac i egluro'n dyheadau a'n hathrawiaeth.[6]

Yna, mae'n mynd ymlaen i sôn am yr egwyddorion moesol-wleidyddol sydd wrth wraidd ei syniadau, ac yn ymhlyg yn hynny, syniadaeth y Blaid ei hun:

> Cas gwr ni charo'r wlad a'i maco. Y wlad neu'r genedl yw'r ffurf normal ar gymdeithas yn Ewrop. Honno yw sylfaen gwareiddiad y gorllewin.
>
> Parhawn i ledaenu'r gwirionedd yna hyd heddiw. Yna'r egwyddor economaidd y dylai pob dyn feddu eiddo.
>
> Hynny'n unig a wedda i urddas a dedwyddwch dyn. Hynny'n unig a sicrha iddo ryddid, fel y bo'n feistr arno'i

hun, peth hanfodol i'w urddas oblegid nid oes i'r caethwas ewyllys annibynnol.

Dywed fod gan bawb ran ym mhob agwedd ar fywyd y genedl – yr ysbrydol, y deallusol a'r economaidd. Disgrifia ei obaith o greu cymdeithas o 'gyfalafwyr bychain', lle mai'r un peth yw lles y gymdeithas a lles yr unigolyn a bod pawb yn gweithio er mwyn hynny. 'Gelyn cenedlaetholdeb yw cyfalafiaeth', meddai, oherwydd mai tueddiad y farchnad rydd yw crebachu nifer y cyfalafwyr a rhoi'r grym economaidd i gyd yn nwylo lleiafrif o ddynion gorgyfoethog.

Diddorol yw'r modd y mae'n dadlau nad oedd y Blaid Genedlaethol yn bodoli dim ond er mwyn diogelu'r Gymraeg. 'Rhan yn unig o amcanion cenedlaetholwyr yw cadwraeth yr iaith', meddai, ac nid addurn i'w ddyrchafu mo'r iaith:

Oblegid er mwyn dyn y mae iaith yn bod. A'r rheswm dros amddiffyn yr iaith yw ein bod ni'n gofalu'n bennaf am les y dyn cyffredin sy'n bwrw'i oes yn y rhan hon o'r byd. Amcan gwleidyddiaeth yw ymgeleddu bywyd dyn. Amcan y Blaid Genedlaethol yw – nid cadw'r Gymraeg fel ffetish yng Nghymru – ond ei gwneud hi'n bosibl i bob Cymro fyw bywyd llawn, gwaraidd, dedwydd, cain.

*****

Cam naturiol oedd penodi Bebb yn olygydd *Y Ddraig Goch*, i'r graddau mai ef fu'n gyfrifol am baratoi atodiad y Mudiad Cymreig ar gyfer *Breiz Atao*. Ni bu'r cynllun hwnnw erioed yn llwyddiant, fel y cyfaddefodd Griffith John Williams yn ddiweddarach: roedd y ffaith fod y rhan fwyaf o gynnwys y cylchgrawn yn Ffrangeg a Llydaweg yn dieithrio darllenwyr Cymraeg, ac roedd meddwl am y peth yn creu euogrwydd ynddo am iddynt fod mor ddiniwed â chredu y gallai trefniant o'r fath ddwyn ffrwyth.[7]

Mewn cyfarfod o bwyllgor gwaith y Blaid yn Nhywyn ym mis Mai 1926 penderfynwyd na ddylid nodi enw'r golygydd ar y papur. Teimlai Saunders Lewis yn gryf fod angen cylchgrawn da a chryf yn ffynhonnell bropaganda effeithiol. Er hynny, roedd ganddo amheuon am addasrwydd Ambrose Bebb fel golygydd. Dywedodd wrth H.R. Jones am annog Bebb i osgoi trafod crefydd yn y colofnau.[8]

Roedd amheuon wedi dechrau ymddangos ymysg arweinyddiaeth y Blaid ynghylch rhai o ddatganiadau mwyaf carlamus Bebb. Yn sicr, roedd y trysorydd, Moses Griffith, yn amau doethineb rhoi'r olygyddiaeth iddo. Ysgrifennodd at H.R. Jones i fynegi hynny, gan ddweud:

> Credaf y byddai yn beth gwych cael misolyn da. Ond ni roddwn bleidlais i Bebb fod yn olygydd iddo byth. Pob parch iddo, ond mae ganddo ysgrif annoeth a dweud y lleiaf yn rhifyn yma o'r Llenor.[9]

Yr erthygl dan sylw oedd 'Awr gyda Charles le Goffic', portread Bebb o'r bardd a'r beirniad llenyddol. Er ei fod yn Llydäwr roedd Le Goffic yn un o ddilynwyr Maurras, arweinydd y mudiad asgell dde eithafol L'Action Française. Nid Bebb oedd y dewis gorau i olygu papur Plaid Genedlaethol Cymru ym marn Moses Griffith: 'Saunders Lewis yw y dyn.'[10]

Nid gan Moses yn unig yr oedd amheuon am hoffter Bebb o Ffrainc. Bu Kate Roberts yn llythyru cryn dipyn gyda H.R. Jones yn y cyfnod, yn pwyso a mesur rhai o'r pethau oedd yn ei hatal rhag ymuno â'r Blaid. Mae'n amlwg fod sawl un wedi cysylltu gyda hi gan geisio ei darbwyllo bod lle iddi yn y mudiad. Wrth i H.R. drafod gyda hi fanteision ac anfanteision ffurfio Adran Merched, neu hyd yn oed fudiad ar wahân ar gyfer merched, roedd yn ymddangos ei fod ar fin llwyddo. (O wybod am ddylanwad Iwerddon arno dichon mai meddwl am rywbeth ar batrwm mudiad merched Cumann na mBan yr oedd.)

Nid oedd Kate Roberts wedi cael blas ar rifynnau cyntaf y papur, serch hynny. 'Hyd yn hyn ni fwynheais ryw lawer ar "Y Ddraig Goch"', meddai.[11] Cytunai fod 'gwir alw amdano ... ond yn fy myw ni allaf fi fy ngweled fy hunan ddim nes i ymuno a'r Blaid wedi ei ddarllen'. Maen tramgwydd mawr iddi oedd pwyslais Saunders Lewis ar geidwadaeth a pherchentyaeth:

Gallaf weled safbwynt Mr Saunders Lewis gan fy mod yn caru llenyddiaeth. Ond am fy mod yn Sosialydd ni allaf yn fy myw fy nghymodi fy hun â'i syniadau. Yn bersonol, ni allaf weld unrhyw wahaniaeth rhwng tynnu het i farsiandwr o Sais a thynnu het i'r hen bendefigion Cymreig.

Roedd yn hallt ei beirniadaeth hefyd o awgrym Bebb fod y pendefigion wedi bod yn gyfeillion i'w gweision a'u morynion. Nid gwir hynny, meddai:

Slafiaid oeddynt ac nid bodau dynol – y llofft stabl yn ddigon da iddynt gysgu ynddi ... Yn ol fel y gwelaf fi, hoffai'r bobl hyn fynd yn ol i'r dyddiau pan ddibynnai'r gwas ar ei feistr am datws a llaeth enwyn i fagu ei fochyn. Y gwas yn gorfod cadw mochyn i gadw yn fyw, a'r meistr yn cadw hosan i gadw ei arian. Ni allwn byth fynd yn ol i'r dyddiau yna eto.

Ar ben hynny, roedd elfennau o arddull ysgrifennu a chynnwys erthyglau Bebb yn mynd dan ei chroen, yn enwedig ei wirioni ar genedlaetholdeb Ffrengig yr asgell dde:

Ac O mae Cymraeg Ambrose Bebb yn mynd ar fy nerves. 'Mor wych o deimlad,' ebr ef. 'Mor sal o Gymraeg,' ebr finnau. A pha iws sôn am wladgarwch sentimental Ffrainc wrthym ni Gymry? Cymry ydym ni ac nid Ffrancod.

Nid oedd Kate yn gallu gweld ei ffordd yn glir i ymuno â'r Blaid Genedlaethol yng nghyd-destun y caledi economaidd a welai o'i chwmpas yn y Cymoedd, ond cafodd ateb gan H.R. i'r pwyntiau a gododd fel meini tramgwydd iddi ymaelodi. Yn anffodus, nid yw llythyr y trefnydd wedi goroesi, ond roedd ei gynnwys yn amlwg wedi bod yn ddigon i'w hargyhoeddi i ailfeddwl:

Roeddwn i yn Aberdâr ynghanol dirwasgiad, ac roeddwn i'n methu gweld yn glir iawn sut y medrwn i fynd allan i siarad am iaith a llenyddiaeth a diwylliant â'r bobol yn diodde eisiau bwyd ... Ond mi ges i ddadleuon pendant iawn o blaid yr ochr arall gan H.R. ... Roedd o'n batrwm o lythyr ... A dyna un o'i gryfderau fo, oedd ei fod o'n medru ateb yn bendant, a medru dadlau yn gryf dros ei achos. Mi roedd o'n rhesymegol hollol efo bob dim roedd o'n ddeud.[12]

A dychwelyd at *Y Ddraig Goch* ac yn wyneb rhai o'r amheuon a godwyd mewn cyfarfod o'r pwyllgor canol yn 1926 ynghylch gadael Bebb yn unig olygydd, awgrymodd Saunders Lewis y dylid ffurfio bwrdd golygyddol. Cefnogwyd hynny gan Ben Bowen Thomas, a chafwyd cynnig ffurfiol gan Mai Roberts, a eiliwyd gan D.J. Williams. Pasiwyd wedyn mai aelodau'r bwrdd golygyddol fyddai Saunders Lewis, Iorwerth Peate a Prosser Rhys. Cyflwynodd Moses Griffith gynnig i ddiolch i Ambrose Bebb am ei waith a'i annog i barhau i gyfrannu i'r papur. Eiliwyd hynny gan Saunders Lewis.

Gosododd y rhifynnau cyntaf y cywair lled-academaidd ar gyfer y blynyddoedd oedd i ddod. Roedd y pwyslais ar ennill dadl ddeallusol yn hytrach nag ar ddenu cefnogaeth trwch y boblogaeth. Cwynodd un cefnogwr, Bob Owen, Croesor, am natur ysgolheigaidd llawer o'r cynnwys, gan ddweud:

Cwyno y mae'r werin bobol nad yw yr ysgrifau yn addas iddynt hwy. Os ydych am enill y dyrfa rhaid ichwi beidio

saethu uwch eu pennau. Yn sicr ichwi y mae'r erthyglau yn
rhy dechneddyddol [sic] a chlasurol i'w boddhau hwy ...
Mwy o erthyglau syml a'u llond o frwd fflamllyd sydd
eisieu.[13]

Roedd gan H.R. Jones yntau ei amheuon, a bu'n chwarae
gyda'r syniad o greu chwaer bapur i hyrwyddo neges y Blaid
ymysg cynulleidfa fwy dosbarth gweithiol. Ysgrifennodd
at Ambrose Bebb yn dweud, er bod 'y Ddraig Goch wedi
gwneyd gwaith aruthrol eisoes', ei fod yn poeni mai 'apelio
at un dosbarth, sef y dosbarth diwylliedig' a wnâi. Roedd
yn derbyn mai dyma'r dosbarth a fyddai'n arwain Cymru i
ryddid cenedlaethol, ond eto i gyd:

... y mae miloedd o rai yng Nghymru sydd heb fawr addysg
a gredent, neu a ddeuont i gredu yn athrawiaeth y Blaid
Genedlaethol. Y cwestiwn sydd yn fy mlino o hyd yw pa
fodd i gael gafael ar y rhai hynny, a'u cadw. Ni allwn wneyd
hebddynt. Mae gan y rhain bleidlais. Yr ydym yn creu
barn gyhoeddus trwy'r cyfarfodydd, ond y mae y papurau
dyddiol ac wythnosol sydd yn nwylaw y pleidiau Seisnig ac
ymerodrol yn dadwneyd ein ymdrechion gyda'r 'mass'. O
gael y bobl hyn i dderbyn papur a mwynhau darllen efengyl
y Blaid fe allwn nid yn unig eu cadw ond eu gwneyd yn
frwdfrydig ac yn weithwyr selog i ni. Y cwestiwn yw pa
fodd i wneyd hynny? Gan na allent yn aml ddeall cynnwys y
Ddraig Goch, ai gostwng ei safon a ddylem fel y bydd o fewn
cyrraedd eu meddwl hwy? Yn bendant nag e. Y mae eisoes
wedi gwneyd ei le yn mywyd yr 'intelligentsia' Cymreig a
rhaid iddo gadw y lle hwnnw ar bob cyfrif. Ond tybed ai ni
ellid sefydlu papur ar gyfer y miloedd gweddill.[14]

Ni ddaeth dim o'r syniad, ac ni chafwyd cyfnodolyn cyfrwng
Saesneg chwaith nes lansio'r *Welsh Nationalist* yn 1932.
Gorffennodd H.R. ei lythyr trwy ailddatgan ei
argyhoeddiad gwaelodol, o ddarllen hanes y gwledydd, 'mae'r

felldith fwyaf welodd y byd erioed ydoedd goruchafiaeth gwareiddiad Lloegr, ac mae po gyntaf y gwelir dinistrio honno, cyntaf yn y byd y ceir cydraddoldeb, heddwch a thangnefedd'.[15]

Er gwaethaf y diffygion o ran cyrraedd cynulleidfaoedd ehangach, roedd cychwyn *Y Ddraig Goch* fel y papur newydd cyntaf i blaid wleidyddol benodol Gymreig, nid yn unig yn gamp ymarferol ynddi ei hun ond hefyd yn rhoi unoliaeth pwrpas ac ymdeimlad o hunaniaeth i'r Blaid Genedlaethol fel mudiad politicaidd annibynnol. Roedd y newyddion a'r neges a ddarperid yn fisol i'r aelodau yn eu cadw'n gyfredol gyda datblygiadau o fewn y Blaid a thu hwnt o ran polisïau, digwyddiadau a gweithgareddau llawr gwlad.

*****

Nid oes amheuaeth, serch hynny, na fyddai'r *Ddraig Goch* wedi gweld golau ddydd, ac na fyddai'r Blaid Genedlaethol wedi goroesi'r blynyddoedd cynnar heb gefnogaeth ariannol. Y noddwr mwyaf allweddol yn hyn eto oedd Mallt Williams, Llandudoch. Cyfrannodd ddeugain punt at goffrau cynhyrchu'r papur newydd, swm sylweddol yn y cyfnod, sy'n cyfateb i dair mil o bunnoedd heddiw. Rhoddodd hwb i gyllid y Blaid drwy gyfrannu cannoedd o bunnoedd dros nifer o flynyddoedd, a hyrwyddodd gylchrediad *Y Ddraig Goch* trwy brynu rhwng 20 a 400 copi y mis i'w dosbarthu ei hun. Nid gormodedd fyddai dweud na fyddai Plaid Genedlaethol Cymru wedi gallu parhau oni bai am ei chymorth ariannol hi. Credai Saunders Lewis fod ei rhoddion wedi achub y mudiad.

Ymestynnai ei chymorth i'r Blaid a'i haelodau i'r personol hefyd. Rhoddodd gyngor iechyd i H.R. Jones, yn wyneb ei wendid corfforol, a thalodd am fordaith ar Fôr y Canoldir iddo yn 1927 i geisio ei wella a'i gryfhau. Ar hyd y blynyddoedd, hyd at ei marwolaeth yn 1950, parhaodd Mallt i gefnogi'r Blaid. Yn wir, hi oedd yn gyfrifol am fathu'r term 'ysgol fomio' i ddisgrifio gwersyll arfaethedig yr Awyrlu ym Mhenyberth – achos ymgyrch fwyaf nodedig y Blaid Genedlaethol yn 1936. Gwrthododd wahoddiad i gadeirio sesiwn yn ysgol haf gyntaf y Blaid yn 1926, ond parhaodd i gynnig llifeiriant o gyngor i'r mudiad.

Rhaid oedd ennill y dosbarth gweithiol, yn ei barn hi – 'Dim obaith i'r dyfodol, os ni gallwch chwi (P.G.C.) newid meddyliau y Werin.'[16] Roedd am i'r Blaid flaenoriaethu ennill tir yn Sir Forgannwg:

> Rhaid ni ennill y sir hwn (yr mawraf, ac yr mwy boblog yng Nghymru) ... I ymdrechu yno, rhaid yr Plaid arfer yr iaith yr estron (gwae i fi! ac gyda llawer o Gymraeg, hefyd) fel mae'r Cynghrair Gaelig gwneud yn rhannau Seisnigaidd yn Iwerddon. Ennillwch hwy i'r cenedlaetholdeb cyntaf, ac ynte fydd mwy hawdd i ennill hwynt i'r iaith Cymreig.[17]

Roedd Mallt hefyd yn awyddus i'r Blaid ehangu ei hapêl trwy sefydlu cylchgrawn Saesneg i 'ddeffro'r Eingl-Gymry'.[18]

Mae ei llythyrau – byr, mewn llawysgrifen ddramatig – yn datgelu cymeriad lliwgar, oedd yn arddel cenedlaetholdeb gwrth-imperialaidd. Cydymdeimlai gyda'r mudiad cenedlaethol oedd yn dechrau magu nerth yn India, ac roedd yn ymwelydd cyson ag Iwerddon, ac wedi meithrin cysylltiadau agos yn y mudiad iaith ac ymysg y gweriniaethwyr yno. Yn sgil hynny, pwysai ar arweinyddiaeth Plaid Genedlaethol Cymru i gysylltu gyda mudiadau yno ac yn yr Alban, yn enwedig felly y 'Scots National League ac An Phoblacht'. Roedd angen eu goleuo, meddai Mallt, am y frwydr yng Nghymru: 'Nid yw pobol yn y wledydd arall, yn gwybod run peth amgylch yr Plaid.'[19]

Ymboenai yn ogystal am ran merched yn y frwydr genedlaethol. Ysgrifennodd at H.R. ym mis Tachwedd 1925 yn gresynu am natur anwleidyddol merched Cymru:

Gwelais yr oedd Cyfarfod Merched Mudiad Llafur (Caernarfon) dydd o'r blaen. Sut gall PGC ennill merched Cymru i'r iaith? Mae'n nhw rwan ar eu gliniau i'r Saeson, llawer waeth na dynion Cymru. Yn Iwerddon mae'r merched mwy wleidyddol na'r dynion.[20]

Yn gynnar yn 1925 gwahoddwyd hi gan H.R. i fod yn is-lywydd y Blaid Genedlaethol, ac roedd yn falch o dderbyn yr anrhydedd, gan ddweud:

Mae'r Cymru yn sefyll wrth yr groes-ffordd yn wir heddyw.
1) Rhaid ni troi ein llygaid oddiwrth Llundain.
2) Rhaid ni gwneud yr Gymraeg yn gorfodol yn bob ysgol, o Gaer-gybi i Gaerdydd (fel y mae'r Saesneg rwan)
3) Rhaid ni canlyn yr symudiadau cenedlaethol yn yr wledydd eraill, ac cyfnewidio 'ideas' gyda yr Gwyddelwyr ac yr Llydawyr ac yr Albanwyr.[21]

Roedd yn falch o glywed am fwriad y blaid newydd i rannu miloedd o bamffledi ac anfon siaradwyr ar hyd a lled Cymru i ledaenu'r neges. I'r perwyl hwnnw, cynigiodd dalu am argraffu taflenni ar batrwm rhai a gyhoeddwyd gan Albanwyr y Scots National League, gan annog H.R. i beidio â chyhoeddi taflenni hirfaith a hirwyntog – 'dylent fod yn fyr ac i'r bwriad', siarsiodd.[22] Mewn llythyr arall at y trefnydd, oedd yn siŵr o apelio at awydd H.R. i weld newid enwau trefi a phentrefi i fersiynau Cymraeg, hyderai Mallt y byddai'r Blaid Genedlaethol yn annog Cyngor Caergybi i ddilyn esiampl Cyngor Kingstown yn Iwerddon a newidiodd enw'r porthladd i Dún Laoghaire.[23]

Yn ogystal, fe anogodd H.R., a oedd wedi tynnu ysbrydoliaeth fawr o frwydr y Gwyddelod, i ymweld â'r Ynys Werdd, gan gynnig talu rhan o'i gostau teithio yno. Er hynny, roedd yn ystyried y Cytundeb Eingl-Wyddelig, a olygai rannu'r ynys yn Ogledd a De a chadw llw o deyrngarwch i'r brenin, yn frad i'r achos gweriniaethol:

Dyliech chwi fyned i'r Iwerddon, yn 1926, i astudio yr syniad Gweriniaethol yno. Byddaf yn foddlawn i rhoi anrheg o pum punt, tuag at eich treuliau yno, ac i chwi llythyr o gyflwyniad. Ni gallaf fi ysgrifennu amgylch yr Brâd diweddaf. Mae yn rhy arswyd. Druan Iwerddon![24]

Trwy'r Gyngres Geltaidd, hwylusodd Mallt Williams – a Mai Roberts hefyd – gysylltiadau gyda'r mudiad cenedlaethol yn Iwerddon. Mae golwg sydyn ar enwau cyfranwyr ariannol y Blaid yn ei blwyddyn gyntaf yn dangos hynny. Mallt Williams yw'r cyfrannwr mwyaf hael o ddigon, gan roi hanner can punt, sydd heddiw'n gyfystyr â phedair mil o bunnoedd. Ond yn ail ar y rhestr o ran haelioni y mae'r Arglwydd Ashbourne, un o gefnogwyr cymdeithas yr iaith Wyddelig, Conradh na Gailege, a noddwr un o brif dlysau Iwerddon mewn camogie, sef fersiwn o'r gamp Wyddelig hurling ar gyfer merched. Yn rhinwedd y gwahanol gysylltiadau, felly, trefnwyd i H.R. Jones a nifer o genedlaetholwyr Cymreig eraill ymweld â'r wlad ac i gyfarfod ag amryw o ffigurau blaenllaw y mudiad gweriniaethol yno.

17

'Ni ein hunain'

NID H.R. JONES oedd yr unig un o sylfaenwyr y Blaid Genedlaethol i groesi'r môr o Gaergybi. Roedd Iwerddon ymysg cyrchfannau mwyaf poblogaidd cenedlaetholwyr gwerth eu halen o Gymru yn y degawd wedi'r Rhyfel Byd Cyntaf. I'r bobl ifanc hyn, roedd y frwydr yno nid yn unig yn ysbrydoliaeth, roedd hefyd yn cynnig gwersi i Gymru. Yno yr oedd cyffro a chynnwrf gwleidyddol yr oes. Yno, ar garreg y drws, yr oedd enghraifft o genedl fechan Geltaidd a safodd yn erbyn grym yr ymerodraeth ac ennill mesur o ryddid.

Y cyntaf o genhedlaeth sylfaenwyr y Blaid Genedlaethol i ddod i gysylltiad â gweriniaethwyr Sinn Féin oedd Lewis Valentine, a hynny yn ystod ei gyfnod fel milwr yng ngwersyll Lough Neagh yng Ngogledd Iwerddon. Fyth ers y dyddiau hynny bu'n bleidiol i achos y Gwyddelod ac yn edmygu eu harweinwyr, yn arbennig felly Padraig Pearse ac Arthur Griffith. Yn wir, ar ôl ei ryddhau o garchar Wormwood Scrubs yn 1937 am ei ran yn llosgi'r Ysgol Fomio, y peth cyntaf a wnaeth ar ôl dadebru gartref am ychydig ddyddiau oedd teithio i Ddulyn ac ymweld â mynwent Glasnevin lle y claddwyd nifer o'r gwrthryfelwyr.

Yr hyn sy'n drawiadol am agwedd Valentine at yr helynt yn Iwerddon, mewn erthyglau ac atgofion, yw na chondemniodd ddulliau brwydro'r cenedlaetholwyr erioed. Mae'n siŵr na allai ef fel heddychwr gymeradwyo mabwysiadu dulliau treisiol i gyflawni nod gwleidyddol, ac eto prin iawn oedd ei feirniadaeth o'r rhai a ddefnyddiai ddulliau o'r fath. Ei obaith cyson oedd y byddai'r Cymry yn deffro i argyfwng eu gwlad a'u hiaith cyn y byddai angen troi at unrhyw drais. Ceir cipolwg ar ei safbwynt yn y cyfnod yma mewn darn a ysgrifennodd rai blynyddoedd yn ddiweddarach pan oedd yn weinidog yn Llandudno:

Darllenasoch yn ddiau am Saeson yn Fflint yn chwerthin yn wawdlyd am ben y cynigiad i roddi lle amlycach i'r Gymraeg. Chwerthin am ben y Gymraeg yn ei chartref! Onid ydym yn genedl oddefgar? Mae'n dda i'r Saeson hyn ein bod yn caru heddwch. Ni fuasai eu bywyd yn Iwerddon yn werth grôt ar ôl y fath haerllugrwydd. Ond daliwn i garu heddwch ac hwyrach y cawn ninnau yn y man trwy rym moesol yr hyn a enillodd y Gwyddel trwy y cleddyf.[1]

Roedd D.J. Williams eisoes wedi codi nyth cacwn a thynnu'r awdurdodau yng ngholeg Aberystwyth a thu hwnt i'w ben yn ystod y Rhyfel Mawr gyda'i erthyglau yn canmol Sinn Féin yn *Y Wawr*, ac felly nid yw'n syndod iddo fanteisio ar y cyfle cyntaf i deithio i ganol y cynnwrf.

Yn 1919 daeth i gysylltiad gyda gweriniaethwyr yng Nghorc, ac yn ôl Waldo Williams, roedd yn y ddinas hefyd adeg y cwest i farwolaeth Tomás Mac Curtáin, Arglwydd Faer Corc a saethwyd gan y Royal Irish Constabulary (RIC) yn 1920.[2] (Canlyniad y cwest oedd i'r crwner ganfod y Prif Weinidog David Lloyd George, a rhai o aelodau'r RIC yn euog o lofruddiaeth fwriadol.)

Dywed D.J. iddo gael croeso cynnes gan y gweriniaethwyr unwaith iddo egluro mai cenedlaetholwr o Gymro ydoedd:

Ar gefn yr ysbrydiaeth a gawn o ddarllen papurau a llyfrau Iwerddon fe euthum draw yno dros wyliau'r Pasg 1919, fy ngwyliau cyntaf wedi dod i Abergwaun, a'r *Black and Tans* a'r *Sinn Féin*, ar y pryd, fel y mae hi yng Nghypros heddiw, am yddfau'i gilydd, i gael gweld â'm llygaid fy hun sut yr oedd pethau yno. Nid euthum yn agos i ddim a berthynai i'r Saeson. Ond wedi deall fy neges yn gywir fel Cymro fe'm derbyniwyd ymhobman gan y Gwyddyl â breichiau agored.[3]

Teithiodd ymlaen i Ddulyn ac yno cyfarfu â rhai o ddynion amlwg Sinn Féin a'r IRA, yn eu plith Arthur Griffith, Arlywydd Llywodraeth Ddarpariaethol Iwerddon yn ystod y Rhyfel Annibyniaeth. Dywed iddo ymweld â phencadlys cudd y Llywodraeth Ddarpariaethol uwchben siop fara yn y brifddinas.[4] Yn bresennol hefyd yn cyfarfod rhwng D.J. ac Arthur Griffith yr oedd un o ffigurau chwedlonol y Rhyfel Annibyniaeth:

Ac yn Nulyn ar fy ffordd adref fe'm harweiniwyd drwy ddirgel ffyrdd i ffau Arthur Griffith, Arlywydd cyntaf Iwerddon ar ôl hynny, a'm cyflwyno iddo. Ymhlith ei gyd-weithwyr garw yr olwg yno, er na'm cyflwynwyd iddo wrth ei enw – bron na wnaf fy llw o hynny – yr oedd Michael Collins, a'r cudyn o fwng du digamsyniol hwnnw dros ei dalcen.

Ysbrydolwyd D.J. gan ei ymweliad ac, wedi cyffroi, anfonodd gopi o bapur newydd Sinn Féin, *Éire Óg* (Iwerddon Ifanc), at ei gyfaill, Ambrose Bebb. Cafodd Bebb hefyd argraff dda o'r cynnwys, er ei fod yn gochel rhag rhai o'r datganiadau mwyaf ymfflamychol:

Y mae sŵn gobaith ynddo, er bod yn amlwg lawer o eithafion ynddo hefyd. Ar y cyfan papur da ydyw ac y mae llawer o wirionedd tu mewn iddo. Pob hwyl Iwerddon! Mynned annibyniaeth! Gwyn fyd Sinn Féin pan fynno.[5]

Bu Bebb ei hun yn Iwerddon am bythefnos ym mis Gorffennaf 1925. Mynychu'r Gyngres Geltaidd yn Nulyn oedd diben y daith, ond trwy gysylltiadau Mai Roberts a'i gyfeillion yn y Gyngres, fel Agnes O'Farrelly, cafodd ef a'r cynrychiolwyr eraill gyfarfod nifer o unigolion blaenllaw ymysg y cenedlaetholwyr yno. Roedd O'Farrelly ei hun yn gymeriad diddorol, yn un o hoelion wyth yr ymdrechion i hybu'r Wyddeleg drwy'r Gaelic League ac yn ffrind agos i Syr Roger Casement, a ddienyddiwyd am ei ran yn ceisio sicrhau arfau i wrthryfelwyr 1916.

Hefyd yn bresennol yn y Gyngres yr oedd amryw o academyddion ac arbenigwyr ar y byd Celtaidd o Gymru, Llydaw ac Iwerddon, gan gynnwys John Morris-Jones, W.J. Gruffydd, E.T. John, Taldir, Mordrel, a Douglas Hyde, Arlywydd cyntaf Gwladwriaeth Rydd Iwerddon.

Teithiodd Bebb yno yng nghwmni Saunders Lewis a J. Tywi Jones, a chafodd y cynadleddwyr eu tywys ar wibdaith hanesyddol mewn fflyd o fysiau i Ddyffryn Boyne, i weld beddrod cyn-hanesyddol Newgrange a Bryn y Brenhinoedd yn Tara. Yno cawsant eu cyflwyno i Éamon de Valera, a oedd ar y pryd yn arweinydd ar y garfan yn Sinn Féin a wrthwynebai'r Cytundeb Eingl-Wyddelig a arweiniodd at sefydlu'r Wladwriaeth Rydd. Er mai talu sylw i'w ddillad a wnaeth Bebb yn ei ddyddiadur – 'efe â het wellt wen fawr am ei ben, a dillad brown amdano, sanau yr un fath, ac esgidiau duon'[6] – ddeuddydd wedyn cafodd gyfle i fynd yng nghwmni J. Tywi Jones i swyddfa de Valera a chael sgwrs well ag ef. Yr argraff a gafodd Bebb ohono oedd ei fod 'yn ddyn meddylgar, gofalus, yn ystyried pob cam', gan esbonio mai ei nod oedd sicrhau 'perffaith annibyniaeth i ddilyn ei ffordd ei hun, ac nid i fod o dan bawen Lloegr'.[7]

Oddi yno aeth Bebb a'r ddirprwyaeth Geltaidd yn eu blaenau i dŷ Dr Patrick MacCarvill a'i wraig Eileen, dau a fu'n flaenllaw iawn yn y Rhyfel Annibyniaeth – 'dau a fu'n garcharor, ac a ddioddefodd lawer er eu ffydd weriniaethol'.[8]

Newydd briodi yr oedd y ddau pan ymwelodd y fintai o Gymru. Ac yntau'n feddyg ifanc, ymunodd Patrick MacCarvill gyda'r IRA yn 1919 yn y rhyfel yn erbyn y Black and Tans. Etholwyd ef yn aelod o'r Dáil, senedd Iwerddon, ac fe'i carcharwyd sawl tro gan awdurdodau Prydain, ac yna gan Wladwriaeth Rydd Iwerddon am ei weithgarwch yn gwrthwynebu'r Cytundeb Eingl-Wyddelig. Roedd ei wraig Eileen wedi ymuno ag adain y merched o fewn y mudiad gweriniaethol, sef Cumann na mBan, yn 1917, a bu'n ysgrifennydd i Michael Collins yn y Rhyfel Annibyniaeth, gan redeg swyddfa gudd uwchben siop yn Dawson Street yn Nulyn. Cafodd y swyddfa ei darganfod gan y fyddin Brydeinig ac arestiwyd Eileen a mynd â hi i Gastell Dulyn, lle y dywedodd iddi gael ei cham-drin gan yr awdurdodau, ac yna i garchar yn Lerpwl. Rhyddhawyd hi ddiwedd 1921, ond fe'i carcharwyd eto yn 1923 gan y Wladwriaeth Rydd. Ar ôl y Rhyfel Cartref daeth Eileen MacCarvill yn ysgolhaig o fri gan gefnogi datblygiad artistiaid Gwyddelig ifanc, yn cynnwys Jack. B. Yeats, brawd y bardd enwog.

Ar ddiwedd eu hymweliad cafodd dirprwyaeth y Gyngres Geltaidd, gyda Bebb yn eu plith, eu croesawu i dderbyniad yn nhŷ Llywydd y Wladwriaeth Rydd, W.T. Cosgrave, lle roedd amryw o ffigurau amlwg bywyd cyhoeddus Iwerddon wedi ymgasglu.

Roedd Cosgrave hefyd wedi chwarae ei ran yn y frwydr dros annibyniaeth. Bu'n amlwg yng Ngwrthryfel y Pasg 1916, ac yn sgil hynny treuliodd gyfnod yn garcharor yng ngwersyll Frongoch ym Meirionnydd. Ac yntau yn y carchar ar y pryd, enillodd sedd i Sinn Féin yn etholiad cyffredinol 1918, ac ar ôl ei ryddhau y flwyddyn ganlynol, gwrthododd ef a'i gyd-aelodau o'r blaid gymryd eu seddi yn San Steffan, gan eistedd yn hytrach yn Dáil Éireann, sef y senedd rydd gysgodol a ffurfiwyd gan Sinn Féin. Er bod de Valera ac yntau'n gyfeillion, dewis cefnogi'r Cytundeb Eingl-Wyddelig a wnaeth Cosgrave. Dyma rwyg yn y mudiad gweriniaethol a arweiniodd yn y pen draw at ryfel cartref chwerw rhwng 1922 ac 1923.

Rhydd Bebb ddisgrifiad o'r daith i'r derbyniad yn ei

ddyddiadur, sydd hefyd yn amlygu'r rhaniadau ar lawr gwlad yn Nulyn ar y pryd:

Myned i'r te a roddid yn hael i aelodau'r Gynhadledd gan y Llywydd Cosgrave, yn ei dŷ, ddwy filltir neu fwy oddi allan i Ddulyn. Cerdded rhan o'r daith yno. Heibio inni, gwibio'r degau cerbydau gan godi llwch y ffordd, a brwdfrydedd y plant, a waeddai, rhai ohonynt yn nhraed eu hosanau, neu'n droednoeth, 'de Valera am byth', eraill y gwrthwyneb. Cael ein cludo yn un o'r cerbydau Gwyddelig hyd ddiwedd y daith. Yna, gwedi ysgwyd dwylo â Cosgrave a'i wraig, efo'n ŵr byr, wyneblan, golau a gwinau, i'r maes lle'r oedd y llaweroedd, holl aelodau'r llywodraeth, a mwyafrif aelodau'r Seneddau, ac yn eu plith, enwogion fel [W.B.] Yeats, [Douglas] Hyde a [Eoin] MacNeill.[9]

Wedi hynny, dychwelodd y fintai i Ddulyn ac i Roebuck House ar gyfer rhagor o gymdeithasu pan-Geltaidd – y tro hwn yng nghwmni 'Madame MacBride', sef Maud Gonne – un a fu'n awen i W.B. Yeats ac oedd yn weddw i un o ferthyron Gwrthryfel y Pasg, John MacBride. Yno hefyd yr oedd Seán MacBride, ei mab. Roedd Seán, ac yntau ond yn bymtheg oed, wedi ymuno â'r IRA gan ymladd yn y Rhyfel Annibyniaeth a'r Rhyfel Cartref yn erbyn y Cytundeb. Noda Bebb yn ei ddyddiadur fod y fam a'r mab yn weriniaethwyr tanbaid, 'yn frwd iawn o blaid y Weriniaeth, ac yn gas ganddynt lywodraeth Gwladwriaeth Rydd Iwerddon, a alwant yn fradychwyr'. Mae gyrfa MacBride wedi'r cyfnod hwn yn hynod ddiddorol. Treuliodd gyfnod yn aelod seneddol yn y Dáil ac yn weinidog yn llywodraeth Iwerddon, ac yn 1961 ef oedd un o gyd-sylfaenwyr Amnest Rhyngwladol, mudiad y daliodd i fod yn gadeirydd arno tan 1975.

Fel ysgrifennydd preifat i E.T. John, llywydd y Gyngres Geltaidd, roedd y gwaith o drefnu yn sythio ar ysgwyddau Mai Roberts. Hi, felly, oedd yn gyfrifol am raglen ymweliadau y fintai yr oedd Bebb yn rhan ohoni yn ystod

Cyngres Geltaidd Gorffennaf 1925. Dywedodd Mai ei hun na lwyddodd i gyrraedd cyfarfod sefydlu'r Blaid Genedlaethol ym Mhwllheli oherwydd iddi gael ei dal yn Nulyn. Ac yn wir, pan gynigiodd Mallt Williams dalu i H.R. gael teithi draw i'r wlad a fu'n gymaint o ysbrydoliaeth iddo, Mai Roberts a drefnodd iddo fynd i gynhadledd flynyddol Sinn Féin, yr Ard Fheis, yn ystod ei ymweliad. Mai oedd yr un â'r cysylltiadau yn Iwerddon ac roedd yn ymwelydd cyson â'r wlad.

Ar 1 Medi 1925 ysgrifennodd Mai at H.R. yn dweud ei bod yn ceisio gwneud trefniadau ar ei ran:

Rwyn anfon heddyw at gyfaill imi yn Nulyn i ofyn iddo a fydd ef yn debyg o fod yn Nulyn ymhen pythefnos neu dair wythnos. Os y bydd fe ofala efe am danoch ac fe gewch y cyfle mae'n debyg o gyfarfod De Valera ac eraill ... Yr wyf yn myned drosodd fy hun wythnos i Gwener nesaf dros y Sul ...[10]

Y cyfaill yn Nulyn oedd gweriniaethwr tair ar hugain oed o'r enw Frank Ryan – neu Proinsias Ó Riain, fel y llofnodai ei lythyrau.[11]

Roedd Ryan yn prysur wneud enw iddo'i hun fel llanc ifanc carismataidd a brwdfrydig. Ni chwaraeodd ran yn y Rhyfel Annibyniaeth, ond pan holltodd Sinn Féin a'r IRA yn dilyn y Cytundeb Eingl-Wyddelig, ymunodd â charfan de Valera yn erbyn y Cytundeb. Ym mis Medi 1922, mewn brwydr gyda milwyr y Wladwriaeth Rydd, cafodd ei glwyfo, ei ddal a'i anfon i garchar Limerick. Cafodd ei ryddhau flwyddyn yn ddiweddarach, ac enillodd radd mewn Astudiaethau Celtaidd yng Ngholeg y Brifysgol Dulyn yn 1925. Yn y cyfnod hwn hefyd bu'n gweithio fel newyddiadurwr, golygydd ac argraffydd papurau newydd radical, a dringodd yn gyflym yn rhengoedd yr IRA. Yn ddiweddarach, pan ddechreuodd Rhyfel Cartref Sbaen yn 1936, arweiniodd Ryan fintai o Wyddelod i ymladd yn y Frigâd Ryngwladol. Cafodd ei anfarwoli yn nghân Christy Moore, 'Viva la Quinta Brigada',

am y gweriniaethwyr o Iwerddon aeth i ymladd y ffasgwyr
yn Sbaen.

Mewn llythyr yn ateb Mai ym Medi 1925, dywed Ryan
y byddai cyfle i H.R. a'i gyfeillion gyfarfod ag arweinwyr y
blaid gan gynnwys Austin Stack a de Valera ei hun:

> I think the best course for your friends would be to come on
> the morning of the 12th as the Árd-Feis is on the 13th and
> 14th, they will have an opportunity of seeing all the political
> (or 'constitutional') side of the movement. This year, the
> whole organisation will be re-modelled, and various changes
> in policy will be discussed.
>
> A very important meeting of all local secretaries of the
> Sinn Féin Clubs will be held on the afternoon of the 12th. I
> am sure your friends will be allowed to attend that meeting.
> I shall make all arrangements with the Hon. Sect. of Sinn
> Féin – Austin Stack – and with Simon Donnelly, Director of
> Organization. There will be no difficulty in seeing President
> de Valera.[12]

Mae'n rhaid fod Mai wedi crybwyll y syniad o greu
cysylltiadau rhwng y Blaid Genedlaethol a Sinn Féin
oherwydd mae Ryan yn mynd rhagddo i grybwyll y
posibilrwydd hwnnw, yn ogystal â dymuno'r gorau i'r blaid
newydd yng Nghymru:

> It is for you to decide whether it will further or hinder your
> course if you openly ally yourselves with our movement. Any
> assistance in my power I will give willingly ...
>
> Well, Miss Roberts, Wales is making a good start. Once
> a people realizes that it wants liberty, that is half the battle.
> As far as us, here, we're yet to make the majority stiffen and
> stand for full freedom. When that is done – the fight is won.
> But – we here will never reach the end heb ymladd!![13]

Yn ddiweddarach y flwyddyn honno, ar 28 Tachwedd,

ysgrifennodd Ryan at Mai unwaith eto, yn ymddiheuro am oedi cyn ei hateb, ond, meddai, roedd pethau'n poethi iddo:

> I was very much relieved to see that Armistice Day doings met with your approval – though I should have known beforehand that your approval would be certain …
> Frankly, things are coming to a head, and lest the interruption of our correspondence should be misinterpreted, I am explaining things to you.
> … God! how I wish for the old days of the Celtic Congress! Two dances, one visit to the Abbey, and two to pictures – that's the sum total of my amusement since![14]

Y 'doings' ar Sul y Cofio yn Nulyn, a gafodd eu cymeradwyo gan Mai, oedd gollwng bomiau mwg a thanio ergydion yn ystod y seremoni ar St Stephen's Green. Sonia Ryan hefyd am ymosodiad ar sinema yn y ddinas: 'You have heard that a Cinema – "The Masterpiece" – was blown up here, lately'.[15] Cyfeiriad yw hyn at ymgyrch yr IRA yn erbyn sinemâu yn Iwerddon oedd yn dangos ffilmiau y bernid eu bod yn imperialaidd. Y ffilm a gododd wrychyn gweriniaethwyr oedd *The Battle of Ypres*, oedd yn clodfori byddin Prydain. Cafodd bomio sinema'r Masterpiece, Talbot Street, gryn sylw ar y pryd – dinistriwyd tu blaen yr adeilad gan y bom, gan ddifrodi degau o dai eraill cyfagos.

Nid dyna oedd diwedd adroddiad Ryan am weithgareddau'r IRA, serch hynny. Mae'n gorffen ei lythyr trwy ddathlu dihangiad pedwar ar bymtheg o weriniaethwyr o garchar Mountjoy. Yn y cyrch i ryddhau'r carcharorion, gyrrodd chwech o aelodau'r IRA, yn gwisgo lifrai plismyn, at fynedfa Mountjoy a llwyddo i fynd heibio'r giatiau, dod o hyd i'r carcharorion a'u rhyddhau. Roedd y cyrch yn llwyddiant propaganda mawr i'r IRA ar y pryd, ac mae'n amlwg o eiriau Ryan ei fod wedi'i ysbrydoli gan y digwyddiad:

Nineteen Republican prisoners were rescued from Mountjoy Jail last night. Not a shot was fired. Men don't escape from jail – usually – unless there's important work to be done outside jail walls. The 'Last Conquest' is giving way to the 'Last War of Independence'. It will be a long slow fight – but we must win![16]

Mae'n ddiddorol sylwi bod Ryan yn cymryd yn ganiataol fod Mai yn gefnogol i'r holl ymdrechion chwyldroadol hyn.

Roedd gan Frank Ryan gysylltiad Cymreig trawiadol arall. Un o'i gyd-wirfoddolwyr yn y Frigâd Ryngwladol yn Rhyfel Cartref Sbaen oedd Tom Jones, yr undebwr llafur o Rosllannerchrugog. Cafodd Jones, a ddaeth i adnabod Lewis Valentine yn ystod ei weinidogaeth yn y Rhos, ei anfon i swyddfa'r Frigâd Ryngwladol ym Madrid, lle y cyfarfu â Frank Ryan, oedd yno yng nghwmni nifer o newyddiadurwyr gan gynnwys Ernest Hemingway. Dywedodd Jones fod Ryan yn ffigur chwedlonol yn y Frigâd. Daeth y ddau'n gyfeillion o'r adeg honno, ac fe'u clymwyd yn agosach fyth yn sgil y profiad a gawsant yng ngharchar lluoedd Franco. Cafodd y ddau eu dal mewn cyrchoedd gwahanol, gan ddiweddu yng ngharchar Burgos.[17]

Roedd Ryan ac yntau fel brodyr i'w gilydd, yn ôl Tom Jones. Rhyddhawyd Jones yn 1940 a throsglwyddwyd Frank Ryan i ddwylo awdurdodau'r Almaen yr un flwyddyn, gyda'r nod o gael y Gwyddel i gydweithio â'r Almaenwyr yn erbyn Prydain yn y rhyfel. Mae'n destun dadl hyd heddiw i ba raddau, os o gwbl, y gwnaeth Ryan hynny. Bu farw mewn ysbyty yn Dresden yn 1944.

*****

Roedd ambell un o aelodau Plaid Genedlaethol Cymru ar lawr gwlad yn sicr yn gweld Mai a Saunders Lewis fel arweinwyr y mudiad, a hynny ar batrwm Gwyddelig. Ysgrifennodd Gwilym Williams, un o'r aelodau mwyaf gweithgar yn nyddiau cynnar y Blaid, gohebydd i'r *Guardian* a chyfaill mawr i Caradog Prichard, fod y ddau fel fersiynau Cymru o arweinwyr Sinn Féin: 'Ond am Saunders – Arthur Griffith Cymru fydda i yn hoffi ei alw a fel y byddaf yn hoffi galw Mai Roberts yn Countess Markievicz.'[18] (Yn 1918 Constance Markievicz oedd y ferch gyntaf i gael ei hethol yn aelod seneddol i Dŷ'r Cyffredin, er na chymerodd ei sedd yn San Steffan oherwydd boicot Sinn Féin. Bu'n ymladd yng Ngwrthryfel y Pasg, bu'n weinidog Cabinet yn y Llywodraeth Ddarpariaethol ac roedd yn weithgar yn Cumann na mBan yn ystod y Rhyfel Annibyniaeth a'r Rhyfel Cartref.)

Ond er gwaethaf edmygedd ei gyfoedion yn y Blaid Genedlaethol o weriniaethwyr Gwyddelig, yr un mwyaf amwys a chlaear ei agwedd tuag at Iwerddon o arweinwyr y Blaid, ar yr wyneb o leiaf, oedd Saunders Lewis.

Roedd llenyddiaeth Iwerddon yn sicr yn ddylanwad arno a chyfaddefodd fod darllen llenorion Gwyddelig fel Yeats a Synge wedi gwneud iddo 'ddeall beth oedd gwlatgarwch ac ysbryd cenedl', gan arwain wedyn at ddylanwadau gwleidyddol: 'Ac yn fuan mi ddechreuais i feddwl fod pethau fel yna, oedd yn gafael ynddyn' nhw yn Iwerddon, yn briodol i mi afael ynddyn' nhw yng Nghymru.'[19]

Bu Padraig Pearse, fel yn achos Lewis Valentine, yn ysbrydoliaeth gychwynnol i Saunders yntau. Mewn adolygiad a gyhoeddwyd yn 1918 mae'n crybwyll Pearse ac ysgol Wyddeleg Enda Sant a sefydlwyd ganddo i addysgu bechgyn yn iaith, diwylliant a hanes eu gwlad:

Pan saethwyd Padraig Pearse am ei ran yng ngwrthryfel y Pasg (1916), rhoes y Syr John Maxwell goron merthyrdod ar fywyd sant a gweledydd a lafuriodd tra bu er ennill drachefn i'w wlad ysbryd diymblyg ei hen gewri. Ddeng mlynedd cynt na hynny daeth Pearse yn ôl i Ddulyn wedi iddo am dymor ymdreulio i ddeall cynlluniau addysg y cyfandir a phenderfynodd gychwyn ysgol yn yr Iwerddon er magu cenhedlaeth o blant trwythedig yn niwylliant yr

hen Wyddelod. Yn ysgol Enda Sant dysgodd na fedrai
Gwyddel fod yn ddyn da oni byddai yn gyntaf yn Wyddel
da. Ac felly gan roi i iaith a llenyddiaeth a gwareiddiad yr
Iwerddon eu lle fel sylfaen i bob gwybod a deall, deffrodd
yn yr ynys ysbryd a bywyd cenedlaethol a adlewyrchwyd yn
nhanbeidrwydd yr ymdrech a wnaed i wrthladd gormes y
Sais, ac a adlewyrchir o hyd yn niwylliant a chenedlgarwch
y Gwyddelod heddyw. Trwy ei ysgol dylanwadodd Pearse yn
barhaol ar fywyd ei genedl.[20]

Y wers Gymreig i'w thynnu o hanes y merthyr Gwyddelig
yw mai o fewn Cymru y mae'r ateb i gyflwr Cymru. Dim ond
y Cymry eu hunain all greu dyfodol newydd i'w cenedl:

Felly, o'r tu mewn, y mae i ninnau lafurio dros Gymru.
Pe fagem yn ein pentrefi, yn ein hysgolion, ac ar ein
haelwydydd, gariad at ein hen draddodiad a gwareiddiad, pe
gafaelem eilwaith ar drysorau ysbrydol ein tadau, gallem yn
hyf hawlio ymreolaeth allanol heb yr ofn a ffyn yn awr na
fyddai senedd Gymreig yn amgenach peth na chyngor sir.[21]

Mae Saunders yn gorffen ei adolygiad gyda chwestiwn
sydd bron yn rhagfynegiad o 'Weddi Emrys Wledig' yn
Buchedd Garmon ddegawd yn ddiweddarach, pan hola a
ddaw rhywun i sefyll dros Gymru:

Onid oes eto yn fyw rywfaint o ysbryd Einion fab Anarwyd,
brawd yr Arglwydd Rhys, ieuanc o oed a gwrol o nerth, a
roddodd bob peth i'r prawf ...[22]

Ystyria Tecwyn Lloyd 'a roddodd bob peth i'r prawf' yn
un o frawddegau pwysicaf Saunders Lewis:

Yn wir, hi, gellir dweud, yw ei arwyddair, canys yn ei
ddramâu yn ogystal ag yn ei hanes personol 'rhoddi pob peth
i'r prawf' ydyw craidd ei gred; mentro pob dim mewn ffydd

yn y ffordd y gwnaeth Padraig Pearse, James Connolly, Tom Clarke a'r pedwar arall a gyhoeddodd y Weriniaeth Wyddelig yn ystod wythnos y Pasg, 1916.[23]

Roedd yr awgrym a wnaeth Saunders yn yr Wyddgrug yn 1923 am gael cenedlaetholwyr ynghyd i ddrilio ar batrwm milwrol hefyd yn adleisio paratoad yr Irish Volunteers cyn Gwrthryfel y Pasg. Adlais pellach o'r mudiad gweriniaethol Gwyddelig oedd ei gefnogaeth lwyr i benderfyniad y Blaid Genedlaethol i beidio ag anfon aelodau seneddol i San Steffan pe baent yn cael eu hethol.

Er hynny, nid oedd yn gweld dylanwad Iwerddon ar Gymru fel peth cwbl gadarnhaol.

Bu Saunders hefyd draw yn Nulyn yn y Gyngres Geltaidd yng Ngorffennaf 1925, yn traddodi darlith ar 'Y Ddrama yng Nghymru', ac mae'n debyg iddo yntau gyfarfod sawl un o'r bobl y cyfarfu Bebb â hwynt, ond nid oes cofnod pendant o hynny. Mewn erthygl yr haf hwnnw mae'n cyfeirio at y Gyngres Geltaidd ond nid mewn termau cadarnhaol iawn. Barnai nad oedd llawer o ddiben i gynadleddau o'r fath, ac nid oedd y cysyniad niwlog o Geltigrwydd yn apelio ato o gwbl. 'Diolch i'r mawredd', ysgrifennodd, 'y mae Celt a Chelteg yn marw; ambell fenyw o athrawes yn unig a gred ynddynt mwy. I'w lle fe ddaeth Cymro a Chymraeg.'[24]

Peth da, credai Saunders Lewis, oedd bod Cymru bellach yn edrych fel pe bai am 'fwrw heibio'r niwl Celtaidd' a mynnu ei lle fel cenedl yn ei rhinwedd ei hun:

> Gweithio dros Gymru yng Nghymru. Felly yn unig y deuwn yn barchus i ni'n hunain, ac felly yr enillwn barch Lloegr ac Iwerddon. Fe welir wedyn fod Cymru'n bod ynddi ei hunan, yn un gwareiddiad, ac nid yn rhan o beth, yn ddarn o beth, megis cangen o'r Prydeinwyr neu gangen o'r Celtiaid.[25]

Awgryma hyn fod Saunders yn troi cefn ar Iwerddon fel ffynhonnell ysbrydoliaeth a bod geiriau fel y rhain yn dynodi, fel y dadleua Robin Chapman, 'ysgaru cenedlaetholdeb Cymreig yn derfynol oddi wrth y model Gwyddelig'.[26] Ond tybed?

Mae'n wir ei fod, mewn llythyr diweddarach at H.R. Jones, yn datgan bod 'cael ein harwain gan Republicans Iwerddon yn ffolineb plentynnaidd. Y gwleidyddion mawr Cymreig yn y gorffennol a'r traddodiad Cymreig a ddylai fod yn arweinwyr a symbyliad i ni.'[27] Mae'n wir hefyd nad oedd yn rhoi unrhyw bwys ar y 'Cwlwm Celtaidd' bondigrybwyll, ond yn hytrach yn gweld Cymru fel cenedl yng nghanol prif lif gwareiddiad Cristnogol Ewrop, a ddaeth i fod yn sgil ymadawiad y Rhufeiniaid o Brydain ganrifoedd ynghynt. Eto i gyd, roedd dylanwad cenedlaetholwyr Iwerddon yn drwm arno.

Hyd yn oed wrth ymwrthod â'r dylanwad hwnnw, mae'n dal yno o dan yr wyneb. Oherwydd mae'r pwyslais ar 'ni'n hunain' uchod yn adlais pendant, os nad bwriadol, o ystyr enw plaid Sinn Féin ei hun.

Mae'n bosib fod Saunders yn gweld ei gyd-aelodau yn y Blaid yn delfrydu brwydr Iwerddon ar draul meddwl am achos Cymru, a sut i fwrw iddi i ymladd eu brwydr eu hunain dros eu gwlad eu hunain. Wrth daflu dŵr oer ar 'Republicans Iwerddon', tybed ai ceisio tawelu'r dwymyn o Wyddelgarwch yr oedd, a cheisio hoelio meddyliau ei gyd-aelodau ar wir amcan a diben y Blaid Genedlaethol, yn hytrach na gadael iddynt ramantu brwydr gwlad arall?

Arwydd arall o ddylanwad Iwerddon ar ei feddylfryd oedd y ffaith i un o gynrychiolwyr llywodraeth y Wladwriaeth Rydd gael ei wahodd i siarad yn ysgol haf gyntaf y Blaid ym Machynlleth yn 1926.

Nid aelod cyffredin o Sinn Féin oedd y siaradwr gwadd hwnnw ond un o uwch weision sifil y Wladwriaeth Rydd newydd. Roedd gan Kevin O'Shiel brofiad helaeth o wasanaethu'r mudiad cenedlaethol yn Iwerddon, yn ystod y frwydr dros annibyniaeth ac mewn llywodraeth. Ymladdodd sawl etholiad ar ran Sinn Féin, a bu'n asiant etholiad i Arthur Griffith ac yn ymgynghorydd i'w gyfaill, Michael Collins, ar faterion Gogledd Iwerddon. Un o'i brif, os nad y mwyaf o'i gyfraniadau i'r achos oedd ei ran yn natblygiad Llysoedd y Dáil, sef y drefn a sefydlwyd gan Sinn Féin i geisio disodli'r gyfundrefn gyfreithiol Brydeinig yn Iwerddon. Recriwtiwyd ef gan Griffith yn 1920 i fod yn un o brif benseiri llwyddiant Llysoedd y Dáil. Roedd O'Shiel yn cefnogi'r Cytundeb Eingl-Wyddelig; gweithredodd fel ymgynghorydd cyfreithiol i lywodraeth y Wladwriaeth Rydd, a bu'n weithgar hefyd wrth baratoi achos Iwerddon i gael ei derbyn i Gynghrair y Cenhedloedd. Yn 1925 roedd yn gweithio fel Comisiynydd Tir Iwerddon, swydd a ddaliodd tan 1963.[28]

Mae'r ffaith mai O'Shiel a draddododd anerchiad yn yr ysgol haf yn ddiddorol ar ddau gyfrif. I ddechrau, mae'n tueddu i gadarnhau bod cydymdeimlad Saunders Lewis gydag ochr y Wladwriaeth Rydd yn y Rhyfel Cartref yn hytrach na chyda'r rhai oedd yng ngharfan de Valera ac yn gwrthwynebu'r Cytundeb Eingl-Wyddelig. Roedd H.R. Jones yn awyddus i wahodd de Valera ei hun i Fachynlleth ond gwrthododd Saunders Lewis yr awgrym yn ddiflewyn-ar-dafod:

Peidiwch â gwahodd de Valera ar un cyfrif, oblegid (1) ni byddai O'Shiel yn fodlon gan ei fod ar yr ochr arall, a byddai'n dro angharedig, (2) oblegid bod de Valera yn ffŵl; nid barn rhagfarn ond barn bwyllog un a fu dros awr yn ei gwmni yn holi ei syniadau![29]

Efallai bod de Valera'n cael ei ystyried yn 'ffŵl' ganddo yn 1926, ond erbyn diwedd y tridegau yr oedd yn Brif Weinidog Iwerddon a Saunders yn ei gyfrif yn wladweinydd i'w edmygu – barn a ddaliodd weddill ei oes gan iddo gyfarfod de Valera ar sawl achlysur arall pan oedd yn Brif Weinidog ac yn Arlywydd Gweriniaeth Iwerddon. Yn wir, roedd polisi niwtraliaeth y Blaid Genedlaethol yn ystod yr Ail Ryfel Byd yn hynod debyg i bolisi tramor y Weriniaeth o dan de Valera yn yr un cyfnod. Dengys hynny, beth bynnag am y ddelwedd a grëwyd ohono gan ei gyfeillion a'i elynion, nad person dogmatig oedd Saunders Lewis a'i fod yn barod i newid ei farn ar sawl achlysur.

Yr ail beth diddorol am ddewis O'Shiel i annerch yr ysgol haf oedd bod arbenigedd y bargyfreithiwr o Iwerddon mewn sefydlu cyfundrefn Wyddelig ar wahân i gyfraith Prydain yn asio gyda syniadau Saunders Lewis ynglŷn â gweithio trwy gyfundrefnau a chynghorau lleol yng Nghymru a meddiannu sefydliadau llawr gwlad. Adlewyrchwyd hynny ym mhrif araith Saunders ei hun ym Machynlleth. Yn yr anerchiad enwog 'Egwyddorion Cenedlaetholdeb', awgrymodd y gellid ffurfio sefydliadau gweinyddol Cymreig annibynnol ar linellau tebyg i'r hyn a sefydlwyd gan Sinn Féin, sef y drefn y byddai O'Shiel yn ei hamlinellu yn ei anerchiad yntau:

Dechreuwn felly ar y gwaith hwn yng Nghymru, dechrau gyda'r awdurdodau lleol sydd o fewn ein cyrraedd; a chan nad oes gennym gymaint gallu ar y llysoedd cyfraith, astudiwn y cynllun y bydd Mr. O'Sheil [sic] yn ei ddisgrifio inni ddydd Iau. A cheisiwn godi llysoedd cyfraith Cymraeg o'n heiddo'n hunain, a dwyn ein hachosion iddynt hwy. Ym mhob modd ac ym mhob dim ceisiwn wneud Cymru Gymreig yn ffaith.[30]

Dangosodd Richard Wyn Jones faint dylanwad Arthur Griffith ar Saunders Lewis gan ddadlau bod y Cymro'n ddisgybl syniadol i'r Gwyddel.[31] Hynny yw, nid damwain oedd hi fod syniadau gwleidyddol Arthur Griffith, fel arweinydd Sinn Féin, yn cydredeg yn agos â'r syniadau a fynegwyd gan Saunders adeg sefydlu'r Blaid Genedlaethol. Yn ogystal â statws dominiwn a chadw'r cysylltiad gyda'r frenhiniaeth, y mwyaf trawiadol o'r syniadau hyn oedd gwrthod anfon aelodau seneddol i San Steffan.

Dim ond yn dilyn siom canlyniad etholiad Caernarfon yn

1929, pan sicrhaodd Lewis Valentine 609 o bleidleisiau yn unig, y cafodd y polisi hwn ei newid. Hyd yn oed bryd hynny, anfoddog iawn oedd Saunders i fodloni ar y newid cyfeiriad ac mae'n amheus iddo erioed newid ei farn waelodol ar y pwnc. Roedd syniadau cyfansoddiadol y Blaid Genedlaethol ifanc hefyd yn adlewyrchu dylanwad Griffith, wrth i Saunders ddadlau o blaid 'statws dominiwn' yn hytrach nag annibyniaeth lwyr i Gymru. Yn hyn o beth 'Free Stater' Cymreig oedd Saunders Lewis.

Mae'r araith hon yn gosod y patrwm ar syniadaeth a pholisïau'r Blaid dros y cyfnod y bu ef yn ei harwain. Fel y nododd Gareth Miles, roeddent yn tynnu ysbrydoliaeth o ffynonellau amrywiol a pharadocsaidd: 'cybolfa eclectig o syniadau o chwith, canol a de y sbectrwm gwleidyddol, yn gymysg ag Ewropeaeth ganoloesol, oedd polisïau gwleidyddol, economaidd a chymdeithasol y Blaid Genedlaethol rhwng y ddau Ryfel Byd'.[32]

Araith yr is-lywydd ar 'Egwyddorion Cenedlaetholdeb' yn sicr oedd prif ddigwyddiad gwleidyddol yr ysgol haf gyntaf, a gynhaliwyd, yn addas ddigon, yn Senedd-dy Owain Glyndŵr ym Machynlleth.

Yr hyn sy'n peri peth syndod yw bod llond ystafell o Gymry a fagwyd yn y traddodiad Anghydffurfiol mor barod i dderbyn yn gymharol ddigwestiwn ddadleuon 'Egwyddorion Cenedlaetholdeb' am sgileffeithiau gwleidyddol negyddol y Diwygiad Protestannaidd. Derbyniodd Lewis Valentine, er enghraifft, ddiffiniadau Saunders o rinweddau 'rhyddid' ar draul 'annibyniaeth' gyda breichiau agored. Dylid brwydro, meddai Saunders, dros achub gwareiddiad Cymru yn lle mynnu annibyniaeth, a cheisio rhyddid yn hytrach na hawl sofran y genedl:

> Beth gan hynny, yw ein cenedlaetholdeb ni? Hyn: ... gwadu lles unffurfiaeth wleidyddol, a dangos ei heffeithiau drwg; dadlau felly dros egwyddor <u>unoliaeth ac amrywiaeth</u>. Nid

brwydro dros annibyniaeth Cymru ond dros wareiddiad Cymru. Hawlio rhyddid i Gymru, nid annibyniaeth iddi. A hawlio iddi le yn Seiat y Cenhedloedd ac yn seiat Ewrop yn rhinwedd gwerth ei gwareiddiad ... Fe ddaw Ewrop i'w lle eto pan gydnabyddo'r gwledydd eu bod oll yn ddeiliaid ac yn ddibynnol ...[33]

Y weledigaeth wleidyddol uwchlaw popeth felly oedd hawlio i Gymru 'ei lle yn seiat Ewrop yn rhinwedd gwerth ei gwareiddiad'.

Elfen allweddol arall yn yr araith oedd y gred fod 'ffyniant a pharhad holl lendid ein dull o fyw ynghlwm wrth yr iaith Gymraeg, ac yn dibynnu ar yr iaith Gymraeg'.[34] Yr oedd yr iaith nid yn unig yn llestr gwareiddiad ond hefyd yn wrthglawdd rhag dirywiad moesol, oherwydd 'pan nycho'r iaith Gymraeg' fe ddaw 'moes ac iaith estron yn ei lle'.[35] Pennaf swyddogaeth gwleidyddiaeth yng Nghymru oedd diogelu iaith a diwylliant y genedl, gan mai dyma oedd y cyfryngau 'i fynegi'r ysbryd sydd mewn dyn'.[36] Er mwyn diogelu'r pethau hyn, roedd yn ofynnol rhoi gwedd Gymreig ar fywyd y genedl, a'i Gymreigio o'r bôn i'r brig. Rhaid felly oedd troi cyfundrefn addysg Cymru yn Gymreig a Chymraeg, a gwneud y Gymraeg yn gyfrwng addysg o'r ysgolion cynradd i'r brifysgol, a rhaid oedd rhoi statws iaith swyddogol iddi ym mhob rhan o fywyd cyhoeddus Cymru.

Dau air creiddiol 'Egwyddorion Cenedlaetholdeb' oedd 'rhyddid' a 'chyfrifoldeb', a maes o law byddai'r eirfa hon yn esgor ar broblemau i'r Blaid wrth iddi geisio diffinio beth yn union a olygid wrth 'annibyniaeth', 'hunanlywodraeth' a 'rhyddid'. Ar y pryd, serch hynny, roedd neges yr is-lywydd yn rhywbeth cyffrous ac arloesol i'r rhai a'i clywodd. Nid oedd neb wedi siarad fel hyn o'r blaen. Fel y dywedodd Gerald Morgan, 'Nid rhethreg niwlog Lloyd George mewn Eisteddfod mo hyn.'[37]

Yn ei ddarlith, gosododd Saunders genedligrwydd a chenedlaetholdeb Cymreig yng nghyd-destun diwylliant a hanes Ewrop. Heriodd bawb yng Nghymru oedd yn honni eu bod o blaid ymreolaeth i ochri gyda'r Blaid Genedlaethol. Nid oedd gan y Blaid Ryddfrydol, er enghraifft, ddim i'w gynnig i'r genedl. Yn waeth na hynny, roedd wedi gwneud drwg iddi:

> Mi wn fod hyn yn faen tramgwydd i ddegau o Gymry canol oed sy'n ddigon gwlatgar, ond wedi cynefino â chymrodedd rhwng eu gwlatgarwch a'u ffyddlondeb i'r Blaid Ryddfrydol. Ond yn wir, y mae hanes y Cymry hynny a'r Blaid honno yn ategu ein credo ni. Canys o'r dechrau hyd ei thranc heddiw ni wnaeth y Blaid Ryddfrydol ddim dros wareiddiad Cymru, ond yn unig llygru'r drychfeddwl Cymreig â syniadau ac uchelgeision Seisnig ... Ni ellir gwasanaethu Duw a Mamon. Ni ellir ychwaith wasanaethu Lloegr a Chymru.[38]

Her uniongyrchol oedd hon i gyn-aelodau seneddol fel George M.Ll. Davies ac E.T. John oedd yn pledio achos hunanlywodraeth i Gymru o fewn y Blaid Lafur.

A dweud y gwir, ni chafodd y Blaid fawr o lwyddiant yn denu aelodau seneddol y dydd na chwaith gyn-aelodau fel y rhain i'w chefnogi'n agored. Ond roedd Mai Roberts wedi bod yn rhwydweithio yn Llundain yn ceisio darbwyllo cyn-Aelod Seneddol Aberafan, Jack Edwards, i ymuno.

Un o Lanbadarn Fawr oedd Edwards yn wreiddiol, ond cafodd ei fagu yng Nghastell-nedd gan fod ei dad yn weinidog gyda'r Annibynwyr yn y dref. Bu Jack Edwards yn gwasanaethu gyda'r Ffiwsilwyr Brenhinol Cymreig yn y Rhyfel Mawr gan ennill medal y DSO a'i ddyrchafu'n lefftenant cyrnol. Etholwyd ef yn Aelod Seneddol Rhyddfrydol Aberafan yn 1918 ond collodd y sedd bedair blynedd yn ddiweddarach i Ramsay MacDonald, a ddaeth yn Brif Weinidog Llafur. Safodd fel ymgeisydd annibynnol ar gyfer sedd Prifysgol Cymru yn 1923 ond collodd bryd hynny i'r heddychwr a'r sosialydd George M.Ll. Davies.

Wrth sgwrsio ag ef ym Mehefin 1926 teimlai Mai ei

fod 'tipyn yn sigledig ar gwestiwn yr iaith', ac nad oedd yn 'credu bod modd gwneyd yr iaith Gymraeg yn iaith swyddogol'.[39] Awgrymodd Mai wrth H.R. Jones mai da o beth fyddai i aelodau o'r Blaid ddod i Lundain, gan ychwanegu ei bod eisoes wedi trefnu i Iorwerth Peate fynd gyda hi i siarad ymhellach gyda Jack Edwards. Dair wythnos yn ddiweddarach ysgrifennodd eto yn dweud 'Yr wyf wedi cael gan Jack Edwards cyn A.S. i ymuno. Anfonwch ffurflen iddo i'r National Liberal Club.'[40] Erbyn yr hydref, roedd Edwards yn gadeirydd cangen Llundain o'r Blaid Genedlaethol, a hynny, fe ymddengys, diolch i ddawn enillgar Mai Roberts.

Oherwydd roedd gan Mai, yn ôl Saunders Lewis, 'wide acquaintance with people, tact and *savoir faire*'[41] – elfennau a'i gwnâi yn gaffaeliad mawr wrth genhadu ar ran y Blaid ymysg haenau uwch cymdeithas Gymraeg Llundain a thu hwnt. Mewn nodyn, mymryn yn eiddigeddus efallai, ati yn 1928, awgrymodd Saunders ei bod yn troi mewn cylchoedd go soffistigedig: 'Yr ydych yn cael profiadau tra diddorol gyda phobl wahanol iawn i ddim y gwn i amdano, – mor ffodus ydych.'[42]

Cyfeillion eraill i Mai yn Llundain a ddaeth yn gefnogwyr ariannol hanfodol i'r Blaid yn y tridegau oedd y Barnwr Alun Pugh a'i wraig. Ac yntau wedi'i fagu yn Brighton, ond o dras Cymreig, dysgodd yr iaith ar ôl treulio cyfnod gyda chyd-Gymry yn y rhyfel. Ef, mae'n debyg, oedd y cyntaf i gyfeirio at ddeddfau 1536 ac 1543 a unodd Gymru a Lloegr fel 'y Deddfau Uno', gan wneud hynny mewn araith a draddodwyd yn ysgol haf y Blaid yn 1936.

Yn Llundain hefyd y cyfarfu Mai â J.E. Jones, a ddaeth yn drefnydd cenedlaethol wedi marw H.R., a bu'r ddau yn gyd-ysgrifenyddion i gangen y Blaid yn y ddinas.

*****

Fel y dywed Hywel Davies, gellir ystyried ysgol haf Machynlleth yn barhad o gyfarfod Pwllheli yn 1925 gan ei bod yn atgyfnerthu a chadarnhau hunaniaeth a threfniadaeth y Blaid.[43]

O ran trefniadaeth cafwyd cyfres o benderfyniadau arwyddocaol.

Cyhoeddodd Lewis Valentine, ar ôl dal y swydd am flwyddyn, nad oedd am ailsefyll am y llywyddiaeth. Y rheswm cyhoeddus a roddodd oedd nad oedd ganddo ddiddordeb mewn economeg, ond mae'n debyg ei fod yn awyddus iawn i roi'r lle blaenaf i Saunders Lewis. Safodd o'r neilltu er mwyn i arweinydd de facto'r Blaid gymryd yr awenau'n ffurfiol. Etholwyd Saunders i'r swydd ac er iddo geisio ymddiswyddo sawl gwaith, bu ynddi o 1926 tan 1939.

Derbyniwyd cynigion eraill o ran trefniadaeth a gafodd eu rhoi gerbron y pwyllgor gwaith gan H.R. Jones. Cynigiodd H.R. y dylid mynd ati'n ffurfiol i sefydlu canghennau lleol, pwyllgorau sirol, adran menywod, pwyllgor canolog a phwyllgor gwaith cenedlaethol. Penderfyniad arall o bwys oedd penodi trefnydd cyflogedig i weithio o swyddfa ganolog. Wedi pasio'r cynigion hyn, penodwyd H.R. Jones, un o'r cymeriadau mwyaf allweddol yn y camau i ffurfio'r Blaid, i'r 'barchus arswydus swydd'.[44]

Roedd y darlithoedd a'r sgyrsiau a gafwyd ym Machynlleth yn ymdrin â phynciau mor amrywiol ag addysg yng Nghymru, y llysoedd, pwerau llywodraeth leol, cyllideb Cymru, sut i hybu propaganda'r Blaid ac amcanion cenedlaetholdeb. Yn ogystal ag anerchiadau gan rai o arweinwyr blaenllaw'r Blaid, traddodwyd anerchiadau hefyd gan bobl o'r tu allan i'r mudiad oedd yn cydymdeimlo â'r achos cenedlaethol, megis William George a Rhys Hopkin Morris, Aelod Seneddol Rhyddfrydol annibynnol Sir Aberteifi, a chafwyd dadansoddiad o gyllideb Cymru gan E.T. John. Ni chafwyd trafodaeth ar economi a phroblemau cymdeithasol Cymru, sy'n syndod i ryw raddau gan mai 1926 oedd blwyddyn y streic gyffredinol gyda glowyr y de yn chwarae rhan fawr yn y frwydr ddiwydiannol.

Er y bwriad i drafod hanfodion cenedlaetholdeb, roedd arwyddocâd cymdeithasol yr ysgolion haf o bosib yn ddyfnach. Roeddent yn gyfle i gyfeillion hen a newydd gydgyfarfod dros aml i seiat neu noson lawen, a chael ail wynt i'w hysbryd a'u hewyllys i barhau â'r gwaith o efengylu dros achos Gymru. Roedd Machynlleth yn rhagflas o'r cymdeithasu hwyliog a fyddai'n nodweddu'r ysgolion haf am flynyddoedd i ddod. Roedd gan D.J. Williams atgof am Gwallter Llyfni yn arwain criw hwyliog yn un o dafarnau'r dref, 'pan drawodd e ma's i ganu "Bugail Hafod y Cwm" am ddau o'r gloch y bore yn y White Horse yng nghynhadledd cynta'r Blaid ym Machynlleth'.[45]

Yn yr ysgol haf gyntaf honno yr ymunodd amryw o gefnogwyr yn ffurfiol am y tro cyntaf, yn eu plith Waldo Williams, ei gyfaill Idwal Jones, Gwenallt (y bardd a'r gwrthwynebydd cydwybodol adeg y Rhyfel Mawr), a Cassie Davies (un arall o gyn-aelodau bwrdd golygyddol *Y Wawr* yn Aberystwyth).

Pleser cymdeithasol digymysg oedd yr ysgolion haf i Valentine hefyd: 'A oes gwmni yn y byd yn debyg i gwmni Ysgol Haf y Blaid?' gofynnodd ymhen rhai blynyddoedd. 'Yn fuan ar ôl cyrraedd ni chlywid dim ond cyfarch gwresog ac ysgwyd llaw chwyrn, a holi am hen wynebau.'[46] Ymysg yr 'hen wynebau' yma yr oedd amryw o ddeallusion pennaf eu cenhedlaeth, a chyfeillion oes i'w gilydd. Cwmni agos, yn rhannu'r un delfrydau a dyheadau oedd y bobl hyn, a daethant, yng ngeiriau D.J. Williams wrth Kate Roberts, 'yn gyfeillion anwahanadwy ymhob Ysgol Haf a llawer Pwyllgor Gwaith ac Eisteddfod Genedlaethol am lawer blwyddyn'.[47]

Dros y blynyddoedd cynnar, llwyddodd yr ysgolion haf i atgyfnerthu penderfyniad yr aelodau a chynnal eu hysbryd mewn dyddiau digon anodd. Does dim dwywaith fod Valentine a D.J. yn dipyn o ffefrynnau ymysg y ffyddloniaid.

Cymeriadau atyniadol oeddent, yn meddu ar ddawn i ddweud y peth iawn ar yr adeg iawn, heb roi'r argraff eu bod yn seboni. Dywedodd Saunders Lewis am Valentine mewn ysgolion haf mai 'ef oedd enaid pob tirionwch a phob mwyndra. Yr oedd ei bresenoldeb ef yno a'i bersonoliaeth hawddgar yn tynnu allan orau pawb fel gwlith ar flodau'.[48] Roedd ef a D.J. yn dipyn o *double act*, yn pontio unrhyw anghydfod ac yn atal rhwygiadau. Un o'r rhesymau pam na chafwyd ffraeo mawr rhwng y gwahanol garfanau o genedlaetholwyr pur, heddychwyr a sosialwyr oedd y pwyslais mawr a roddent hwy ar gadw unoliaeth. Dywedodd J.E. Jones, a olynodd H.R. yn drefnydd y Blaid, 'Yr wyf yn siwr mai hynawsedd hwyliog ac ysbryd cyfeillgar y ddau yma, ynghyd â'u hymroddiad gweithgar, a fu'n un o'r rhesymau pennaf na bu na chynnen na rhwyg o fawr pwys ym Mhlaid Cymru tros y blynyddoedd.'[49]

18

Cwmwl tystion

UN O BENDERFYNIADAU'R ysgol haf yn Machynlleth oedd y dylid sefydlu swyddfa ganolog yn Aberystwyth. Golygai hynny bod angen i H.R. godi pac a symud i Geredigion. Yn y blynyddoedd wedyn ceisiodd sefydlu peirianwaith ymgyrchu i'r Blaid. Er iddo gael cymorth mawr gan Prosser Rhys pan gafodd swydd ychwanegol gyda Gwasg Aberystwyth yr oedd Rhys newydd ei sefydlu, digon caled oedd hi arno'n ariannol o hyd.

Un anhawster oedd bod H.R. yn ddiarhebol o ddi-drefn – anfantais fawr i drefnydd cenedlaethol plaid wleidyddol. Y gwir amdani oedd nad oedd cymeriad y trafaeliwr o Ddeiniolen yn gweddu i waith manwl gweinyddu mudiad torfol ledled Cymru. Dywed J.E. Jones, a'i holynodd fel trefnydd yn 1930, iddo orfod ailadeiladu'r rhan fwyaf o drefniadaeth y Blaid.[1]

Cafwyd llu o gwynion gan aelodau yn y blynyddoedd cynnar am siaradwyr yn peidio â throi i fyny er bod cyfarfodydd wedi cael eu hysbysebu'n eang. Roedd H.R., er gwaethaf ei agwedd dawel, ddiymhongar, yn gallu bod yn groendenau, a daeth i wrthdaro sawl tro gyda Saunders Lewis, nid yn unig ar bwyntiau polisi ond hefyd ar ymarferoldeb ariannol cyflogi swyddogion. Tuedd H.R. ar adegau felly oedd bygwth ymddiswyddo. Er bod ganddi feddwl mawr ohono, breuddwydiwr oedd H.R. yn ôl Kate Roberts. Ond er gwaethaf ei ddiffyg trefn a'i anymarferoldeb roedd yn uchel ei barch gan bawb. Pan fu farw yn 1930, wedi blynyddoedd o frwydro'n ddewr gyda'i iechyd bregus, roedd y teyrngedau'n gynnes a diffuant. H.R. oedd yr unig un yn eu plith, yn ôl Saunders Lewis, a fyddai wedi cael swydd gan Michael Collins, ac yn fwy na hynny, datganodd yn haelfrydig mai'r gŵr o Ddeiniolen 'oedd gwir sylfaenydd y Blaid Genedlaethol'.[2]

Yr hyn sy'n drawiadol a thrist am y tri gwerinwr o ardaloedd y chwareli oedd ymysg swyddogion cyntaf Byddin Ymreolwyr Cymru – H.R. Jones (yr ysgrifennydd), Gwallter Llyfni (y llywydd) ac Ifan Alwyn Owen (y trysorydd) – yw i bob un ohonynt farw'n annhymig o fewn blwyddyn neu ddwy i'w gilydd.

Mae'n gwestiwn pe bai Ifan Alwyn Owen wedi bod mewn gwell iechyd, ac wedi cael byw yn hwy, beth fyddai maint ei gyfraniad i'r Blaid yn y tridegau. Roedd yn amlwg fod ganddo feddwl gwleidyddol craff a'i fod wedi'i ddylanwadu a'i ysbrydoli gan Iwerddon, fel sawl un arall o arweinwyr cynnar y Blaid. Yn wahanol iddynt hwy, fodd bynnag, roedd am i'r Blaid flaenoriaethu hunanlywodraeth uwchlaw pob pwnc arall gan gynnwys y Gymraeg. Ond cwestiwn heb ei ateb yw hwn gan iddo farw yn 1930 ac yntau'n ŵr ifanc wyth ar hugain oed.

Er bod Gwallter Llyfni ymysg sylfaenwyr y Fyddin Ymreolwyr a'r Blaid Genedlaethol ar ei ffurf gyntaf yn 1924, roedd yn dal yn aelod o'r Blaid Lafur ac yn ymgyrchu dros y blaid honno ar hyd a lled y gogledd-orllewin. Yn wir, penodwyd ef yn drefnydd y Blaid Lafur ar Ynys Môn yn 1927. Yn etholiad 1929 ymgyrchu dros Lafur a wnaeth Gwallter ac nid y Blaid Genedlaethol – y frwydr dros hawliau gweithwyr Cymru oedd flaenaf iddo yn yr ymgyrch honno ac nid ymreolaeth, er iddo addef wedi'r etholiad mai hi oedd 'plaid y dyfodol'.[3] Cyn diwedd ei oes fe drodd yn ôl at y Blaid

Genedlaethol, ac roedd yn un o'r ymgeiswyr aflwyddiannus am swydd trefnydd y Blaid yn dilyn marw H.R. Bu ef ei hun farw ddwy flynedd yn ddiweddarach, yn 1932, yn hanner cant oed.

Cilio'n raddol o wleidyddiaeth plaid a wnaeth Ben Bowen Thomas, un o aelodau'r Mudiad Cymreig a ymunodd â'r Blaid Genedlaethol adeg ei ffurfio. Daeth yn warden cyntaf Coleg Harlech adeg ei sefydlu yn 1927 gan Thomas Jones, a oedd hefyd yn gyd-sylfaenydd i'r *Welsh Outlook*. Wedi degawd yn Harlech aeth Ben Bowen Thomas yn was sifil uchel yn Whitehall gan weithio fel Ysgrifennydd Parhaol Adran Cymru o'r Weinyddiaeth Addysg. Yn 1936, pan garcharwyd D.J. am ei ran yng ngweithred llosgi'r Ysgol Fomio, ni allai Thomas gyd-weld â safiad ei hen gymrawd. 'Gwn dy fod', ysgrifennodd, 'yn "specto" na fedraf gytuno â'r hyn a wnaethost, ond mae gennyf yr edmygedd mwyaf ohonot ti am iti weithredu cydwybod dda.' Ni welai ef ei hun fawr o ddyfodol i Gymru o gyfnewid rheolaeth Lloegr am reolaeth yr Almaen neu Rwsia, meddai.[4] Dringodd yn uchel yn y sefydliad yng Nghymru dros y degawdau dilynol ac fe'i hurddwyd yn farchog yn 1950. Daeth yn llywydd Prifysgol Cymru Aberystwyth yn y chwedegau a bu'n weithgar gydag UNESCO fel diplomydd diwylliannol. Roedd hefyd yn un o'r rhai wnaeth gymryd rhan yn seremoni'r Arwisgo yng nghastell Caernarfon yn 1969. Parhaodd i gadw mewn cysylltiad gyda'i gyfeillion yn y Blaid dros y blynyddoedd, serch hynny, yn enwedig D.J. Williams.

Symudodd y Parch Fred Jones o'r Rhondda i Dal-y-bont, Ceredigion ddiwedd y dauddegau. Ni bu'n hir cyn gwneud ei farc yno gan sefyll ac ennill mewn etholiad cyngor sir Er mai sefyll fel ymgeisydd annibynnol a wnaeth, roedd yn hwb i'w gyd-genedlaetholwyr fod modd ymladd ac ennill brwydrau lleol. Bu'n cyfrannu'n gyson i'r *Ddraig Goch* ac yn siarad mewn sawl ymgyrch ar hyd a lled Cymru, a bu'n gefnogwr triw i'r Blaid ar hyd ei oes, fel y bu ei fab, y Parch Gerallt

Jones. Daeth dau o'i wyrion, Dafydd Iwan ac Alun Ffred, yn arweinwyr ac yn aelodau etholedig i Blaid Cymru.

Er gwaethaf ei hamheuon cychwynnol, a thrwy berswâd a dyfalbarhad H.R. Jones i raddau helaeth, ymunodd Kate Roberts â'r Blaid Genedlaethol yn ysgol haf Machynlleth. Fyth oddi ar hynny, bu'n weithgar a ffyddlon i'r Blaid, gan ddod yn ffrind agos i Saunders Lewis a Lewis Valentine. Rhoddodd yn hael o'i hamser i ymgyrchu a chefnogi'r achos cenedlaethol, gan fod yn aelod o'r pwyllgor gwaith cenedlaethol, ysgrifennu erthyglau i'r *Ddraig Goch* ac arwain Adran y Merched. Yn 1937 prynodd hi a'i gŵr, Morris Williams, Wasg Gee yn Ninbych, gan ddod yn gyfrifol hefyd am gyhoeddi'r *Faner*. Wedi marw Morris yn 1946, bu Kate yn rhedeg y busnes am ddeng mlynedd ar ei phen ei hun. Trwy gydol y cyfnod hwn bu'r *Faner* yn gefnogol i ymgyrchoedd y Blaid.

Parhaodd Prosser Rhys i fod yn olygydd *Y Faner* tan 1945, pan fu farw'n 43 mlwydd oed. Sefydlodd Wasg Aberystwyth yn 1928, ac ef hefyd oedd yn gyfrifol am y Clwb Llyfrau Cymraeg lle câi tanysgrifwyr brynu pedwar llyfr Cymraeg y flwyddyn am hanner coron yr un. Daliodd i fod yn aelod o'r Blaid trwy'r cyfnod hwn ond pellhaodd oddi wrthi ddiwedd y tridegau, yn bennaf oherwydd ei anesmwythwyd gydag agweddau a fynegwyd yn *Y Ddraig Goch* ar faterion tramor. Cwynodd nad oedd arweinwyr y Blaid, a Saunders Lewis yn benodol, yn gallu gweld 'mai'r un yw'r ecsploetwyr yn yr Eidal a'r Almaen ac ym Mhrydain, ac y mae condemnio'r naill a chlodfori'r llall o'r giwed hyn yn wrthuni'.[5] Roedd agwedd rhai tuag at Ryfel Cartref Sbaen hefyd yn wrthun ganddo. Roedd yn bwysig, yn ôl Prosser, i'r mudiad cenedlaethol gadw'r cywair gwrth-imperialaidd yn ei negeseuon: 'Ond na chymysger beirniadaeth ar imperialaeth Lloegr hefo rhyw hanner cyfiawnhad o imperialaeth gwledydd eraill.'[6]

Bu Moses Griffith yn allweddol yng ngoroesiad y Blaid yn ei blynyddoedd cynnar. Heb ei stiwardiaeth ef o'r coffrau mae'n ddigon posib na fyddai wedi gallu goroesi'n ariannol. Bu yn y swydd am saith mlynedd, ac ef meddai Valentine, oedd yn 'ein cadw ni â'n traed ar y ddaear'.[7] Bu'n gyfaill da i Saunders Lewis, yn enwedig ar ôl iddo gael ei ddiswyddo o Goleg Prifysgol Abertawe adeg helynt y Tân yn Llŷn, gan roi cartref a bywoliaeth iddo ar dyddyn yn Llanfarian ger Aberystwyth. Yn y cyfnod hwnnw y daeth Saunders Lewis i'w ystyried fel 'brawd', ac yn wir mab Moses Griffith, yr Athro R. Geraint Gruffydd, oedd un o gludwyr arch Saunders yn ei angladd yn 1986. Wrth drafod cyfraniad ei dad i sefydlu'r Blaid nododd R. Geraint Gruffydd nad gwleidyddion arferol mo'r arloeswyr:

> Roedd o, rwy'n berffaith siŵr, yn genedlaetholwr wrth reddf. Ond dw i ddim yn meddwl am funud ei fod yn wleidydd wrth reddf. A dw i'n meddwl bod hyn yn gyffredinol wir am y criw a ffurfiodd Blaid Genedlaethol Cymru yn 1925. Roedd y cwbl ohonyn nhw wedi gorfod dysgu eu hunain i fod yn wleiddion. Roedd hyn yn wendid mawr ar un safbwynt, ond o safbwynt arall yr oedd o'n gryfder. Oherwydd yr oedd yn golygu nad oedden nhw wedi cael eu cyflyru gan ragdybiau gwleidyddiaeth plaid.[8]

Cafodd Griffith John Williams yrfa ddisglair fel un o ysgolheigion pennaf y Gymraeg. Ei gampwaith academaidd oedd ei astudiaeth ar Iolo Morganwg, lle y dangosodd mai ffugiadau gan Iolo ei hun oedd llawer o'r cerddi a briodolwyd i Dafydd ap Gwilym gan yr athrylith o Drefflemin. Arbenigodd hefyd ar waith y Dyneiddwyr Cymraeg yng nghyfnod y Dadeni, fel Gruffydd Robert, Milan. Yn 1929 ymgartrefodd Griffith John ac Elisabeth Williams ym Mryn Taf ym mhentref Gwaelod-y-garth, gan ddod i chwarae rhan flaenllaw yn ehangu addysg cyfrwng Cymraeg. Pan sefydlwyd ysgol gynradd Gymraeg gyntaf Caerdydd, cafodd ei galw'n Bryn Taf ar ôl cartref y ddau.

Bu ganddynt ran ganolog hefyd yn sefydlu Undeb

Cenedlaethol Athrawon Cymru (UCAC), ac yn 1968 cyfrannodd Elisabeth swm sylweddol i'r undeb sefydlu Ysgoloriaeth Bryn Taf i gynorthwyo Cymry Cymraeg ifainc oedd yn byw gydag anabledd corfforol neu feddyliol. Dywedai ei nai, y diweddar Emrys Roberts, fod Iorwerth Peate yn ymwelydd cyson â Bryn Taf yn ystod y pedwardegau a'i fod wedi gwyntyllu'r syniad o sefydlu amgueddfa werin yn Sain Ffagan gyda nhw.[9] Academydd oedd Griffith John, ac Elisabeth oedd yr un fyrlymus ac egnïol. Wrth i ddiweithdra gynyddu yn nirwasgiad y tridegau, aeth hi ati i greu gwaith i grŵp o ferched y pentref. Trefnodd i'r merched hyn ddysgu sut i gwiltio, a neilltuo ystafell ym Mryn Taf fel gweithdy dros dro i'r diben hwnnw. Paratowyd patrymau ganddi ar sail patrymau traddodiadol clustogau a chynfasau gwely, a chafodd saer lleol i wneud y fframiau pren angenrheidiol ar gyfer y gwaith cwiltio. Perswadiodd siop David Morgan yn yr Aes yng Nghaerdydd i drefnu arddangosfa o grefftau Cymreig a'u gwerthu, a llwyddodd i werthu'r cynnyrch yn siop Liberty yn Llundain hefyd. Enillwyd amryw o wobrau ac mae enghreifftiau o'r dillad nos a gwiltiwyd ym Mryn Taf i'w gweld yn Amgueddfa Sain Ffagan. Bu farw Griffith John yn 1963, a phan fu farw Elisabeth hithau yn 1979, gadawyd y tŷ i Blaid Cymru yn ei hewyllys.

Yn 1933 ymddiswyddodd un o'r arloeswyr cynnar o'r Blaid. Roedd Iorwerth Peate wedi dod yn gynyddol rwystredig ac amheus gydag arweinyddiaeth Saunders Lewis. Gadawodd am amryw o resymau, a diau fod y rheini'n gyfuniad o'r personol a'r gwleidyddol, ond ymysg y rhai a nododd yr oedd pwyslais y Blaid ar ennill grym ar gynghorau lleol a datblygu polisi economaidd ar draul ymgyrchu dros hunanlywodraeth. Roedd hefyd yn gryf yn erbyn dwyieithrwydd. Cymru uniaith oedd y nod iddo ef, a gwrthwynebai sefydlu papur Saesneg y Blaid, *The Welsh Nationalist*, dan olygyddiaeth Morris Williams yn 1932. Gorwedd cyfraniad sylweddol Peate i'w wlad y tu allan i'r byd gwleidyddol, fodd bynnag. Oherwydd yn y blynyddoedd wedi'r Ail Ryfel Byd ef wnaeth arwain y gwaith o sefydlu Amgueddfa Werin Cymru yn Sain Ffagan, weithiau yn nannedd gwrthwynebiad chwyrn. Trwy hynny gwireddodd weledigaeth o gael amgueddfa awyr agored ar batrwm amgueddfa Skansen yn Sweden. Ei obaith oedd y byddai Sain Ffagan yn 'ddarlun byw o'r gorffennol, yn ddrych o elfennau ein Cymreictod presennol, ac yn ysbrydoliaeth i ddyfodol ein gwlad'. Daliodd Peate i lynu wrth ei ddaliadau fel cenedlaetholwr a heddychwr ar hyd ei oes, a gwrthododd dderbyn anrhydedd brenhinol yr OBE yn 1963.

Gwasanaethodd Ambrose Bebb y Blaid am bymtheg mlynedd fel aelod o'r 'Pwyllgor Bach', sef y pwyllgor trefnu dethol a ffurfiwyd o arweinwyr y Blaid yn y gogledd, sef Valentine, J.E. Daniel, J.E. Jones ac yntau. Pellhaodd oddi wrth y Blaid yn ystod yr Ail Ryfel Byd gan ymddiswyddo am gyfnod ddechrau'r pedwardegau ar gownt ei pholisi niwtraliaeth. Fel Prosser Rhys, roedd Bebb yn cael ei dynnu rhwng condemnio gormes yr Almaen a gormes Prydain. 'Cymer y Blaid un safbwynt,' meddai, 'cymeraf innau un arall.'[10] Er gwaethaf apêl gynnar meddylwyr Ffrengig asgell dde iddo, newidiodd ei farn yn llwyr pan welodd dwf Natsïaeth yn yr Almaen a'r modd y goresgynnwyd ei Ffrainc annwyl. Tristwch pellach iddo oedd y modd yr holltwyd y mudiad cenedlaethol yn Llydaw gan y rhyfel, gyda rhai cenedlaetholwyr Llydewig fel Olier Mordrel yn ochri gyda'r Natsïaid ac eraill, fel ei gyfaill agos Francis Gourvil, yn ymuno â'r Resistance. 'Cashaf Hitler a'i gyfundrefn annynol, nid oes gennyf ddim serch at Loegr', meddai.[11] Yn y cyfnod hwn, cyfieithodd nofel fer gan Vercors, un o arweinwyr y Resistance yn Ffrainc, *Le Silence de la mer* (Mudandod y Môr). Dychwelodd i rengoedd y Blaid ymhen dwy flynedd gan sefyll fel ei hymgeisydd am sedd Sir Gaernarfon yn etholiad cyffredinol 1945; daeth yn olaf gyda 2,512 o bleidleisiau. Treuliodd Bebb lawer o'i flynyddoedd olaf yn ymboeni mwy am gyflwr ysbrydol a chrefyddol Cymru na'i gwleidyddiaeth, fodd bynnag, a bu farw yn 61 oed yn 1955.

Mai Roberts oedd un o weithwyr mwyaf ymroddgar a diwyd y Blaid Genedlaethol yn y blynyddoedd cynnar. Gwasanaethodd fel aelod o'r pwyllgor gwaith cenedlaethol am flynyddoedd, gan lafurio'n ddiflino, weithiau ar draul ei hiechyd ei hun, dros yr achos. Bu'n ffrind agos i Ambrose Bebb fyth ers iddynt gyfarfod yng Nghyngres Geltaidd Kemper yn 1924, ac roedd 'Anti Mai' yn ymwelydd cyson ag aelwyd y teulu yn Llwydiarth, Bangor Uchaf. Daeth ei chwaer iau, Priscie, yn ymgyrchydd dygn arall dros y Blaid, pan gafodd ei darbwyllo i ymuno wrth wrando ar Lewis Valentine yn siarad yn ysgol haf Llangollen yn 1927.[12] Bu Priscie yn un o hoelion wyth y Blaid yn Arfon am ddegawdau. Dywed Valentine fod teulu Glanrhydfadog, er yn eglwyswyr solet a defosiynol, yn genedlatholwyr pybyr. Roedd yr aelwyd yn Neiniolen, meddai, 'yn seintwar ac yn orffwysfa i weithwyr y Blaid', lle'r estynnid croeso brwd ar bob adeg.[13]

Yn ôl Valentine eto, 'wedi'r cyfarfod ym Mhwllheli newidiwyd holl ddull ein gweithgarwch yng Nghaernarfon a'r cyffiniau, ac ynghyd â Mr. H.R. Jones, trefnydd cyntaf y Blaid, Mai Roberts yn fwy na neb a'n goleuodd ni a'n cyfarwyddo ni.'[14] Yn rhinwedd ei gwaith gydag E.T. John roedd ganddi brofiad neilltuol mewn gwleidyddiaeth ymarferol:

> Arni hi yr oeddem yn dibynnu am ddeunydd i'n hareithiau cyntaf a hi oedd yn cribinio ffeithiau i ni ac 'ystadegau' (bendigedig air yn wir pryd hynny). Ynghyd â hynny yr oedd cylch ei hadnabyddiaeth yn eang iawn. Gwyddai pwy oedd pwy yng Nghymru, a gwyddai yn well na neb pwy oedd yn debyg o'n cefnogi, ac yr oedd hi yn adnabod y cnafiaid ym mywyd cyhoeddus Cymru.[15]

Cofiai Valentine am rinweddau mawr Mai yn nyddiau cynnar y Blaid:

... ac yn ei dull dengar, yr oedd yn dwyn perswâd arnom i ddal ati pan oeddym yn digalonni ac yn llaesu dwylo, ac yr oedd hi'n oleuni ac yn llawenydd ymhob pwyllgor a chynhadledd. A dyna ddawn oedd ganddi i nithio'r gwir a'r gau, a droeon fe'n harbedodd rhag cam gwag pan oedd 'doethion' yn rhoi drwg gyngor i ni.[16]

Roedd yn frwd dros fynnu cyfiawnder i ferched yn ogystal. Yn 1928 rhoddwyd yr hawl i ferched rhwng 21 a 29 oed bleidleisio am y tro cyntaf mewn etholiadau ym Mhrydain. Roedd Mai yn effro i'r angen i'r Blaid Genedlaethol geisio ymestyn ei hapêl i'r merched ifanc hyn ac ysgrifennodd yn *Y Ddraig Goch*:

Nac anghofier chwaith fod gan y Blaid hithau ei dyletswydd i'r merched ieuainc sydd yn dechreu ar eu bywyd gwleidyddol. Iddi hi y mae'r fraint o roddi iddynt wleidyddiaeth Gymreig, eu dysgu o'r cychwyn i edrych ar faterion Addysg, Iechyd, Cwestiwn y Tai, etc., o safbwynt Cymru ac nid o safbwynt Lloegr. Bydd rhaid i'r Blaid eu dwyn i fyny i ddeall yr hen draddodiad Cymreig o lywodraethu, eu hannog i wneud astudiaeth o'r cwestiynau uchod fel y maent yn effeithio ar yr Cymry.[17]

Eithr nid rhoi addysg wleidyddol iddynt yn unig y dylai'r Blaid ei wneud, ond hefyd ymladd dros eu hawliau. Gan gyfeirio at y nifer uchel o famau ifanc oedd yn marw wrth roi genedigaeth, a marwolaethau plant ifanc, anogodd Mai y Blaid i beidio ag anwybyddu anghyfiawnder cymdeithasol o'r fath.[18] Pobl, ac yn benodol merched, Cymru oedd cyfoeth gwirioneddol y genedl, meddai. Mewn neges sy'n dal i adleisio yng Nghymru heddiw, dywedodd:

Nid yn ei phyllau glo a'i chwareli y gorwedd cyfoeth cenedl ond yn iechyd y bobl, yn neilltuol felly yn iechyd y mamau. Rhaid inni drefnu bywyd ein gwlad fel yr gellir cadw ein

meddygon a'n gweinyddesau gwybodus a disglair yng
Nghymru ac nid bodloni ar iddynt fynd i Loegr a'r Alban.[19]

Gwelir enghraifft bellach ar dudalennau'r *Ddraig Goch* o
Mai yn amddiffyn merched rhag agweddau rhywiaethol.

Yn Ionawr 1929 ymddangosodd llythyr dienw yng
ngholofn 'Cylch y Merched' yn y papur, o dan y pennawd
'Barn Llanc am ein Merched Ifainc: "Yn Hollol Ddi-Serch a
Di-Ddychymig"'. Yn y llythyr mae'r awdur yn lladd ar ferched
Cymru yn ddidrugaredd, gan ddweud eu bod wedi cael 'eu
canmol gymaint nes troi eu pennau a buasai'n dda troi eu
corn gyddfau bellach'. Mae'r awdur wedyn yn amlinellu sail
ei farn:

> Pa beth sydd gennyf yn eu herbyn? Wel, i ddechreu y maent
> y creaduriaid mwyaf diserch a welais i erioed. Y maent fel
> rhes o byst cerrig yn hollol ddiddychymig ac oer. Gwnant
> bopeth yn hollol beiriannol a diddychymyg. Ar ol gweld un
> ferch ifanc gellwch ddweud eich bod wedi gweld cannoedd, –
> y maent mor arswydus o debig i'w gilydd.[20]

Wedyn mae'n mynd yn ei flaen i gwyno am eu dillad a'u
harferion gwisgo colur:

> Trwy fod yn annaturiol y mae'r merched ifainc yn
> wastraffus dros ben. Ni wnânt ddim allan o'i le mewn
> gwisgo eithr dilyn ei gilydd fel defaid. Wrth weld yr hen
> ddillad llaes anfoesol yn cael eu newid i'r ffasiwn newydd
> aethom i feddwl fod yr oes aur wedi gwawrio. Ond ewch
> allan a sefwch ar gongl stryd am hanner awr a dywedwch
> wrthyf mewn difrif a welsoch chwi ddillad hacrach a mwy
> diddychymig erioed ...
> ... Eto meddyliwch amdanynt yn powdro. Y mae powdro
> yn beth ardderchog o'i wneud yn iawn, ond cyll ei holl
> geinder yn nwylo merched Cymru. Un o'r pethau cyntaf
> ddylai Senedd Cymru ei wneud yw pasio ddeddf i amddiffyn

dynion, canys heddiw y mae ein strydoedd yn cael eu llenwi
ag arogl powdr rhad sy'n ddigon i gwympo dyn.

Diwedda'r truth gyda chŵyn bellach ynghylch defnydd
merched Cymru o fratiaith Saesneg byth a hefyd:

... gwrandewch arnynt yn siarad a'i gilydd a Saesneg a
glywch ganddynt. Llythyrau Saesneg a gewch ganddynt.
(Maddeuwch imi am ddefnyddio'r gair 'Saesneg' canys mewn
gwirionedd rhyw erthyl o beth yw eu hiaith ac *nid* Saesneg).

Kate Roberts oedd golygydd colofn 'Cylch y Merched'
a'i gŵr, Morris Williams, oedd y llythyrwr dienw. Dichon
mai pryfocio a cheisio ennyn ymateb oedd y bwriad, ond
ac ystyried nofel anghyhoeddedig Morris, efallai fod ganddo
agweddau rhywiaethol at ferched yn gyffredinol.[21]
Os mai ysgogi ymateb oedd y bwriad, mi lwyddodd.
Cafwyd llythyr gan rywun dan y ffugenw 'Un Ohonynt' yn
ymateb i sylwadau difrïol y 'llanc'. Roedd Mai Roberts, fodd
bynnag, yn teimlo'n ddigon dewr i dorri ei henw ar waelod
ei llythyr hi. Mae'n werth dyfynnu ei hymateb yn helaeth
oherwydd ei fod yn dangos Mai fel merch ifanc fodern
oedd am ymryddhau o amgylchedd biwritanaidd Cymru'r
degawdau a fu.

... mi hoffwn ymdrin a'i gyhuddiad cyntaf, sef bod merched
Cymru y 'creaduriaid mwyaf diserch a diddychymyg a welais
erioed'. Os ydyw merched Cymru yr hyn a ddywed eich
gohebydd, yna yr wyf yn tueddu i feddwl mai'r awyrgylch
Biwritanaidd yr ydym wedi ein dwyn i fyny ynddo sydd yn
cyfrif am hyn. Dysgwyd ni erioed mai elfen bechadurus
y dylem ei fygu ydyw rhyw, ac o ganlyniad lladdasom
brydferthwch merch a'n gwneud ein hunain yn 'greaduriaid
diserch ac oer'.
    Gwyr pob merch beth ydyw teimlo fel heulwen haf yng
nghwmni ambell i ddyn, a bod fel darn o rew ym mreichiau

un arall. Ydyw y mae yn bryd inni fwrw ein Piwritaniaeth ac edrych ar fywyd yn fwy naturiol.

Cyhuddiad nesaf eich gohebydd ydyw undonedd a hacrwch gwisgoedd Merched Cymru. Nid rhaid i neb synnu am hyn. Y syndod ydyw ein bod yn gwisgo cystal pan gofir ein dysgu er yn blant yn ysgol i feddwl bod prydferthwch yn rhywbeth i'w osgoi …

Nid y wisg sydd yn cyfrif cymaint (er bod yn anghenraid ar eneth wybod pa liwiau a pha ddull ar wisg sydd yn gweddu oreu iddi) ond y dull o wisgo'r wisg – dyna'r gyfrinach. Gwelwch ambell ferch gyda dillad hardd am dani yn edrych 'yn neb' fel y byddwn yn dweud, un arall gyda dillad rhatach yn edrych yn wirioneddol ddeniadol y dull y mae yn gwisgo a dwyn ei dillad.[22]

Daw'r llythyr i ben gyda brawddeg led-goeglyd lle mae'n cynnig 'cyngor neu ddau i'ch gohebydd', gan ddweud wrtho: 'peidied a rhoi i fyny yr ymchwil a pheidied a gofyn "am un fach eto"'.[23] Heb dystiolaeth gadarn all rhywun ond dyfalu, ond o ddarllen rhwng y llinellau mae'n hawdd credu ei bod yn gwybod yn iawn pwy oedd y 'llanc'.

Mae'n debyg fod ateb gwreiddiol Mai dipyn yn hwy na'r hyn a gyhoeddwyd yn *Y Ddraig Goch*, a bod Kate Roberts wedi rhoi'r gwaith o'i docio a'i olygu i Morris Williams, gan anfon copi hefyd at Saunders Lewis, oedd yn olygydd ar y papur ar y pryd, i gael barn arall. Cytunodd Saunders ag awgrymiadau Morris, ond ychwanegodd fod y llythyr wedi creu argraff arno: 'Pe na bai'r *Ddraig* yn bapur y Blaid mi gyhoeddwn i lythyr Mai Roberts yn llawn, gan ei fod yn ddarn o wirionedd diddorol.'[24]

Mae hanesyn arall amdani, a gofnodwyd gan Lewis Valentine, yn canfasio yn ystod etholiad 1931 pan safai Saunders Lewis fel ymgeisydd y Blaid yn sedd Prifysgol Cymru, sy'n dangos ei hagwedd ddiysgog wrth ymgyrchu:

Yr oedd Mai, ar y ffôn, wedi cael addewid gan rai o athrawon y Brifysgol i arwyddo ffurflen enwebu S.L., ac aethom ein dau i geisio ganddynt gwblhau eu haddewid. Derbyniad oeraidd iawn a gawsom. Na, nid oeddynt wedi addo dim, a dechreuasant gellwair. Yr oedd y tri yn honni bod yn Gymry da, ac un o'r tri, mewn ysmaldod efallai, wedi arddel mai ef oedd tad ysbrydol y Blaid. Nid oedd gennym siawns i ddisgwyl wrth neb i'n hystyried o ddifrif, ac nid oedd obaith am lwyddiant. Dadleuais bod gennyf hawl i ddisgwyl eu cefnogaeth hwy o bawb, canys gweithio yn gwbl ofer yr oeddynt onid oedd parhad i'r genedl Gymraeg.

Pan ofynnais iddynt a oeddent yn barod i lofnodi torrodd Mai ar fy nhraws, "Na, Val," meddai, "fe ddaethom ni yma i gynnig braint iddynt, ac nid ydynt yn haeddu'r fraint," ac allan â hi a minnau'n dilyn.[25]

Dau o'r tri academydd yma oedd R.T. Jenkins ac Ifor Williams, a fu ei hun yn mynychu cyfarfodydd caffi'r Queen's yng Nghaernarfon.[26] Nid yw'n wybyddus pwy oedd y trydydd.

Ar ôl gadael ei swydd gydag E.T. John, aeth Mai i weithio i'r Arglwydd Brychdyn yn swydd Gaer, cyn dod yn Ysgrifennydd a Threfnydd Cymru i fudiad merched yr YWCA. Parhaodd ei sêl dros y Blaid hyd y diwedd, tan ei marwolaeth yn 1971, yn 72 mlwydd oed.

Yn ôl J.E. Jones, dod at y Blaid Genedlaethol yn ei flynyddoedd olaf a wnaeth E.T. John, cyn-gyflogwr Mai. Erbyn hynny, roedd aelod seneddol olaf gwaddod Cymru Fydd yn ei saithdegau ac wedi ymbellhau o fywyd cyhoeddus. Bu farw mewn amgylchiadau trist trwy ei ladd ei hun yn ei gartref yn Bletchingley, Surrey, ym mis Chwefror 1931.

Rhoddodd D.J. Williams oes o wasanaeth i'r Blaid, a bu'n ymgyrchydd drosti ym mhob tywydd gwleidyddol. Roedd yn hollbresennol yn y ralïau a'r cynadleddau a'r ysgolion haf am dros ddeugain mlynedd. D.J. i raddau mawr sy'n pontio cenhedlaeth y sylfaenwyr a chenhedlaeth ddiweddarach y Blaid yng nghyfnod arweinyddiaeth Gwynfor Evans.

Roedd ei ymlyniad at Gwynfor yn ddi-syfl, ond roedd ei deyrngarwch i Saunders Lewis hefyd yn gadarn fel y graig. O ddyddiau 1925 ymlaen i Benyberth, etholiad y Brifysgol yn 1943, a thu hwnt i hynny i gyfnod darlith radio *Tynged yr Iaith*, cydsafodd gyda Saunders. Daeth D.J. ei hun yn eilun i genhedlaeth newydd o genedlaetholwyr yn y chwedegau wrth iddo fynychu gwrthdystiadau ac achosion llys Cymdeithas yr Iaith a ralïau'r Blaid.

Fel ei gyfaill, bu Lewis Valentine yntau'n driw i'r Blaid ym mhob tywydd. Ef oedd ei hymgeisydd seneddol cyntaf yn 1929, pan ymladdodd am sedd Caernarfon a sicrhau 609 o bleidleisiau. Canlyniad siomedig oedd hwnnw, ac er llwyddo i droi'r golled yn chwedl wleidyddol effeithiol, penderfynwyd bod yn rhaid cefnu ar y polisi o beidio ag anfon aelodau seneddol i San Steffan. Fe gafodd Valentine a D.J. eu carcharu am naw mis gyda Saunders Lewis am eu rhan yn llosgi'r Ysgol Fomio yn 1936 – profiad a wnaeth eu clymu 'wrth ein gilydd, ac fe erys hynny tra byddwn'.[27] Er ei gefnogaeth i ddulliau cyfansoddiadol y Blaid, yn sgil ei brofiadau coleg a Phenyberth ac ysbrydoliaeth Iwerddon, ni chollodd Valentine erioed ei gred mewn effeithiolrwydd protest a dulliau anghyfansoddiadol fel rhan o weithredu gwleidyddol. Bu'n gefnogol i ymgyrchoedd Cymdeithas yr Iaith a phrotestiadau cenhedlaeth newydd o fyfyrwyr Cymraeg yng Ngholeg Prifysgol Gogledd Cymru Bangor yn y chwedegau a'r saithdegau.

Efallai na ddylid gorbwysleisio cyfraniad un unigolyn i sefydlu'r Blaid Genedlaethol. Wedi'r cyfan, ymdrech ar y cyd gan genhedlaeth newydd o wladgarwyr Cymraeg ydoedd. Crëwyd y Blaid, fel y dywedodd J.E. Jones, drwy uno tair ffrwd o genedlaetholwyr: ffrwd gweithwyr Arfon, ffrwd myfyrwyr y Tair G ym Mangor a ffrwd deallusion y Mudiad Cymreig.

Saunders Lewis, serch hynny, oedd pensaer y Blaid Genedlaethol fel y daeth i fod yn 1925. Bu'n llywydd arni tan 1939 a chymaint oedd ei afael arni yn y cyfnod hwnnw fel y gellir dweud i raddau helaeth mai ei blaid ef oedd hi. Oni bai am ei agwedd benderfynol ef i uno'r Mudiad Cymreig a Phlaid Genedlaethol y gogledd, ni fyddai Plaid Genedlaethol Cymru wedi dod i fodolaeth yn 1925. Oni bai hefyd am ei weledigaeth o drefn a disgyblaeth, ni fyddai rhai o genedlaetholwyr y gogledd fel Valentine, Moses Griffith a H.R. Jones wedi cytuno i gyfuno eu mudiad hwy gyda'r Mudiad Cymreig.

Roedd yn ffigur dadleuol, heb os, ac roedd yn gallu cymryd barn groes i gonsensws Cymru ei gyfnod, ond nid gwneud bywyd yn hawdd oedd *raison d'être* gwleidyddiaeth Saunders Lewis. Creodd ei benderfyniad i droi'n Gatholig yn 1932 gur pen mawr i'w gymrodyr yn y Blaid, a oedd yn ymlafnio i ledaenu neges mewn Cymru lle roedd Anghydffurfiaeth, er yn gwanio, yn dal yn rym. Er iddo ddieithrio oddi wrth y mudiad o dan arweinyddiaeth Gwynfor Evans, parhaodd ei ddylanwad ar genedlaethau newydd o genedlatholwyr ar hyd y degawdau. Ei ddarlith radio ar *Dynged yr Iaith* yn 1961, gyda'i galwad enwog am ddefnyddio 'dulliau chwyldro', a roddodd yr ysgogiad deallusol ac ymarferol i sefydlu Cymdeithas yr Iaith.

Fel y dywedodd yr awdur Emyr Humphreys amdano, roedd gan Saunders Lewis y ddawn i anesmwytho'r cytgord rhyddfrydol ym mywyd cyhoeddus Cymru.[28] Corddi dyfroedd Cymru lân, Cymru lonydd, ac anesmwytho hawddfyd yr elfennau hynny yng nghymdeithas Cymru 1925 sy'n dal yma ganrif yn ddiweddarach. Elfennau, yn ôl Humphreys, y mae eu gallu i'w twyllo eu hunain bron mor fawr â'u greddf i warchod eu cefnau. Cyferbynna'r nofelydd y rheini gyda Saunders Lewis, y dyn bach o gorffolaeth a oedd yn codi cymaint o ddychryn arnynt, ac yn wir sy'n dal i allu cynhyrfu'r dyfroedd yng Nghymru ddegawdau wedi'i farwolaeth. O'r cam arloesol o sefydlu'r Blaid Genedlaethol i weithred uniongyrchol llosgi'r Ysgol Fomio, i annog dulliau chwyldro i achub y Gymraeg, roedd Saunders Lewis yn greiddiol i bob datblygiad arwyddocaol mewn cenedlaetholdeb Cymreig yn yr ugeinfed ganrif. Ym marn yr hanesydd John Davies: 'Efallai nad oedd dylanwad Saunders Lewis ar y Mudiad Cenedlaethol yn fendithiol bob amser, ond mae'n bosib na fyddai Mudiad Cenedlaethol o gwbwl oni bai amdano fe.'[29]

I'r graddau hynny, roedd Saunders Lewis, fel y disgrifiwyd ef gan Emyr Humphreys, yn ffigur angenrheidiol – 'a necessary figure' – yng ngwleidyddiaeth Cymru.

*****

Wrth edrych yn ôl ar ddeunaw mis cyntaf y Blaid Genedlaethol, crynhowyd yr hyn a ddigwyddodd gan Saunders ei hun:

> Nid peth bach oedd sefydlu'r Blaid hon a'i chynnal. Gofynnodd hynny, y mae'n parhau i ofyn, aberth ddrud gan nifer fechan o Gymry ieuainc nad ydynt wleidyddion wrth grefft na natur, ond yn hytrach yn athrawon ac efrydwyr ac ysgolheigion, a chan eraill mewn swyddi bychain a phrin eu cyflogau. Yr achos a fu iddynt gychwyn y mudiad oedd eu cred fod arnynt ddyled i'r wlad y ganed hwynt ynddi, a bod cyflwr y wlad honno a'i gwareiddiad yn ddigon gresynnus i hawlio llawer gan bawb a ddeallai faint y perygl. Nid oedd un gwleidydd, na neb cyfarwydd mewn bywyd politicaidd, yn barod i roi ei oes yn llwyr ac yn gyntaf i'r wlad honno.[30]

Ni ddaeth llwyddiant yn gyflym. Byrhoedlog fu'r ymchwydd mewn cefnogaeth a gafwyd yn 1936–7, adeg llosgi'r Ysgol Fomio ym Mhenyberth, a charcharu Saunders, D.J. a Valentine. Bu'n rhaid aros am ddeugain mlynedd cyn cael llwyddiant seneddol, pan gipiodd Gwynfor Evans sedd Caerfyrddin yn 1966. Yn addas ddigon, enillwyd y sedd honno mewn isetholiad a achoswyd gan farwolaeth yr aelod seneddol Megan Lloyd George, merch i brif ladmerydd yr hen ryddfrydiaeth Gymreig, a oedd ei hun wedi troi at y

Blaid Lafur. Er gwaethaf arafwch y cynnydd, dros ganrif ei bodolaeth bu dylanwad Plaid Cymru ar fywyd gwleidyddol a diwylliannol Cymru yn llawer iawn mwy na'i maint na'i chynrychiolaeth seneddol.

Anodd dychmygu erbyn heddiw cam mor chwyldroadol oedd sefydlu plaid genedlaethol yng Nghymru 1925. Roedd Prydeindod yn hollbresennol ym mywyd cyhoeddus y wlad ac ym meddylfryd gwleidyddol yr oes. Lleiafrif bach a fedrai hyd yn oed ddychmygu gweld Cymru yn cymryd ei lle gyda gweddill gwledydd byd, yn genedl gydradd ar y llwyfan rhyngwladol. Breuddwyd gwrach eithafwyr milwriaethus oedd hynny i ddynion cymedrol yr oes. Ond, fel y dywedodd Ifan Alwyn Owen, y llanc brwd o Ryd-ddu, yn ôl yn 1924: eithafwyr heddiw yw dynion hirben yfory.[31]

Nodiadau

1. Rhagymadrodd: Rhoi asgwrn cefn i Gymru

1 Saunders Lewis, 'Nodiadau'r Mis', *Y Ddraig Goch*, Ebrill 1927.

2. Anadl olaf Cymru Fydd

1 Dafydd Wigley, 'Gwynfor', Y Sefydliad Materion Cymreig, 21 Ebrill 2005, ar gael yn *https://www.iwa.wales/agenda/2005/04/gwynfor/?lang=cy*.

2 D. Tecwyn Lloyd, *John Saunders Lewis: Y Gyfrol Gyntaf* (Gwasg Gee, 1988), t. 190.

3 Lloyd George, yn J. Hugh Edwards, *The Life of David Lloyd George* (Waverly Book Company, 1913), t. 197; dyfynnir gan T. Robin Chapman, '"Oni fu pensaer eisoes yn ein mysg?": Golwg ar Genedlaetholdeb cyn 1925', Cymdeithas Hanes Plaid Cymru, Awst 2019, ar gael yn *http://www. hanesplaidcymru.org/golwg-ar-genedlaetholdeb-cyn-1925/*.

4 D. Hywel Davies, *The Welsh Nationalist Party 1925–1945: A Call to Nationhood* (University of Wales Press, 1983), t. 9.

5 E.T. John, *Home Rule for Wales: Addresses to Young Wales* (Llundain, 1912), t. 17.

6 E.T. John, llythyr yn y *Manchester Guardian*, 8 Awst 1910.

7 'Iorwerth Feddyg' [Edward Lloyd Owen], *Ysbryd Glyndŵr, neu y Clêdd lle Metho Hêdd* (Hughes a'i Fab, 1911); dyfynnir gan Chapman, '"Oni fu pensaer eisoes yn ein mysg?".

8 E.T. John at John Williams, 18 Mawrth 1912, Papurau E.T. John, Llyfrgell Genedlaethol Cymru [wedi hyn LlGC].

9 E.T. John at J.E. Powell, 5 Ebrill 1912, ibid.

10 Beriah Gwynfe Evans, 'Cymru Fydd: A Peep into the Wales of To-morrow. II: Politics', *Wales*, IV, no. 30 (October 1913), 339.

11 J. Graham Jones, 'E.T. John and Welsh Home Rule, 1910–1914', *Welsh History Review*, 13.4 (December 1987), 467.

12 Keir Hardie, *The Red Dragon and the Red Flag* (Merthyr, 1912); dyfynnir gan Davies, *Welsh Nationalist Party*, t. 10.

13 David Thomas, *Silyn* (Gwasg y Brython, 1956), t. 77.

14 Davies, *Welsh Nationalist Party*, t. 11.

15 Ibid.

16 Dyfynnir gan Marion Löffler, 'A Romantic Nationalist: The Life of Mallt Williams', *Planet*, 121 (February/March 1997), 58.

17 Ibid. 63.

18 Mallt Williams at Padraig Pearse, 5 Tachwedd 1904, Papurau Padraig Pearse, Llyfrgell Genedlaethol Iwerddon, ar gael yn *https://catalogue.nli.ie/ Record/vtls000615723*.

19 Löffler, 'Romantic Nationalist', 65.

20 Idem, 'The Work of the National Union of Welsh Societies, 1913–1941', *Transcations of the Honourable Society of Cymmrodorion*, 4 (1998), 125.

21 Undeb y Cymdeithasau Cymraeg, *Llawlyfr* (Y Barri, 1914); dyfynnir gan Löffler, 'National Union of Welsh Societies', 126.
22 D. Arthen Evans (1909); dyfynnir gan E. Wyn James, 'Colofn Llys a Llan: Bwrlwm yn y Barri: D. Arthen Evans ym Mhwerdy'r Gymraeg, 9', *Y Dinesydd* (Mehefin 2023), ar gael yn *http://dinesydd.cymru/teithiau/*.
23 Ibid.
24 E.T. John, *Wales: Its Politics and Economics* (Welsh Outlook Press, 1919). Casgliad oedd y llyfr hwn o erthyglau John ar y pwnc a ymddangosodd yn y *Welsh Outlook* yn 1918: (Ionawr), 13–15; (Chwefror), 53–6; (Mawrth), 91–4; (Ebrill), 120–2; (Mai), 153–5; (Mehefin), 186–8; (Gorffennaf), 221–4; (Awst), 247–51. Gw. J. Graham Jones, 'E.T. John and the Politics of Brecon and Radnor, 1920–1924', *Transactions of the Honourable Society of Cymmrodorion*, 24 (2018), 113–32.

3. Hanes dau filwr

1 Lewis Valentine, 'Digwyddiadau ym mywyd milwr', Papurau Lewis Valentine, LlGC.
2 Ibid.
3 Ibid.
4 Ibid.
5 Ibid.
6 'Notes of the Month: A Moral Aspect', *Welsh Outlook*, Ionawr 1916, 5.
7 John Williams, 'I'r Gad, Gymry Annwyl', *Y Brython*, 26 Tachwedd 1914; dyfynnir yn Dewi Eirug Davies, *Byddin y Brenin* (Tŷ John Penry, 1988), t. 59.
8 Ioan Roberts yn holi Lewis Valentine, *Y Cymro*, 14 Hydref 1970.
9 Ibid.
10 Valentine, 'Digwyddiadau ym mywyd milwr'.
11 Ibid.
12 Ioan Roberts yn holi Lewis Valentine.
13 Saunders Lewis at Margaret Gilcriest, d.d. [Mai 1915], yn Mair Saunders, Harri Pritchard Jones a Ned Thomas (goln), *Letters to Margaret Gilcriest* (University of Wales Press, 1993), t. 106.
14 Ibid. 7 Mehefin 1916, t. 209.
15 Ibid. 21 Mehefin 1916, t. 211.
16 Davies, *Welsh Nationalist Party*, t. 27.
17 T. Robin Chapman, *Un Bywyd o Blith Nifer: Cofiant Saunders Lewis* (Gwasg Gomer, 2006), t. 28.
18 Saunders Lewis at Margaret Gilcriest, 27 Medi 1916, *Letters to Margaret Gilcriest*, t. 229.
19 Idem, 'Profiad Cymro yn y Fyddin. II: Ar Ddaear Ffrainc', *Y Cymro* (Dolgellau), 30 Gorffennaf 1919; dyfynnir yn Chapman, *Un Bywyd o Blith Nifer*, t. 29.
20 Idem at Margaret Gilcriest, d.d [Chwefror 1917], *Letters to Margaret Gilcriest*, t. 241.
21 Idem, 'Gorfodaeth Filwrol', *Baner ac Amserau Cymru*, 17 Mai 1939.
22 Idem at Margaret Gilcriest, 15 Rhagfyr 1916, *Letters to Margaret Gilcriest*, t. 237.
23 Ibid.
24 Lewis Valentine, 'Dyddlyfr rhyfel', Papurau Lewis Valentine.
25 Ibid.
26 Ibid.

27 Ibid.
28 Idem, *Dyddiadur Milwr a Gweithiau Eraill*, gol. John Emyr (Gwasg Gomer, 1988), t. 59.
29 Idem at gyfaill dienw o Coombe Lodge, 1917, Papurau Lewis Valentine.
30 Saunders Lewis, 'Cosb Angau', *Empire News*, 20 Chwefror 1955.
31 Valentine, *Dyddiadur Milwr*, t. 69.
32 Idem, 'Dyddlyfr rhyfel'.
33 Ioan Roberts yn holi Lewis Valentine.
34 Valentine, *Dyddiadur Milwr*, t. 71.
35 Idem, 'Dyddlyfr rhyfel'.
36 Saunders Lewis, 'Dylanwadau', sgwrs rhwng Saunders Lewis ac Aneirin Talfan Davies, *Taliesin*, 2 (1961), 5–18.
37 Idem, 'Maurice Barrès', *Baner ac Amserau Cymru*, 24 Ionawr 1924.
38 Bourahima Ouattara, 'Senghor, lecteur de Barrès', *Études de lettres*, 2 (2017), 112.
39 Léopold Senghor, *La Poésie de l'action* (Stock, 1980), 65: 'J'avais beaucoup subi l'influence de Barrès. C'est curieux, Barrès m'a fait connaître et aimer la France, mais en même temps, il a renforcé en moi le sentiment de la négritude, en mettant l'accent sur la race, du moins la nation'.
40 Y Serer yw un o bobloedd Senegal.
41 Dyfynnir yn Ouattara, 'Senghor, lecteur de Barrès', 112: 'La voix de la Lorraine, l'appel de la Lorraine, c'était pour moi qui était un exilé, sous la grisaille de Paris, c'était la voix de la terre sérère. Le sang lorrain, c'était le sang sérère. En lisant Barrès, je méditais à nouveau les leçons de mon père et comme Barrès, je faisais de plus en plus corps avec ma terre, avec ses valeurs de civilisation'.
42 Gw. *https://www.france-memoire.fr/dossiers/mort-de-maurice-barres/*.
43 Lewis, 'Maurice Barrès'.
44 Idem, 'Dylanwadau'.
45 Valentine, 'Dyddlyfr rhyfel'.
46 Saunders Lewis at Margaret Gilcriest, 12 Tachwedd 1918, *Letters to Margaret Gilcriest*, t. 314.
47 Valentine, 'Digwyddiadau ym mywyd milwr'.
48 Idem, 'Dyddlyfr rhyfel'.
49 J.E. Jones, *Tros Gymru* (Gwasg John Penry, 1970), t. 25.

4. Machlud gogoneddus y Wawr

1 Saunders Lewis, 'Emrys ap Iwan', *Ysgrifau Dydd Mercher* (Y Clwb Llyfrau Cymreig, 1945), t. 74.
2 Ibid.
3 Dafydd Glyn Jones, 'His Politics', yn Alun R. Jones a Gwyn Thomas (goln), *Presenting Saunders Lewis* (University of Wales Press, 1983), t. 23.
4 Emrys ap Iwan, 'Paham y Gorfu'r Undebwyr' (1895), yn D. Myrddin Lloyd (gol.), *Detholiad o Erthyglau a Llythyrau Emrys ap Iwan*, 3 cyf. (Y Clwb Llyfrau Cymraeg, 1937, 1939, 1940), I, t. 23.
5 Ibid.
6 Idem, 'Y Ddysg Newydd a'r Ddysg Hen', yn *Homiliau, Emrys ap Iwan*, gol. Ezra Roberts, 2 gyf. (Gwasg Gee, 1906, 1909), I, t. 53
7 Chapman, *Un Bywyd o Blith Nifer*, t. 27.
8 Lewis Valentine, *Lewis Valentine yn Cofio*, gol. John Emyr (Gwasg Gee, 1983), t. 12.
9 Idem, 'Emrys ap Iwan: Tad y Blaid Genedlaethol', *Y Ddraig Goch*, Medi 1933.

10 Atgofion teuluol David Matthew Williams (brawd Griffith John Williams), casgliad preifat teulu Griffith John Williams.

11 Griffith John Williams, darlith ar hanes sefydlu'r Blaid Genedlaethol, d.d., ffolder 'Plaid Cymru 1924–1967', Papurau Griffith John Williams, LlGC.

12 D.J. Williams, 'Rhagymadrodd', yn Ambrose Bebb, *Yr Argyfwng* (Llyfrau'r Dryw, 1959), t. 9.

13 Ibid.

14 Ambrose Bebb, 'Wrth y bwrdd', *Y Wawr*, V, rhif 1 (Gaeaf 1917), 42.

15 Ibid. 43.

16 Cassie Davies, *Hwb i'r Galon* (Gwasg John Penry, 1973), t. 66.

17 D.J. Williams, 'Prifysgol Bara a Chaws?', *Y Wawr*, III, rhif 1 (Gaeaf 1915), 3.

18 Gareth Miles, 'Ambrose Bebb', yn Derec Llwyd Morgan (gol.), *Adnabod Deg: Portreadau o Ddeg o Arweinwyr Cynnar y Blaid Genedlaethol* (Gwasg Gee, 1977), t. 79.

19 D.J. Williams, 'Y Tri Hyn', *Y Wawr*, III, rhif 3 (Haf 1916), 109–14; ailgyhoeddwyd yn idem, *Y Gaseg Ddu a Gweithiau Eraill* (Gwasg Gomer, 1970), tt. 153–7.

20 Davies, *Hwb i'r Galon*, t. 67.

21 O.M. Edwards, 'Llyfrau a Llenorion', *Cymru*, 51 (Awst 1916), 88.

22 D.J. Williams, 'Ich Dien', erthygl nas cyhoeddwyd yn *Y Wawr*; argraffwyd yn *Llais y Lli*, Ionawr 1971, 8–10.

23 Ibid.

24 Ibid.

25 'Attack on the College: An Unfounded Allegation: Does the 'Wawr' Represent the Students?', *Cambrian News*, 28 Rhagfyr 1917.

26 'Pacifism at Aberystwyth College', *Cardigan County Times*, 24 Rhagfyr 1917.

27 Ambrose Bebb at D.J. Williams, 12 Ionawr 1918, Papurau D.J. Williams, LlGC.

28 Ibid. 24 Chwefror 1918.

29 Ibid.

30 Davies, *Hwb i'r Galon*, tt. 67–8.

31 D.J. Williams at Ambrose Bebb, 17 Medi 1918, Papurau Ambrose Bebb, LlGC.

32 Ibid.

33 Ibid.

34 Ambrose Bebb at D.J. Williams, 1 Rhagfyr 1919, Papurau D.J. Williams.

35 Ibid. Cyfeirir yma at T. Gwynn Jones a T.H. Parry-Williams.

36 A.O.H. Jarman, 'Ambrose Bebb a sefydlu Plaid Cymru', *Y Ddraig Goch*, Gorffennaf 1955.

5. Gwylliaid Bangor

1 Valentine, 'Dyddlyfr rhyfel'.

2 Ibid.

3 Idem, 'J.P. Davies (Cyfnod Bangor)', yn J.T. Jones a Harri Parri (goln), *I Gofio J.P.: Cyfrol Deyrnged* (Tŷ ar y Graig, 1971); ailgyhoeddwyd yn Valentine, *Dyddiadur Milwr*, t. 237.

4 Idem, 'Yr Athro John Morris-Jones', *Seren Gomer*, LVII, rhif 1 (Gwanwyn 1965); ailgyhoeddwyd yn idem, *Dyddiadur Milwr*, t. 219.

5 Idem, *Lewis Valentine yn Cofio*, t. 14.

6 Moses Griffith, 'Braslun o atgofion', Papurau Moses Griffith, LlGC.

7   Gw. Syr Harry Rudolf Reichel, *The Future of Welsh Education* (Women's Printing Society, 1886).
8   Valentine, 'J.P. Davies', t. 238.
9   Ibid. t. 238.
10 Ibid. t. 239.
11 Ibid. t. 240.
12 Ibid. t. 241.
13 Idem, 'Sarhau Cenedl', *Y Deyrnas*, 20 (Mehefin 1925), 2.
14 Ibid.
15 Michael Hopkinson, *The Irish War of Independence* (Gill and Macmillan, 2002), t. 79.
16 John Borgonovo, 'The War Escalates', 'The Irish Revolution Project', Coleg Prifysgol Corc (2024), ar gael yn *https://www.ucc.ie/en/theirishrevolution/collections/mapping-the-irish-revolution/the-war-esclates-november-1920/*.
17 John Crowley et al. (goln), *Atlas of the Irish Revolution* (Cork University Press, 2017), t. 592.
18 Dyfynnir yn M.A. Doherty, 'Kevin Barry and the Anglo-Irish Propaganda War', *Irish Historical Studies*, 32, no. 126 (November 2000), 226.
19 Dyfynnir yn Borgonovo, 'The War Escalates'.
20 Gw. 'Y Gell Gymysg', *Seren Cymru*, 15 Ebrill 1921.
21 Valentine, 'J.P. Davies', t. 244.
22 Idem, *Lewis Valentine yn Cofio*, t. 21.
23 Archif Moses Griffith, casgliad preifat.
24 Moses Griffith, 'Dathlu Deugain Mlynedd y Blaid: Cychwyn y Blaid', Papurau Moses Griffith.
25 Idem at E.T. John, 1 Rhagfyr 1920, Papurau E.T. John, LlGC.
26 Ioan Roberts yn holi Lewis Valentine.
27 Cyfieithiad o lythyr gan Ysgrifenyddion Cyngor Myfyrwyr Coleg Prifysgol Dulyn, Papurau Lewis Valentine.
28 Gerald Morgan, 'Dannedd y Ddraig', yn John Davies (gol.), *Cymru'n Deffro* (Y Lolfa, 1981), t. 9.
29 E.T. John at Moses Griffith, 12 Rhagfyr 1921, Papurau E.T. John, LlGC.

6. 'Yr oes haearn hon'

1   David Davies, 'A Welsh Office', *Welsh Outlook*, Gorffennaf 1919, 176.
2   A.O.H. Jarman, 'Y Blaid a'r Ail Ryfel Byd', yn Davies (gol.), *Cymru'n Deffro*, t. 69.
3   'Home Rule Demand: Conference Calls for Full Autonomy', *Western Mail*, 12 Mehefin 1919.
4   G.D.H. Cole, *A History of the Labour Party from 1914* (1948); dyfynnir yn Davies, *Welsh Nationalist Party*, t. 14.
5   Arthur Henderson; dyfynnir yn P. Berresford Ellis, *Wales: A Nation Again: The Nationalist Struggle for Freedom* (Tandem, 1968), t. 89.
6   Idem at D.J. Williams, 6 Mehefin 1918, Papurau D.J. Williams.
7   Cassie Davies, 'Mai Roberts: Un a Harddodd Lawer ar Fywyd Cymru', *Y Ddraig Goch*, Tachwedd 1971.
8   Beriah Evans; dyfynnir yn Kenneth O. Morgan, *Consensus and Disunity: The Lloyd George Coalition Government, 1918–1922* (Oxford University Press, 1979), t. 165.
9   'Notes of the Month', *Welsh Outlook*, Ionawr 1923, 4.
10 Y Brigadydd Syr Owen Thomas, Tŷ'r Cyffredin, 28 Ebrill 1922, *Hansard*,

153, ar gael yn *https://api.parliament.uk/historic-hansard/commons/1922/ apr/28/government-of-wales-bill*.
11 Ibid.
12 J. Hugh Edwards, Tŷ'r Cyffredin, 28 Ebrill 1922, ibid.
13 Beriah Gwynfe Evans at E.T. John, 5 Mai 1922, Papurau E.T. John, LlGC.
14 Ibid. 2 Mai 1922.
15 Saunders Lewis, 'Welsh Societies and Home Rule', *South Wales News*, 4 Mai 1922.
16 D.J. Williams, 'Cymru ac Ymreolaeth', *Baner ac Amserau Cymru*, 11 Mai 1922.
17 Davies, *Welsh Nationalist Party*, t. 22.
18 Ffigurau Cyfrifiad Cymru a Lloegr 1891–1921; dyfynnir yn Davies, *Welsh Nationalist Party*, t. 18.
19 James, 'Bwrlwm yn y Barri'.
20 Lloyd, *John Saunders Lewis*, t. 215.
21 D. Arthen Evans; dyfynnir yn James, 'Bwrlwm yn y Barri'.
22 Undeb y Cymdeithasau Cymraeg, *Rhaglen Cyfarfodydd y Gynhadledd Flynyddol* (1919), dyfynnir yn Marion Löffler, yn 'Cyfraniad y Chwyldroadau Tawel', yn Geraint H. Jenkins a Mari A. Williams (goln), *Eu Hiaith a Gadwant?: Y Gymraeg yn yr Ugeinfed Ganrif* (Gwasg Prifysgol Cymru, 2000), t. 182.
23 Löffler, 'National Union of Welsh Societies', 130.
24 H.R. Jones, 'Ymgyrch "Undeb y Cymdeithasau Cymreig" yng Ngogledd Cymru', *Y Darian*, 14 Mai 1925.
25 Löffler, 'National Union of Welsh Societies', 132.
26 Morgan Watkin, 'Polisi Ieithyddol i Gymru', *Y Geninen*, Ionawr 1923.
27 Ambrose Bebb, 'Achub y Gymraeg, Achub Cymru', *Y Geninen*, Ebrill 1923.
28 Ibid.
29 Idem, Dyddiadur, 10 Mawrth 1923, casgliad preifat.

7. 'Several cultural Mohawks'

1 James, 'Bwrlwm yn y Barri'. Yn y colofnau hyn ceir ymdriniaeth ddifyr a gwybodus â bywyd diwylliannol a gwleidyddol y Barri yn negawdau cyntaf yr ugeinfed ganrif.
2 'Led-led Cymru', *Baner ac Amserau Cymru*, 7 Medi 1922.
3 'Llythyr o'r De', ibid. 19 Hydref 1922.
4 Chapman, *Un Bywyd o Blith Nifer*, t. 88.
5 Saunders Lewis, *Y Goleuad*, 1922; dyfynnir yng ngholofn 'Led-led Cymru', *Baner ac Amserau Cymru*, 14 Rhagfyr 1922.
6 Lloyd, *John Saunders Lewis*, t. 219.
7 'Led-led Cymru', *Baner ac Amserau Cymru*, 14 Mehefin 1923.
8 Saunders Lewis at T. Gwynn Jones, 7 Ebrill 1922, Papurau T. Gwynn Jones, LlGC.
9 Idem, 'Dyfodol y Mudiad Cenedlaethol', *Baner ac Amserau Cymru*, 16 Awst 1923.
10 Griffith, 'Dathlu Deugain Mlynedd y Blaid'.
11 'Led-led Cymru', *Baner ac Amserau Cymru*, 16 Awst 1923.
12 Ibid.
13 'Welsh Nationalism', *Western Mail*, 15 Awst 1923.
14 'The Three G's: Conclave at Mold', *South Wales News*, 14 Awst 1923.
15 'Welsh Sinn Fein', ibid. 11 Awst 1923.
16 Ibid.
17 'Our Readers' Views: Welsh Nationalism', *Western Mail*, 15 Awst 1923.

18 'Notes of the Month', *Welsh Outlook*, Awst 1923, 229.
19 'O'r Wyddgrug', *Y Darian*, 23 Awst 1923.
20 Saunders Lewis at Moses Griffith, 14 Awst 1923, Papurau Moses Griffith.
21 Idem, 'Welsh Nationality', *Western Mail*, 17 Awst 1923.
22 Ibid. Mae'r cyfeiriad at Ddyffryn Ceiriog yn gysylltiedig â bygythiad awdurdod Warrington i foddi ardal Glynceiriog yng ngogledd-ddwyrain Cymru.
23 Ambrose Bebb at Griffith John Williams, 12 Mai 1923, Papurau Griffith John Williams.
24 Iorwerth Peate, 'Dyfodol y Mudiad Cenedlaethol', *Baner ac Amserau Cymru*, 9 Awst 1923.
25 Dyfyniadau o araith Saunders Lewis wedi'u cymryd o *Baner ac Amserau Cymru*, 9 Medi 1923.
26 Gweler nodyn 22 uchod am arwyddocâd Dyffryn Ceiriog.
27 Ludger Mees, *The Basque Contention* (Routledge, 2020), tt. 40–6.
28 Bebb, Dyddiadur, 9 Medi 1923.
29 George Russell ('A.E.'): llenor, heddychwr a chenedlaetholwr Gwyddelig ac un o ffigurau blaenllaw y 'Dadeni Gwyddelig' yn Iwerddon. Un o arwyr mawr D.J. Williams, a gyhoeddodd gyfieithiad o'i waith, *The National Being*, dan y teitl *Y Bod Cenhedlig* yn 1963.
30 'Notes of the Month', *Welsh Outlook*, Hydref 1923, 257.

8. Byddin Ymreolwyr

1 Ifan ab Owen Edwards at H.R. Jones, 9 Ebrill 1924, Archif Plaid Cymru, LlGC.
2 William George at H.R. Jones, 19 Mawrth 1924, ibid.
3 Ibid. 24 Ebrill 1924.
4 Iorwerth Peate at H.R. Jones, 16 Ebrill 1924, ibid.
5 Prosser Rhys at H.R. Jones, 21 Ebrill 1924, ibid.
6 Griffith, 'Braslun o atgofion'.
7 Ioan Roberts yn holi Lewis Valentine.
8 Valentine, *Lewis Valentine yn Cofio*, t. 23.
9 Morgan, 'Dannedd y Ddraig', t. 8.
10 Gwilym R. Jones, *Rhodd Enbyd* (Llyfrau'r Faner, 1983), t. 52.
11 Bleddyn Owen Huws, 'Etholiad Seneddol 1929 yn Sir Gaernarfon a Hogiau'r Nant', *Trafodion Cymdeithas Hanes Sir Gaernarfon* (2015), 120–40.
12 H.R. Jones, *Yr Herald Cymraeg*, 1924; dyfynnir yn Morgan, 'Dannedd y Ddraig', t. 16.
13 R.W. Melangell Evans at H.R. Jones, 14 Gorffennaf 1924, Archif Plaid Cymru.
14 'Ymreolaeth i Gymru: Galw'r Arweinwyr Ynghyd', *Baner ac Amserau Cymru*, 21 Awst 1924.
15 Ifan Alwyn Owen at H.R. Jones, 2 Medi 1924, Archif Plaid Cymru.
16 Iorwerth Peate at H.R. Jones, 17 Medi 1924, ibid.
17 Jones, *Rhodd Enbyd*, t. 54.
18 Ifan Alwyn Owen at H.R. Jones, 2 Medi 1924, Archif Plaid Cymru.
19 Copi o'r llythyr a anfonodd H.R. Jones i'r *Darian* yn 1924, ibid.
20 '"Byddin Ymreolaeth": Cyfarfod yng Nghaernarfon', *Yr Herald Cymraeg*, Medi 23, 1924.
21 'Notes of the Week: A Phantom Army', *North Wales Chronicle*, 26 Medi 1924.

22 Copi o'r llythyr a anfonodd H.R. Jones i'r *Darian* yn 1924, Archif Plaid Cymru.
23 Ifan Alwyn Owen at H.R. Jones, 25 Medi 1924, ibid.
24 Ibid. 3 Hydref 1924.
25 Ibid. 24 Tachwedd 1924.
26 Ifan ab Owen Edwards at H.R. Jones, 17 Hydref 1924, ibid.
27 Idem at Ambrose Bebb, 6 Awst 1923, Papurau Ambrose Bebb.
28 Ibid.
29 Mai Roberts, 'Atgofion', Casgliad Glanrhydfadog, Archifdy Gwynedd, Caernarfon.
30 Ifan Alwyn Owen at H.R. Jones, 24 Tachwedd 1924, Archif Plaid Cymru.
31 Lloyd Owen at H.R. Jones, d.d. [Rhagfyr 1924], ibid.
32 Ifan Alwyn Owen at H.R. Jones, 15 Rhagfyr 1924, ibid.
33 Ibid. 22 Rhagfyr 1924.
34 H.R. Jones at E.T. John, 13 Ionawr 1925, Papurau E.T. John, LlGC.
35 Lloyd Owen at E.T. John, 12 Ionawr 1925, ibid.
36 E.T. John at Lloyd Owen, 15 Ionawr 1925, ibid.
37 Idem at H.R. Jones, 15 Ionawr 1925, ibid.
38 Ifan Alwyn Owen at H.R. Jones, 24 Chwefror 1925, Archif Plaid Cymru.
39 Ibid.

9. 'Teithio 'mlaen neu droi oddiar y ffordd'

1 Bebb, Dyddiadur, 5 Ebrill 1923.
2 Ibid. 19 Mai 1923.
3 D.J. Williams, 'Wales: Its Politics and No Politics', *Welsh Outlook*, Mawrth 1922, 68–70.
4 Idem, 'A Welsh State. The New Nationalism: A Moral Lead to the World', *South Wales News*, 1 Mawrth 1924.
5 D.J. Williams at Ambrose Bebb, 15 Medi 1923, Papurau Ambrose Bebb.
6 Bebb, Dyddiadur, 19 Medi 1923.
7 Idem at D.J. Williams, 20 Medi 1923, Papurau D.J. Williams.
8 D.J. Williams at Ambrose Bebb, 26 Medi 1923, Papurau Ambrose Bebb.
9 Bebb, Dyddiadur, 28 Medi 1923.
10 D.J. Williams at Ambrose Bebb, 8 Hydref 1923, Papurau Ambrose Bebb.
11 Ambrose Bebb at D.J. Williams, 11 Hydref 1923, Papurau D.J. Williams.
12 D.J. Williams at Ambrose Bebb, Hydref 1923, Papurau Ambrose Bebb.

10. Mudiad Cymreig

1 Bebb, Dyddiadur, 3 Ionawr 1924.
2 Ibid.
3 Ibid.
4 Griffith John Williams at Ambrose Bebb, 21 Rhagfyr 192[3], Papurau Ambrose Bebb.
5 Idem, 'Atgofion', ffolder 'Plaid Cymru 1924–1967', Papurau Griffith John Williams.
6 Sgwrs rhwng Arwel Vittle ac Emrys Roberts, haf 2024.
7 Cofnodion cwrdd cyntaf y Mudiad Cymreig, 7 Ionawr 1924, ffolder 'Plaid Cymru 1924–1967', Papurau Griffith John Williams.
8 Williams, 'Atgofion'.
9 Bebb, Dyddiadur, 4 Ionawr 1924.
10 Saunders Lewis at Margaret Gilcriest, 4 Ionawr 1924, *Letters to Margaret Gilcriest*, t. 520.

11 Bebb, Dyddiadur, 4 Ionawr 1924.
12 Ibid.
13 Idem at D.J. Williams, 11 Ionawr 1924, Papurau D.J. Williams.
14 Saunders Lewis at Ambrose Bebb, 12 Ionawr 1924, Papurau Ambrose Bebb.
15 Idem at Griffith John Williams, 24 Ionawr 1924, Papurau Griffith John Williams.
16 Idem at Ambrose Bebb, 24 Ionawr 1924, Papurau Ambrose Bebb.
17 Idem at D.J. Williams 7 Chwefror 1924, Papurau D.J. Williams.
18 Idem at Griffith John Williams, 24 Ionawr 1924, Papurau Griffith John Williams.
19 Griffith John Williams at Ambrose Bebb, 3 Mawrth [1924], Papurau Ambrose Bebb.
20 Mari A. Williams, 'Y Ferch a'r Gymraeg yng Nghymoedd Diwydiannol De Cymru 1914–1945', yn Jenkins a Williams (goln), *Eu Hiaith a Gadwant?*, t. 145.
21 Löffler, 'Cyfraniad y Chwyldroadau Tawel', t. 189.
22 Ben Bowen Thomas at D.J. Williams, 28 Ebrill 1924, Papurau D.J. Williams.
23 Atodiad i lythyr Saunders Lewis at Griffith John Williams, d.d., Papurau Griffith John Williams.
24 Bebb, Dyddiadur, 5 Mai 1924.
25 Ibid.
26 Alun Llywelyn-Williams, *Nes na'r Hanesydd? Ysgrifau Llenyddol* (Gwasg Gee, 1968), t. 57.
27 Ibid.
28 Ibid.
29 Ambrose Bebb, 'Trydedd Anffawd Fawr Cymru', *Y Llenor*, III (1924), 109.
30 Saunders Lewis at D.J. Williams, 4 Medi 1924, Papurau D.J. Williams.
31 Ambrose Bebb, *Pererindodau* (Y Clwb Llyfrau Cymreig, 1941).
32 Idem, Dyddiadur, 5 Mai 1924.

11. Kemper, Llundain a Glanrhydfadog
1 Roberts, 'Atgofion'.
2 Saunders Lewis at Ambrose Bebb, 23 Medi 1924, Papurau Ambrose Bebb.
3 Ambrose Bebb at Mai Roberts, 25 Medi 1924, Papurau Mai Roberts, Archifau a Chasgliadau Arbennig Prifysgol Bangor.
4 Roberts, 'Atgofion'.
5 Ibid.
6 Ibid.
7 Ibid.
8 Ibid.

12. Paris, Brycheiniog a'r byd modern
1 Peredur Lynch, 'Morris T. Williams y Nofelydd', *Taliesin*, 85 (Gwanwyn 1994), 7–25.
2 Iorwerth Peate at Mai Roberts, 28 Tachwedd 1926, Papurau Mai Roberts.
3 Saunders Lewis, 'Nodiadau'r Mis', *Y Ddraig Goch*, Ebrill 1927.
4 Dafydd Johnston, 'Moderniaeth a Thraddodiad', *Taliesin*, 80 (1993), 13–24.
5 Gareth Miles, 'Saunders Lewis a Thynged yr Iaith: Rhwng Adwaith a Chwyldro', *Cylchgrawn Llyfrgell Genedlaethol Cymru*, xxxv (2012), 143.

6   Ibid.
7   Richard Wyn Jones, *Rhoi Cymru'n Gyntaf: Syniadaeth Plaid Cymru: Cyfrol 1* (Gwasg Prifysgol Cymru, 2007), t. 70.
8   Gw. *The Daily Mail*, 25 Hydref 1924.
9   Roberts, 'Atgofion'.
10   Ibid.
11   Ambrose Bebb at Mai Roberts, 24 Hydref 1924, Papurau Mai Roberts.
12   Iorwerth Peate, *Rhwng Dau Fyd: Darn o Hunangofiant* (Gwasg Gee, 1976), t. 179.
13   Ibid. t. 180.
14   Ibid.
15   Saunders Lewis at Ambrose Bebb, 23 Medi 1924, Papurau Ambrose Bebb.
16   Bebb, Dyddiadur, 15 Medi 1924.

13. 'Y mae llwyddiant Cymru heddyw yn gofyn am undeb'
1   Lewis Valentine, 'Y Ferch a Feddai Ddicter Sanctaidd', *Y Ddraig Goch*, Tachwedd 1971.
2   H.R. Jones at Saunders Lewis, 26 Chwefror 1925; dyfynnir gan Saunders Lewis, 'Y Golygydd ar Nodweddion a Neges Sylfaenydd y Blaid', *Y Ddraig Goch*, Gorffennaf 1930.
3   Saunders Lewis at H.R. Jones, 1 Mawrth 1925, Archif Plaid Cymru.
4   Ibid.
5   Ibid.
6   Chapman, *Un Bywyd o Blith Nifer*, t. 102.
7   Saunders Lewis at H.R. Jones, 1 Mawrth 1925, Archif Plaid Cymru.
8   Ibid. 19 Mawrth 1925.
9   Ibid. 1 Ebrill 1925.
10   Elisabeth Williams at D.J. Williams, d.d. [1965], Papurau D.J. Williams.
11   Saunders Lewis at Ambrose Bebb a Griffith John Williams, d.d. [1925], Papurau Griffith John Williams.
12   H.R. Jones at D.J. Williams, 9 Mawrth 1925, Papurau D.J. Williams.
13   D.J. Williams at H.R. Jones, 27 Mawrth 1925, Archif Plaid Cymru.
14   Idem, 'Nodion y Cymro a'r Blaid Genedlaethol', *The Labour News* [Llanelli], 30 Mai 1925; dyfynnir gan Robert Rhys ar wefan Cofiant D.J. Williams: *http://www.cofiantdj.net/*.
15   Moses Griffith at H.R. Jones, 17 Mawrth 1925, Archif Plaid Cymru.
16   Iorwerth Peate at H.R. Jones, 10 Mawrth 1925, ibid.
17   Ibid.
18   William George at H.R. Jones, 15 Mai 1925, ibid.
19   J. Tywi Jones at H.R. Jones, 11 Gorffennaf 1925, ibid.
20   T. Gwynn Jones, 'Lluniau Byw', *Y Darian*, 7 Mai 1925.
21   W.J. Gruffydd, adolygiad: *O Gors y Bryniau*, *Y Llenor*, 4, rhif 4 (Gaeaf 1925), 256.
22   Kate Roberts at H.R. Jones, 5 Gorffennaf 1926, Archif Plaid Cymru.
23   D.J. Williams at H.R. Jones, 9 Medi 1925, ibid.
24   Morris T. Williams at H.R. Jones, 5 Mai 1925, ibid.
25   Bebb, Dyddiadur, 9 Mai 1924.
26   Ibid. 23 Mai 1924.
27   Idem at Griffith John Williams, 9 Mai 1925, Papurau G.J. Williams.
28   Ibid.
29   Ibid.

14. 'Mae'r peth wedi ei gychwyn'

1 Lewis Valentine; dyfynnir yn 'Welsh Sinn Fein: New Nationalist Party: Policy Defined', *South Wales News*, 30 Ebrill 1925.
2 [Prosser Rhys], 'Nodion', *Baner ac Amserau Cymru*, 25 Ebrill 1925.
3 Saunders Lewis, 'Cymreigio Cymru', ibid. 9 Ebrill 1925.
4 Ibid.
5 H.R. Jones, 'Cymru a'r Cenhedloedd', ibid. 21 Mai 1925.
6 Lewis Valentine at H.R. Jones, 14 Gorffennaf 1925, Archif Plaid Cymru.
7 Ibid.
8 Ibid. 2 Mai 1925.
9 Ibid.
10 Ibid.
11 Ibid. 14 Gorffennaf 1925, ibid.
12 Ibid. d.d. [Gorffennaf 1925].
13 Ibid.
14 Ibid. 2 Mai 1925.
15 Ibid. d.d. [Gorffennaf 1925].
16 Ibid. 14 Gorffennaf 1925.
17 Gwilym R. Jones at H.R. Jones, d.d. [9 Gorffennaf 1925], ibid.
18 Ifan ab Owen Edwards at H.R. Jones, 11 Gorffennaf 1925, ibid.
19 Ibid. 30 Mehefin 1925.
20 Ibid.
21 Ibid.
22 Ibid. 11 Gorffennaf 1925.
23 Ibid. d.d.
24 Ibid. 20 Gorffennaf 1925.
25 Ibid. 9 Medi 1925.
26 Lewis Spence at H.R. Jones, 31 Mawrth 1925, ibid.
27 Moses Griffith at H.R. Jones, 5 Mehefin 1925, ibid.
28 Emrys Evans at H.R. Jones, 19 Mai 1925, ibid.
29 Saunders Lewis at H.R. Jones, 3 Mehefin 1925, ibid.
30 Lewis Valentine, 'Fy Nyled i Saunders Lewis', *Seren Cymru*, 2 Tachwedd 1973.
31 Idem, *Lewis Valentine yn Cofio*, t. 24.
32 Idem, 'Fy Nyled i Saunders Lewis'.
33 Ibid.
34 Ibid.
35 Roberts, 'Atgofion'.
36 Lewis Valentine; dyfynnir yn 'Led-led Cymru', *Baner ac Amserau Cymru*, 14 Mai 1925.
37 Davies, *Welsh Nationalist Party*, t. 61.
38 'Notes of the Month', *Welsh Outlook*, Gorffennaf 1926, 172.
39 Dyfynnir gan Jones, *Tros Gymru*, t. 32.

15. 'Cicaion Jonah'

1 Jones, *Tros Gymru*, t. 34.
2 Ibid. t. 53.
3 Ifan Alwyn Owen at H.R. Jones, 9 Hydref 1925, Archif Plaid Cymru.
4 'Notes of the Month', *Welsh Outlook*, Mawrth 1926, 172.
5 Ibid.
6 David Lloyd George; dyfynnir yn Ellis, *Wales: A Nation Again*, t. 95.
7 Miles, 'Rhwng Adwaith a Chwyldro', 143.

8   Saunders Lewis, 'Gwleidyddiaeth 1925', *Baner ac Amserau Cymru*, 7
    Ionawr 1926.
9   Ioan Roberts yn holi Lewis Valentine.
10 Derec Llwyd Morgan, 'David Edmund Williams', yn idem (gol.), *Adnabod
    Deg*, 116–22.
11 Ifan Alwyn Owen at H.R. Jones, 6 Hydref 1925, Archif Plaid Cymru.
12 Moses Griffith at H.R. Jones, d.d., ibid.
13 Ifan Alwyn Owen at H.R. Jones, 6 Hydref 1925, ibid.
14 Ambrose Bebb at Griffith John Williams, 9 Tachwedd 1925, Papurau
    Griffith John Williams.
15 Ibid.
16 Ibid.
17 T. Robin Chapman, *W. Ambrose Bebb*, Cyfres Dawn Dweud (Gwasg
    Prifysgol Cymru, 1997), t. 78.
18 Saunders Lewis at Griffith John Williams, 7 Hydref 1926, Papurau
    Griffith John Williams.
19 Ibid. 16 Hydref 1926.
20 Ibid. 30 Rhagfyr 1925.
21 Ibid.
22 Idem at H.R. Jones, 9 Medi 1925, Archif Plaid Cymru.
23 D.J. Williams at H.R. Jones, d.d., ibid.
24 Saunders Lewis at H.R. Jones, 9 Medi 1925, ibid.
25 Fred Jones at H.R. Jones, 'Y Groglith' [2 Ebrill 1926], ibid.
26 Ambrose Bebb at H.R. Jones, 31 Mawrth 1926, ibid.
27 Moses Griffith at H.R. Jones, 2 Ebrill 1926, ibid.
28 D.J. Williams at H.R. Jones, 25 Mawrth 1926, ibid.

16. 'Y Ddraig Goch ddyry cychwyn'
1   Lewis, 'Y Golygydd ar Nodweddion a Neges Sylfaenydd y Blaid'.
2   Prosser Rhys at H.R. Jones, 3 Chwefror 1926, Archif Plaid Cymru.
3   D.J. Williams at H.R. Jones, 15 Chwefror 1926, ibid.
4   Ibid. 21 Ebrill 1926.
5   Morgan, 'Dannedd y Ddraig', t. 19.
6   Saunders Lewis, 'Cyfalafiaeth a Chenedlaetholdeb', *Y Ddraig Goch*,
    Mehefin 1926.
7   Williams, 'Atgofion'.
8   Saunders Lewis at H.R. Jones, d.d. [1926], Archif Plaid Cymru.
9   Moses Griffith at H.R. Jones, 12 Chwefror 1926, ibid.
10 Ibid.
11 Kate Roberts at H.R. Jones, 5 Gorffennaf 1926, ibid.
12 Idem, rhan o araith adeg dadorchuddio plac coffa i H.R. Jones, Deiniolen,
    1975, ar gael yn *http://www.hanesplaidcymru.org/coffa-h-r-jones/*.
13 Bob Owen at H.R. Jones, 5 Gorffennaf 1926, Archif Plaid Cymru.
14 H.R. Jones at Ambrose Bebb, 8 Hydref 1927, Papurau Ambrose Bebb.
15 Ibid.
16 Mallt Williams at H.R. Jones, 24 Rhagfyr 1925, Archif Plaid Cymru.
17 Ibid.
18 Ibid.
19 Ibid.
20 Ibid. 'Dydd Holl Eneidiau' [2 Tachwedd 1925].
21 Ibid. 2 Mawrth 1925.
22 Ibid. 5 Mai 1925.

23 Ibid. 19 Gorffennaf 1925.
24 Ibid. 24 Rhagfyr 1925.

17. 'Ni ein hunain'
1 Lewis Valentine, 'Tipyn o Bopeth', *Y Deyrnas*, 5 (Mawrth 1924), 3.
2 Waldo Williams, 'Braslun', yn J. Gwyn Griffiths (gol.), *D.J. Williams, Abergwaun: Cyfrol Deyrnged* (Gwasg Gomer, 1965), t. 21.
3 D.J. Williams, 'Arwyr Bore Oes: Cwrdd ag O.M. ac A.E.', *Y Ddraig Goch*, Rhagfyr 1958.
4 Ibid.
5 Bebb, Dyddiadur, 5 Ebrill 1920.
6 Ibid. 4 Gorffennaf 1925.
7 Ibid. 6 Gorffennaf 1925.
8 Ibid.
9 Ibid. 9 Gorffennaf 1925.
10 Mai Roberts at H.R. Jones, 2 Medi 1925, Archif Plaid Cymru.
11 Gw. Fearghal McGarry, *Frank Ryan* (University College Dublin Press, 2010).
12 Frank Ryan at Mai Roberts, 2 Medi 1925, Papurau Mai Roberts.
13 Ibid.
14 Ibid. 28 Tachwedd 1925.
15 Ibid.
16 Ibid.
17 Gw. Tom Jones, 'Recollections of Frank Ryan' (1975), Papurau Tom Jones, Archifau Gogledd-Ddwyrain Cymru, Sir y Fflint.
18 Gwilym Williams at Mai Roberts, 1 Mehefin 1930, Papurau Mai Roberts.
19 Lewis, 'Dylanwadau'.
20 Idem, 'Rhamant Addysg Cymru', *Y Cymro* (Dolgellau), 28 Awst 1918; dyfynnir gan Lloyd, *John Saunders Lewis*, t. 139.
21 Ibid.
22 Ibid.
23 Lloyd, *John Saunders Lewis*, t. 140.
24 Lewis, 'Gwleidyddiaeth 1925'.
25 Ibid.
26 Chapman, *Un Bywyd o Blith Nifer*, t. 108.
27 Saunders Lewis at H.R. Jones, d.d. [1926], Archif Plaid Cymru.
28 R.F. Foster, *Vivid Faces: The Revolutionary Generation in Ireland, 1890–1923* (Allen Lane, 2014), t. 424.
29 Saunders Lewis at H.R. Jones, d.d. [1926], Archif Plaid Cymru.
30 Idem, *Egwyddorion Cenedlaetholdeb* (Plaid Genedlaethol Cymru, 1927; ailargraffiad SWP Cyf. 1975), t. 16.
31 Richard Wyn Jones, 'O Gymru Fydd i Blaid Cymru', Cymdeithas Hanes Plaid Cymru, Awst 2024, ar gael yn *http://www.hanesplaidcymru.org/darlith-richard-wyn-jones/*.
32 Miles, 'Rhwng Adwaith a Chwyldro', 148.
33 Lewis, *Egwyddorion Cenedlaetholdeb*, t. 10.
34 Ibid. t. 12.
35 Ibid.
36 Ibid. t. 10.
37 Morgan, 'Dannedd y Ddraig', t. 21.
38 Lewis, *Egwyddorion Cenedlaetholdeb*, t. 16.
39 Mai Roberts at H.R. Jones, 8 Mehefin 1926, Archif Plaid Cymru.

40 Ibid. 29 Mehefin 1926.
41 Saunders Lewis, geirda ar ran Mai Roberts, 30 Tachwedd 1933, Archifau a Chasgliadau Arbennig Prifysgol Bangor.
42 Idem at Mai Roberts, 28 Hydref 1925, ibid.
43 Davies, *Welsh Nationalist Party*, t. 68.
44 Ibid. t. 67.
45 D.J. Williams at Kate Roberts, 21 Mawrth 1933, Papurau Kate Roberts, LlGC.
46 Lewis Valentine, 'Yr Ysgol Haf Orau', *Y Ddraig Goch*, Medi 1934.
47 D.J. Williams at Kate Roberts, 14 Gorffennaf 1955, Papurau Kate Roberts.
48 Gw. Jones, *Tros Gymru*, t. 156.
49 Ibid.

18. Cwmwl tystion
1   Jones, *Tros Gymru*, t. 97.
2   Lewis, 'Y Golygydd ar Nodweddion a Neges H.R. Jones'.
3   Gwallter Llyfni at Carneddog, 10 Mehefin 1929, yn Bleddyn Owen Huws (gol.), *Diflanedig Fyd: Gohebiaeth Carneddog a Gwallter Llyfni 1926–1932* (Cyhoeddiadau Barddas, 2010), t. 68, llythyr rhif 36.
4   Ben Bowen Thomas at D.J. Williams, 17 Medi 1936, Papurau D.J. Williams.
5   'Led-led Cymru', *Baner ac Amserau Cymru*, 4 Ionawr 1938.
6   Ibid.
7   Valentine, *Lewis Valentine yn Cofio*, t. 26.
8   R. Geraint Gruffydd yn trafod Moses Griffith, recordiad o sgwrs adeg cyhoeddi *Adnabod Deg* (1977), casgliad preifat teulu Moses Griffith.
9   Sgwrs rhwng Arwel Vittle ac Emrys Roberts, Caerdydd, haf 2024.
10 Ambrose Bebb, *Dyddlyfr 1941* (Llyfrau'r Dryw, 1942), t. 14.
11 Idem, Dyddiadur, 8 Mai 1940.
12 R.E. Jones, 'Teyrnged i Bleidreg Ffyddlon', *Y Ddraig Goch*, Gorffennaf– Awst 1973.
13 Valentine, 'Y Ferch a Feddai Ddicter Sanctaidd'.
14 Ibid.
15 Ibid.
16 Lewis Valentine at Priscie Roberts, 9 Awst 1971, Casgliad Glanrhydfadog.
17 Mai Roberts, 'Marwolaethau Mamau', *Y Ddraig Goch*, Mawrth 1928.
18 Ibid.
19 Ibid.
20 [Morris T. Williams], 'Cylch y Merched: Barn Llanc Am Ein Merched Ifainc', *Y Ddraig Goch*, Rhagfyr 1928.
21 Cedwir *Troi a Throsi*, nofel anghyhoeddedig Morris Williams, mewn llawysgrif ymhlith Papurau Kate Roberts yn LlGC. Mae'n nofel fodernaidd feiddgar gydag ysgrifennu cignoeth sy'n ymylu ar y misogynistaidd mewn mannau, yn enwedig yn y modd mae'r prif gymeriad yn dychmygu anffurfio merch y wraig sy'n rhedeg ei lety, a hynny mewn modd graffig a threisiol.
22 Mai Roberts, llythyr yng ngholofn 'Cylch y Merched', *Y Ddraig Goch*, Chwefror 1929.
23 Ibid.
24 Saunders Lewis at Kate Roberts, 11 Ionawr 1929, Papurau Kate Roberts.
25 Valentine, 'Y Ferch a Feddai Ddicter Sanctaidd'.
26 Sgwrs rhwng Arwel Vittle a Lewis Valentine, Chwefror 1980.

27 Saunders Lewis at Lewis Valentine, 17 Ionawr 1975, Papurau Lewis Valentine.

28 Emyr Humphreys, 'Outline of a Necessary Figure', yn Jones a Thomas (goln), *Presenting Saunders Lewis*, t. 13.

29 John Davies; dyfynnir gan Miles, 'Rhwng Adwaith a Chwyldro', 147.

30 Saunders Lewis, 'Angen Arian ar Unwaith! Apêl Llywydd y Blaid', *Y Ddraig Goch*, Ebrill 1927.

31 Ifan Alwyn Owen at H.R. Jones, 24 Tachwedd 1924, Archif Plaid Cymru.

Llyfryddiaeth

Llyfrau

Bebb, Ambrose, *Dydd-lyfr Pythefnos neu Y Ddawns Angau* (Sackville Printing Works, 1939)

Bebb, Ambrose, *Pererindodau* (Y Clwb Llyfrau Cymreig, 1941)

Bebb, Ambrose, *Yr Argyfwng* (Llyfrau'r Dryw, 1959)

Crowley, John, et al. (goln), *Atlas of the Irish Revolution* (Cork University Press, 2017)

Chapman, T. Robin, *Un Bywyd o Blith Nifer: Cofiant Saunders Lewis* (Gwasg Gomer, 2006)

Chapman, T. Robin, W. *Ambrose Bebb*, Cyfres Dawn Dweud (Gwasg Prifysgol Cymru, 1997)

Chapman, T. Robin, *W.J. Gruffydd*, Cyfres Dawn Dweud (Gwasg Prifysgol Cymru, 1993)

Davies, Cassie, *Hwb i'r Galon* (Tŷ John Penry, 1973)

Davies, Dewi Eurig, *Byddin y Brenin* (Tŷ John Penry, 1988)

Davies, Hywel, *The Welsh Nationalist Party 1925–1945: A Call to Nationhood* (University of Wales Press, 1983)

Davies, John (gol.), *Cymru'n Deffro: Hanes y Blaid Genedlaethol 1925–75* (Y Lolfa, 1981)

Davies, John, *Hanes Cymru* (Penguin, 1992)

Eirug, Aled, *Gwrthwynebwyr Cydwybodol i'r Rhyfel Mawr* (Gwasg Carreg Gwalch, 2018)

Ellis, P. Berresford, *Wales: A Nation Again: The Nationalist Struggle for Freedom* (Tandem, 1968)

Foster, R.F. *Vivid Faces: The Revolutionary Generation in Ireland, 1890–1923* (Allen Lane, 2014)

Griffiths, J. Gwyn (gol.), *Bro a Bywyd: D.J. Williams* (Cyngor Celfyddydau Cymru, 1983)

Griffiths, J. Gwyn (gol.), *D.J. Williams, Abergwaun: Cyfrol Deyrnged* (Gwasg Gomer, 1965)

Hopkinson, Michael, *The Irish War of Independence* (Gill and Macmillan, 2002)

Hopwood, Mererid, a Jenny Mather *Yr Apêl/The Appeal* (Y Lolfa, 2023)

Hughes, Mathonwy (gol.), *Awen Gwilym R.* (Gwasg Gee, 1980)

Humphreys, Robin (gol.), *Lloffion o Ddyddiaduron Ambrose Bebb, 1920–1926* (Gwasg Prifysgol Cymru, 1996)

Huws, Bleddyn Owen (gol.), *Diflanedig Fyd: Gohebiaeth Carneddog a Gwallter Llyfni, 1926–1932* (Cyhoeddiadau Barddas, 2010)

Huws, Bleddyn Owen, *Pris Cydwybod: T.H. Parry-Williams a Chysgod y Rhyfel Mawr* (Y Lolfa, 2018)

Hywel, Emyr (gol.), *Annwyl D.J.: Llythyrau D.J., Saunders a Kate* (Y Lolfa, 2011)

Hywel, Emyr (gol.), *Annwyl Val: Llythyrau D.J., Saunders a Lewis Valentine* (Y Lolfa, 2021)

Ifans, Dafydd (gol.), *Annwyl Kate, Annwyl Saunders* (Llyfrgell Genedlaethol Cymru, 1992)

Jenkins, Geraint H., a Mari Williams (goln), *Eu Hiaith a Gadwant?: Y Gymraeg yn yr Ugeinfed Ganrif* (Gwasg Prifysgol Cymru, 2000)

John, E.T., *Ar Gwestiynau Rhyfel a Heddwch* (R. Mills a'i Feibion, 1918)

Jones, Alun R., a Gwyn Thomas (goln), *Presenting Saunders Lewis* (University of Wales Press, 1983)

Jones, Gwilym R., *Rhodd Enbyd* (Llyfrau'r Faner, 1983)

Jones, J.E., *Tros Gymru* (Gwasg John Penry, 1970)

Jones, J.T., a Harri Parri (goln), *I Gofio J.P.: Cyfrol Deyrnged J.P. Davies* (Tŷ ar y Graig, 1971)

Jones, Richard Wyn, *Rhoi Cymru'n Gyntaf: Syniadaeth Plaid Cymru: Cyfrol 1* (Gwasg Prifysgol Cymru, 2007)

Jones, T. Gwynn, *Cofiant Emrys ap Iwan* (Cwmni'r Cyhoeddwyr Cymraeg, 1912; ailarg. Hughes a'i Fab, 1978)

Keegan, John, *The First World War* (Pimlico, 1999)

Kiberd, Declan, a P.J. Mathews (goln), *Handbook of the Irish Revival: An Anthology of Irish Cultural and Political Writings 1891–1922* (Abbey Theatre Press, 2015)

Lewis, Saunders, *Ati Wŷr Ifainc*, gol. Marged Dafydd (Gwasg Prifysgol Cymru, 1986)

Lewis, Saunders, *Canlyn Arthur* (Gwasg Gomer, 1938; adarg. 1985)

Lewis, Saunders, *Egwyddorion Cenedlaetholdeb* (Y Blaid Genedlaethol, 1927, ailarg. SWP Cyf., 1975)

Lewis, Saunders, *Meistri a'u Crefft*, gol. Gwynn ap Gwilym (Gwasg Prifysgol Cymru, 1981)

Lewis, Saunders, *Meistri'r Canrifoedd*, gol. R Geraint Gruffudd (Gwasg Prifysgol Cymru, 1982)

Lewis, Saunders, *Tynged yr Iaith* (Y Gorfforaeth Darlledu Brydeinig, 1962)

Lewis, Saunders, *Ysgrifau Dydd Mercher* (Y Clwb Llyfrau Cymraeg, 1945)

Lloyd, D. Myrddin (gol.), *Detholiad o Erthyglau a Llythyrau Emrys ap Iwan*, 3 cyf. (Y Clwb Llyfrau Cymraeg, 1937, 1939, 1940)

Lloyd, D. Tecwyn, *John Saunders Lewis: Y Gyfrol Gyntaf* (Gwasg Gee, 1988)

Llwyd, Alan, *Kate: Cofiant Kate Roberts (1891–1985)* (Y Lolfa, 2011)

Llywelyn-Williams, Alun, *Nes na'r Hanesydd? Ysgrifau Llenyddol* (Gwasg Gee, 1968)

McGarry, Fearghal, *Frank Ryan* (University College Dublin Press, 2010)

Mees, Ludger, *The Basque Contention* (Routledge, 2020)

Morgan, Derec Llwyd (gol.), *Adnabod Deg: Portreadau o Ddeg o Arweinwyr Cynnar y Blaid Genedlaethol* (Gwasg Gee, 1977)

Morgan, Derec Llwyd (gol.), *Bro a Bywyd: Kate Roberts* (Cyngor Celfyddydau Cymru, 1981)

Núŷez Astrain, Luis, *The Basques: Their Struggle for Independence*, cyf. Meic Stephens (Welsh Academic Press, 1997)

O'Keeffe, Hélène, et al. (goln), *Atlas of the Irish Civil War* (Cork University Press, 2024)

Peate, Iorwerth, *Rhwng Dau Fyd: Darn o Hunangofiant* (Gwasg Gee, 1976)

Roberts, Ezra (gol.), *Homiliau, Emrys ap Iwan*, 2 gyf. (Gwasg Gee, 1906, 1909)

Roberts, O.M., *Oddeutu'r Tân* (Gwasg Gwynedd, 1994)

Saunders, Mair (gol.), *Bro a Bywyd: Saunders Lewis* (Cyngor Celfyddydau Cymru, 1987)

Saunders, Mair, Harri Pritchard Jones a Ned Thomas (goln), *Letters to Margaret Gilcriest* (University of Wales Press, 1993)

Stevenson, David, *1914–1918: The History of the First World War* (Penguin, 2005)

Valentine, Lewis, *Dyddiadur Milwr a Gweithiau Eraill*, gol. John Emyr (Gwasg Gomer, 1988)

Valentine, Lewis, *Lewis Valentine yn Cofio*, gol. John Emyr (Gwasg Gee, 1983)

Vittle, Arwel, *Valentine: Cofiant i Lewis Valentine* (Y Lolfa, 2006)

Williams, D.J., *Y Gaseg Ddu a Gweithiau Eraill* (Gwasg Gomer, 1970)

Williams, J. Gwynn, *The University College of North Wales: Foundations 1884–1927* (University of Wales Press, 1985)

Williams, Lowri (gol.), *Bro a Bywyd: W. Ambrose Bebb* (Cyhoeddiadau Barddas, 1995)

Williams, W.I. Cynwil (gol.), *Bro a Bywyd: Gwilym R. Jones* (Cyhoeddiadau Barddas, 2001)

Erthyglau a darlithoedd

Chapman, T. Robin, '"Oni fu pensaer eisoes yn ein mysg?": Golwg ar Genedlaetholdeb cyn 1925', Cymdeithas Hanes Plaid Cymru, Awst 2019, ar gael yn *http://www.hanesplaidcymru.org/golwg-ar-genedlaetholdeb-cyn-1925/*.

Davies, D. Hywel, 'Yn y dechreuad ...', Cymdeithas Hanes Plaid Cymru, Mawrth 2011, ar gael yn *http://www.hanesplaidcymru.org/yn-y-dechreuad/*

Doherty, M.A., 'Kevin Barry and the Anglo-Irish Propaganda War', *Irish Historical Studies*, 32, no. 126 (November 2000), 217–31

Evans, Gwynfor, 'Ein Dyled i Emrys ap Iwan', Darlith Flynyddol Emrys ap Iwan, 1982 (Gwasanaeth Llyfrgell Clwyd, 1983)

Haycock, Marged, 'Canrif Fawr *Dafydd Nanmor*: Cyfrol Gyntaf Gwasg Prifysgol Cymru (1923)', *Ysgrifau Beirniadol XXXV* (Y Lolfa, 2025), 10–27

Huws, Bleddyn Owen, 'Etholiad Seneddol 1929 yn Sir Gaernarfon a Hogiau'r Nant', *Trafodion Cymdeithas Hanes Sir Gaernarfon* (2015), 120–40

James, E. Wyn, 'Bwrlwm yn y Barri', Colofn Llys a Llan, *Y Dinesydd* (Ebrill 2022–Gorffennaf 2023), ar gael yn *http://dinesydd.cymru/teithiau/*

Jones, Dafydd Glyn, 'Traddodiad Emrys ap Iwan', Darlith Flynyddol Emrys ap Iwan, 1987 (Gwasanaeth Llyfrgell Clwyd, 1991)

Jones, Gwilym Arthur, 'Teithi Meddwl Emrys ap Iwan', Darlith Flynyddol Emrys ap Iwan, 1989 (Gwasanaeth Llyfrgell Clwyd, 1991)

Jones, J. Graham, 'E.T. John and Welsh Home Rule, 1910–1914', *Welsh History Review*, 13.4 (December 1987), 453–67.

Jones, J. Graham, 'E.T. John and the Politics of Brecon and Radnor, 1920–1924', *Transactions of the Honourable Society of Cymmrodorion*, 24 (2018), 113–32

Jones, J. Graham, 'Forming Plaid Cymru: Laying the Foundations, 1923–26', *Cylchgrawn Llyfrgell Genedlaethol Cymru*, xxii (1981–2), 427–61

Jones, Richard Wyn, 'O Gymru Fydd i Blaid Cymru', Cymdeithas Hanes Plaid Cymru, Awst 2024, ar gael yn *http://www.hanesplaidcymru.org/darlith-richard-wyn-jones/*

Löffler, Marion, 'A Romantic Nationalist: The Life of Mallt Williams', *Planet*, 121 (February/March 1997), 58–66

Löffler, Marion, 'The Work of the National Union of Welsh Societies, 1913–1941', *Transcations of the Honourable Society of Cymmrodorion*, 4 (1998), 124–52

Miles, Gareth, 'Saunders Lewis a Thynged yr Iaith: Rhwng Adwaith a Chwyldro', *Cylchgrawn Llyfrgell Genedlaethol Cymru*, xxxv (2012), 141–58

Ouattara, Bourahima, 'Senghor, lecteur de Barrès', *Études de lettres: Du Rhin à l'Oronte: Maurice Barrès écrivain*, 2 (2017), 111–32

Archifau a chasgliadau preifat

Archifau a Chasgliadau Arbennig Prifysgol Bangor:
  Papurau E.T. John
  Papurau Mai Roberts

Archifau Gogledd-Ddwyrain Cymru, Sir y Fflint:
  Papurau Tom Jones

Archifdy Gwynedd:
  Casgliad Glanrhydfadog

Llyfrgell Genedlaethol Cymru:
  Archif Plaid Cymru
  Papurau Ambrose Bebb
  Papurau Carneddog
  Papurau D.J. Williams, Abergwaun
  Papurau E.T. John
  Papurau Kate Roberts
  Papurau Lewis Valentine
  Papurau Moses Griffith
  Papurau Pennar Davies
  Papurau Saunders Lewis
  Papurau T. Gwynn Jones
  Papurau'r Athro Griffith John Williams

Llyfrgell Genedlaethol Iwerddon
  Papurau Padraig Pearse

Casgliad preifat teulu Ambrose Bebb
  Dyddiaduron Ambrose Bebb

Casgliad preifat teulu Moses Griffith

Casgliad preifat teulu Griffith John Williams
  Atgofion David Matthew Williams (brawd Griffith John Williams)

Papurau newydd a chylchgronau 1900–40

Baner ac Amserau Cymru
Breiz Atao
Cambrian News
Cymru Coch
Cymru'r Plant
Llais y Lli
Montgomery County Times
Observer
Seren Cymru
Seren Gomer
South Wales News
The Daily Mail
The Guardian
The Labour News
The Sunday Times
The Welsh Outlook
Welsh Nationalist
Western Mail
Y Darian
Y Ddraig Goch
Y Ford Gron
Y Genedl Gymreig
Y Geninen
Y Goleuad
Y Llan
Y Llenor
Y Wawr
Yr Efrydydd
Yr Herald Cymraeg

Mynegai

Ail Ryfel Byd, yr (1939–45) 181–2, 266, 271–2, 286
Anwyl, Edward 27
Arana, Sabino 129–30
Arnold, E.V. 92–3
Ashe, Thomas 49
Asquith, Herbert 126, 193

Baldwin, Stanley 126, 193
Baner ac Amserau Cymru (Y Faner) 41, 57, 76, 106, 111, 116, 117, 118, 119–20, 121, 130, 136, 141, 160, 165, 178, 183–4, 215–18, 228, 232, 247, 283
Barrès, Maurice 50–2, 56, 191
Barry, Kevin 87–9, 93
Bebb, Ambrose 11, 61–77, 107, 110, 113–14, 118, 119, 127, 130, 136, 148, 159–66, 167–82, 183–5, 186–7, 188, 189, 194–5, 197–8, 205–7, 211–13, 227–8, 235, 238–42, 244, 246–52, 259–63, 269, 286–7
Blaid Geidwadol, y 21, 33, 58, 106–7, 126–7, 129, 132, 175, 193, 196–7
Blaid Lafur, y 12, 21, 22–4, 53–4, 92, 97–8, 99–102, 106–7, 115, 126, 128, 130, 132, 139, 152–3, 156, 159, 161, 163, 175, 182, 192–7, 208, 233, 243, 275, 281, 295–6
Blaid Lafur Annibynnol, y (ILP) 22–4, 29, 100
Blaid Ryddfrydol, y 12, 13, 15–24, 32–3, 53–4, 57, 58, 61, 96–101, 104, 105, 106–7, 119–20, 126–7, 132, 156, 166, 168, 169, 172, 180, 193, 196–7, 210, 215, 232, 235, 275, 295–6
Breiz Atao 77, 178, 181, 248
Burke, Edmund 129, 191–2
Byddin Cymru 27
Byddin Ymreolwyr Cymru 138–9, 143–52, 155, 157, 186, 207–8, 230, 281

Cambrian News 69, 188
Cave, George 70
Collins, Michael 259, 261, 271
Connolly, James 47, 91, 269
Cosgrave, W.T. 261–2

Cynghrair Cenedlaethol Cymru 20–1, 141
Cymdeithas Cymru Well 121, 136, 173–4, 210
Cymdeithas y Ddraig Goch 24

Chwyldro Comiwnyddol Rwsia (1917) 11, 62–3, 107

Daily Mail, The 147, 193
   Continental Daily Mail 188–9
Darian, Y 27–8, 122–3, 140, 146–7, 159, 165–6, 178, 183, 197, 210, 211, 247
Davies, Cassie 61, 63, 67, 73–4, 102, 116, 278
Davies, David 97, 98
Davies, George M.Ll. 65, 84, 210, 275
Davies, J.C. 119
Davies, J.P. 82–5, 89, 137
de Beauvoir, Simone 50
de Valera, Éamon 48, 91, 107–8, 121, 260, 261, 262, 263, 264, 271–2
Donnelly, Simon 264

Ddraig Goch, Y 246–53, 282, 283, 288–91

Edwards, D. Miall 119, 173
Edwards, Edward 71–3
Edwards, Ifan ab Owen 24, 109–10, 112, 134–5, 148, 221–5
Edwards, J. Hugh 105
Edwards, John (Jack) 205–6
Edwards, O.M. 12, 24, 27, 33, 67, 71, 76, 80, 119
Eisteddfod Genedlaethol
   1923, yr Wyddgrug 95, 119–24, 128, 269
   1924, Pont-y-pŵl 136, 176
   1925, Pwllheli 206, 212–13, 214, 218–24, 227–32
Ellis, David (Dei) 35, 36
Ellis, Thomas Edward 13, 17–18, 20, 57, 115, 163
Etholiadau ac isetholiadau
   1918, Etholiad Cyffredinol 48, 53–4, 97, 100, 261
   1922, Etholiad Cyffredinol 100, 101, 102, 106–7, 112–13, 161

1923, isetholiad Ynys Môn 101, 193
1923, Etholiad Cyffredinol 112–13, 126
1924, Etholiad Cyffredinol 102, 112–13,
    192–7
Brycheiniog a Maesyfed 193–7
1929, Etholiad Cyffredinol
    Sir Gaernarfon 272–3, 281, 293
1931, Etholiad Cyffredinol
    sedd Prifysgol Cymru 291–2
1966, isetholiad Caerfyrddin 205–6
Evans, Ben 27, 116
Evans, Beriah Gwynfe 20, 22, 27, 101, 103,
    106
Evans, D. Arthen 26–8, 109, 110, 112, 116,
    165–6, 173
Evans, D. Emrys 88
Evans, Emrys 227
Evans, Ellen 116
Evans, Ernest 119
Evans, Gwynfor 15, 27, 116, 292–3, 294,
    295
Evans, R.W. Melangell 140–1
Evans, Tecwyn 141
Evans-Jones, Albert (Cynan) 35, 36

Gandhi, Mohandas 134, 192
Geninen, Y 57, 76, 111, 113–14, 118, 140,
    163, 183–4, 186
George, William 121, 135, 136, 173–4, 210,
    225, 277
Gibson, William (Arglwydd Ashbourne)
    256
Gilcriest, Margaret 37–8, 40–1, 53, 171, 181
Gonne, Maud 262
Gourvil, Francis 181–2, 286
Griffith, Arthur 48, 49, 205, 257, 259,
    270–1, 272
Griffith, Moses 79–80, 82–3, 90–2, 94–5,
    120, 123–4, 137, 148–9, 201, 209, 220,
    227, 228, 230, 231, 237, 240, 242, 244,
    249, 251, 283–4, 294
Griffiths, Thomas 152
Groupe Régionaliste Breton 76
Gruffydd, R. Geraint 284
Gruffydd, W.J. 88, 130, 171, 212, 235, 260
Gwrthryfel y Pasg, Iwerddon (1916) 47, 62,
    64, 86, 101–2, 260, 261, 262, 267–9
Gyngres Geltaidd, y 25, 101–3, 181, 182,
    183, 256, 262, 269
    1924, Kemper 182, 183–4, 197–8
    1925, Dulyn 227–8, 259–63, 269

Gymdeithas Genedlaethol Gymreig, y
    ('Y Tair G') 82, 94–5, 118, 120–4, 137,
    149–52, 154, 212, 227, 293

Haig, Douglas 39, 42
Hardie, Keir 22–3
Henderson, Arthur 100, 193–4
Herald Cymraeg, Yr 138, 139–40, 142, 145,
    147, 188, 246–7
Hitler, Adolf 12, 107, 235, 286
Hogan, Sarsfield 93–4
Hughes Griffiths, Annie 103
Hyde, Douglas 102, 260, 262

Jaffrennou, François (Taldir) 181, 260
Jenkins, D. Lloyd 63, 73
Jenkins, R.T. 235, 292
Jenkins, Willie 161
John, E.T. 15–16, 19–22, 27, 29, 53–4, 91–2,
    94–5, 101–3, 106, 110, 111, 113, 119, 149,
    153–6, 183–4, 185, 193–8, 210, 260,
    262–3, 275, 277, 287, 293
Johnson, Richard 93–4
Jones, David James (Gwenallt) 65, 278
Jones, Edgar 115
Jones, Fred 160–1, 176–9, 197, 206, 220,
    227, 228–31, 238, 244, 282–3
Jones, Gwilym R. 138–9, 144, 202, 221–2
Jones, H.R. 11, 110–12, 133–58, 185–7, 199–
    212, 216–24, 226–8, 230–1, 233, 237–8,
    239, 242, 243–5, 246, 249–56, 263–4,
    271, 276, 277, 280–1, 283, 287, 294
Jones, Idwal 278
Jones, J.E. 12–13, 276, 279, 280, 286, 293
Jones, J.R. 191
Jones, J. Tywi 26–8, 122–3, 173, 210, 260
Jones, Michael D. 13
Jones, Robert Ambrose (Emrys ap Iwan)
    12, 56–61, 66–7, 76, 118, 200, 217
Jones, T. Gwynn 12, 56, 60–1, 63–4, 74, 76,
    118, 120–1, 130, 171, 173, 211
Jones, T. Hughes 61, 62, 63, 166
Jones, Thomas (T.J.) 29, 115, 282
Jones, Tom (Cynfi) 20
Jones, Tom (Rhosllannerchrugog) 266
Jones, Walter Sylvanus (Gwallter Llyfni)
    133, 139, 143, 150–2, 154, 156–7, 238,
    278, 281–2
Joyce, James 11, 188, 189

L'Action Française 107, 129, 179–80, 249

Law, Andrew Bonar 106
Le Goffic, Charles 249
Lenin, Fladimir Ilitsh Wlianof 107, 114,
    164, 179, 192
Lewis, Henry 88, 120–1, 130, 167, 171, 173
Lewis, Herbert 98, 104
Lewis, Lodwig 36, 47, 52
Lewis, Saunders 11, 13–14, 36–41,
    45–7, 49–52, 53, 55, 56, 59, 95, 106, 110,
    116–26, 127–32, 136, 159, 167, 168–79,
    180–1, 184–5, 186–7, 190–2, 194–5, 197,
    199–207, 209–10, 211, 216–18, 219, 220,
    223, 227–32, 234–5, 236, 239–43, 246–8,
    249, 250, 251, 253, 260, 266–75, 276, 277,
    280, 281, 283, 284, 285, 291, 293–5
Lloyd George, David 17–18, 20, 29, 32, 33–4,
    39, 52, 53, 61–2, 86, 88, 92–3, 97, 99, 100,
    105, 117, 135, 229, 234, 258, 274, 295–6
Lloyd George, Megan 295–6

Llenor, Y 139, 211, 234–5, 249

MacBride, John 262
MacBride, Seán 262
MacCarvill, Eileen 260–1
MacCarvill, Patrick 260–1
Mac Curtáin, Tomás 258
MacDiarmid, Hugh 226
MacDonald, Ramsay 126, 192–4, 275
MacNeill, Eoin 262
MacSwiney, Terence 86–7, 88, 91
Matthews, David 99
Markievicz, Constance 267
Martin, D.J. 26
Matteoti, Giacomo 192
Mauriac, François 50, 180
Maurras, Charles 50, 107, 114, 129, 179–80,
    249
Mazaryk, Tomáš 96, 134
Mazzini, Giuseppe 75
Montgomery County Times 67, 69
Mordrel, Olier 181, 260, 286
Morris, Rhys Hopkin 159–60, 277
Morris-Jones, John 12, 31, 33, 79, 81, 121,
    130, 173, 211, 229, 260
Morris-Jones, Rhiannon 85
Mudiad Cymreig, y 158, 167–79, 181, 182,
    184–7, 197, 199, 201, 203, 205–7, 211–13,
    228, 238–42, 248, 282, 293–4
Mussolini, Benito 12, 107, 114, 179, 192,
    235

O'Farrelly, Agnes 101–2, 259–60
O'Shiel, Kevin 205, 270–2
Owen, Bob (Croesor) 251–2
Owen, Ifan Alwyn 11, 133, 142–4, 147–8,
    149, 150–2, 156–7, 202, 233, 237–8, 281,
    296
Owen, John Dyfnallt 159, 167–8, 178, 197,
    246–7
Owen, Dr Edward (Iorwerth) Lloyd 20–1,
    104, 105–6, 112, 138, 141, 143, 144, 150,
    153–7, 212–13, 221–2, 239
Owen, Dr Robert (Glasinfryn) 20

Parry, R. Williams 137, 235
Parry-Williams, T.H. 64, 65, 73–4, 76, 235,
    237
Parti Autonomiste Breton 181
Partido Nacionalista Vasco (PNV) 129–30
Pearse, Padraig 25, 47, 49, 257, 267–9
Peate, Iorwerth 119, 127, 135–6, 143, 173,
    178, 189, 195–6, 209–10, 231, 247, 251,
    276, 285–6
Penyberth 243–4, 253–4, 257, 282, 284,
    293–5
Plaid Genedlaethol Cymru
    galwadau am ffurfio 21, 57–8, 60, 76, 98,
    100, 127, 132, 133, 135, 136, 140, 147–8,
    159, 163, 165, 168, 192, 195, 215
    i. mudiad y gogledd (Rhagfyr 1924 –
        Awst 1925) 149–58, 186, 199, 201, 202,
        203, 205, 206–13
    ii. y blaid unedig (wedi Awst 1925) 11–14,
        15, 212–13, 214–32 (passim), 233–45
        (passim), 246–56 (passim), 257, 264,
        266–7, 269, 270–9, 280–96 (passim)
    cyfarfodydd sefydlu (Awst 1925) 212–13,
        214, 218–24, 227–32, 236, 240, 263, 277,
        287
    gw. hefyd Ddraig Goch, Y; ysgolion haf
Pugh, Alun (barnwr) 276

Rees, Thomas 88, 137, 141
Rees, J.D. 70–1
Reichel, Syr Harry 33, 79, 80–1, 89–90
Richard, Henry 159, 163
Roberts, Emrys 169–70, 171, 285
Roberts, Kate 63–4, 188, 210–11, 235,
    249–51, 278, 280–1, 283, 290–1
Roberts, Mai 11, 102–3, 111, 149, 153, 155,
    182, 183–7, 189, 193–6, 199, 230–1, 251,
    256, 259–60, 262–7, 275–6, 287–92

Roberts, Priscie 287
Roberts, R. Silyn 23, 29, 74, 98, 115, 124, 195
Rowlands, R.J. (Meuryn) 138, 139–40, 145, 147, 202, 231, 246–7
Russell, George (A.E.) 131, 161–2
Ryan, Frank 263–6

Rhyfel Annibyniaeth Iwerddon (1919–21) 47–8, 85–94, 113, 121–2, 134, 194, 205, 259, 260–2, 267
Black and Tans 85–8, 93, 258–9, 260–1
Rhyfel Byd Cyntaf, y (1914–18) 12, 13, 16, 22, 29–30, 31–55, 61, 70, 76, 78, 82, 84, 85, 89, 92, 96, 101, 104, 105, 146, 149, 160, 161, 180, 195, 211, 237, 258, 275, 276, 278
Rhyfel Cartref Iwerddon (1922–3) 107–8, 260–3, 255–6, 267, 270–2
Rhyfel Cartref Sbaen (1936–9) 263–4, 266, 283
Rhyfel y Degwm (1886–91) 17, 32, 97
Rhŷs, John 25
Rhys, Prosser 119, 121, 136, 173, 188, 189, 215–16, 231, 246–7, 251, 280, 283

Scots National League 226, 254, 255
Senghor, Léopold 51
Shankland, Thomas 81–2, 85, 88, 89
Sinn Féin 47–9, 64–9, 86, 91, 106, 122, 127, 142, 144, 163, 164, 165, 205, 210, 215–16, 257–73
South Wales News 121, 123, 162, 214
Spence, Lewis 226
Stack, Austin 205, 264
Synge, J.M. 49, 62, 267

Thomas, Ben Bowen 174–8, 182, 231, 238, 251, 282
Thomas, David 23, 98
Thomas, Owen (Y Cadfridog-Frigadydd) 34, 104–5
Thomas, R.A. 178
Thomas, Robert 98, 103–4

Undeb y Cymdeithasau Cymraeg 26–9, 101, 109, 110, 111–14, 116, 118, 134, 137, 153, 154–5, 160, 165–6, 177, 209, 220–1, 225–6
Undeb y Ddraig Goch 24, 25, 102, 140
Union Régionaliste Bretonne 181

Urdd Gobaith Cymru 4, 109–10, 134–5, 224–5, 226
Urdd y Ddraig Goch 24
Urdd y Delyn 24, 25, 102, 225

Valentine, Lewis 11, 31–2, 35–6, 42–5, 47–9, 52–5, 59–60, 78–9, 81–5, 87, 89–90, 92–3, 110, 137–8, 139, 148–9, 158, 171, 199, 201, 202, 207, 209, 211–13, 214, 218–21, 228–32, 236, 242, 257–8, 266, 267, 272–3, 277, 278–9, 286, 287–8, 291–2, 293, 294, 295
Vaughan, Gwyneth 25

Watkin, Morgan 113–14, 118, 120–1, 130, 183–4
Wawr, Y 62–77, 116, 164, 166, 258, 278
Weil, Simone 191
Welsh Nationalist, The 252, 285
Welsh Outlook, The 29, 34, 104, 111, 115, 122, 131, 159–60, 161–2, 232, 233–4, 282
Williams, Alice Matilda Langland (Mallt) 24–6, 102, 202, 225–6, 253–6, 263
Williams, D. Edmund 228, 236–8
Williams, D.J. 61, 75, 100, 106, 110, 161–6, 167– 8, 171, 174– 8, 181, 182, 187, 197, 205, 207–9, 211, 220, 228, 230, 231, 232, 238, 243–4, 246, 251, 258–9, 278–9, 282, 292–3, 295
Williams, Elisabeth 115–16, 168–71, 185, 205, 284–5
Williams, Griffith John 60–4, 69, 73, 81, 115–16, 127, 161, 168–71, 172, 174–6, 178–9, 197, 205, 212–13, 235, 238–42, 248, 284–5
Williams, Gwilym 266–7
Williams, Ifor 79, 81, 82, 88, 137, 171, 229, 292
Williams, John (Brynsiencyn) 34–5
Williams, John (Cambrensis) 20
Williams, Llew G. 124–5, 195–6
Williams, Morris T. 188–9, 211, 228, 283, 285, 289–91
Williams, Waldo 161, 258, 278

Yeats, W.B. 49, 51, 62, 191, 261, 262, 267, 278–9
Ysgolion haf y Blaid Genedlaethol 231, 232, 276, 287, 292
1926, Machynlleth 211, 231, 246, 254, 270–5, 277–8, 280, 283